北京少數民族
文化資源研究

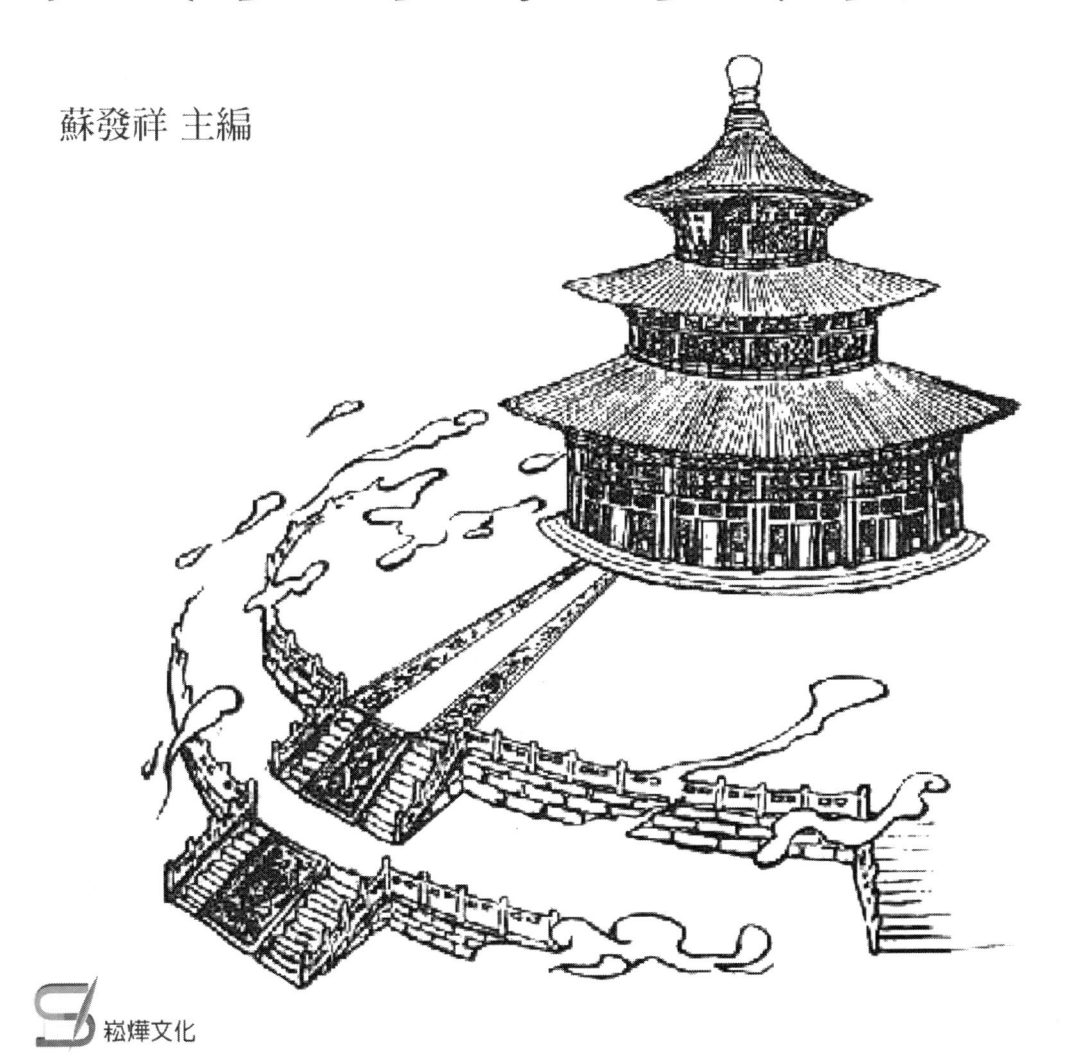

蘇發祥 主編

北京少數民族文化資源研究
目錄

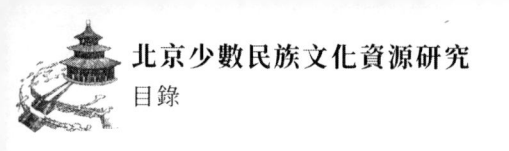

目錄

北京市少數民族人口狀況與民族工作服務管理機制創新

一、北京市少數民族人口狀況 13
  （一）人口總量穩步增長，民族成分齊全 13
  （二）隨著人口總量的增加，少數民族構成日趨複雜 14
  （三）少數民族人口呈大分散、小聚居分佈，散雜居特徵日益明顯 16
  （四）少數民族人口年齡構成較輕，文化素質較高 17
  （五）少數民族人口在就業、收入方面都有所改變 18
二、北京市民族工作面臨的新形勢新情況 18
  （一）北京市少數民族人口特別是流動人口持續增長，城市民族工作重點正在發生轉變 19
  （二）城市化進程加快和多元化的利益訴求，對城市民族工作提出了新的要求 20
  （三）城市管理與民族宗教問題交織，增加了城市民族工作的複雜性和不確定性 21
  （四）民族工作社會化參與程度不高，城市民族工作法制建設滯後 22
三、創新民族工作社會服務和管理的對策建議 23
  （一）充分發揮北京的政治中心、文化中心優勢，營造民族團結氛圍，構建和諧的民族關係 23
  （二）提高認識，加強組織領導，推動城市民族工作社會化 24
  （三）保障和改善少數民族生產生活，提高服務管理水平 25
  （四）強化法制建設，提高城市民族工作法治化和規範化水平 27

試論少數民族對北京傳統民俗文化的影響

一、滿族服飾文化對北京服飾民俗的影響 29
二、蒙古、回、滿族飲食文化對北京飲食民俗的影響 31
三、蒙古族、滿族居住文化對北京居住民俗的影響 34
四、滿族文化對北京競技、娛樂民俗的影響 36

五、蒙、藏、滿族文化對北京歲時節日民俗的影響 37

北京旅遊業現狀與未來

　　一、引言 39
　　二、北京市旅遊業現狀分析 40
　　　　（一）總體情況分析 40
　　　　（二）產業基礎情況分析 41
　　三、未來發展 44
　　　　（一）圍繞首都城市戰略定位，實現旅遊業可持續性發展 44
　　　　（二）重點建設世界一流旅遊城市 45
　　四、建議 46
　　　　（一）完善旅遊發展基金的運作和使用 46
　　　　（二）促進文化旅遊的產業融合 47
　　　　（三）探索城鄉聯動機制 48
　　　　（四）嘗試在生態涵養帶建立休閒區 49

北京少數民族特色文化創意產業發展正當時

　　一、少數民族特色文化創意產業發展的現狀 51
　　二、少數民族特色文化創意產業發展的對策和建議 52

北京市少數民族文化相關博物館調查

　　一、北京市博物館概況 55
　　二、少數民族文化展示考察 56
　　二、少數民族知識普及的優勢和劣勢分析 61
　　三、與國外博物館利用比較 62
　　四、思考和建議 62

21世紀以來中央臺春晚少數民族類節目及其特點

　　一、21世紀少數民族類節目綜述 65
　　　　1.2000年—2009年 65

2.2010 年—2016 年 ·· 67
　二、21 世紀春晚少數民族節目現狀 ····································· 68

北京滿族文化研究綜述

　一、有關北京滿族文化的整體性研究 ····································· 73
　二、北京滿族的文化與風俗研究 ··· 74
　三、關於北京滿族人及其社會的研究 ····································· 75
　四、北京滿族語言與文學研究 ··· 76
　　（一）京旗語言與北京話的研究 ······································· 76
　　（二）北京滿族文學研究 ··· 77
　五、關於北京滿族飲食、休閒文娛的研究 ································· 78
　　（一）關於飲食的研究 ··· 78
　　（二）北京滿族休閒娛樂文化 ··· 79
　六、北京滿族文化其他方面的研究 ······································· 80
　　（一）北京滿族建築研究 ··· 80
　　（二）北京滿族民族認同的研究 ······································· 80

滿族對北京的文化奉獻

　一 ·· 83
　二 ·· 85
　三 ·· 86
　四 ·· 89
　五 ·· 94
　六 ·· 96

北京滿族傳統旗袍的製作技藝與傳承發展

　一、滿族傳統旗袍的簡述 ··· 99
　　（一）滿族傳統旗袍的分類 ··· 101
　　（二）便服 ··· 101
　二、製作工藝 ··· 103

（一）測量 ... 104
　　（二）剪裁 ... 104
　　（三）縫製 ... 107
　　（四）整燙 ... 108
　　（五）刺繡 ... 109
三、滿族傳統旗袍的傳承發展 ... 112
　　（一）後現代旗袍對滿族傳統旗袍的改良發展 ... 112
　　（三）「申遺」傳承滿族傳統旗袍製作工藝 ... 114
　　（四）音樂——滿族傳統旗袍傳承的一種創新方式 ... 114
　　（五）新技術對滿族傳統旗袍的推動 ... 115
四、結論 ... 115

北京的滿族鄉及其旅遊資源

一、北京地區滿族民族鄉概況 ... 117
　　（一）長哨營滿族鄉 ... 117
　　（二）喇叭溝門滿族鄉 ... 118
二、豐富多彩的滿族風情節 ... 118
　　（一）5屆滿族風情節梳理 [91] ... 119
　　（二）湯河川滿族風情節的特點 ... 121
三、傳承民族文化的民俗節慶旅遊 ... 122
　　（一）民俗旅遊是當地特色文化產業 ... 122
　　（二）帶動經濟發展、增加民族凝聚力 ... 123

積極主動地建構民族性與節慶文化

一、民族性建構與民族節慶文化 ... 125
二、滿族慶祝「頒金扎蘭」與滿族薩滿祭祀的歷史傳統 ... 126
三、三場北京地區滿族節慶活動記錄 ... 128
　　（一）半官方晚會上，滿族知名學者指出精神要強是關鍵 ... 129
　　（二）民間網站主辦的「滿—通古斯文化圈」色彩的節慶活動 ... 131

（三）弘揚優秀民族文化，傳承薩滿文化和海東青精神 131
　四、結論 133

民族文化傳承的都市化經驗
　一、北京蒙古語言文化班 136
　二、文化傳承的經驗 137
　　（一）民族傳統文化與現代化接軌 137
　　（二）增加影響力，充分調動社會力量 140
　　（三）少數民族精英分子的文化自覺性 142
　三、北京蒙古語言文化班的功能 143
　附錄： 144
　　學生規章制度 144
　　學生管理制度 145

魏公村的蒙古飲食文化
　一、蒙古飲食文化 147
　二、北京魏公村的蒙古餐廳現狀 149
　三、蒙餐具備的特點以及優勢、不足、建議 151

北京「新疆村」的變遷——北京「新疆村」調查之一
　一、「新疆村」調查的意義 159
　二、元代以前北京的維吾爾人 161
　三、元代畏吾爾村的建立 161
　四、畏吾爾村的居民 163

大城市中少數民族流動人口聚居區的形成與演變——北京「新疆村」調查之二
　一、研究關注的問題 171
　二、樣本基本情況 172
　三、職業經歷 174

四、經營、收入和生活情況 ... 184
　　　　五、態度與行為 ... 189

北京穆斯林社區的歷史形成
　　一、北京伊斯蘭教的傳入與最早的穆斯林社區 ... 195
　　二、元大都的回回人與穆斯林社區 ... 195
　　三、明代京城穆斯林社區的湧現 ... 198
　　四、清代伊斯蘭教政策與穆斯林社區 ... 200

北京的清真飲食文化
　　一、何為「清真飲食」 ... 203
　　二、北京清真飲食的發展歷史與現狀 ... 204
　　三、結語 ... 212

關於北京香山藏族人的傳聞及史籍記載
　　一 ... 220
　　二 ... 225
　　三 ... 229
　　四 ... 234

北京的藏文文獻
　　一、北京市藏文文獻的歷史淵源 ... 236
　　二、北京市藏文圖書典籍的館藏概況 ... 237
　　三、北京市藏文文獻的出版業概況 ... 242
　　四、北京市藏文文獻的雜誌類 ... 244
　　五、結語 ... 245

北京藏傳佛教寺院分佈及其特點
　　一、藏傳佛教在北京 ... 248
　　二、北京藏傳佛教寺院的分佈概況 ... 248
　　　　（一）北京佛寺分佈情況 ... 248

（二）從時間上來看 250
　　（三）從空間佈局上來看 251
　三、北京藏傳佛教寺院的分佈特點 252
　四、結語 254

北京市藏式風格建築
　一、寺院建築 257
　二、皇家藏式風格建築 261
　三、現代藏式風格建築 263
　四、結語 265

古剎與白塔
　一、興衰：幾經波折的修繕史 267
　二、開山：藏傳佛教在內地的傳佈 270
　三、見證：藏族文化在北京的本土化 276
　四、結語 277

宮廷藏佛——北京故宮藏傳佛教造像淺析
　一、故宮藏傳佛教造像分期 280
　二、故宮藏傳佛教造像主題特徵 302
　　1.祖師像 302
　　2.五方佛 303
　　4.菩薩 312
　　5.女尊 315
　　6.護法神 319
　三、故宮藏傳佛教造像研究價值 319

藏族醫藥在北京
　一、北京藏醫院 321
　　1.藏醫院特色治療專科 322

2. 醫院特色優勢 ... 323
　　3. 醫院的發展現狀 ... 323
二、宗喀藏醫門診 ... 324
　　1. 門診治療特色 ... 324
　　2. 門診的發展現狀 ... 325
　　3. 積極貢獻社會 ... 326
三、結語 ... 326

北京的藏族工藝品——以雍和宮附近為例

一、藏族工藝品 ... 327
　　（一）藏族飾品 ... 327
　　（二）禮佛用品 ... 330
二、藏族工藝品的特點 ... 334
三、總結 ... 335

北京藏族文化的窗口——民族出版社藏文編輯室

一、藏文編輯隊伍 ... 338
二、藏文圖書的出版 ... 339
三、代表性出版成果 ... 343

人民大會堂西藏廳壁畫初探

一、《扎西德勒圖——歡樂的藏曆年》 ... 349
二、《西藏的新生》 ... 352
三、《八思巴覲見忽必烈》 ... 354

北京藏族飲食文化發展現狀調查研究——以倉央嘉措餐吧為例

一、倉央嘉措餐吧 ... 358
　　（一）倉央嘉措餐吧藏式裝飾風格 ... 358
二、倉央嘉措餐吧藏式特色飲食 ... 360
三、倉央嘉措餐吧在城市發展中呈現出的問題 ... 362

四、倉央嘉措餐吧發展的策略及建議……………………………365
　　五、結論……………………………………………………………366

商品與符號：文化產業化背景下的藏族飲食文化——以北京藏族餐廳 M 為例

　　一、從藏餐吧的營銷透視文化產業相關理論……………………367
　　　　（一）符號價值理論……………………………………………368
　　　　（二）「意義消費」理論………………………………………368
　　　　（三）「意義轉移」模式………………………………………369
　　二、藏餐吧 M 營銷中體現的符號價值……………………………370
　　　　（一）有形符號表現……………………………………………371
　　　　（二）無形符號表現……………………………………………372
　　三、藏餐吧 M 營銷的 SWOT 分析…………………………………374
　　　　（一）優勢分析（Strength）…………………………………374
　　　　（二）劣勢分析（Weakness）…………………………………375
　　　　（三）機遇分析（Opportunity）………………………………376
　　　　（四）威脅分析（Threats）……………………………………377
　　四、結語……………………………………………………………377

北京的苗侗傣飲食文化

　　一、飲食特色：自我的文化認同…………………………………379
　　二、飲食體驗：我族與他族的邊界………………………………381
　　三、民族餐廳：族群互動的紐帶…………………………………384

我們來自彩虹的故鄉——土族在京聯誼會現狀研究

　　一、土族背景簡介…………………………………………………387
　　二、土族在京聯誼會組織機構……………………………………388
　　三、成員互動………………………………………………………390
　　　　1. 中國土族文化論壇和北京土族「安昭納頓節」……………390
　　　　2. 購票回家………………………………………………………391

3. 送老生 391
　　4. 其他互動行為 391
　四、互動影響 392
　　1. 成員內部的互動影響 392
　　2. 聯誼會的影響 393
　　3. 聯誼會的發展需要 393

故宮普洱茶的今昔
　一、普洱「茶」 395
　二、「普洱貢茶」 398
　三、「普洱茶」 400

後記

北京市少數民族人口狀況與民族工作服務管理機制創新

包路芳 [1]

中國是一個統一的多民族國家，北京作為首都，是全國的政治、文化中心和國際交流中心，是全國民族成分齊全的散雜居城市，全國 55 個少數民族都有人在京工作、學習和生活。根據 2010 年第六次全國人口普查統計，北京市有少數民族人口 80.1 萬人，約占全市總人口的 4.1%。少數民族人口比例雖小，但具有民族成分全、分佈面寬、聯繫面廣、人才薈萃、影響力大、國內外交往頻繁等特點。少數民族在北京的良好發展，會對全國的少數民族造成示範和輻射的作用。尤其是在京少數民族流動人口的生存和發展狀況，將對全國民族地區特別是邊疆地區的社會穩定產生影響。

隨著北京城市化進程的加快，大量外來人口湧入北京，北京市少數民族常住人口和流動人口都迅速增加。本文主要結合歷次人口普查中北京市少數民族人口的數據，分析北京市少數民族人口的增長、聚居變化趨勢、民族關係發展走向等特徵，並研究這些特徵對新形勢下北京的民族工作產生的影響，在此基礎上提出相應的對策建議。

一、北京市少數民族人口狀況

（一）人口總量穩步增長，民族成分齊全

中共建國以來至今，北京市少數民族人口總量呈現穩步增長趨勢，少數民族從 5 個增加到 55 個，少數民族成分全部齊全。根據 1949 年 10 月的行政區劃（1255 平方公里）和僅限於城市居民的戶口統計，北京只有 5 個少數民族，人口僅 9 萬多人，占全市人口的 4.75%。至 1953 年第一次全國人口普查時，北京的少數民族成分上升到 38 個，占當時國務院認定的 41 個少數民族成分的 92.7%，少數民族人口增加到 17 萬人，占全市總人口的 6.09%。隨著北京市行政區劃的擴大和少數民族人口的自然增長，到 1964 年第二

次全國人口普查時，北京的少數民族成分增加到53個，占當時國務院認定的53個少數民族成分的98.1%，人口增加到28.52萬人，占全市總人口的3.75%。

1982年第三次全國人口普查時，北京的少數民族成分上升到了54個，占當時全國少數民族成分的98.2%，人口增加到32.3萬人，占全市總人口的3.5%。到1990年第四次全國人口普查時，北京市少數民族有41.4萬人，占全市總人口的3.8%，少數民族成分增加到55個。從這一時期開始，北京市就成為全國民族成分最為齊全的地區。2000年第五次全國人口普查時，北京市少數民族人口為58.5萬人，占全市總人口的4.3%。2005年1%人口抽樣調查時，北京市少數民族達到72萬人，占全市總人口的4.67%。2010年第六次全國人口普查時，北京市有少數民族人口80.1萬人，占全市總人口的4.1%。可見，北京市少數民族人口總量穩步增加，而且還有持續增長的趨勢。

北京市少數民族人口持續增長的主要原因有：一是共產黨的民族政策得到落實，使許多過去隱瞞民族成分者恢復或更改了民族成分；二是民族院校在北京的開辦不僅帶來了少數民族人口的增加，也帶來了民族成分種類的增多；三是因為工作調動、分配、婚嫁等原因，遷入北京市的少數民族逐步增多；四是不同民族通婚後，子女大多選擇少數民族成分；五是少數民族流動人口呈現越來越多的趨勢。據北京市民族事務委員會提供的數字，2010年北京市少數民族流動人口為29.56萬人。少數民族流動人口散佈在各個區縣，雖然總體數量不大，但具有民族成分較全、來源基本穩定、職業分佈面廣的特點。北京市少數民族常住人口和流動人口持續增長，這是落實共產黨的民族政策和改革開放推動社會發展的顯著成果，充分說明少數民族人口數量不僅受自然增長率的影響，也受社會環境的影響。

（二）隨著人口總量的增加，少數民族構成日趨複雜

從北京市少數民族人口構成來看，新中國成立初期能夠確定的只有滿族、蒙古族、回族、藏族和苗族5個少數民族，其中前3個民族的人口數量占據絕對優勢。到1953年時確定的少數民族成分達到38個，1964年少數民族成分達到53個，逐漸成為民族成分最全的城市，回族、滿族、蒙古族3個

世居民族占到少數民族總人口的 97.5%。1982 年第三次人口普查中，少數民族人口達到萬人以上的世居民族有：回族 185228 人（占全市總人口的 2%），滿族 116710 人（占全市總人口的 1.3%）。千人以上萬人以下的少數民族有蒙古族、朝鮮族、壯族，不足千人的少數民族有藏族、維吾爾族、苗族，加上其他個別少數民族，共占全市總人口的 0.2%。

1990 年第四次全國人口普查時，北京市萬人以上的少數民族是回族、滿族、蒙古族 3 個世居民族，千人以上萬人以下的有朝鮮族、土家族、壯族、苗族、維吾爾族、藏族，共 6 個。

2000 年第五次全國人口普查時，萬人以上的少數民族增加到 4 個，分別為滿族、回族、蒙古族、朝鮮族。此時滿族人口 250286 人，超過了回族人口的 235837 人，位居第一位；千人以上萬人以下的少數民族有土家族、壯族、苗族、維吾爾族、藏族、彝族、錫伯族、布依族、侗族、瑤族，共 10 個。10 人以下的少數民族有 8 個。

2010 年第六次全國人口普查時，萬人以上的少數民族增加到 7 個，分別為：滿族、回族、蒙古族、朝鮮族、土家族、壯族和苗族。根據「六普」數據，北京市各少數民族人口中排在前五位的依次是滿族、回族、蒙古族、朝鮮族和土家族，占少數民族人口的 90.2%。其中，滿族人口最多，為 33.6 萬人，占 41.9%；其次是回族人口，為 24.9 萬人，占 31.1%；蒙古族、朝鮮族和土家族人口分別為 7.7 萬人、3.7 萬人和 2.4 萬人，在少數民族人口中的比重分別為 9.6%、4.7% 和 2.9%。與 2000 年人口普查相比，排在前五位的民族順序沒有變化，但比重有所變動。從 2000 年的「五普」到 2010 年的「六普」，千人以上萬人以下的少數民族增加到 16 個。

從北京市少數民族人口的變動情況來看，從 1964 年以後，非世居的少數民族的增長速度大於世居的少數民族人口的增長速度。在 1990～2000 年的 10 年間，少數民族人口的增長速度明顯快於全市人口的增幅。但到 2010 年的「六普」時期，少數民族人口的增長速度低於全市總人口的增長速度，低於漢族人口的增長速度。

（三）少數民族人口呈大分散、小聚居分佈，散雜居特徵日益明顯

北京市作為一個多民族交錯雜居的地區，少數民族人口分佈始終保持著「大分散、小聚居」的居住特點。改革開放以來，隨著北京市城市化進程的全面推進，逐漸改變了城市少數民族原有的居住狀況，並對民族關係產生了深遠的影響。特別是近些年北京市實施舊城拆遷改造以及城市化進程加快，各少數民族人口絕對數量不斷上升，民族間的交往日益頻繁，人口雜居狀況日趨明顯。少數民族人口分佈出現從城市中心區向遠近郊分散轉移的趨勢，城鄉接合部少數民族人口增多，單一民族居住的街道已不存在，「大分散、小聚居」特點更加明顯。

根據 2010 年的「六普」數據，從功能區分佈看，首都功能核心區的少數民族人口 12.3 萬人，占全市少數民族人口的 15.4%，比 2000 年減少 0.9 萬人，比重下降了 7.1 個百分點；城市功能拓展區為 36.8 萬人，占 45.9%，比 2000 年增加 8.9 萬人，比重下降 1.8 個百分點；城市發展新區少數民族人口為 22.3 萬人，占 27.8%，比 2000 年增加 11.1 萬人，比重上升 8.7 個百分點；生態涵養區少數民族人口 8.7 萬人，占 10.9%，比 2000 年增加 2.4 萬人，比重上升 0.2 個百分點。原城區少數民族聚居規模逐漸縮小，雜居狀況日趨突出，民族成分呈現多元化。54.2% 的滿族人口集中在海澱、朝陽、豐臺、密雲、懷柔 5 個區；67.2% 的回族人口集中在朝陽、西城、海澱、豐臺、通州 5 個區；51.5% 的蒙古族人口集中在海澱、朝陽、昌平 3 個區；58.1% 的朝鮮族人口集中在朝陽區和海澱區。

一些原民族鄉村轉製為城市社區，又形成了規模較大的新的城市民族聚居社區。少數民族人口占比在 20%～49% 的有 10 個，主要分佈在牛街、馬甸、上地等地區，以及經歷了舊村改造和市政徵地的農村地區。[2] 至 2012 年，北京市少數民族主要分佈在 13 個民族工作重點街道和 5 個民族鄉、117 個民族村。北京市 16 個區縣都有少數民族居住和工作，而且每一個區縣都至少有 30 個以上的少數民族。其中，朝陽區和海澱區有 55 個少數民族，少數民族人口分佈較多。東城、西城、豐臺、昌平、石景山、房山、通州、順義、

大興 9 個區有 40 個以上的少數民族，少數民族人口分佈範圍廣泛，這在全國其他城市是很少見的。

（四）少數民族人口年齡構成較輕，文化素質較高

北京市少數民族已進入適度增長、素質提高的良好發展階段。2010 年的「六普」數據顯示，北京市少數民族人口年齡構成比較年輕。北京市 0～14 歲的少數民族人口 9.9 萬人，占全市少數民族人口的 12.4%，比常住人口同年齡段人口比重高出 3.8 個百分點；15～64 歲的少數民族人口 64.5 萬人，占 80.4%，低於常住人口同年齡段人口比重 2.3 個百分點；65 歲及以上的少數民族人口 5.7 萬人，占 7.2%，比常住人口同年齡段的人口比重低 1.5 個百分點。少數民族人口的平均年齡為 34.4 歲，低於常住人口平均年齡 2.9 歲。由此可見，在京居住的少數民族人口年齡結構多元化，年齡構成較輕。

與此同時，北京市少數民族人口呈現出文化素質較高的趨勢。少數民族人口的平均受教育年限為 12.1 年，比 2000 年人口普查提高了 1.5 年。6 歲及以上的少數民族人口中，具有大專及以上文化水平的 30.7 萬人，占 40.9%；具有高中或中專文化水平的 16.4 萬人，占 21.8%；具有初中文化水平的 19.6 萬人，占 26.1%；具有小學文化水平的 7.4 萬人，占 9.9%。與 2000 年人口普查相比，大專及以上文化水平的人口增長較快，在少數民族人口中的比重上升了 19.4 個百分點。

北京市 46 所民族中小學已全部優先達到北京市規定的辦學基本標準，部分民族學校步入全市先進學校行列，形成了學前教育、基礎教育、高等教育和職業教育相結合的民族教育網絡，民族教育體系初步建立，基本能夠滿足少數民族人口接受不同層次教育的需求。同時，培養和造就了一支數量較為充足、結構相對合理、整體素質較高的少數民族幹部隊伍。北京市各級各屆人大、政協中，少數民族代表、委員的比例都高於少數民族人口占全市人口的比例。北京市已經形成了覆蓋機關、企事業單位的超過 4.5 萬人的少數民族幹部隊伍，約占全市幹部比例的 5%，高於少數民族人口占全市人口的比例。少數民族幹部越來越成為一支不可或缺的力量，參與全市政治、經濟、文化等各項事業的管理。

（五）少數民族人口在就業、收入方面都有所改變

歷史上，北京市的少數民族就有從事商業、服務業、物資供銷、倉儲業的傳統。近 10 年來，富有民族特色的商業、服務業越來越受到人們的青睞。隨著少數民族受教育水平的持續提高，北京市少數民族專業技術人員的比重也在逐步提高。第三產業的從業人員占 63.8%，第一、第二產業的從業人員有所降低。目前，來京少數民族流動人口多從事批發零售、餐飲等社會服務業。

由於歷史原因，北京不少民族鄉村發展水平滯後。近些年來，北京市政府加大了對民族鄉村的經濟扶持力度，將少數民族鄉村經濟發展納入全市工作總體規劃。在市區以多民族居住社區建設、清真食品網點建設為重點，在民族鄉村以加強水路電網等基礎設施建設、改善農村生活環境和產業結構調整為重點。「十一五」期間，北京市用於少數民族事業發展的資金超過 10 億元，其中少數民族經濟發展專項資金兩次翻番，增至每年 4000 萬元。按照「規劃先行、項目推進、部門聯動、政策集成、優先發展」的思路，透過創新「以獎代補」工作機制等措施，北京市少數民族經濟全面提速，少數民族人口的收入水平發生了重大變化。從朝陽區常營回族鄉、通州區於家務回族鄉、懷柔區長哨營滿族鄉、喇叭溝門滿族鄉、密雲縣檀營滿族蒙古族鄉 5 個民族鄉來看，2006 年的人均收入為 7724 元，2007 年為 8384 元，2008 年為 9927 元。2009 年比 2001 年的 4709 元翻了一番，年均增幅達 15.8%，遠高於全國農村人均收入水平。2010 年，全市少數民族村人均勞動所得達到 12052 元，所有民族村的人均勞動所得均超過 6000 元，徹底消滅了低收入村，部分民族鄉村已經躋身京郊農村經濟發展先進行列。

二、北京市民族工作面臨的新形勢新情況

當前，首都北京已經進入了全面推進以改善民生為重點的社會建設，打造文化繁榮、開放包容、和諧宜居的首善之城的新階段。大量少數民族人口的到來豐富了北京市的多元文化氛圍，少數民族城市化、城市多民族化和文化多元化趨勢日益明顯。在建設「人文北京、科技北京、綠色北京」的各項

二、北京市民族工作面臨的新形勢新情況

實踐中，北京市的少數民族和民族關係出現了一系列新形勢新情況，城市民族工作正面臨著一系列新的挑戰。

（一）北京市少數民族人口特別是流動人口持續增長，城市民族工作重點正在發生轉變

2000 年「五普」時，北京市的少數民族流動人口約 9.31 萬人，占全市流動人口的 2.8%，占全市少數民族人口的 15.91%。[3] 北京市民族事務委員會 2008 年的調查顯示，來京時間半年以上的少數民族流動人口數量約為 14 萬人，與戶籍人口比例為 1：5。2010 年「六普」時北京市少數民族流動人口為 29.56 萬人。

隨著城市化的迅速發展，北京市少數民族流動人口也將以更快的速度增加。由於對其數量構成、勞動就業、社會保障、子女教育等情況缺乏動態跟蹤調查，很難為政策制定、開展工作提供進一步的訊息支撐。雖然北京市少數民族流動人口所占比例不大，但民族成分較全且結構趨於複雜，其融入城市社會面臨著「三多三難三缺少」，即困難多、就業難、缺少利益訴求渠道；矛盾多、化解難、缺少調節機制；差異多、溝通難、缺少交流平臺。受制於政府部門條塊分割的管理體制，城市民族工作在協調解決經濟、就業、教育、治安、醫療等糾紛上，缺少有效手段，往往依靠民族幹部和少數民族代表人士進行調解，難以形成規範化和高效化的工作。

北京市民族事務委員會從事民族工作的業務處僅有 2 個，主要職能中並沒有針對少數民族流動人口的服務管理定責。隨著北京市少數民族流動人口持續增長，城市民族工作正在發生「5 個轉變」，即從封閉的工作體系向更加多樣開放轉變；從常住人口向流動人口轉變；從臨時應對向長效機制轉變；從單純為外來少數民族排憂解難向引導外來少數民族融入城市社會轉變；從單純的服務管理向重引導、求平衡轉變。過去的民族工作主要圍繞少數民族常住人口展開，伴隨城市化的進程和人口流動的加劇，少數民族流動人口的服務管理工作已成為城市民族工作新的重點和難點，成為影響城市民族關係的重要方面。城市民族工作的內容和範圍將不斷擴大，工作任務也將更加繁重。

（二）城市化進程加快和多元化的利益訴求，對城市民族工作提出了新的要求

　　社區是城市民族工作的基礎，拆遷改造後的少數民族聚居社區正在重組，拆遷改造帶來的少數民族就業、宗教活動場所、特需商品供應、子女入學等問題的解決需要一個循序漸進的過程。當前北京市信仰伊斯蘭教的少數民族有回、維吾爾、哈薩克、烏孜別克、塔吉克、柯爾克孜、塔塔爾、保安、撒拉、東鄉10個，人數近30萬，約占全市信教總人數的一半。與之日常生活密切相關的清真飲食網點、宗教活動場所和喪葬墓地的需求也日益增加。隨著少數民族物質和精神生活的提高，其平等意識、自我意識、發展意識正在逐步增強，要求尊重本民族的風俗習慣、歷史傳承和宗教信仰；要求建立單一民族社會組織（如聯誼會之類），過單一民族的節日的呼聲也日漸高漲。可以說，北京市的少數民族關注本民族的地位和民族自我意識的程度比以往任何時候都更加強烈。

　　北京市的少數民族流動人口主要來自河北、吉林、甘肅、內蒙古、新疆等地區，涉及全國30個省、自治區和直轄市的53個民族。散佈在各個區縣，集中在朝陽區、海澱區、豐臺區和石景山區，環城帶區縣次之。這在一定程度上加速了北京市的民族融合進程，也對少數民族的社會服務和管理提出了更高的要求。由於民族認同、文化背景、宗教信仰和風俗習慣等原因，流入北京的少數民族傾向於分散聚居，一般是以家庭、親朋好友為主，或以同鄉、同民族聚居為主，具有十分明顯的地域性和民族性。

　　少數民族流動人口形成的新的小聚居區，則產生了新的民族宗教文化需求，如維吾爾族聚居在甘家口新疆駐京辦附近，望京一帶朝鮮族比較集中。而來自西北從事清真餐飲業的回族個體戶，常以一個家庭加上親朋好友、同鄉、同民族相對聚居。而在北京的撒拉族流動人口群體，自20世紀80年代末開始，陸續從青海循化地區來到北京，主要靠開飯館謀生，到現在已經有了300多家撒拉人開的飯館。[4] 大量來自邊疆民族地區的務工人員，具有流動性較大、文化層次較低、漢語水平不高等特點。除了民族風俗習慣、宗教信仰、語言文字等傳統因素長期存在外，流動人口與城市管理的摩擦增多。

個別執法人員的思想認識和工作理念不能適應新形勢下的首都民族工作，管理方式簡單僵化。隨著北京市少數民族流動人口成分增多，分散聚居，不同民族之間因經濟利益、風俗習慣等方面的差異導致的矛盾糾紛也必將會有所增多。因此，針對民族關係的協調事務將更加複雜，針對少數民族流動人口的服務和管理任務將越來越重，這給城市民族工作提出了新的更高的要求。

（三）城市管理與民族宗教問題交織，增加了城市民族工作的複雜性和不確定性

大批少數民族來北京務工經商，隨之而來的還有本民族的宗教習俗。少數民族在生活習俗與宗教信仰方面的特殊性，使其在增加首都民族文化多樣性的同時，也因差異性而容易產生糾紛，強化狹隘的民族和宗教意識。民族關係如果出現問題，就容易與宗教問題一起集中爆發，甚至迅速蔓延，引起連鎖反應，成為極端事件的「導火索」。尤其是北京作為一個國際化大都市，民族和宗教方面的對外交往活躍，各種民族宗教問題容易被境內外敵對勢力所利用——利用首都的「放大效應」製造事端。當出現涉及少數民族的矛盾和摩擦時，有可能把本是一般的社會問題放大升級，轉化成「民族問題」，造成一般問題的「泛民族化」，使得民族和宗教問題更加複雜多變。

近年來，北京市民族關係和諧穩定，繼續保持了團結和諧的態勢，沒有發生影響重大、性質惡劣的因民族宗教問題而引發的群體性事件。因城市改造、拆遷等問題偶發的少數民族矛盾糾紛，也都得到了很好的解決。但是，有的矛盾糾紛並不屬於民族宗教問題範圍，但由於社會因素與民族宗教問題交織在一起，致使問題複雜化。

另一方面，北京市少數民族分佈面廣、分散、雜居的特點日益突出，少數民族流動人口與城市管理的摩擦日益增多，均在不同程度上增加了民族關係的複雜性和城市民族工作的不確定性，從而對民族團結提出了更高的要求。

（四）民族工作社會化參與程度不高，城市民族工作法制建設滯後

隨著北京市各民族交往聯繫更加緊密，民族關係日益成為一種全社會範圍內的關係，深入到首都生活的方方面面，由此帶來的影響民族關係的因素也越來越多樣化、日常化和複雜化。城市民族工作已不再僅僅是民族工作部門的事，而成為城市管理工作的一個組成部分。當前，北京市的民族工作社會化參與程度不高，需要進一步加強對共產黨和國家的民族工作方針政策、民族知識的宣傳力度和效果，形成全社會的共同參與。

北京市的社會建設、流動人口管理等組織機構多設在市委系統，而民族工作則屬政府管理部門，加入不到市委系統的組織建構中，造成實際工作中得不到應有的重視。此外，城市民族工作的複雜性牽涉到方方面面，需要形成社會合力。民族工作部門不僅要善於發揮體制優勢，協調建立政府部門的聯動機制，也要善於整合配置社會資源，建立社會協作機制，聚社會之能，真正形成共產共黨委領導、政府推動、社會運轉、多方協同、大眾參與的工作格局，切實增強民族工作的整體性、協同性、合作性。同時，北京的民族工作還要承擔起與首都功能相對應的、面向全國少數民族和民族地區的工作，如流動人口的服務與管理、對口支援等延伸性工作。各城市民族工作部門之間以及政府之間、各城市與民族地區之間的合作配合已經成為現實需要。這就要求城市民族工作不能僅停留在傳統體系內部，必須拓展到更廣的社會領域，由分散的、部門化的、低層次的工作方式，轉向系統的、社會化的、高層次的工作方式。

當前，城市民族工作法制建設滯後。1993年國務院頒布實施的《城市民族工作條例》已經難以適應市場經濟體制的變化，對城市民族工作的管理缺乏可操作性，不能適應新時期北京市少數民族人口管理服務的新情況新變化。1999年施行的《北京市少數民族權益保障條例》也應加緊修訂，以適應民族工作的新形勢和新要求。

三、創新民族工作社會服務和管理的對策建議

北京的特殊地位和作用，使北京市的民族關係對中國民族關係的影響日益顯著，北京市的民族工作在城市工作和中國民族工作中的地位與作用越來越突出。面對新時期北京市民族工作的新形勢新任務，不斷加強和創新民族工作的社會服務和管理機制，做好北京市少數民族的工作，對全國的民族團結、社會穩定和經濟發展具有全局性的重要意義。

（一）充分發揮北京的政治中心、文化中心優勢，營造民族團結氛圍，構建和諧的民族關係

北京歷史上就是一個多民族共同居住的城市，各民族文化在此匯聚交融。持續增長的少數民族人口作為寶貴的人力資源和多元文化的承載者，帶來了豐富多樣、異彩紛呈的民族文化，為首都文化事業的大發展大繁榮源源不斷地注入活力。

在民族政策的宣傳上，要充分發揮北京市的政治、文化中心優勢，大力營造各民族「共同團結進步、共同繁榮發展」的輿論氛圍和文化包容的社會環境；貫徹「漢族離不開少數民族、少數民族離不開漢族、少數民族之間相互離不開」的思想；積極引導北京廣大市民和少數民族常住人口、流動人口樹立「北京是全國人民的首都」意識，發揚包容厚德的北京精神，充實「人文北京」的內涵；深入開展平等、尊重、關愛、融入的城市民族工作宣傳教育活動，宣傳少數民族在京創業的典型事跡。透過民族團結進步創建典型的培育和宣傳，營造各族人民互相尊重、互相學習、互相幫助，共享城市文明的良好氛圍，形成56個民族「共存共榮、共建共享、共進共識」格局；在大眾化的媒體上，加大對少數民族文化的推介力度，把少數民族文化引入主流媒體當中，並形成輻射效應；建立民族文化間的全方位交流模式，透過舉辦民族聯誼活動，拉近不同民族成員間的距離。透過舉辦「56個民族講壇」等喜聞樂見的多樣化形式，廣泛普及民族知識，不斷鞏固和發展「平等、團結、互助、和諧」的社會主義民族關係。

要多層次、立體化、全方位宣傳共產黨和國家的民族宗教政策,增強宣傳的針對性和時效性,提高全社會對民族宗教政策的認知,使共產黨和國家的民族宗教政策廣泛深入人心。從著眼「小社會」的宣傳向著眼「大社會」的宣傳轉變;從側重於特殊性的宣傳向以認同性為主導的宣傳轉變;從控制訊息式的宣傳向開放傳播型的宣傳轉變。圍繞這「三個轉變」,在範圍上由過去的以專職幹部和少數民族群體為主要教育對象,向民族團結教育進社區、進學校、進家庭、進企業、進社團拓展,提高民族宣傳工作社會化的程度;整合傳統的宣傳、教育、文化等方面,打破部門界限,爭取各方面的參與、支持和配合,形成多層次、立體化、全方位的「大宣傳」工作格局;加強對一線領導、基層幹部經常性的民族宗教政策和法規的學習教育;加強行業宣傳,對窗口服務單位、執法人員、社區流管員等一線人員進行宣傳培訓。

(二) 提高認識,加強組織領導,推動城市民族工作社會化

必須充分認識城市民族工作的重要性,徹底轉變忽視城市民族工作、將民族問題邊緣化的觀念。統一認識、形成合力,是及時化解涉及少數民族突發矛盾糾紛的保障。深化流入地與流出地政府之間的良性互動機制,進一步強化首都與邊疆民族地區的訊息溝通與協調配合。充分發揮當地民族宗教部門作用,有效地協調與合作,共同處置少數民族流動人口服務和管理中遇到的各類問題。總結以往涉及少數民族流動人口突發事件處理的成功經驗,形成更加成熟的工作機制;要充分發揮北京市民族工作部門的牽頭作用,建立健全公安、城管、工商、稅務等相關部門密切配合、齊抓共管的長效機制。充分發揮多部門「訊息共享、任務明確、各司其職、統一部署、協調行動」的整體優勢,形成城市民族工作的合力;建立涉及少數民族的突發事件預防和處置機制,及時妥善處理群體性事件,防止「消防隊」式的處理模式;加強對北京市少數民族情況的動態跟蹤、數據蒐集和調查研究,構建覆蓋全市的訊息監測網絡系統,定期研究新情況新問題,及時掌握各類訊息,為有效制定政策和推動工作提供依據和參考。

改革開放30多年來,中國各民族交往處於歷史上最為活躍的時期,眾多領域出現新的民族族際組合態勢,民族間直接經濟利益呈現多元化趨勢,

民族工作部門已無法僅靠自身力量,去應對點多面廣的複雜局面。從傳統的職能定位中跳出來,借政府之力,聚社會之能,把散雜居城市民族經濟社會發展的任務進行科學的「分解」和「轉移」,在「分解」和「轉移」中,建立起一個關於民族工作的社會協作機制,這就是「民族工作社會化」的內涵。要想做好散雜居城市的民族工作,一定要致力於提高民族工作社會化的程度。

在不斷推進政府機構改革的大背景下,民族工作部門的職能也要隨之深刻轉變,把民族工作從「部門推進」轉變為「社會推進」,將散雜居城市民族工作從零散的、部門化的、低層次的工作方式,轉化成系統的、社會化的、高層次的工作方式,要大膽到社會各個領域裡挖掘和配置新的資源,在新的層次上實現並擴展民族工作部門的職能。如:充分發揮北京市已有的民委委員制的作用,建立起整合與創新的工作機制;緊緊依靠區縣,使民族工作進入區縣共產黨政工作的統一部署;充分發揮各有關部門和社會力量的積極作用,實現「五個進入」,即透過民族工作進社區、進學校、進企業、進社團、進鄉村,提高民族工作社會化程度。在政府推動下,形成全社會共同支持和促進的良好局面,形成「共產黨委領導、政府負責、社會協同、公眾參與」的社會管理新格局。

(三)保障和改善少數民族生產生活,提高服務管理水平

保障和改善少數民族生產生活是城市民族工作的出發點和落腳點,是貫徹落實共產黨和國家的民族政策的具體體現。

首先,北京市要加快發展城市民族經濟,將其納入地方總體經濟規劃。透過出臺相關優惠政策,加大對城市民族貿易和少數民族用品生產定點企業的扶持力度,引導和鼓勵各民族群眾從事民族特需品供應、民族餐飲業等具有民族特色產業的生產經營活動,推進民族企業的產業化、規模化、現代化發展進程。

其次,要積極保障城市化過程中土地被徵用、居住被重組的少數民族群體的合法權益,尊重他們的生活習俗,構建覆蓋城鄉的民族特色服務體系,把少數民族權益保障落到實處。特別是對有特殊需求的群體,重點解決好「入

口」（清真飲食）、「入土」（殯葬）、「入院」（看病治療）、「入寺」（宗教活動）「四入」服務。隨著傳統的世居少數民族聚居格局被打破，少數民族社區的雜居程度進一步提高。在徵地和拆遷改造過程中，需要和城市規劃建設部門一同考慮少數民族的特殊性和宗教因素，使新形成的民族聚居區更為合理。如宣傳以牛街街道為代表的「相互尊重，團結互助，同步繁榮，共享成果」的典型經驗，將「為少數民族群眾提供系列化精細化服務」的理念和做法推廣到全市的街道社區，打造更多的「牛街式」街道。同時，注重保障被徵地少數民族的長遠生計問題。關注少數民族下崗職工和特困人口的實際困難，在解決其基本生活保障的同時，設法透過技能培訓等途徑為其創造再就業的機會。

對城市少數民族流動人口堅持以屬地管理為主，重視社區在城市管理中的基礎平臺作用，透過「屬地化管理、市民化服務」等方式，完善政策保障措施。在信教的少數民族流動人口集中地區，設立臨時宗教活動場所，統一規範管理，以滿足少數民族群眾宗教信仰的自由；加強對少數民族流動人口就業的「綠色通道」建設，保障少數民族基於風俗習慣的特殊需求。在履行市場監管、公共服務、社會管理職能時對各少數民族一視同仁，堅決制止在生產、經營、服務、用工等環節上的歧視行為。此外，在社會管理和公共服務部門應適當配備少數民族幹部，切實維護少數民族的合法權益。

進一步建立健全少數民族在京務工經商服務管理工作的機制。全市各部門、各區縣按照「平等對待、積極引導、加強服務、依法保護」的原則，主動幫助在京少數民族解決看病就醫、租住房屋、子女入學等方面的困難；充分運用市政法委、統戰、工商、綜治、流管、維穩、民宗、公安、對口支援與經濟合作等部門參加的組織協調機制，統籌組織開展服務管理工作；發揮貿易市場經營企業的作用，為來京的少數民族地區商戶提供經營平臺，創造經營條件，組織大商戶集中簽訂民族地區商品在京銷售，在市場安排上給予一系列優惠措施，使民族地區商戶「能進北京，能致富」。比如，新發地市場投資1000多萬元為來自新疆和田、喀什地區的120多名商戶建立了「維吾爾商戶之家」，一年內銷售新疆農產品23.86萬噸。

（四）強化法制建設，提高城市民族工作法治化和規範化水平

必須加快城市民族工作法制建設。原有的相關條例尚未上升到法律層面，而且許多內容與當前城市民族工作的實際已經很不相稱，對於城市少數民族的各種權益保護更多使用「可以、適當、傾斜」等主觀概念，缺乏可操作性標準。要加快城市民族政策法規的「立、留、改、廢」進程，結合城市民族工作的新變化、新情況，抓緊修訂1993年國務院頒布實施的《城市民族工作條例》，切實增強其針對性、實效性和可操作性，如增加對少數民族流動人口權益保障的規定規範。應盡快出臺國家《清真食品管理條例》《散居少數民族權益保護法》等相關法律法規，為城市民族工作提供有力的法律保障，確保新時期散雜居城市民族工作在一個更高的層面展開。

當前，北京市要逐步健全「地方性法規—市政府規章—各部門規章制度」的民族法制體系，使民族政策法規為各級共產黨委政府和社會各界所熟悉，以規範民族關係，推動民族工作制度化、規範化。加快配套行政法規和地方性法規的制定。如：清真食品的依法經營、市場監管問題及企業的優惠政策問題；回民公墓的設施條件問題；多種所有制並存下的優惠政策制定和實施問題。深入貫徹落實《北京市少數民族權益保障條例》等各項規定，由傳統的偏重於依靠政策辦事轉向政策指導下的依法行政，轉變「一事一議」「有事才議」的工作方式。在此基礎上，加緊修訂1999年施行的《北京市少數民族權益保障條例》，並與流動人口服務管理的法規相銜接、相配套。將少數民族流動人口的權益保障、政府部門服務和管理工作的職能、社區民族工作的法律地位等列入《條例》，使少數民族流動人口能夠依法行為，政府部門能夠依法行政，社區能夠依法自治。

此外，建立和完善民族政策法規執行情況的督促檢查監督機制，做到有法必依，執法必嚴，違法必究。在法律規範下，保證城市民族關係的鞏固與發展。同時，要完善其他領域涉及民族工作的法律法規，實現專門的民族法律法規與其他領域法律法規的有效銜接。如將民族宗教方面的信訪和突發事件納入法制化管理的軌道。堅持「兩是兩避」原則，即是什麼問題就解決什麼問題，避免問題複雜化；是什麼人的問題就解決什麼人的問題，避免問題

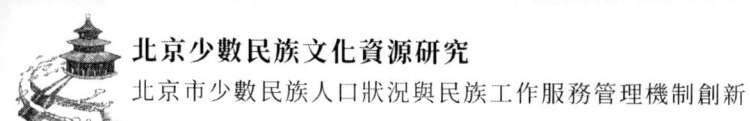

擴大化。對涉及少數民族的問題要準確定性，依法處理，維護法律的尊嚴和城市社會環境的長治久安。

試論少數民族對北京傳統民俗文化的影響

劉軍 [5]

北京是文化古都、歷史名城。從遼代開始，便逐漸成為北方乃至全國的政治、軍事和文化中心。首都的特殊地位，加之遼、金、元、清4朝為少數民族政權，使北京又成為邊疆少數民族文化與中原漢族文化的交匯之地。「無論她的都市風貌，還是文化內涵，都展現了五彩斑斕的民族特色。京師不但是政治中心，也是文化融匯中心」。[6] 因此，北京的文化，包括民俗文化，既不是普通的、一般的地域文化，也不是某個民族的單一民族文化，而是以漢族文化為主體，又融合了契丹、女真、蒙、回、滿、藏等少數民族文化而形成的多元文化共同體，是多元一體的中華民族文化的結晶與代表。

從北京的傳統民俗文化來看，不少民俗事項、民俗活動的形成、演變和發展，都曾深受少數民族，特別是蒙古、回、滿族文化的影響。可以說，北京的衣食住行、婚喪嫁娶、歲時節日、競技娛樂等傳統習俗中，都或多或少地熔鑄著少數民族文化的烙印。

一、滿族服飾文化對北京服飾民俗的影響

眾所周知，清代，在清政府「首崇滿洲」的政策下，滿族的服飾文化對北京乃至全國的服飾民俗都產生過重要影響。從北京的服飾民俗來看，其影響主要表現在5個方面：一是旗袍、馬褂等滿族傳統服裝的普及與全民化；二是男子髮型的改變，即「半蓬半留」、剃髮垂辮習俗的形成；三是女服衣襟、領緣、袖口等處裝飾的增加和「十八鑲」裝飾風格的形成；四是刺繡小掛件（民間俗稱「活計」，有七件一套的，稱「七件頭」，有九件一套的，稱「九件頭」。）荷包、扇套、眼鏡盒、扳指套等佩飾的流行；五是婦女佩戴絹花、絨花、紙花或鮮花習俗的興盛等。滿族服飾文化對北京服飾民俗的這些影響，是透過兩個階段、兩種方式實現的。

第一階段是清代初期,是透過清政府政治性、民族歧視和民族壓迫性服飾改革,即強迫同化的方式進行的。

清朝是以滿族統治階級為主體建立的封建王朝,清軍入關,定鼎北京以後,清朝政府立即開始了定服制、「易服色」的工作,把堅守和推廣滿族服飾制度作為「固國之本」「立國之經」。下令嚴禁漢人繼續穿著寬襟大袖的明代服裝,必須剃髮垂辮,改穿滿族的「旗裝」,如有違抗或逃避者「殺毋赦」。企圖以換裝易服為歸順降服的標誌,強制人們從衣冠、髮式到思想意識都承認並接受其統治。早在 1644 年 6 月 5 日,多爾袞率八旗軍剛剛抵達通州時,就發佈了「剃髮令」。[7] 此令一出,立即遭到漢族人民的堅決反抗。鑒於天下未定、時局動盪,滿族統治者被迫復準「天下臣民」「照舊束髮」。但一年以後,「剃髮令」再次頒行全國。其中提到:天下現已大定,「若不劃一,終屬二心,不幾為異國之人乎」?「自今佈告之後,京城內外限旬日」,盡令剃髮。「遵依者,為中國之民;遲疑者,同逆命之寇,必置重罪」,「即行傳諭京城內外」,「俾文武衙門官吏、師生、一應軍民人等,一體遵行」。[8]「天子腳下」的北京,剃髮易服令執行得最嚴。當時清政府派出剃頭匠,在西四、東四、地安門等各主要路口搭起席棚,甚至派出兵勇充當剃頭匠,挑擔巡遊於街巷之中,以響喚頭(舊時北京理髮匠用的一種長約三四十釐米、形似大鋼鐵鑷子的工具。使用時將一根粗鐵棍插入其間,快速由兩尖之間劃出,兩尖碰撞,發出一種特殊的聲響,以招人前來剪髮剃頭,故稱。)為號令,強行為仍然「攏髮包巾」者剃去前額頭髮,如有抗拒者,就地正法。因此,當時有「留髮不留頭,留頭不留髮」之說。剃髮令頒布之後不久,又有諭旨下達禮部:「官民既已剃髮,衣冠皆宜遵本朝之制。從前原欲即令改易,恐物價騰貴,一時措置維艱,故緩至今日。近見京城內外軍民,衣冠遵滿式者甚少,著舊時巾帽者甚多,甚非一道同風之義,爾部即行文順天府五城御史,曉示禁止。官吏縱容者,訪出並坐。仍通行各該撫按轉行所屬,一體遵行。」[9]此後,製作和出售明裝巾帽的店鋪被強令關停。在這種政治高壓和暴力威逼之下,很多人被迫留起了辮子,脫掉了祖祖輩輩穿著的寬襟大袖的漢裝,穿起了緊身窄袖的旗裝。

第二階段是清朝中後期,是透過民間長期潛移默化的影響,以自然同化的方式實現的。

清初的強制性服飾改革遭到了漢族人民的強烈反對,為了緩和因此而引發的滿漢間的民族矛盾,清政府只好做出讓步,採納了明朝遺臣金之俊的「十不從」(實際上是十從十不從,即男從女不從;生從死不從;陽從陰不從;官從隸不從;儒從而釋、道不從;娼從而優伶不從;仕宦從而婚姻不從;國號從而官號不從;役稅從而語言文字不從。)建議,剃髮易服主要針對普通的成年男性,而婦女、出家人及婚禮服、喪服等均可用明裝,保持漢族的傳統習俗。但此後由於京城滿族及蒙、漢八旗人口劇增,社會生活日趨安定,特別是經過「康乾盛世」,北京的經濟呈現中興繁榮之勢後,人們對清朝政府、對滿族文化的態度與觀念,逐漸由初期的抗拒、牴觸轉向認同與接納,滿漢文化實現自然的交匯與融合。不僅男子,很多漢族婦女也漸漸看慣了旗袍,穿起了滿裝。以至於到了辛亥革命以後,人們像當年抵制剃髮蓄辮和旗袍馬褂一樣,抵制民國政府的「剪辮令」。把青年人的「維新」服飾斥之為異端,極力維護傳統旗裝的正統地位。北洋政府和國民政府也順應當時民眾的生活習慣,將旗裝定為「國服」「禮服」。甚至五四新文化運動的先鋒——北京大學的學生們也將其定為「校服」。直到新中國成立以前,北京的男裝基本上是清代旗裝的變種——長袍的天下,女式旗袍也相當流行。即使今天,女式旗袍仍享有著「國服」「禮服」的榮耀,深受京城女性的青睞。

當然,滿漢服飾的影響是相互的,在影響漢族服飾的同時,滿族服飾在質料、工藝、式樣等方面也吸收、接納了很多漢族服飾的內容和特點。

二、蒙古、回、滿族飲食文化對北京飲食民俗的影響

飲食民俗是各民族民俗文化的重要內容之一,具有很強的穩定性、傳承性和播布性。歷史上,眾多的蒙古、回、滿族人遷居北京,帶來了本民族獨特的飲食習慣和烹調方法,豐富了北京人的飲食結構、烹飪方法,推動了「京菜」的形成和北京飲食業的繁榮與發展。

北京少數民族文化資源研究
試論少數民族對北京傳統民俗文化的影響

從飲食結構來看，蒙古族是傳統的畜牧業民族，素以牛羊肉和奶食為主。滿族則是農業和漁獵業並重，喜食玉米雜糧和山珍野味的民族。回族是伊斯蘭教民族，禁食豬肉，喜食並擅長烹製牛羊肉和各種麵食品。他們的飲食習慣、愛好和需求，影響、帶動了北京的市場和北京人的生活。清代，北京銷售牛羊肉、奶製品和東北地區土特產品的店鋪，尤其是羊肉鋪很多，羊肉的消費量很大。老北京賣羊肉的店鋪一般都設有一個床形的大木案，以便切割和攤放羊肉，因此而得名「羊肉床子」。經營羊肉床子的多為回民，但羊則主要來自京北長城之外的蒙古族地區，俗稱「西口大羊」。有些規模較大的羊肉床子為了降低成本，還設有飼養場，自己也飼養一些綿羊。羊肉床子不僅賣生肉，還製作燒羊肉及羊頭、羊雜碎、羊肉餡包子等熟食出售。當年燒羊肉、爆羊肚、雜碎湯等都是北京膾炙人口的風味食品。關於奶食品的情況，沈太侔《東華瑣錄》載：「京師筵宴，蒙回並列藩國，故筵前飲器，以牛乳為珍貴必備之品，上日御兩膳，大官光祿，別以金銀器蓄之。市肆亦有市牛乳者，有凝如膏，所謂酪也，或飾以瓜子之屬，謂之八寶，紅白紫綠，斑爛可觀。溶之如湯，則白如錫，沃如沸雪，所謂奶茶也。炙奶令熱，熟卷為片，有酥皮、火皮之目，實以山楂、核桃（仁），雜以諸果，雙卷兩端，切為寸斷，奶卷也。其餘或凝而範以模，如棋子以為餅；或屑為面，實以餡而為饽，其實皆所謂酥酪而已。」[10] 除肉、奶食品外，北京的米、麵類食品也有不少來自少數民族。如火燒、油餅、油炸果等原是回族食品；麵茶是蒙古族食品；灌腸、豆面糕、薩其瑪、芙蓉糕等是滿族食品。舊時北京有很多制售糕點及其他麵食品的「餑餑鋪」，不僅原料、製作方法多來自滿族，而且這「餑餑」之名也為滿語。「薩其瑪乃滿洲餑餑，以冰糖、奶油合白面為之，形如糯米，用不灰木烘爐烤熟，遂成方塊，甜膩可食。芙蓉糕與薩其瑪同，但面有紅糖，艷如芙蓉耳」。[11]

從烹飪方法來看，蒙、回、滿等北方民族的燒、烤、涮、煮、炖、炸等傳統烹飪方法也早已傳入北京，融入了北京人的生活之中。僅以燒烤為例，燒烤是北方遊牧、漁獵民族古老而普遍的烹飪方法之一。北魏賈思勰《齊民要術》中介紹的「胡炮肉」、《晉書·五行志》所記的「羌煮貊炙」，指的都是這種烹飪方法。蒙古族的食肉方法除煮制手扒肉外，常用的就是燒烤的方

法。古代，其燒烤的方法主要有兩種，一種是將乾肉條或鮮肉塊直接挑舉於火上烤熟。另一種是《元史》中所載的「掘地為炊以燎肉」，即掘地為坑，坑內燒柴，上懸架羊肉甚至整羊進行烘烤的方法。對此，《飲膳正要》還有詳細的記載：「羊一口帶毛。右件於地上作爐，三尺深，周回以石烤，令通赤。用鐵芭盛羊，上用柳子蓋覆，土封，以熟為度。」維吾爾族的烤全羊的方法也與此類似。長期生活在東北白山黑水間的女真人及其後裔滿族，也有用燒熱的石板、平底鍋或鐵簾子烤狍肉、鹿肉和豬肉的習俗。這些方法在蒙古、滿族入主北京後，都先後傳入北京，經過不斷的改進變化，形成了具有北京風格的燒烤食饌。《調鼎集》曾這樣記載北京烤全羊、烤羊腿的方法：「以整綿羊收拾干淨，挖一坑，以炭數百斤，生紅漸消，乃以鐵鍊掛整羊，其中四面以草皮圍之，不使走風氣味。過夜開出，羊皮不焦而骨節俱酥，比平常燒更美。若內仿做，即整羊腿肥羊以餅爐如法制之亦可。但火候須庖人在行耳。」

　　清代以來，不僅宮廷和豪門貴族的「滿漢全席」中燒烤占有重要位置，而且民間燒烤之風亦頗為流行。特別是清朝中葉以後，一些專營烤牛羊肉的攤點和店鋪陸續出現。烤肉的用具也進一步改進，鐵炙這種更易於烤制，又可傳果木香味的工具被普遍採用。每至秋冬季節，烤肉香飄北京城，成為北京食饌一絕和人們追求的時尚。在此基礎上還發展形成了一些著名的烤肉老店，如前門的正陽樓和北京的「烤肉三杰」：地處西單安兒胡同的「烤肉宛」、地處什刹前海東南角的「烤肉季」和先農壇四面鐘地方的「烤肉王」。並形成了京味十足的吃烤肉的兩種方法：文吃和武吃。文吃是由服務員將肉烤好後端上桌來，顧客慢慢品嚐。武吃是食客自立爐側，足蹬長條凳，持筷夾肉，邊烤邊吃。清人夏仁虎《舊京瑣記》載：「八九月間，正陽樓之烤羊肉，都人恆重視之。熾炭於盆，以鐵絲罩覆之，切肉至薄，蘸醯醬而炙於火，其馨四溢。食肉亦有姿式，一足立地，一足踞小木幾，持箸燎肉，傍列酒尊，且炙且啖且飲。」

　　除烤肉外，舊時北京還有一道源於滿族的著名風味菜餚「燒燎白煮」，也是用燒烤加白煮的方法烹製的。所謂「燒」指燒碟；「燎」指先用火燒烤至半熟，然後再洗淨入鍋煮透煮熟，切片上桌而食的「燎肉片」；「白煮」

是指放入清水鍋中煮熟，然後切片蘸醬油等調料食用的「白肉片」。[12] 是北京人常吃的家常菜。

從北京莊館飯店的發展繁榮和北京菜系的形成來看，回族人民清真飲食的影響和貢獻尤為鮮明。

清真飲食在北京的發展始於元代。明代，北京的清真廚行已是名師高手輩出，聲名顯赫。著名的就有「阜成門的廚子魏，德勝門外的廚子金，崇文門的廚子鮑，朝陽門的廚子黑」[13] 等。清乾隆年間，宮廷舉行盛大宴會時，已開始設置清真筵席。到了清末民初，北京的清真飲食業更加興盛和繁榮，當時著名的莊館就有「元興堂」「同和軒」「兩益軒」「同益軒」「同聚館」「西域館」「鴻賓樓」「暢悅樓」「慶宴樓」「白魁」「東來順」「西來順」「一畝園」等。各館之間同風同源，又各有所長，形成北京菜系中一個特色鮮明的重要流派——北京清真菜。

除上述這些大店名館外，當時北京城中還有許多回民經營的「羊肉床子」「饽饽鋪子」及大大小小的小吃店鋪、攤點等。前門外的門框胡同，就是老北京有名的回民風味小吃一條街。「白記豆腐腦」、香甜的年糕、醇香的復順齋醬牛肉、脆嫩無比的「馮記爆肚兒」等，每天都吸引著成百上千的老北京人紛至沓來，一飽口福。

老北京的回民廚師中，除自己經營或受僱於飯莊、飯館之外，還有從事「口子廚行」，專門「跑大棚」，應承紅白喜宴的。他們或「包席」（包工包料），或「散作」（只出工不包料），重質量，講信譽，勤懇勞作，精誠備至，以「大棚廚子」特有的方式直接參與北京百姓的生活，也為北京飲食業的繁榮與發展貢獻了力量。

三、蒙古族、滿族居住文化對北京居住民俗的影響

蒙古族、滿族曾先後入主北京一二百年，不僅對北京城市格局的奠定，而且對「胡同」「藍旗營」等街巷稱謂的形成、居民的分佈及相關習俗的形成等產生了重要影響。

三、蒙古族、滿族居住文化對北京居住民俗的影響

「胡同」是北京人對街巷的稱謂。過去北京的胡同達 3000 多條,像網一樣縱橫交錯,連接起所有的院落,組成了規模宏大的北京城。北京人也大都居住、生活在大大小小的胡同裡。

「胡同」產生於元代,「胡同」之名也並非漢語,而是蒙古語音譯,本作「衚衕」,後作「胡同」。「胡同」在蒙古語中是「水井」之意。蒙古族過去是「逐水草而遷徙」的遊牧民族,無論走到哪裡,首先關注的都是人畜生存所需的水。他們來到大都,定居在城市中,自然也要考慮水源問題,井泉是居民的生命之源。當胡同這種居住形式出現在大都,將原本分散在水井周圍村落裡的人們集中居住時,水井——「胡同」這一基本的居住條件便成為這種新式居住形式的代名詞,並相沿成習,傳承至今。胡同來自蒙古語,「藍旗營」「鑲白旗」「紅旗村」等地名則與清代八旗駐軍和滿族居民的分佈相關。努爾哈赤創立八旗制度以後,滿族人均被劃入旗籍。各旗之人相對集中居住,戰時為兵,生產為民。清軍入關進京以後,仍沿襲此制。於是,北京形成一種新的特殊的居住形式——「旗營房」,即八旗駐軍的軍營房。當時駐京旗營分護軍營、健銳營、圓明園護軍營、火器營等。護軍營八旗居城內,守衛京師。其中,正黃、鑲黃兩旗居北城,正白、鑲白兩旗居東城,正紅、鑲紅兩旗居西城,正藍、鑲藍兩旗居南城。[14] 其餘三營為「外三營」,駐紮在京城的西北郊。旗營房是兵民合一的地方,裡面的住戶全是「出則為兵,入則為民」的八旗子弟兵和家屬。營房的建築形式及內部的家具擺設等也保留了許多滿族傳統民居的特點,「口袋房,萬字炕,煙筒出在地面上」。1911 年,辛亥革命爆發後,北京各旗營紛紛解體,所居之旗營房多轉為居民區。現在,老營房雖已基本上見不到了,但附近仍有不少滿族人居住。而且,由各旗營的分佈而產生的地名也存在不少。除上述 3 個外,還有安定門外的「西營房胡同」,東直門外的「營房頭條」至十條,朝陽門外「南營房頭條」至八條;法華寺南「營房東街」「營房西街」「營房寬街」,阜成門外「北營房西里」「北營房東里」及「北營房中街」「北營房西街」和「南營房」等。

清政府為鞏固其統治,還曾在北京採取「滿漢分城居住」,「滿人居內城,漢人居外城」的滿漢分居政策,即把北京內城(今天的東城區和西城區)作為旗營地和貴族官員住宅區。而把原來住在內城的漢族人等趕到了外城居住。

這種滿漢分居的政策，使清代北京的城市格局和社區分佈截然不同於此前歷代，對北京的政治、經濟和文化生活都產生了重大影響。「久而久之，不但內外城之間的風俗迥別，就連內城的東西兩半部在風俗細節上也不盡相同」。[15] 乾隆以後，滿漢分居的規定雖有所鬆動，搬到內城居住的漢人逐漸增加，內城也慢慢地熱鬧了起來，但直到清末，搬到外城居住的滿族人仍舊很少。這也正是眾多清代王府豪宅均分佈在今東城區、西城區的原因所在。

四、滿族文化對北京競技、娛樂民俗的影響

滿族是一個精騎善射，在馬背上建功立業的民族。馬，在清王朝的建立及最初政權的鞏固中都立下了汗馬功勞。所以上至皇帝，下至普通旗人，為了繼承和保持民族傳統，也為了維護本民族的地位和統治，在對子女的教育中均提倡文武合一、「騎射教子孫」。正如康熙所說：「既為滿洲，則當遵滿洲職業，勤於騎射。」[16] 由於這種思想的影響，清代北京的騎乘之風很盛，且由初期的練功武備、強身健體，逐漸走向消閒娛樂、競技稱雄。許多王公權貴、官宦子弟紛紛加入其中。清中期以後，除京師八旗專用的教場外，北京已出現了永定門外娘娘廟、東便門外蟠桃宮、西便門外白雲觀、黃寺的北教場、釣魚臺的行宮、先農壇東牆外、安定門城隍廟等賽馬場。各賽馬場的比賽方法和規則不一，有走馬、跑馬、馬車、騎射等競賽項目。每到會期，還常有廟會相伴，觀者如雲，熱鬧非凡。

提籠遛鳥是北京人的生活娛樂習俗之一。人們養鳥，或為聽其聲，或為觀其形，或為訓練、把玩。這一習俗的形成和發展，也與滿族有關。滿族先世曾以漁獵為生，「鷹獵」是他們的重要生產方式之一。拉鷹（捕鷹）、飼鷹、馴鷹和放鷹（撒鷹捕獵）是男人們的必備本領之一。捕捉鳴禽，飼養之以聽音，是獵人們的業餘愛好。清軍入關，也將這一習俗帶入了北京。清代的北京，不僅宮廷設有「養鷹鷂處」和專門捕鷹、馴鷹的「鷹戶」，而且「玩鷹」「養鳥」也是不少王公貴族、八旗子弟的嗜好。當時，北京的十多萬八旗民眾除了「上則服官，下則披甲」，「惟賴俸餉養贍」外，被禁止從事其他職業。「八旗兵丁和閒散人等不時出獵，獵鳥是主要活動之一」。[17] 此後，捕鳥養

鳥者日增，且此倡彼隨，逐漸形成風氣，傳至滿漢各族和社會各階層之中，成為很多人的共同嗜好。不過，捕鳥之人始終以旗人為多。這些人中，有的是以消遣娛樂為目的，有的是不慣於供職服役，有的則因生計困頓而靠捕鳥賣鳥的收入來補貼家用。尤其是辛亥革命以後，八旗薪餉和季米皆斷，旗人只好自謀生路，於是不少人幹脆就利用自己的「特長」，當起了專業捕鳥人。當時「北京城內旗人、香山健銳營旗人、藍靛廠火器營旗人、城門附近營房旗人中皆有不少捕鳥為業者。到了四十年代末至五十年代初，老者大多逝去，阜成門北營房還有幾位老年旗兵業此，有德順（瓜爾佳氏，後改稱關順）、松年（人稱大松子）、英春（後以縫鞋為業，人稱皮匠）、成恩（行四，人稱四成子）及其他諸人一直未棄捕鳥生涯」。「旗人業此是很自然的，因為清代的八旗兵實即獵人部隊」。「八旗兵閒暇時攜鷹犬出獵，有時去捕鳥，早成習慣，所以後來以此為謀生之路，是很自然的。這當然也傳給北京漢族和其他族人，成為老北京的一項愛好活動」。[18] 應該說，滿族人的傳統習俗和清代特殊的社會環境，共同推動了北京「玩鳥」習俗的興盛和發展。

五、蒙、藏、滿族文化對北京歲時節日民俗的影響

老北京的歲時節日風俗，在繼承歷史傳統的基礎上，經過遼、金、元三代，又融入了一些北方民族的習俗。到了明清之際，特別是清「康乾盛世」以後，呈現出了「滿漢舍壁，蒙藏兼鑲」[19]的繁榮景象。

北京人愛喝臘八粥，這臘八粥本為「佛粥」。按佛門說法，臘月初八是佛祖釋迦牟尼喝此神粥而成道的日子，因此許多佛寺常於此日煮粥、喝粥。清代，實行尊崇藏傳佛教（喇嘛教）的政策，京師建了許多喇嘛廟。北京城內外寺廟林立，一到臘月初八便競相煮粥敬神。尤其是雍和宮，更以此為一年中之盛事。《燕京歲時記》載：「雍和宮喇嘛於初八日夜內熬粥供佛，特派大臣監視，以昭誠敬。其粥鍋之大，可容數石米。」其實，當時雍和宮的蒙、藏喇嘛們從臘月初一就開始搭棚疊灶，支起六口丈二大鍋，初七雞啼生火煮粥，到臘八拂曉出鍋。第一鍋粥獻佛，第二鍋粥進獻皇帝，第三鍋粥賞賜大臣，第四鍋粥敬奉施主，第五鍋粥賑濟貧民，第六鍋粥寺內僧眾自食。

後此風俗傳至民間，北京人不論貧富，家家戶戶「每至臘七日，則剝果，滌器，終夜經營，至天明時則粥熟矣。除祀先供佛外，分饋親友，不得過午」。[20] 以示共慶豐收。

自古以來，廟會就是都市居民的一種重要社會活動。這種活動既具有民間宗教文化特點，同時也是一種節令性的喜慶娛樂聯歡活動。老北京的春節廟會極為繁盛。每年正月，許多喇嘛廟都要舉行喇嘛打鬼的宗教儀式，無論旗、民都來觀看，久而久之，「打鬼」廟會融匯為北京的節日風俗。而且，以喜慶、熱烈、講究而著稱的北京的春節活動，歷來都是以黑寺、黃寺、雍和宮的「打鬼」為其尾聲的。

「打鬼」亦稱「送鬼」「打牛魔王」「攆鬼」，藏語稱「莫朗木多」，意為傳召送鬼。蒙古語稱為「跳布扎」，意為「驅魔散祟」。打鬼是藏傳佛教的一種旨在驅鬼求吉的宗教儀式，同時也是老北京的年俗之一。《燕京歲時記》載：「打鬼本西域佛法，並非怪異，即古者九門觀儺之遺風，亦所以禳除不祥也。每至打鬼，各喇嘛僧等扮演諸天神將以驅逐邪魔，都人觀者甚眾，有萬家空巷之風。」「打鬼日期，黃寺在十五日，黑寺在二十三日，雍和宮在三十日」。[21] 打鬼儀式共13幕，儀式結束，北京的春節活動也就徹底結束了。

另外，每年春夏之交的傳統廟會，如白雲觀、蟠桃宮、萬壽寺等廟會都有走車、賽馬的盛會，這其實都是滿族、蒙古族騎射習俗的遺風。

總之，北京的傳統民俗文化是漢、滿、蒙、回、藏等各民族文化交匯融合、兼容並蓄的綜合體。這種多元一體性特徵，又構成了其獨特性、豐富性和高品位的「極致」性。這種多元文化的接觸與碰撞、交匯與整合，是一個全方位、多層次和長期相互吸納、相互影響的過程；是北京的客位文化——少數民族文化，對主位文化——漢文化衝擊或滲透的過程；也是漢文化對少數民族文化的文化特質進行選擇、吸納和自我重組的過程。對其進行分析和研究，不僅對北京歷史、文化的研究和文化產業的開發有重要意義，而且對中華民族多元一體格局和民族關係史的研究也有重要的參考價值。

北京旅遊業現狀與未來

厲新建　陳麗嘉　張明曦　馬蕾[22]

■一、引言

　　旅遊業作為經濟社會發展的綜合性產業，是符合首都城市戰略定位的功能性產業。在已發佈的《國務院關於促進旅遊業改革發展的若干意見》《國務院辦公廳關於進一步促進旅遊投資和消費的若干意見》《北京市人民政府關於全面推進北京市旅遊產業發展的意見》《北京市人民政府關於促進旅遊業改革發展的實施意見》等一系列政策的支持下，北京市著眼首都城市戰略定位，圍繞建設國際一流和諧宜居之都的目標，努力將旅遊業培育成為首都經濟的重要支柱產業和人民群眾更加滿意的現代服務業，並取得了階段性的成果。

　　根據2014年福布斯中國大陸旅遊業最發達城市排行榜顯示：北京以豐富的旅遊資源，高質量的景區建設、飯店基礎設施等因素，位居全國旅遊發達城市之首，各項旅遊相關指標也高居第一或第二位。（見表1）然而旅遊資源數量以及星級飯店數量占優的北京，在入境旅遊人數的排名上卻位居深圳、上海以及廣州之後。雖然這與深圳、廣州、港澳之間存在較近的地緣優勢有關，但也在一定程度上反映了北京在入境旅遊方面仍然存在一定的問題。

表1　2014年福布斯中國大陸旅遊業最發達城市排行榜

排名	城市	所屬省份	入境旅遊人數排名	國內旅遊人數排名	旅遊外匯收入排名	國內旅遊收入排名	星級飯店數量排名	4A級以上旅遊景區數量排名
1	北京	北京	4	3	2	1	1	1
2	上海	上海	2	2	1	2	2	3
3	重慶	重慶	10	1	13	5	3	2
4	廣州	廣東	3	31	3	4	3	10
5	深圳	廣東	1	51	4	19	11	77

數據來源：《2014福布斯中國大陸旅遊業最發達城市排行榜》。

二、北京市旅遊業現狀分析

（一）總體情況分析

北京市旅遊業透過 30 多年的發展，形成了巨大的市場和產業規模，2014 年北京市旅遊業總體保持穩定健康發展，旅遊接待量和旅遊總收入同比增長。旅遊總人數 2.61 億人次，同比增長 3.8%。旅遊總收入 4280.1 億元，同比增長 8%。旅遊餐飲和購物額 2142 億元，同比增長 4.8%，占全市社會消費品零售額的比重為 23.5%。旅遊特徵產業完成投資額 614.9 億元，同比增長 1.2%，占全社會固定資產投資的比重為 8.1%。但是對比近幾年數據，可以發現存在以下兩個特點。

1. 國內旅遊人數增速有所減緩，入境旅遊人數降幅放緩

自 2010 年至今，北京接待國內旅遊人數呈逐年上升的趨勢，而入境旅遊人數與國內旅遊人數相比，呈現較大差異，增長勢頭較為緩慢，且在 2011 年之後呈現下降趨勢。（見表 2）

表 2　2010—2014 年北京市國內、入境旅遊情況

年份	來京旅遊人數	國內旅遊人數	入境旅遊人數
2010	18390.1	17900.0	490.1
2011	21404.4	20884.0	520.4
2012	23134.6	22633.7	500.9
2013	25188.1	24738.0	450.1
2014	26127.5	25700.0	427.5

數據來源：北京市旅遊委官方網站。

2014 年北京市接待國內其他省市來京旅遊者 1.56 億人次，同比增長 5.8%；本市居民在京旅遊人數 1.01 億人次，同比增長 1.2%，國內旅遊人數較之前增速有所減緩。全年共接待入境旅遊者 427.5 萬人次，同比下降 5.0%，降幅比上年縮小 5.1 個百分點，入境旅遊市場規模雖然處於下降趨勢，但下降幅度已逐漸降低。

儘管復甦中的世界經濟仍然十分脆弱而且不均衡，世界許多區域還面臨地緣政治和公共健康方面的重大挑戰，但根據世界旅遊組織公佈的相關數據，2014年的國際遊客數量依然創下了新紀錄。2014年到訪紐約的遊客數量達到了創紀錄的5640萬人，其中約有20%（1220萬人）來自海外。相較之下，北京市入境旅遊人數僅占北京旅遊接待總量不到2%，與「建設世界一流城市」的定位仍存在較大差距。

2. 國內旅遊收入持續增長，入境旅遊收入小幅下降

2014年北京國內旅遊持續增長，連續兩年保持了旅遊收入增速高於接待人數增速的勢頭。國內旅遊收入3628.9億元，同比增長8.9%，人均花費2324元/人次，比去年同期增長2.9%。平均停留時間4.99天，人均天花費466元，與上年基本持平。

受入境旅遊人數下降趨勢影響，2014年旅遊外匯收入46.08億美元，同比下降3.9%（折合人民幣283.1億元，同比下降4.6%）。受人民幣匯率以及國內物價變動影響，入境旅遊者在京旅遊人均花費1078美元，同比增長1.2%，人均天花費254.23美元，平均停留4.24天。

從花費構成看，國內其他省市來京旅遊者購物所占比重最大（28.2%），其次為餐飲（22.1%），住宿（20.2%）。入境旅遊者則主要花費在長途交通（27%）以及購物（26.7%）上。

（二）產業基礎情況分析

1. 星級飯店

截止到2014年底，全市共有星級飯店554家，其中五星級65家，四星級129家，三星級203家，二星級147家，一星級10家。全市星級飯店平均出租率57.6%，平均房價513.1元/間天。全年全市星級飯店營業收入255.9億元，比去年同期減少7.8%。

為何北京市星級飯店收入會呈現下滑態勢？一方面，受政策抑制公款消費影響，一些公務和政務團隊不能再選擇星級酒店了，對以公務旅遊、公務

會議、公務招待為主的酒店產生了較大衝擊。另一方面，飯店星級評定標準並不是強制性的，北京市許多有特色的、高規格的精品酒店並不熱衷於納入星級酒店的評選體系。在如今傳統酒店趨向飽和，個性化、多樣化消費逐漸成為主流的情況下，隨著北京文化精品酒店的逐漸崛起，星級飯店將不再是北京旅遊住宿消費的主要陣營。

2. 旅行社

2014 年底，北京市共有旅行社 1602 家。其中，有特許經營中國公民出境業務的旅行社 443 家。旅行社數量較多，但佈局較為分散，缺少真正國際性的旅行社大集團。2014 年全市旅行社接待入境旅遊者 109.8 萬人次，占入境旅遊者總數的 25.7%，同比減少 10.1%；接待國內旅遊人數 317.2 萬人次，占國內旅遊總人數的 1.2%，同比減少 0.7%。國內旅遊散客比重較大，達到將近九成。

北京市特許經營中國公民出境游業務的旅行社組織出境旅遊（首站）人數 410.2 萬人次，同比增長 23.9%。主要目的地為韓國、泰國、日本等地理位置相對較近且存在地緣文化優勢的傳統出境旅遊目的地國家。同時，受到馬來西亞航空公司 370 航班失聯的影響，透過北京市旅行社組織到馬來西亞旅遊的中國公民人數呈大幅度跳水趨勢，降幅達到 44.9%。（見表 3）

表3 2014年北京市特許經營
中國公民出境游業務的旅行社組織出境旅遊（首站）人數

項 目	2014年4季度	同比增長(%)	2014年1-4季度	同比增長(%)
出境旅遊人數	1090157	38.1	4101961	23.9
按主要前往地分				
香港	56099	-6.6	263195	-11.2
澳門	30799	40.7	133208	17.5
台灣	70852	29.5	270831	48.1
泰國	172828	49.7	471392	-27.2
新加坡	22500	4.4	106327	-35.8
馬來西亞	18230	-32.0	94059	-44.9
韓國	192865	83.9	737063	79.4
日本	123891	142.2	434798	132.4
德國	53298	74.4	194015	36.1
法國	74739	44.3	302222	33.6
義大利	67041	58.4	252712	31.3
瑞士	63961	41.4	244094	26.2
澳大利亞	28242	25.0	112155	-1.0

數據來源：根據北京市旅遊委統計數據整理。

3. 景區與鄉村游

旅遊景區（景點）在傳統六大要素中居於核心地位，是支撐旅遊產業發展的基礎。截止到2014年底，北京共有評A的旅遊景區（點）227個，其中5A級8個、4A級72個、3A級95個、2A級44個、1A級8個。全市A級及其他重點景區（點）共接待遊客2.87億人次（含年月票人數），同比增長7.3%；營業收入65.7億元，同比增長5.7%。從重點旅遊景區的管理機構來看，多以事業單位為主，發展動力不足；從旅遊產品體系來看，旅遊產品逐漸從觀光旅遊占主體地位轉向觀光旅遊、休閒渡假旅遊以及專項旅遊（鄉

村旅遊、會展旅遊等）協調發展，旅遊與文化、體育、商業等行業融合衍生的新型旅遊項目不斷湧現。[23]

其中，鄉村旅遊是北京市旅遊產業發展中的重要內容，鄉村旅遊需求促使了觀光農業、休閒農業的產生，而觀光農業、休閒農業是傳統農業向旅遊業的延伸，是旅遊業與農業融合發展的產物。2014年，時任中央農村工作領導小組副組長、辦公室主任陳錫文指出，中國鄉村旅遊的遊客數量達12億人次，占到全部遊客數量的30%，鄉村旅遊收入3200億元，帶動了3300萬農民致富。在北京市政府與北京市旅遊委的重視與關懷下，北京市鄉村旅遊發展已經初具規模，並呈現出多樣化發展的態勢，具有較大的發展空間。據北京市統計局、國家統計局北京調查總隊統計：截至2014年底，鄉村旅遊接待戶1.7萬戶，同比增加652戶，從業人員6.9萬人，同比減少2%。接待鄉村旅遊人數3825.4萬人次，同比增長2%；鄉村旅遊收入36.2億元，同比減少3.7%。

三、未來發展

（一）圍繞首都城市戰略定位，實現旅遊業可持續性發展

隨著中央關於「疏解北京非首都功能，推進京津冀協同發展」戰略思想的逐步推進，北京的城市功能將得到優化，更加強化城市的政治中心、文化中心、國際交往中心和科技創新中心的功能。而隨著相對低端、低附加值的經濟管理功能和服務功能的逐步外遷，也會使城市質量得到進一步提升。未來京津冀協同發展所主打的「4+N」產業格局會加快產業間的互聯互通，3地4個戰略功能區和若干個合作共享平臺的建設，會為區域以及旅遊業發展帶來更多的機遇和資源。所以北京旅遊業在今後的發展上，應擴大視野，敏銳地抓住新的機會，利用更多的優質資源實現自身的可持續發展。

新的城市戰略地位會為這裡吸引更多的產業類型和先進的科學技術，在資源和技術的雙向推動下自然會出現越來越多的產品以及與之配套的新的營銷方式及渠道。而新的變化會給北京旅遊人次規模帶來較大的增長空間，同

時也會促成供給能力的快速提升。未來北京旅遊業向高端化發展勢必會是一個重要的方向。

所以當務之急，就是要解決現階段北京旅遊業發展中依然顯著的一些問題。例如北京一日遊市場秩序混亂，其中存在的問題是多方面的，如旅遊者自身的防範意識薄弱、相關部門的市場治理方式以及公共服務質量水平有待提升等。是否可以利用未來發展的契機，從根源上解決此類問題？這就需要在供給側方面進行深化改革。同時，旅遊業作為活力性強的產業，隨著市場空間範圍的進一步拓展，如何更好地利用北京旅遊增長極帶動區域旅遊實現更大的發展，以及在旅遊業不斷擴散與其他產業的融合中更好地產生擴散效應，它的動力機制和具體路徑究竟該如何把控等問題，都是需要進一步觀察和評估的。此外，在旅遊規劃、土地規劃、城鎮規劃等規劃的銜接問題上也有很多壁壘需要去打破。

（二）重點建設世界一流旅遊城市

在未來，北京旅遊業發展的另一大目標應該是建設成為世界一流的旅遊目的地/城市，這就需要北京旅遊業盡快建立起產業自信，透過進一步加大市場開放力度，吸引更多遊客來此旅遊，特別是國外旅遊者。同時要迎合大環境下消費者的需求以及旅遊偏好，重點完善相關產業的融通以及加快公共服務設施的建設，以期透過營造更優良的環境來滿足旅遊者的需求，使其真正實現旅行的自由。只有遊客體驗滿意度達到了較高水平，才能說明該旅遊目的地已經達到了世界一流旅遊目的地的水準。

而如何實現這一目標，則可以從兩個角度來思考，即充分提升北京集聚性的吸引力和擴散性的影響力。所謂集聚性的吸引力是指由於旅遊城市的吸引力所產生的對全球旅遊市場的影響力，它主要表現為某旅遊城市所吸引的外國入境旅遊過夜人次數。就北京而言，近年來入境旅遊者人數基本徘徊在400～500萬之間，而對比倫敦、紐約、曼谷，基本人數差距是在兩倍左右。而從外匯收入水平來看，和這些世界旅遊城市的差距則甚遠。這其中可能存在數據計算口徑和指標設計不統一的問題，但就整體趨勢來看，不得不承認其中的差距。

而要解決集聚性吸引力問題，就要充分提升北京旅遊的擴散性影響力，即透過利用傳播的擴散性、創新的擴散性和管控的擴散性來實現其預期影響力。可以想見，在當前傳播媒體如此發達的環境中，如果無法透過各種全球主流媒體將自己推送到全世界各個角落，那顯然難以成為世界一流旅遊城市。所以就要透過產品創新、商業模式創新等方面對世界其他城市的旅遊發展產生足夠的影響，或者透過北京的旅遊類跨國公司向所在國家進行宣傳，從而產生一定的影響力。

四、建議

（一）完善旅遊發展基金的運作和使用

目前，中國正處於旅遊業發展的關鍵階段，為實現將旅遊產業培育成為國民經濟戰略性支柱產業的長遠目標，我們應從多個角度對於旅遊業的發展進行推動，包括設立並完善旅遊發展基金的運作和使用。旅遊發展基金的運作包含以下幾個重點：

第一，探索建立北京旅遊創業發展基金。人才是旅遊產業發展至關重要的因素，旅遊業兼具勞動密集型產業和智慧密集型產業的特點，但對於目前中國的旅遊行業而言，領軍型人才、高層次人才的缺乏是主要的短板，其次則是人才職業化水平以及整體職業能力的欠缺。針對這些問題，在北京旅遊發展的過程中，應該積極實施人才強旅戰略，透過包括旅遊創業發展基金在內的多種方式，促進旅遊創新創業人才在京落戶，搶佔未來旅遊產業發展的制高點，提升北京旅遊業發展的持續創新能力。

第二，在以鄉村旅遊為主的農村地區，政府要明確該地區的涉農資金可以集中使用，可以優先用於鄉村旅遊的發展與轉型升級項目。北京的鄉村旅遊經歷了自發發展、數量擴張、規範發展和品質提升幾個階段，目前呈現快速發展與品質提升並進的局面。由於北京的旅遊資源極為豐富，遊客不再滿足於簡單的「吃農家飯、住農家院、干農家活」的鄉村旅遊，從而形成了由鄉村景區、民俗旅遊村、休閒渡假村、觀光農業示範園以及鄉村節事構成的

鄉村旅遊產品體系。北京鄉村旅遊目前存在的問題包括產品標準體系的不完整、營銷方式落後、環境破壞嚴重、基礎設施不完善以及旅遊發展資金不足等。對於鄉村旅遊發展的資金問題，可以從兩個方面解決，一方面是引入社會資本，遵循市場規律，加大對於鄉村新業態項目的投資；另一方面則是透過政府對於鄉村旅遊發展的資金支持，包括涉農資金的使用，以發展鄉村旅遊基礎設施，促進產品開發、生態保護、宣傳營銷等。

第三，在北京旅遊未來發展的過程中，應當有方向、有針對性地對重點發展項目進行支持。應當在安排中央和北京市促進服務業發展、扶持中小企業發展、小城鎮建設、新農村建設、扶貧開發、節能減排、文化遺產保護以及其他與旅遊業相關的專項資金時，對市旅遊委確定的重點旅遊項目優先予以支持。

第四，制定旅遊發展專項資金資助企業評價標準，加強營銷資金使用的績效評估，可透過競爭性的方式對申請旅遊專項資金的企業進行資金分配，增強資金的管理水平和使用效益。

（二）促進文化旅遊的產業融合

文化旅遊是北京的核心旅遊產品，也是北京旅遊業可持續發展的根本所在。從北京旅遊的產業結構來看，北京一直以歷史文化類觀光旅遊產品為主。在中國目前已經獲得批準的31項「可接觸類」世界遺產中，北京就獨占6項，在全國範圍內首屈一指。但與此同時，北京的文化旅遊發展還有許多難以與市場需求相適應之處。

文化旅遊占據了北京旅遊產品的絕對統治地位，同時也造成了旅遊產品較為單一的局面。就目前來看，北京的旅遊產品大多由靜態的歷史建築遺產構成，而作為文化旅遊的另一個重要組成部分——北京旅遊產業中的演藝產品、節事活動、手工藝作品部分則較為欠缺，遊客過於侷限於幾個標誌性的旅遊景點，由此導致了北京旅遊的參與性不足，程式化現象比較嚴重，產業體系不夠健全。[24]北京旅遊在未來的發展中應當對資源的體系化挖掘予以重視，打破程式化的旅遊模式，尋求開發能夠承接這些標誌性景點遊客的衍生

消費能力的休閒性資源，並提供開放化的平臺，為人們實現旅行自由創造旅遊資源的空間。[25]

在北京以世界旅遊城市為目標的建設過程中，不僅需要強調中國特色，也應當從各個方面突出北京特色，重視人文北京的重要價值，將北京建設成為中國文化「走出去」的橋頭堡。北京特色主要源自城市傳統文脈的延續和文化特質的打造，文化創意應當成為打造北京城市新的文化特徵的重要方式。目前，北京文化的輸出體系尚未健全，許多傳統的藝術、文化以及技藝缺乏一個能夠向外展示的平臺。在北京旅遊未來的發展過程當中，可透過安排一定比例的資金用於公益性旅遊購物平臺的打造，為民間手工藝創意作品提供展示平臺。

此外，北京還應當繼續發展夜間的休閒娛樂消費資源。遊客們除去日間對於景區的參觀遊覽外，在晚上也希望能夠觀賞到富有文化意味的演出，美國的百老匯對於各國的遊客都有著巨大的吸引力，而北京作為一個旅遊城市，也應當滿足遊客夜間休閒娛樂的文化需求。目前，天壇演藝聚集區就吸引了不少遊客，從而為北京打造出一個文化旅遊的新的制高點。除了引進投資、建設旅遊演藝集聚區外，對旅遊演藝產品也要注意應用平臺戰略，為具有自我表現慾望的民間藝人提供演藝平臺，增加演藝產品的自我發展能力。

（三）探索城鄉聯動機制

城鄉一體化作為推進社會主義新農村建設與構建和諧社會的重要路徑，一直以來都是政府與學術界關注的重要課題，而旅遊業則是推進城鄉要素平等交換的重要平臺。城市旅遊與鄉村旅遊作為兩種不同的旅遊形式，在旅遊資源、交通通道、客源等方面卻有著很強的互補性與融合性。整合城鄉旅遊資源，加快城鄉旅遊互動開發，有助於縮小城鄉之間的差距，促進城鄉一體化建設，也有利於農村經濟的發展，以及為城鄉旅遊提供源源不斷的客源市場，促進城鄉文明的交流與傳播。

第一，旅遊作為一種空間行為活動，是旅遊者透過旅遊通道在旅遊客源地與旅遊目的地之間的空間雙向流動過程，以旅遊為紐帶，可以加強城鄉之

間的空間聯繫；第二，作為綜合性的現代服務業，旅遊業是實現城鄉產業互動的橋樑與紐帶，也是繁榮農村經濟、加快城鄉經濟一體化發展的具體途徑；第三，以旅遊為平臺，能夠推動城鄉公共資源的共享。因此，在北京未來的旅遊發展過程中，要以區域以及地方旅遊規劃為契機，統籌土地利用和城鄉規劃，合理安排城鄉空間佈局，統籌城鄉產業發展，優化產業結構，引導城市資金、技術、人才、管理等要素向農村流動，促進城鄉旅遊協調發展。[26]

城鄉旅遊的協調互動因素包括政府部門、旅遊企業、旅遊者和當地居民以及旅遊產業本身。第一，政府部門的政策推動能夠有效地促進人流、物流和資金流在城鄉之間雙向流動，帶動區域相關產業發展，從而推動城鄉之間的聯動發展；第二，旅遊企業也應當隨著北京旅遊的逐步發展開闢出新的領域與資源，與目前的市場需求相適應，城鄉旅遊的聯動發展擁有較大的市場潛力，能夠為旅遊企業帶來巨大的經濟與社會效益；第三，從旅遊者本身的角度來講，他們也願意前往與平時所居住的環境有較大差異的目的地旅遊，感受全新的文化氛圍，這也是城鄉旅遊互動發展的一大動力所在；而從當地居民的角度來看，旅遊業是一種投資相對較低且效率較高的綠色產業，旅遊業的發展往往能夠極大地提高當地居民的生活水平；第四，北京的旅遊產業經歷了長期的發展已經逐漸地走向了成熟與完善，鄉村旅遊需要城市旅遊業的帶動，也將促進城鄉旅遊之間的互動，成為一種持續的推動力。探索城鄉聯動機制，應當適當放寬城鄉之間的交易範圍，允許鄉村居民利用部分宅基地換取城市居民的資金，用於發展鄉村旅遊以及改善居住條件，以此推動鄉村旅遊的發展，並加強鄉村基礎設施的建設；相比之下，城市旅遊的發展較為成熟，城市居民可以在換得的宅基地上開發符合規劃要求的旅遊項目。第五，政府也應當給予鄉村旅遊適當的優惠政策，例如鄉村地區發展面向遊客的住宿設施、建設旅遊景點等旅遊項目，應給予減免稅政策優惠。

（四）嘗試在生態涵養帶建立休閒區

北京市生態涵養發展區包括門頭溝、平谷、懷柔、密雲、延慶5個區縣，是北京的生態屏障和水源保護地，是環境友好型產業基地，是保證北京可持續發展的支撐區域，也是北京市民休閒遊憩的理想空間。該區域擁有良好的

生態質量以及豐富的自然資源，是建立發展國家休閒區以及其他各類休閒區的良好選擇。

美國的國家公園系統一直以來都吸引了巨大的客流來訪，但由於國家公園自然資源的特殊性，其受到的開發限制較多，因此國家公園的發展對於周邊經濟帶動的能力相對較差。同時，國家公園的運轉、自然資源的保護也會為政府額外帶來財政上的負擔。美國的國家休閒區正是因此應運而生，國家休閒區是美國國土資源利用的一種新形式，其涉及的國土資源介於完全保護性公有國土資源與高密集度開發利用的私有國土資源之間，通常是擁有較好的自然與文化旅遊資源，由公私部門合作開發，可供民眾開展公共休閒旅遊活動的國土資源。國家休閒區主要面向國民的休閒需求，能夠提供多樣且充足的休閒設施與活動，同時也能夠降低國家公園系統的客流壓力，為當地居民提供福利。相對於美國的國家公園而言，休閒區更加適合國民休閒活動的需要，能夠在改善公共福利、帶動地區經濟發展和保護生態環境之間形成良好的平衡。[27]

在北京未來的旅遊發展中，可以借鑒美國的發展經驗，嘗試在生態涵養帶建立國家休閒區以及其他各類休閒區。與此同時，在未來的城市規劃中，應當運用全域旅遊的理念，對於空間的體系化發展予以重視，自覺圍繞休閒城市的相關標準來對城市設施進行規劃，提升城市服務；要充分考慮到居民與遊客的休閒需求，不斷改善城市的休閒環境，豐富休閒業態，活躍休閒方式，完善城市空間體系。

同時，在政策方面，對於休閒區的發展也應予以一定的支持，對於國家休閒區內的項目以及其他大型旅遊項目的景觀用地，要相應制定特殊政策，區別對待景觀用地與項目建設用地，為引進市場資金提供製度保障。

北京少數民族特色文化創意產業發展正當時

余梓東[28]　**牛頓**　**陳延豹**

　　文化創意產業作為文化、科技和經濟深度融合的產物，憑藉其獨特的產業價值取向、廣泛的覆蓋領域和快速的成長方式，被公認為 21 世紀全球最有前途的產業之一。少數民族特色文化創意產業是文化創意產業的重要組成部分，主要指以創作、創造、創新為根本手段，以少數民族特色文化內容和創意成果為核心價值，以知識產權實現或消費為交易特徵，為社會公眾提供少數民族特色文化體驗的具有內在聯繫的行業群。

　　北京作為全國文化的中心，近年來在市委市政府的高度重視下，少數民族特色文化創意產業有了很大的發展，呈現出不斷上升的發展趨勢。但與同類相關行業迅速發展的態勢相比仍顯滯後，尤其是在行業發展、空間佈局等方面，還有一定的發展潛力。

一、少數民族特色文化創意產業發展的現狀

　　隨著中國改革的不斷深入，少數民族文化從一種隱形的環境中開始向有形的形態發展，少數民族文化產業的概念也隨著文化生產帶來的經濟效益而愈來愈為社會所重視。北京是中國文化創意產業之都，文化創意產業發展一直處於領先地位，但是少數民族文化創意產業的發展卻不盡人意，認識的不足在很大程度上限制了其發展。

　　首先，少數民族文化創意產業相關政策導向力度不夠，產業資源分散，各類行業整合程度也不高。少數民族特色文化創意產業資源的載體具有突出的分散性。一方面，北京的目標是要建設具有全國輻射力的中國民族特色文化創意產業中心城市，其創意資源本身來源於全國 56 個民族的文化資源。另一方面，北京市少數民族人口分佈仍呈現出大分散、小聚居的特點，表明北京的少數民族特色文化資源載體具有典型的分散性。僅就民族藝術而言，

全國 55 個少數民族在長期的歷史發展過程中，創造了多姿多彩的文化藝術，要把它們整合起來並形成產業鏈，需要做很大的努力。

其次，少數民族文化創意產業市場運行體制缺乏活力，產業銜接度不足。北京少數民族特色文化創意產業企業經營單一業務的多，形成產業鏈的比較少，文化創意產業鏈組織化程度不高，存在著價值鏈環節短、增值不足、橫向鏈接不夠等問題，從而造成文化創意產業網絡體系相對單一的經營格局。從上游原創研發到中游生產製造到下游銷售發行等，尚未形成完整、順暢、高效、環環相扣的產業鏈，缺少綜合性的展示平臺。融資體系不健全，多元化的投資格局尚未形成。

最後，少數民族文化創意產業人才隊伍培養機制還不完善。總體來看，一般性文化產業人才不少，但高端領軍人才稀缺。調研顯示，北京少數民族特色文化創意產業人才還相對缺乏，創意人才的總量、結構、素質還不能適應產業快速發展的要求。產業研究尚處於初級階段，有些領域基本處於空白狀態。

二、少數民族特色文化創意產業發展的對策和建議

目前，少數民族文化創意產業發展已納入《北京市「十二五時期」少數民族事業發展規劃》。為認真貫徹落實共產黨的十七屆六中全會提出的「推動社會主義文化大發展大繁榮」精神，大力發展北京市少數民族特色文化創意產業，激發民族文化的創造力，可以從以下方面進一步探索。

切實加強宏觀指導和管理。發揮北京市文化創意產業主管部門和市民委的統籌協調作用，建立健全少數民族特色文化創意產業發展的協調推進機制，調動社會各種力量發展少數民族特色文化創意產業的積極性。進一步加強文化創意產業決策研究，建立健全研究成果轉化機制、少數民族特色文化創意產業統計制度和指標體系，建立少數民族特色文化創意產業專業管理委員會。

在貫徹實施北京市文化創意產業發展規劃的基礎上，研究制訂少數民族特色文化創意產業實施細則，完善配套政策。針對少數民族特色文化創意產

二、少數民族特色文化創意產業發展的對策和建議

業的重點企業，制定完善切合實際的分行業的扶持政策，增強政策的針對性和有效性。落實自主創新、促進產品出口、加強知識產權保護等方面的政策法規，為少數民族特色文化創意產業發展提供政策保障。鼓勵企事業單位及個體創意人員，利用一切符合文化創意產業生產規律的經營方式和組織形式，發展少數民族特色文化創意產業。

全面落實文化經濟政策，切實加大財政資金支持，建立少數民族特色文化創意產業專項基金。採取政府購買、項目補貼等方式，鼓勵創作生產弘揚優秀少數民族文化的產品。在確定由文化藝術專項資金扶持的項目時，向少數民族題材作品傾斜。大力扶持中小型少數民族特色文化創意產業發展，制定針對中小型企業的少數民族文化創意產業企業發展專項資金等相關政策，加大對數字內容、設計創意等新興文化創意行業中小企業的支持力度。鼓勵商業銀行重點支持中小型少數民族特色文化創意企業，支持社會力量建立風險投資和擔保公司，為少數民族特色文化創意產業中小型企業提供融資服務。鼓勵投資主體多元化，不斷完善多種經濟成分共同發展的少數民族特色文化創意產業格局。

加強文化發展基地、民族體育推廣基地、民族教育研究基地、民族醫藥研發基地等少數民族特色基地建設，盡快建立以少數民族傳統體育、民族文化藝術、民族醫藥養生為主要內容的旅遊休閒文化產業區。利用存量房地資源發展少數民族特色文化創意產業，鼓勵盤活現有產業園區和傳統工業區存量房地資源，結合傳統工業轉型和產業結構提升，優化配置資源，用於少數民族特色文化創意產業經營。

加強品牌建設，創新服務載體，提升服務質量。充分整合、利用北京乃至全國豐富的少數民族文化資源，透過挖掘、開發和利用北京地區多年積累的傳統歷史文化，包括會館、手工藝、中醫藥、餐飲文化、商賈文化等，重點扶持民族傳統老字號商貿、餐飲、中醫藥、京味特色旅遊、傳統工藝美術等文化精品。大力培育文化新品牌，積極創編國家級少數民族文化精品，重點打造培育北京音樂節、民族舞蹈節、民族電影節、民族體育節、民族書畫節、民族醫藥文化節、民族民歌節、民族美食節、民族風情節和民族社區文

北京少數民族文化資源研究
北京少數民族特色文化創意產業發展正當時

化節等系列少數民族文化精品和節慶活動。重點推動少數民族特色文化藝術、少數民族特色新聞出版、少數民族特色廣播影視、少數民族特色廣告會展、少數民族特色藝術品交易、少數民族特色設計服務、少數民族特色旅遊娛樂等產業的發展，每年重點推出至少一部少數民族題材的優秀電影作品，推出一批介紹民族文化的書籍和音像製品。

實施民族文化「走出去」戰略，鼓勵和支持少數民族文化創意產品和服務出口業務。積極開展國際交流與經濟合作，鼓勵文化企業開展境外投資活動與承接國際服務外包業務，支持文化產品和服務出口業務，對出口業績突出的企業予以獎勵。引導商業銀行重點對有效益、有還貸能力的少數民族特色文化創意企業自主創新產品或服務出口所需的流動資金貸款優先安排、重點支持。培育輻射國內外的少數民族特色文化創意產業營銷網絡體系。

建立健全少數民族特色文化產業知識產權保護體系，特別要保護好具有自主創新知識產權的文化創意成果。發揮文化創意產業促進組織和中介機構、行業組織的作用，積極支持各類文化經紀人和經紀執業人員開展針對少數民族特色文化創意產品的業務。充分發揮行業協會在少數民族特色文化創意產業發展和管理方面的作用，增強行業協會應對少數民族特色文化創意產業國際知識產權糾紛與訴訟的整體聯防能力。

完善少數民族特色文化創意人才培養機制。依託北京豐富的人文教育資源建立少數民族特色文化產業研究中心，支持在高等院校設立少數民族特色文化創意相關專業，重點培養少數民族特色文化創意研發設計、營銷管理和經紀人才。鼓勵企業與大學、院所聯合，建立一批產學研一體的少數民族特色文化創意產業培養基地。努力加強在職培訓，逐步建立教育培訓與崗位實踐相結合的少數民族特色文化創意人才培養機制。

北京市少數民族文化相關博物館調查

曲雁 [29]

「博物館」一詞起源於希臘語，意即「供奉繆司及從事研究的處所」。現代意義的博物館自17世紀後期出現，其後在世界範圍內迅速發展起來。博物館作為典型的文化機構，其功能主要包括：一是收集與保存；二是陳列與展覽；三是教育與知識養成；四是娛樂。[30] 博物館的理念始於西方，很多西方的博物館建立之初，都是以自然史博物館或民族志博物館為主。博物館文化不僅僅是歷史長河中鉛華的重現，更對人們審視現代社會現實，掌握未來方向具有十分重要的意義。新中國成立後，中國博物館事業也得到了快速蓬勃的發展，建成了眾多類型的博物館。

一、北京市博物館概況

北京作為文化之都，有著豐富的博物館資源，截止到2014年，北京地區註冊登記的博物館已達到171個，僅次於倫敦，成為全球擁有博物館數量第二多的城市。北京地區的博物館總體規模大、數量多、藏品豐富、陳列質量高、門類品種齊全、臨時和小型專題展覽內容廣泛。參考《走進博物館——北京地區博物館大全》[31]，可將眾多的博物館分為如下幾類：社會歷史類、自然科學類、文化藝術類。社會歷史類博物館，比如：中國國家博物館、首都博物館、北京鐘鼓樓、北京民俗博物館等，這類博物館主要透過各種展品和展覽，展示社會歷史及其發展變遷的訊息。自然科學類博物館，比如：北京自然博物館、中國科學技術館、國家動物博物館、中國地質博物館、北京天文館、中國鐵道博物館、中國航空博物館等，這一類別通常是小朋友們最感興趣的博物館，這些博物館中不僅有天文、歷史、地理、科技等知識展示，還有許多的互動遊戲體驗環節，真正實現寓教於樂。文化藝術類博物館，比如：中國電影博物館、中國美術館、中國現代文學館、炎黃藝術館等，這類博物館主要陳列展出一些珍貴的文化藝術作品。近年來，隨著博物館的大力發展，博物館的類型也在不斷豐富，出現了很多的新型博物館以及相關的博

物館研究,比如生態博物館[32]、專題博物館和各種行業博物館、少數民族博物館等。這些博物館作為原來綜合類博物館的補充,極大地豐富了博物館的展覽展示內容,也為觀眾的參觀和學習提供了更多的便利。

中國民族博物館(包括人類學、民族學博物館)的興建是與民族學的引進和傳播密切相關的。二十世紀二三十年代,隨著民族學研究在中國的開展,以蔡元培先生為代表的一批有識之士積極倡導籌辦中國自己的民族類博物館。創建於1914年的四川大學博物館(其前身為華西大學博物館)是中國第一個收集收藏、陳列研究西南地區民族文物的博物館機構,在該館所藏的民族文物中,以藏族文物為大宗。在北京的眾多博物館中,有幾個博物館是專門以民族文化為展示內容的,另外,還有很多綜合類博物館中也都設立了少數民族文化展示的分館,為大眾提供了學習和瞭解少數民族知識的場所。

本文將透過調研北京市與少數民族文化相關的博物館,彙集和整理相關的展覽展示訊息,探討博物館的教育功能,考察如何透過參觀博物館瞭解和學習少數民族文化知識,並在此基礎上,進一步建立和加強傳統文化的保護意識。

二、少數民族文化展示考察

民族博物館主要是指國內少數民族的專業性博物館或反映民族地區歷史文化的博物館。民族博物館是一個大的概念,凡是屬於民族方面的內容,利用民族文物和標本作為傳達訊息的主要手段,有專門的房屋、設備和業務幹部,有收藏的民族文物、標本,有經常向群眾開放的陳列展覽,都是民族博物館。具體包括中央的綜合性民族博物館、地方性民族博物館、民族學博物館、專題性民族博物館幾大類。

本調查主要圍繞北京地區的與少數民族文化相關的博物館,根據地理位置、交通狀況、展示內容等條件,綜合選取了8家提供少數民族文化相關內容的博物館作為田野調查點,所考察的博物館基本情況介紹如下:

1. 北京中華民族博物館（中華民族園）

1994年北園建成，對外開放。作為國內唯一一座以露天形式復原、收藏、陳列和研究中國56個民族文化、文物、社會生活的大型人類學博物館，是集中國各民族的傳統建築、民俗風情、歌舞表演、工藝製作以及民族美食為一體的大型民族文化基地。

2. 中央民族大學民族博物館（北京民族博物館）

1952年成立，是一座以校內教學為主的綜合性民族學博物館。新館目前基本陳列為：北方民族服飾文化廳、南方民族服飾文化廳、生活文化廳、宗教文化廳、臺灣少數民族文化展、校史展、中國少數民族古文字展，共7個展廳。館內收藏有各少數民族的文物、文獻典籍、服裝、生產工具等共14大類3萬餘件展品。

3. 北京服裝學院民族服飾博物館

2001年正式開館，是中國第一家專業類服飾博物館，也是集收藏、展示、科學研究、教學為一體的文化研究機構，收藏有中國各民族的服裝、飾品、織物等1萬餘件，還收藏有20世紀30年代極為珍貴的彝族、藏族、羌族人的生活圖片近千幅。

4. 民族文化宮博物館

民族文化宮建於1959年，內設展覽館、中國民族圖書館、博物館、大劇院、民族畫院等部門。民族文化宮博物館已徵集、收藏全國55個少數民族的文物約5萬件（套），圖片資料6萬餘幅，圖書文獻資料2000余冊，音像資料500余盤。舉辦了各種類型的民族文物、民族文化展覽和陳列百餘個。

5. 中國民族博物館

已籌備28年，正待立項建設。該館收藏的民族文物包括考古挖掘品、歷代傳世品和近現代各民族的生產生活用品、服裝服飾、宗教用品、工藝美

術品等，其中尤以黎族文物為重。博物館功能定位為薈萃中國 56 個民族燦爛文化，反映各民族團結奮鬥、共同繁榮發展的歷史。

6. 西藏文化博物館

2010 年建成開放，是目前唯一一座設在北京的西藏文化專業性綜合博物館，展品按照「見證西藏歷史」和「弘揚藏族文化」兩大主線編排。第一主線下設「多元一體」「嶄新紀元」兩個展廳；第二主線下設「智慧之匙」「藝海遺珍」和「雪域風情」三個展廳。展品包括歷史文物、佛像、唐卡、宗教法器、檔案文書等，約 2000 餘件。

7. 首都博物館

1981 年舊館建成開館，原址是「北京孔廟」。首博新館 2006 年正式開館，是北京一座重要的文化設施，主要分為基本陳列、精品陳列和臨時展覽三大部分：基本陳列有「古都北京·歷史文化篇」「京城舊事——老北京民俗展」；精品陳列有「古代瓷器藝術精品展」「燕地青銅藝術精品展」「古代書法藝術精品展」「古代繪畫藝術精品展」「古代玉器藝術精品展」「古代佛教藝術精品展」。以上陳列共展出館藏文物 5622 件。

8. 中國婦女兒童博物館

2010 年建成開館，是中國第一家以婦女兒童為主題的國家級博物館，館藏文物 3 萬餘件。展覽分為婦女和兒童兩大主題，設 6 個基本陳列和 5 個專題展覽。其中，女性服飾館展出了中國 56 個民族婦女的服飾。

以上各博物館綜合展示情況比較，請參見附表 I。民族博物館展示少數民族文化的方式，[33] 大致分為三種：一是透過文物、照片進行靜態的展櫃式陳列，這也是博物館最傳統、最直接的陳列方式；二是透過藝術手段，再現或還原少數民族生活中的某種場景和生活狀態，讓觀眾觀察、體驗和瞭解少數民族文化；三是透過數字化的展示方式，讓觀眾自行搜索、點擊、查詢所需要的少數民族音像、圖片和視頻資料。

以上 8 家博物館也是透過這些展示手段,展覽展示少數民族的建築、服飾、生活、宗教、文獻文物等,向大眾介紹和展示了多種多樣的少數民族文化。綜合情況分析如下:

1. 建築文化展示

中華民族博物館是一座微型民族景觀綜合體,在館區內可以一覽中國 56 個民族的建築文化,包括標誌性建築、民居樣式和生產生活用具等。有很多在《中國民族志》[34] 中出現的少數民族典型建築,都可以在這裡找到同比例原型。比如:白族的「三坊一照壁」、鄂倫春族的樺樹皮屋、黎族的船型屋、傣族干欄式村寨、侗族的鼓樓和風雨橋、藏族的大昭寺、納西族四方街等。透過參觀,觀眾可以對各個民族的建築、生活、生產、風俗、藝術、宗教等都有初步的感觀認識和瞭解。另外,在不同的開放日的各時段,還安排有各種主題活動和少數民族風情的演出節目,觀眾也可以參與其中,現場體驗感受民族藝術和文化風情,由此對各民族文化,尤其是少數民族文化有一個整體的觀察和瞭解。

2. 服飾文化展示

每個民族都有自己獨具特色的服裝服飾,民族服裝服飾是最鮮明的民族文化展示符號,又因絢麗多彩的造型和別具一格的工藝而極具觀賞性。中國少數民族傳統服飾一向以鮮明的色彩、精巧的工藝、多樣的款式、獨特的風貌著稱於世。[35] 因此許多博物館都設立了專門的民族服飾展廳,將其作為展現少數民族文化藝術的主要內容,但是展出的側重有所不同。比如中央民族大學博物館分別設立了北方民族服飾廳和南方民族服飾廳,重點展示了清朝年間各個少數民族的傳統服飾;北京服裝學院民族服飾博物館重點展出了苗族各個分支的傳統服飾,以及各少數民族獨具特色的織錦作品。根據中國的少數民族分佈特點,民族服飾也呈現出一定的特徵,中東南部地區整體服飾漢化影響較重,東北地區幾個典型少數民族,如蒙古族、鄂倫春族、達斡爾族、鄂溫克族等的服飾特點是主要以動物毛皮為原料的服裝服飾突出;西部地區民族服飾呈現幾大塊地域特徵,西北部新疆地區的維吾爾族、回族、哈薩克族、塔塔爾族等的突出的帽飾;西部的西藏地區的藏族、門巴族等,因

吐蕃王朝時期受到漢族的影響，服飾呈現出了一些漢藏融合的特點；[36]西南部各民族多起源於三苗，受苗族服飾影響，服飾多以黑色為美，並配以華麗的銀飾品。透過觀看各個博物館展出的少數民族服飾，並聽取解說員的講解，以及閱讀展廳內電子設備滾動播放的內容，觀眾可以對少數民族服飾有初步的認識，進而瞭解各個民族的特色風貌。

3. 文獻文物展示

少數民族文獻和器具展示，也是很多博物館的重點展示內容，比如：中央民族大學博物館和民族文化宮博物館中，都館藏了很多的少數民族文獻典籍和民族文物，觀眾可以看到彝文經、東巴經、貝葉經等。另外，在中華民族博物館還設立了傳統農具展廳，展示了中國的傳統農業文化，包括種植業、林業、畜牧業、水產業、手工業等。觀眾透過觀看展覽，可以對中國各少數民族的傳統生計生活有更加直觀的認識和感受。

4. 宗教文化展示

宗教文化是各民族文化的重要組成部分。首都博物館的古代佛教藝術精品展中共展出佛像262尊，展示了漢傳佛像藝術和藏傳佛像藝術在中國漢族、藏族地區發展、演變的脈絡和形成的不同的文化藝術風格。另外，西藏文化博物館則系統地梳理了西藏的歷史、經濟、政治和文化特徵，其中運用了很多的圖片資料，對達賴喇嘛和班禪額爾德尼活佛轉世系統，以及重要的金瓶掣簽制度進行了詳細的介紹。[37]觀眾透過觀看展覽，可以對西藏歷史和藏文化的重要內容有基本的瞭解。

5. 臨時專題展覽

臨時專題展覽也是各博物館的主推項目，比如民族文化宮2016年舉辦了「中國民族古籍再生保護成果展」「美麗德宏·相約——北京非物質文化遺產展示」，中央民族大學博物館的「臺灣少數民族展覽」等，都從不同的立意和角度，全方位地展示了各民族文化。

民族博物館是一個國家和民族地區科學文化水平的集中展示，是歷史文化遺產和自然遺存、標本的收藏和宣傳教育機構，它不僅對本國人民起著社

會教育的作用，而且對外具有介紹中國、讓國外人士瞭解中國、增進國際交往的功能。在當前日益頻繁的國際交往中，參觀民族博物館已成為一種時尚。參觀民族博物館，可以用很短的時間，獲得一個國家、一個民族或地區的歷史、文化、物產、地理、風土民情方面的知識，開闊眼界，增進情誼，為日後進一步聯繫交往疏通渠道。透過參觀這些博物館，觀眾可以瞭解少數民族文化，獲得民族知識，更能欣賞到少數民族風情。但是，筆者透過對以上 8 家博物館的考察和研究發現，其在少數民族知識普及等方面普遍存在著很多的問題。

二、少數民族知識普及的優勢和劣勢分析

收藏、研究、展示、教育和娛樂是博物館的傳統功能，但是教育功能還有待創新。寒假裡，筆者對帶孩子參觀以上 8 家博物館的家長們進行了個案訪談，得到的反饋多是參觀博物館開闊了孩子們的視野，但是，上述 8 家博物館在少數民族知識普及方面普遍具有一些優勢和劣勢。

優勢方面而言，多數博物館都是在國家和政府的大力扶持下興建起來的，空間開闊、館藏豐富、展品種類多樣。佈景式展示，將少數民族的生活栩栩如生地展示在觀眾面前；參與式活動，使觀眾可以參與到活動中，身臨其境地感受民族文化的魅力。另外，很多博物館都提供了內容詳實的網站資料介紹，並在博物館內配備了多媒體現代化設備供觀眾使用，還開設了專門供兒童體驗的各種動手活動區，使觀眾們的整體博物館參觀體驗感越來越好。

但是，缺點也比較明顯：一是很多博物館的館藏內容比較單一，以少數民族服裝服飾展示為例，僅僅是簡單用卡片標明了屬於哪個民族的服裝，沒有配以更為有趣的文化知識介紹；二是陳列形式簡單、保守、陳舊，觀眾無法獲取更多有用的知識訊息；三是活動設計簡單，缺少新意，無法激發觀眾的興趣；四是講解內容空洞無趣，無法給參觀者，特別是小孩子留下印象。最終，使觀眾們只能走馬觀花地瀏覽一下博物館，很難獲得更多有用的關於少數民族文化知識的訊息。

三、與國外博物館利用比較

西方博物館整體發展水平比較高，和我們的博物館比較，具有一些領先優勢。首先，國外的很多知名博物館都已經實現了數字化展覽，觀眾可從網上獲得有關展品的詳細訊息，這樣，觀眾在參觀前就可以提前查閱相關資料，做好準備工作。世界幾大知名博物館還有自己的 APP 應用，方便觀眾進行訊息搜索和學習。其次，在歐美，中小學生都非常重視博物館學習，學校和家長都會為孩子們預留參觀博物館的時間，並制定學習計劃，而博物館也會為孩子們安排固定的參觀時間，提供相應的有針對性的學習任務計劃書，使孩子們可以有針對性地學習。最後，國外博物館的整體展示設計，也有很多可供學習的地方。以墨西哥國立人類學博物館為例，它是人類學專門性博物館，館內收藏和展出的主要是古代印第安人文明遺產。博物館的整體建築與展品風格、考古發現與實景復原、人物服飾與生活場景相結合，給觀眾帶來強烈震撼的視覺效果和文化衝擊。相比之下，我們的博物館整體設計還有很多可以改進的地方。

四、思考和建議

筆者透過參觀和考察上述 8 家博物館，並分析博物館對少數民族文化和知識普及的意義，建議相關博物館根據觀眾需求調整改變現狀，更好地利用博物館資源和優勢服務社會。如博物館可在展覽形式、展示手段、應用效果、客戶服務等方面作出改進：

①增加數字化展覽內容，使內容介紹更加豐富、詳實，講解更加有趣；

②加入現代化手段，如電子屏換衣服、兒童迷宮、藏寶、蓋戳等內容；

③編制類似《中國地圖》[38] 的有趣的《中國民族志》普及版，使孩子們在參觀前普及相關民族的基本特徵知識，並留下思考問題，讓孩子們繼續思考探討；

④充分利用博物館本身的資源和優勢，吸引與學校、機構的合作；

⑤國家增加政策扶持，開辦更多免費講座。

四、思考和建議

人類學、民族學是研究人類文化的學科，而博物館正是很好地展示各種文化內容的窗口，如何將文化的研究內容，更好地透過博物館展示出來，普惠大眾、實現文化教育的目的，應該成為民族學中的博物館應用和研究的方向。希望北京的眾多博物館由一座座神秘的冷冰冰的空城堡，真正變為大人和孩子們瞭解少數民族文化知識的寶庫，更好地培養和提升人們的文化遺產保護意識。

附錄：各博物館綜合展示內容比較情況如下：

博物館名稱	館址	圖片介紹	民族建築	民族服裝	民族飾品	生產生活相關	藝術文獻相關	宗教相關	民族表演	臨時展覽	開館時間	網址
中華民族園	朝陽區民族園路1號	√	√	√	√	√	√	√	√	√	全年（除特殊節假日）	www.emuseum.org.cn
北京民族博物館	海淀區中關村南大街27號	√		√	√					√	8：30—17：00，每週一、二、四對外開館	
北京服裝學院民族服飾博物館	朝陽區和平街北口北京服裝學院綜合大樓3層			√	√					√	8：30—11：00，13：30—16：30，每週二、四全天，週六下午對外開館	
民族文化宮博物館	西城區復興門內大街49號	√		√	√					√	9：00—16：00，不定期舉辦臨時展覽	www.cpon.cn
中國民族博物館	無對外開放的展館，辦公地址：海淀區倒廟1號院									√	與機構合作舉辦各類臨時展覽活動	www.cnmuseum.com
西藏民族博物館	廣安門外大街305號	√				√	√			√	9：00—16：30，每週二、四、六對外開館	www.tibetculture.net
首都博物館	西城區復興門外大街16號	√				√	√			√	9：00—17：00，週一開館	www.capitalmuseum.org.cn
中國婦女兒童博物館	全國婦聯大樓北側	√		√	√					√	9：00—16：00，週一開館	ccwm.china.com.cn

21世紀以來中央臺春晚少數民族類節目及其特點

才丹華姆[39]

自1983年開辦至今,中央電視臺春節聯歡晚會(簡稱央視春晚,或直接稱為春晚)可以說是中國規模最大、最受關注、收視率最高、影響力最大的綜藝性晚會。春晚中的少數民族節目也是精彩紛呈,令人回味無窮。本文集中分析了自2000年以來央視春晚少數民族類節目的構成及其特點。

一、21世紀少數民族類節目綜述

1.2000年—2009年

2000年春晚共有37個節目,少數民族類節目的表演順序是第十七位,節目全稱為《愛我中華》。由趙薇、景崗山、孫國慶、韓磊、江濤、郭蓉、朱軍和哈薩克族、蒙古族、藏族、回族、朝鮮族表演團體聯唱聯奏,民族歌手用本民族語言演唱漢族歌手的歌曲,漢族歌手使用樂器彈奏各民族音樂。2001年春晚共36個節目,少數民族類節目是第十位,是以民歌對唱的形式進行表演。分別是歌曲《侗族大歌》、維吾爾歌曲《琴努裡》、由斯琴格日樂演唱高山族民歌《無字歌》、彝族歌曲《回家》、回族歌曲《花兒與少年》、藏族歌曲《三朵花》和騰格爾演唱的《蒙古人》,除了《無字歌》之外,其餘歌曲都是本民族歌手透過漢語歌唱的。

2002年《民歌新歌接力唱》在北京和深圳兩地場地同時進行,在北京演播廳由湯燦帶領來自青海的藏族服飾表演隊演唱《在那東山頂上》,之後在深圳場地由艾斯卡爾、慷巴爾汗、古麗夏緹用漢語演唱維吾爾歌曲《美麗》,緊接著在北京演播廳由一群來自藝術學校的小朋友表演蒙古族舞蹈《歡騰的小馬駒》,鏡頭再次切向深圳,由劉媛媛、陳思思演繹了高山族歌舞《娜努灣情歌》。2003年少數民族類節目在42個節目中排第三十七位,索朗旺姆、容中爾甲、德西美朵、高原紅組合演唱了《舉起歡樂的酒杯》,阿里郎組合

演唱了《阿里郎》，斯琴格日樂演唱了《暖吉婭》，劉斌、古麗巴哈爾·吐爾遜演唱了《新疆好》，呂繼宏、李丹陽演唱了《中華美中華親》，演唱基本上都是使用本民族的語言。

　　2004年39個節目中少數民族類節目排在第三十八位，歌舞組合《迎春放歌》由朝鮮族歌手金海心和阿里郎組合、藏族歌手索朗旺姆和阿佳組合、蒙古族歌手斯琴格日勒和愛藝斯組合、維吾爾歌手艾爾肯和天山雪蓮組合、彝族歌手阿木和山鷹組合用漢語演唱了本民族的歌曲。2005年有兩個少數民族類節目，在38個節目中分別安排在第六位和第三十一位。第六位的《爭奇鬥艷——民族風》表演了苗族鼓舞、哈尼族木屐踢踏舞、藏族弦子舞、壯族舞蹈、維吾爾族旋舞、朝鮮族長鼓舞、蒙古族筷子舞。其中哈尼族首次以單獨民族身份在春晚表演節目。第三十一位的《聞雞起舞——請茶祝酒拜大年》，由魏金棟、夢鴿、游晴、胡圓飛、吳春燕、馬小晨、曾小燕、艾爾肯、天山雪蓮組合、李瓊、螞蟻組合、斯琴格日勒、王莉、霍勇等透過漢語進行大聯唱。

　　2006年的31個節目中也同2005年一樣，有兩個少數民族類節目，分別是由布仁巴雅爾、烏日娜和英格瑪演唱的歌曲《吉祥三寶》，和《燃情金曲》中克里木、呂薇演唱的《花兒為什麼這樣紅》。分別安排在了第十一位和第十七位，但是這一年沒有民族大聯歡的表演形式。2007年的33個表演節目中有3個少數民族類節目，分別是排在第二位的歌組合《歡樂和諧·民族情》，由藏族香格里拉組合、朝鮮族歌手卞英花、彝族歌手李懷秀和李懷福、彝族新稻子組合、維吾爾歌手阿爾法、蒙古族歌手齊峰、苗族歌手阿幼朵和苗族朵蝶朵阿組合分別用漢語演唱了本民族的酒歌。第九個節目《歡樂和諧·家鄉美》聯唱時，藏族歌唱家才旦卓瑪、宗庸卓瑪和茸芭莘娜用漢語演唱了《雪蓮獻北京》。還有第二十個節目，由西藏自治區拉孜縣農民藝術團的演員表演的舞蹈《飛弦踏春》。

　　2008年總共有36個節目，其中第二十一個節目是由不同民族老藝術家代表和青年歌唱家演唱各民族的著名歌曲。分別是祖海和黃婉秋演唱的壯族歌曲《盤歌》，克里木和陳思思演唱的維吾爾歌曲《你送我一枝玫瑰花》，

才旦卓瑪和蔡國慶演唱的藏族歌曲《逛新城》，德德瑪與五彩傳說演唱的蒙古族歌曲《美麗的草原我的家》，郁鈞劍和蔣大為演唱的朝鮮族歌曲《紅太陽照邊疆》。2009 年的 39 個節目中只有一個主要展現少數民族歌舞的節目，即第二十八位出場，由土苗兄妹組合和畢卡茲組合表演的民俗舞蹈《山鄉春來早》，這一年中沒有民族大聯歡形式的表演。

2.2010 年—2016 年

2010 年的 39 個節目中有兩個少數民族類節目，其中一個是第十三位出場的《民族歌舞大串聯》，另一個是第三十五位出場、包含在《歌組合》中的由索朗扎西用漢語演繹的《姑娘我愛你》。《民族歌舞大串聯》由陳春燕演唱、雷瀅用獨絃琴演奏了《壯鄉美》，由蒙古族歌唱家齊峰演唱、東方神駿組合手拉馬頭琴演奏了《我和草原有個約定》，藏族歌唱組合香格里拉組合演唱了《卓瑪》，回族歌手馬忠華和撒麗娜演唱了《妹妹的山丹花兒開》，維吾爾族歌手艾海提巴克·卡地爾、夏熱帕提·熱合滿與和田地區歌舞團共同表演了《幸福生活亞克西》。2011 年的 31 個節目中，五大民族歌舞《幸福大家庭》安排在第五位表演場次，分別是安達組合、內蒙古民族歌舞劇院表演的蒙古族歌舞《吉祥頌》，寧夏歌舞團表演的回族舞蹈《數花》，廣西藝術學院舞蹈學院表演的壯族歌舞《美麗的姑娘》，新疆藝術劇院歌舞團表演的維吾爾族歌舞《刀郎麥西來甫》，西藏山南地區扎囊縣農牧民演員和西藏日喀則地區民族藝術團表演的藏族歌舞《歡歌起舞》，都是使用本民族語言進行表演。

2012 年的 39 個節目中，少數民族類節目是零點倒計時之後的第一個節目，即第三十三個。節目類型為混合無單一民族單元的民族歌舞群演，由玖月奇蹟演唱《中國美》，萬瑪尖措、玉米提、賽娜、薛一村子等領舞。2013 年的 40 個節目中，沒有專門的少數民族歌舞表演單元，但獨龍族歌手阿普薩薩作為《直通春晚》三強選手之一，在第二十三個節目《歌曲聯唱》中演唱了土家族民歌《山路十八彎》。

2014 年共 38 個節目，少數民族歌舞《歡歌》在第三位出場，五個民族用各自的民族語言演唱了各自的民歌。其中壯族歌手韋晴晴演唱了《敬酒

歌》、蒙古組歌手薩其拉手拉馬頭琴演唱了《酒歌》、歌手馬小明演唱了回族花兒《雪白的鴿子》、維吾爾族歌手玉米提演唱了《阿依合尼木》、藏族歌手次仁央宗帶領青海省玉樹州民間風土歌舞團表演了《雪域歡歌》。蒙古族歌手烏蘭圖雅和烏日娜海在第三十三個節目中單獨歌唱了《套馬桿》。2015年的36個節目中，56個民族創意服裝秀《大地春暉》是第二十九個節目，也是零點過後第一個節目，分別具體展現了回族服飾、蒙古族服飾、藏族服飾，以滿族、朝鮮族、鄂倫春族為代表的東北民族服飾，以維吾爾族、哈薩克族、柯爾克孜族、塔吉克族為代表的新疆民族服飾，以苗族、侗族、彝族為代表的南方諸民族服飾，最後在《茉莉花》的曲子中謝幕，幾乎涵蓋了56個民族的服飾。

　　2016年春晚比較特別，有一個分會場就設在蒙古族地區的呼倫貝爾，由馬躍和歐仁圖雅主持，內蒙古分會場主要展現民族特色和北方地區人民過年的民俗。民族大聯唱是第二十八個節目，分別由維吾爾族歌手馬依熱·艾買提江、玉米提演唱《賽乃姆》，壯族歌手汪小敏、謝源演唱《相愛嫌時短》，回族歌手蔣欣、杜淳演唱《美好的祝福掛心上》，蒙古族歌手烏英嘎、阿雲嘎演唱《圓頂帽子》，藏族歌手曲尼次仁、扎西頓珠演唱《白氆氌黑氆氌》，在10個民族青年歌手用母語領唱結束後，56個民族全體舞蹈演員表演了大合唱《在你偉大的懷抱裡》。在主持人的銜接中，攝像機轉向了內蒙古呼倫貝爾會場，分別由五彩呼倫貝爾兒童合唱團演唱了《酒歌》，布仁巴雅爾、烏日娜、諾爾曼、金山演唱了《春天來了》，雲飛、圖雅娜莎演唱了《守望相助》。

二、21世紀春晚少數民族節目現狀

　　「少數民族節目主要是指由少數民族演員演出的具有民族元素、反映民族風俗和特色的單獨或群組式的節目」。[40] 春晚的少數民族節目，是體現民族大團結、歡慶大團圓的歌舞節目。中國作為一個多民族、文化多元的國家，少數民族登臺表演也體現了國家的團結、穩定、繁榮，體現了56個民族是一家。

1. 表演形式

21世紀以來的16年中，除了2006年、2009年和2013年之外，都有民族大聯歡的表演形式，在最近的3年中，表演的民族都用自己的語言演唱歌曲，可以判斷民族大聯歡的表演形式已經基本確定。除了大聯歡外，還有某個民族單獨演唱的表演單元，如在2007年由西藏自治區拉孜縣農民藝術團的演員表演的舞蹈《飛弦踏春》等。

其實除了民族特色鮮明的表演外，由少數民族歌舞演員表演的其他歌舞也不在少數，如2012年由白族舞蹈家楊麗萍表演的舞蹈《雀之戀》，2015年彝族歌手阿魯阿卓攜手蒙古族歌手韓磊演唱了《人間天河》。也有透過新的組合形式來表演少數民族地區歌舞的節目，如2011年由香港及內地歌手容祖兒、古巨基、玖月奇蹟、鄭鈞、吳彤演唱的《康定情歌》《青春舞曲》《阿詩瑪》《趕圩歸來阿哩哩》，2014年由幾個地方電視臺的選秀節目冠軍汪小敏、華晨宇、肖懿航、李琦和霍尊演唱的《站在高崗上》《在那遙遠的地方》《康定情歌》《青春舞曲》和《卷珠簾》，這種新民樂形式很新穎悅耳。

2. 歌曲內容

歌曲內容有讚頌祖國，讚頌共產黨，讚美幸福生活，讚美美好愛情，讚美大好河山，讚美民族文化，歌頌家鄉等。其中主旋律的歌曲比較多，尤其是2010年春晚的維吾爾歌曲《幸福生活亞克西》，歌頌了共產黨中央的政策，如農業稅、學費、合作醫療和幫扶款等，以及2008年才旦卓瑪和蔡國慶演唱的《逛新城》等。

因為面向全國觀眾，在語言方面主要是用漢語，但是在2011年、2014年和2016年逐漸呈現出使用民族語言演繹的趨勢。語言是一個民族文化的承載物，因此使用本民族的語言進行歌唱更加能夠體現中華56個民族的文化多樣性和豐富性。

3. 時間安排

21世紀以來，春節聯歡晚會平均每年4個小時多，平均每年有35個節目。每年的少數民族類節目安排次序不一：有些年安排在第二個節目或第五

個節目，如 2007 年和 2011 年；有些年安排在倒數，如 2004 年和 2016 年。而近幾年逐漸安排在了零點倒計時單元左右。

4. 特別分析 2016 年春晚少數民族類節目

《在你偉大的懷抱裡》節目時長突破了 8 分鐘，是歷年春晚少數民族歌舞節目中時長最長的一次。參與表演的演員人數達到 180 多人，成為春晚舞臺上參與表演人數最多的節目之一，同時也是服裝最絢麗目的節目之一。導演組介紹，這個節目首次請來了少數民族本土的服裝設計師，設計本民族的演出服裝，這樣更能展現少數民族服飾的精髓和本民族的文化內涵。並且，所有演員都是地地道道的少數民族演員。由此，可以預想今後的少數民族類節目可能更加注重民族歌舞的「原汁原味」，為全國各族觀眾展現一個更加具有「民族特色」的歌舞表演。

三、21 世紀以來少數民族類節目中存在的問題和發展前景

近 16 年的春晚少數民族類節目中出現最多的民族是蒙古族、維吾爾族、藏族，其次是壯族、朝鮮族、回族、彝族，接著是苗族、高山族、土家族、哈尼族等。尤其在近幾年民族大聯歡形式的節目中，主要還是蒙古族、維吾爾族、藏族、回族、壯族 5 族。雖然在 2015 年，56 個民族創意服裝秀《大地春暉》中，很多民族都出現在了舞臺中央，但是每個民族的表演時間僅僅只有幾秒，只是讓觀眾看到了眼花繚亂的民族服飾，根本無暇去辨認在臺上表演的民族都是哪些具體的民族。

就節目形式而言，在這新世紀的 16 年春晚中，少數民族類節目主要是歌舞表演。而在 20 世紀 90 年代的春晚節目中，倒有一些由少數民族藝術工作者表演的其他類型節目，分別是 1992 年由維吾爾族歌唱家克里木和回族相聲演員常佩業表演的相聲《民族樂》，1995 年由孫麗英和維吾爾族歌手阿不力孜·聶表演的小歌劇《克里木參軍》選段。

節目形式的創新既要保持本民族特色，又要能夠符合廣大觀眾的「口味」與喜好。節目形式的創新並不是一件簡單的事情，需要深入挖掘各民族的文化特色與語言魅力，需要多年的試驗與經驗的積累，需要更多的人投入到這

場思想的碰撞和藝術的挖掘與採集之中，它不僅僅是春晚節目組的事，也是各民族藝術工作者的責任。

形式的創新是一件需要長期思考的問題，就目前的歌舞表演類節目來看，歌曲和舞蹈的類型也比較單一，就藏族來講，雖然近幾年漸漸地引入了弦子、「果諧」等舞蹈形式，但以往一直是以水袖舞的形式為大家表演，從而形成了一提及藏族就是甩袖子的刻板印象。其實藏族廣佈在西藏、青海、四川、甘肅和雲南等地，內部又分為三大方言和文化區域，即安多、康區和衛藏，每個區域的歌唱方式和舞蹈形式均各具特色。因此，就應該憑藉春晚這個大舞臺，向全國的廣大觀眾展現一個更加多元的民族表演，而不是大家早已熟知的「甩袖子」。

並且，有的歌曲的出境頻率太高，《康定情歌》16年中出場4次，《馬鈴響玉鳥唱》3次，《劉三姐》3次，近5年《青春舞曲》上臺2次。雖然經典是毋庸置疑的，但在有限的時間中應該面向觀眾展示更加多元的文化特色。隨著時代的發展，少數民族地區的變化也是日新月異的。表現在服飾、音樂和舞蹈上，吸收了很多時下的流行元素。為了符合年輕一代觀眾的「口味」，在不破壞原有特色的情況下，可以進行跨區域、跨民族的拼接、組合、混搭或者反串，從而為觀眾帶來更具時代特色、民族特色的精彩演出。

春晚節目組和各民族藝術工作者可以「頭腦風暴」創新節目形式和節目內容，將更多的民族特色展現出來，把更多的民族文化展現給大家。春晚是屬於全國56個民族的大舞臺，而民族類節目能夠增進各民族的國家認同感和歸屬感，因此要讓更多的民族登上春晚的舞臺，展現其特色與魅力，並為全國人民帶來新春的祝福。

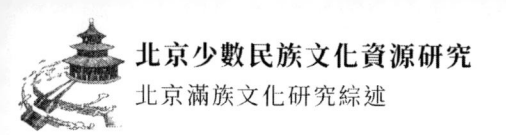

北京滿族文化研究綜述

孫睿婷[41]

　　北京的滿族是全國滿族的重要成員,清代以來北京成為滿族的中心地區,遷居入京的滿族人一代又一代地在這裡繁衍生息,將北京視為自己的故鄉,現如今他們已經成為「老北京」,是北京社會生活變遷的見證人。生活在這裡的每一代人都傳承著本民族的精神血脈,並逐漸形成了別具一格的京味兒滿族文化,它是整個滿族文化的重要載體和表現形式,對北京滿族文化的研究也成為一項重要的工作。因此,本文將對北京滿族文化的研究成果進行分類梳理。

一、有關北京滿族文化的整體性研究

　　提到對北京滿族文化的研究,作出重要貢獻的當屬著名滿學學者金啟孮先生,他的著作《金啟孮談北京的滿族》[42]共分為《北京郊區的滿族》《京旗的滿族》和《府邸世家的滿族》三個部分,對北京滿族人群按照地理區域和社會階層作出劃分,全方位地生動再現了清王朝中葉至新中國成立前北京滿族社會的歷史沿革和生活活動場景,囊括了北京滿族的歷史、社會、文化風俗等眾多方面的研究內容。在該書《京旗的滿族》部分中,介紹了北京滿族的宗教活動、冠姓習俗、語言與文學、京劇與曲藝等各項文化內容,還對北京滿族如遊俠和烈士般英勇頑強的民族性格進行了探討。在《府邸世家的滿族》部分中,對存在於北京滿族社會中的封爵制度和府邸文化進行了深入研究,並對依附於這種文化之下的各種身份的北京旗人進行了刻畫。總之,金啟孮先生的《金啟孮談北京的滿族》是包羅京旗文化的百科全書,也是北京滿族文化研究的重要成果和極有價值的參考。

　　另一部全方位的北京滿族文化研究著作是定宜莊的《老北京人的口述歷史》(上、下)[43],書中收錄了老北京人的個人生活史,其中包括一些北京的滿族人,涵蓋了他們的社會交往、審美情趣、生活狀態等個性化訊息,是研究北京滿族文化的另一重要借鑑。此外,還有一些此類主題的文章,如中

央民族大學孔振的博士學位論文《北京旗人文化研究》中的論述和觀點也十分值得參考。

二、北京滿族的文化與風俗研究

這一領域的研究篇目眾多，其中一部分重點關注滿族文化和北京文化之間相互的碰撞和影響，但內容多大同小異。其中具有代表性的文章有關紀新的《滿族對北京的文化奉獻》，文中具體列舉了滿族文化對北京話、京味兒文學傳統曲藝等方面的貢獻，另外，還指出了滿族禮儀對北京文化極大的影響力，以至在民國時代，北京的漢族家庭也習慣了行「滿漢兩禮」了。另外還有閻崇年的《滿洲文化對京師文化的影響》一文提出了許多新的見解，如滿族的建築文化對北京的宮殿建築、宗教建築和民用建築以及苑囿行宮的建設產生了深刻的影響；清代北京旗民分城居住的政策在地理方位上形成的滿漢兩個文化圈雖有所交叉，卻各成體統，其文化上的差異，影響北京文化達3個多世紀。他還對滿洲人進入北京之初對文物進行破壞的現象進行了反思。

另一部分則側重於北京滿族的風俗習慣研究，這一類研究涉獵廣泛又充滿趣味。如李寶臣的《舊京的旗人旗俗》全方位地展現了北京滿族群體的生活風貌，就稱呼、旗禮、文娛方面的習俗進行細緻描繪。在北京滿族的婚俗研究中，金受申的《老北京的生活》[44]一書中就略有涉及，還有薛柏成和孫學凡的《清代北京旗人婚姻家庭中的倫理道德觀念》對北京滿族人的婚嫁及家庭價值觀進行探討，並對在此價值體系影響下形成的風俗習慣進行深入的剖析。另外還有其他風俗文化的研究，如周虹的《滿族婦女生活與民俗文化研究》[45]中關於清宮中婦女生活的研究；杜佩紅的《老北京的滿族女裝》中關於服飾的研究；劉小萌的《清代北京旗人的房屋買賣》和《清前期北京旗人滿文房契研究》中對清代房契的研究；趙杰的《京味文化中的滿族風俗》中涉及的北京滿族風俗的研究等。

三、關於北京滿族人及其社會的研究

以北京滿人及其社會作為對象進行的研究成果較為豐富。專門針對北京滿族人本身的研究有趙書先後發表的一系列論文：《建國前後的北京滿族人》、《「文革」先後的北京滿族人》和《改革開放三十年的北京滿族人》，作者詳細介紹了在這些時期北京滿族人的基本情況，包括人口、社會地位、著名人物、國家對其政策等多方面的內容，為研究不同時代背景下的北京滿族人生活提供參考。著名學者閻崇年也有相關的研究，他的《北京滿族的百年滄桑》從歷史學的角度對辛亥革命以來的北京滿族群體的發展變化脈絡進行梳理。

關於北京滿族社會情況最有影響力的研究當屬中國社會科學院近代史研究所劉小萌研究員出版的《清代北京旗人社會》[46]一書，該書記載了清朝時期北京旗人社會生活各方面的詳細內容，包含了旗人與民人的空間地域聯繫、經濟交往聯繫、生活文化交往以及北京旗人在與漢人的互動中自身文化習俗的變遷等，系統地展現了清初直至辛亥革命後北京旗人社會生活史的基本脈絡，彌補了前人研究中的許多空白。許多學者也就此書內容發表書評，如中國歷史第一檔案館研究員菲楠的《〈清代北京旗人社會〉評介》、北京市社會科學院滿學研究所研究員趙志強的《〈清代北京旗人社會〉述評》、日本學者上田裕之的《評劉小萌著〈清代北京旗人社會〉述評》等。這些書評不僅對《清代北京旗人社會》一書進行了探討，還就這一時期北京滿族社會生活的研究提出了各自的見解，十分有學術價值。劉小萌自己在後來發表的《清代北京的旗民關係──以商舖為中心的考察》和《清代京師的旗籍商人》等文章中補充了自己先前對於清代北京滿族社會文化的研究，其中重點考察了商業行為對京旗制度的影響，並提出「旗人經商，並與民人頻繁互動，密切了彼此關係，促進了旗民分治制度的瓦解」[47]的觀點。

另一類有關清代北京社會生活的研究，主要圍繞旗民分城而居的政策展開，如北京大學博士趙寰熹的《清代北京旗民分城而居政策的實施及其影響》和《論康熙朝北京內城旗人的外遷及其影響》，對旗民分城而居政策的發展演變歷程、社會根源和社會影響等內容作出詳細的論述。另有文章《清代北

京旗人「福利分房」興衰》[48]，對北京旗人住房的私有化進行了研究。其他學者圍繞北京旗人社會生活進行的研究還有很多，但主題與上文列舉的研究大致相仿，此處不再贅述。

四、北京滿族語言與文學研究

（一）京旗語言與北京話的研究

一直以來有不少學者都致力於京腔京韻的研究，如從北京滿人的滿語以及滿式漢語的角度對北京話進行了深入的研究，最有代表性的是趙杰的專著《北京話的滿語底層和「輕音」「兒化」探源》，作者梳理了自遼金以來北京話的發展脈絡，強調了清以後滿漢互學對現代北京話形成的巨大影響，並提出「滿語京語不是簡單地『消亡』，而是相當一部分融化到滿式漢語之中」[49]的觀點。書中重點從詞源探析和語音變化兩個角度詳述滿語對北京話的影響，一方面，探究北京話滿漢詞彙融合的共同規律，並且結合幾個京腔方言島的實際情況分析了滿式漢語的基本特徵；另一方面從語音、語素的角度總結出旗人漢語前重後輕的特點對現代北京話形成的基礎性影響，以及旗人漢語前音節元音的低、後化等現象便於拼合「兒化」尾音[50]等結論。另外，作者抽象出一些關於滿漢語融合的理論，具有一定的啟示作用。作者還發表了其他一些關於北京地區滿語研究的文章，如《京郊火器營北京話中的滿語詞》《京北喇叭溝門鄉滿語透析》等，以具體的方言島為例探討了在當前市場經濟、社會流通加快的時代大背景下挖掘和保護滿語的必要性和緊迫性。其他學者涉及此話題的文章的主題和內容大致與以上研究相似，此處不再一一列舉。

另有一篇文章值得一提，即由丁石慶和梁婕合作完成的《語言轉用之殘餘形式的活標本——北京市密雲縣檀營滿族語言調查復議》，文章從北京滿族人的語言轉用這一新穎的角度，探究北京檀營滿人的民族意識。該文根據實地的調查結果得出，檀營民族心理在不同年齡、不同文化程度的人中有著顯著的差別，年齡大、文化程度高的被調查者的民族認同感及對本民族的認

識要明顯高於其他被調查者，由此分析出北京檀營滿族當前還保有的民族特點以及對民族文化的追求程度。

（二）北京滿族文學研究

以老舍、蔡友梅等人為代表的滿族作家為文壇貢獻了一部部璀璨的佳作，時至今日其影響依舊可見，因此關於北京滿族文學及旗人作家的研究一直以來都是學者們關注的熱門話題，同時也是北京滿族文化研究中十分重要的內容，僅從文學鑒賞角度進行探討的著作或論文就已不勝枚舉，本文將重點梳理與民族元素相關的北京滿族文學研究成果。這些研究成果大體分為以下幾個類型：

1. 針對清末民初京旗小說的研究

較早關注這一領域的是張菊玲 1999 年發表的《清末民初旗人的京話小說》，其中對這一時期的主要作家及其主要作品都進行了介紹，並總結出這些作品所反映的時代變遷和滿族人文風俗。近 10 年來再次涉及這一主題並且較有代表性的研究是劉大先的《被遺忘的清末民初京旗小說》和《清末民初京旗小說引論》，作者詳細分析了清末民初京旗小說形成的社會歷史背景以及文學敘事特點，更為重要的是作者透過作品關注到旗人當時所展現的「被壓抑的現代性」[51] 和處於弱勢的社會地位。

2. 針對作家本人的研究

京旗作家兼有的民族和學者的身份本身就是值得研究的對象，2016 年發表的專門針對民初北京旗人作家群身份考述的研究，即高雲球和王巨川合著的《文化北京：民初北京旗人作家群文化身份考述》，以京旗作家身份的考證為切入點，討論了在民初社會大變革之中，北京滿族作家在轉變身份和融入社會方面所做的努力，展現出這批作家的精神風貌和文化觀念，以此探究滿族文化的發展路徑。其他關於北京滿族作家的文章還有雷曉彤的《近代北京的滿族小說家蔡友梅》、呂菲的《論清代北京滿族女作家顧春的文學創作》等，其中都涉及了對北京滿族文學和滿族作家的重新審視，探討了北京獨特的滿族文化對文學家及其作品造成的浸潤和滋養作用。

3. 關於民族認同的文學研究

在這一類型的研究中，主要以老舍先生的作品和人生經歷為例討論北京滿族人的文化心理以及民族身份認同。相關的專著有關紀新的《老舍評傳》[52]，分析了老舍先生的生平及其所代表的滿族文化氣質。另外還有一些文章透過對老舍先生的作品進行分析，探究以老舍為代表的北京滿族人對自己民族的情結和對民族文化精神的追求，其中最有代表性的是老舍先生的兒子舒乙發表的《再談老舍先生和滿族文學》一文，論述了老舍先生從解放前對自身滿族身份的迴避到解放後逐漸在作品中認同自己的民族身份、表達民族情懷的轉變過程，並指出了老舍先生作品的「隱式滿族文學」「痕跡律」[53] 等特點。同類研究還包括狄玉潔的《當送葬變成絕響——論〈茶館〉背後的文化內涵》和李艷爽的《民族命運的輓歌——〈正紅旗下〉的歷史書寫》等。

除上述幾類研究之外，還有一些研究主要從北京滿族作家對京味文學影響的角度進行研究，如劉大先的《定位京味文學的三重坐標》，就指出北京滿族文學在民族交融的過程中對京味文學的定位作用，並深刻影響了整體京味文化的形成。

五、關於北京滿族飲食、休閒文娛的研究

（一）關於飲食的研究

涉及北京飲食以及京味小吃的相關作品浩如煙海，但大多為隨筆或散文類的記敘，專業科學的學術研究相對較少。關於滿族飲食的研究也缺乏專著成果，僅有一些學術論文對其特點和影響力進行探討。將滿族飲食傳統與北京地方飲食相結合進行的研究則更加乏善可陳。目前收集到的相關文章僅有首都師範大學歷史系張秀榮的《滿族的飲食文化對北京地區的影響》，文章梳理了滿族及其先人的傳統飲食文化，重點探究清人入關後滿族的飲食對北京人飲食習慣和風俗的影響，從麵食、副食、家常菜和火鍋等角度出發分類討論了滿族飲食傳統為北京飲食文化帶來的改變，更是產生了驢打滾、薩其馬、東來順等馳名全國的北京名吃。並透過飲食文化現象分析了北京滿族文

化頑強的生命力，描繪了北京地區多民族文化多元一體的圖景。另外還有幾篇專門研究全體滿族飲食的文章中也對北京地區滿族的飲食文化有所涉及，如包玉坤的《滿族飲食文化研究》等。

（二）北京滿族休閒娛樂文化

由於清代的八旗制度，為在京的滿族人提供了休閒娛樂活動的經濟和時間成本，久而久之形成了別具特色的京旗休閒文娛文化，早在清、民時期就有相關的記載，如清代鑲藍旗滿洲旗人穆齊賢以滿文書寫的日記《閒窗錄夢》、富察敦崇的《燕京歲時記蛐蛐兒、聒聒兒、油壺盧》，以及夏仁虎的《舊京瑣記·俗尚》等。現代學者關於北京滿族休閒文化的相關研究也不在少數，針對此話題的學術研究內容包羅萬象，涉獵範圍十分廣泛。其中有對清代北京旗人的日常娛樂生活的研究，如李紅雨的《清代北京旗人的休閒生活》，文章肯定了北京旗人的休閒精神對北京文化產生的積極作用，並指出「被有閒」[54]的八旗制度是滋生出北京旗人子弟悠閒生活方式的根源，而他們又豐富和深化了休閒的內容與形式，並潛移默化地導致了獨特的京城文化精神的形成。與之類似的研究還有《明清北京休閒文化發展的分期及其影響因素》《悠遊街巷：清中期北京內城旗人的日常活動——以〈閒窗錄夢〉為例》等。

除此之外，關於北京滿族人休閒娛樂文化的文章還有很多，例如中央民族大學凌靜的碩士學位論文就對北京滿族人的茶館文化進行了深入的探討，文章題為「京旗社會背景下的清末茶館研究」，詳細闡述了北京茶館的歷史沿革和消費主體，其中滿族人是茶館的重要顧客，並分析了茶館中滿族茶客的群體特徵和消費活動，展現了茶館之於北京滿族群體的社會功能。文章的新穎之處在於從茶館的視角入手，對京旗女子的社會地位進行了探討。

針對北京滿族曲藝文化也有部分研究，如王譞的《論多元文化視域下相聲的產生》，闡述了清末滿族藝人張三祿將相聲搬上表演舞臺的歷史過程，並指出滿族幽默詼諧的民族性格是相聲藝術孕育的基礎。滿族文化與京劇的相互作用也是常見的研究內容，如劉堯曄的《清代北京旗人群體的市民化與戲曲消費研究》闡述了北京滿族人對京劇的巨大貢獻：滿族人不僅喜歡京劇，還貢獻了相當多的著名京劇表演藝術家；另外，作者還關注清代北京旗人市

民與戲曲消費之間相輔相成的關係。趙志忠的《滿族與京劇》著重探討了北京滿族人的思想意識和審美情趣對京劇內容和主旨的豐富，以及對國粹的弘揚和傳承造成的重要影響作用。同類研究還有印麗雅的《京劇〈請清兵〉滿語唱詞譯釋》等。

六、北京滿族文化其他方面的研究

（一）北京滿族建築研究

涉及北京滿族建築文化的研究少之又少，主要是用比較法來分析京旗建築。如謝敏聰的《清盛京與北京宮闕建置比較初探》，比較了瀋陽故宮和北京故宮的建築結構和功能，反映入京前後滿族的建築風格的同異，從而分析受到內地多民族文化影響下的北京滿族建築藝術的風格和特點。另外還有一些文章僅在滿族文化元素與北京建築風格的相互影響方面略有涉及，如範麗業和馬玉斌的《淺析滿族民居與北京四合院空間佈局特點之比較》、朱永杰和韓光輝的《塑造北京宜居環境中的傳統文化風景》等。

（二）北京滿族民族認同的研究

前文曾經提到了從京旗文學作品入手進行的民族認同研究，另外還有一些從其他角度來探討滿族族群認同的研究，如學者定宜莊和胡鴻保合著的《鷹手三旗的後裔——對北京市喇叭溝門滿族鄉的調查與思考》，作者透過調查發現當地滿族文化的「建構」與史實難以契合，並指出京郊喇叭溝門滿族是由漢人「滿化」而來的，原本應無滿族早期習俗，而現在他們「建構」出了諸如薩滿信仰等滿族習俗，這一現象符合民族認同中的「想像的共同體」的說法。[55]另外，文章還探討了田野調查與歷史研究的關係，也引人深思。另一篇對於研究北京旗人民族認同很有參考價值的文章是中央民族大學洪文雄的碩士論文《北京西山健銳營：歷史記憶與文化認同》，文章詳細介紹了健銳營作為一個特殊的文化及社會群體的歷史沿革、內部結構和旗營生活等，並運用人類學和歷史學的研究方法對鍵銳營的歷史記憶和文化影響進行分析，最終得出健銳營根據當時的社會環境的變化適時地建構或調整不同層次

的文化認同、其歷史記憶是一個文化的生產、消費和再生產過程等結論。此外，相關論文還有《「選擇性建構」：國家、市場和主體行動互動下的文化身份與認同——對北京某滿族村的個案研究》及《當代城市散居滿族民族意識探析——以北京為例》，都對當前北京滿族人的民族身份認同及精神文化追求作出了自己的分析。透過以上對北京滿族文化研究的梳理，可以大致概括出北京滿族文化研究具有以下幾個特點：第一，從時間上看，關於清代及民國時期北京滿族的文化研究較為豐富。無論是文化、風俗還是文學、休閒類的研究，都以清民時期的老北京社會為背景，只有語言和民族認同等少數話題是以現代社會為背景進行的研究。第二，北京滿族文化作為滿族文化研究的重要分支，研究範圍廣，涉及文化習俗、社會生活、語言文學、休閒飲食、民族心理等眾多話題，不過仍有一些領域的研究有待探索，例如宗教和民族體育的研究。透過查閱資料，筆者發現滿族的宗教信仰和民族體育都是滿族文化的重要組成部分，相關研究也成果豐碩，但是針對北京地區的研究卻寥寥無幾。第三，對於北京地區滿族文化的研究不僅要重視自身文化的研究，還要關注各民族文化交往的互動和影響。例如，滿族文化對京味兒文化的影響、滿語和滿式漢語對北京話形成的促進作用等。第四，北京滿族文化的研究成果多數是期刊上發表的論文或博士、碩士學位論文，學術專著相對較少。第五，目前的北京滿族文化研究多採用傳統的滿學研究方法，只有少數幾篇是從民族學、人類學的研究方法入手的，研究成果中較少看到系統的理論支撐。

總之，目前國內的北京滿族文化研究雖取得了可喜成果，可為進一步的研究提供豐富且有價值的參考，但其內容和研究方法仍有尚待補充完善之處。

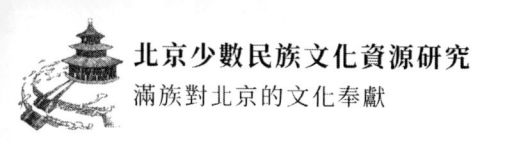

滿族對北京的文化奉獻

關紀新[56]

作為中華古國北半部核心性的都會城市，北京是歷史上各民族不同質地文化互相折衝、匯融的重要焦點。北京城自古扼守於長城東段之要衝，南眺中州腹地且多向通達於華東、華中、華南，西指晉、陝、寧、青、甘而遙抵西域並南挽川、藏，北毗蒙古高原之大漠，東去白山黑水之廣垠，其得天獨厚的地理位置，使之從久遠以來，就肩負著中原農耕文化圈與塞外漁獵、遊牧文化圈等多民族文化彼此交流、匯通的過渡帶的責任。從北京的歷史沿革可見，她從來就是一座有著包容多民族文化胸襟的城市。

一

清朝在北京建都近3個世紀，其間，這裡成了滿洲民族（後簡稱滿族）首要的聚居地，並在京城實行了旗、民分城居住之策。大致相當於今日東城、西城的內城，只許滿洲八旗、蒙古八旗和漢軍八旗的將士及家眷居住，原住內城的漢、回等其他民族百姓，被遷至京師外城——大致相當於現崇文、宣武兩區。在內城，中心是皇城，圍繞皇城，八旗嚴格地被分置於四方八隅。兩黃旗居北：鑲黃旗駐安定門內，正黃旗駐德勝門內；兩白旗居東：鑲白旗駐朝陽門內，正白旗駐東直門內；兩紅旗居西：鑲紅旗駐阜成門內，正紅旗駐西直門內；兩藍旗居南：鑲藍旗駐宣武門內，正藍旗駐崇文門內。這種嚴整的佈局，至清中葉才略微模糊起來，因為旗人們沒法不吃不喝、不去找商人購物，旗人貴族更不能戒除觀覽世風、看戲娛樂的癮，他們須跟外民族打交道。漸漸地，原來住在外城的「民人」[57]，有些搬進了內城；內城的王公貴族也有到外城去闢地設府的；再後來，受「八旗生計」的挾迫，部分貧苦旗人典出了城裡的居舍，離開起初的本旗指定居住地，向著附近可資容身處所搬遷。雖然有了此類變化，八旗在內城的基本居住區劃，卻直到亡清之際無大變化。在京師的八旗區劃內分設著八旗都統衙門，不但掌管著京城旗人的事務，還把分散在全國的駐防旗人統轄起來。原則上說，遍佈全國的八旗

駐防旗兵，都是從京師「老家」派出的，如果戰死外地，遺骸須送回京師「奉安」。這種方式是與清初最高統治者將本民族中心由東北地區移到北京的整體部署對應的，正如同雍正皇帝所說過的那樣：「駐防不過出差之所，京師乃其鄉土。」[58]世居京師二百幾十年的旗人們，對祖國東北白山黑水之間的「發祥地」，記憶漸漸朦朧，只在為了滿足憶舊情感時才提提祖籍「長白」的說法。一代代的旗族人們，將北京作為家鄉來愛戴，「京師即故鄉」觀念在他們中間根深蒂固。歷經了十多代人的繁衍生息，他們已然成了北京城裡的「土著」。

清代，是滿族文化出現大幅度嬗變的歷史時期。嚴酷的八旗制度，把世代的旗人無例外地圈定在當兵吃糧餉的唯一人生軌道裡，禁止他們從事其他一切職業，不許做工、務農、經商，這雖然有助於政治基石的牢靠，也在相當程度上防止了旗人與民爭利，但是，它也造成了八旗下層的日益貧困化。[59]當時，即使是「天潢貴冑」王爺貝勒們，也活得不痛快，他們雖無凍餒之憂，卻也沒有隨意離京出遊外埠的權利，沒有起碼的人身自由，旗人們精神上的苦悶抑鬱可想而知。他們為了規避人生悲劇的籠罩，普遍出現了追求藝術情趣的傾向，以便找尋心靈間哪怕是暫時的安慰和平衡，漸漸養成了藝術嗜好。起初，上層有閒子弟多在琴棋書畫等較為書齋式的領域裡展露才華，而下層窮苦旗人則往往到吹拉彈唱等習見的文娛形式裡寄託時光。後來，貴族階層在藝術生活方面的世俗化走勢，也一天天地鮮明。全民族生活的「藝術化」傾向，後來竟至於把這個原本飽含尚武精魂的民族，改造成了一個文化氣息十足的群體。

有清一代近300年間，八旗族眾既然已將自己與北京城融為一體，他們在變革本民族傳統文化的同時，也就以本民族的現時文化風尚，充分濡染和變通著京師文化。在這個為時不短的歷史進程中，北京城的地域文化切實承受著滿族民族文化多向度的深刻影響。

二

　　20 世紀的後半期，世間開始習慣地把大眾型北京文化，稱為「京味兒文化」。而在這種全方位多側面的「京味兒文化」中間，最具文化播散力、最使八方人們為之著迷的，就要數「京味兒語言」，即北京方言了。這種方言，語音明快悅耳，語彙五光十色，表現面豐富厚實，談吐間魅力無限，時常能給聽者以超常的享受和感染。在 20 世紀前期，隨著中國新文化運動大力推廣漢語白話文的進程，北京話曾以多項優勢登臨「國語」的顯赫位置。至 20 世紀中期，中華人民共和國又將這種地方性語言認定為在全國推行漢語標準話的方言基礎。

　　中國各地的近代及現代漢語，都是由古代漢語分流演變而來的。對照華中、華南、東南等漢民族世代聚居地區，北京現代方言中所保留的漢語古音韻，是最稀少的。這顯然與中國北方的阿爾泰語系民族在歷史上先後進入並統治北京地區達 700 餘年，直接相關。在這 700 年間，僅母語為阿爾泰語系滿—通古斯語族滿語支的女真人與滿人，就曾經在此建立過共計 400 餘年的金與清兩個王朝。在此期間，女真語和滿語必會與當地的漢語發生最密切的碰撞與會融。金代與清代，女真人和滿人雖屬統治者，在人口比例和民族文化勢能上卻不占優勢，故而其民族語言後來為漢語替代成為必然。不過，女真語，尤其是後來的滿語，儘管最終作為民族語言的整體淡出歷史文化場景，卻在一個較長的階段裡，透過與北京地區漢語方言的雙向交流互滲，潛移默化地將自身諸多的訊息及特徵，鑄入北京方言之內。

　　即以清代的滿漢語言彼此互動而言，滿語遠非一味地只取被動守勢，它不僅使漢語北京話收入了一系列的滿語詞彙，更讓北京話平添了顯見的口語輕重音讀音新標準，以及大量「兒化」詞的尾音處理新規律。這種具備了「輕音」與「兒化」新特徵，並且收入了一定量滿語詞彙的北京話，便是經過原本操滿語的滿族人依據本民族語言特點來重塑漢語北京話的文化結晶——「漢語京腔」。「京腔的真正形成是在清初，京腔的創造者是往返於北京和東北之間的滿蒙漢八旗人，這中間當然也包括遼金時期和更早定居在關東的東北漢人。從語言的外部因素來說，對京腔形成貢獻最大的是清朝各級滿

族統治者和宗室、貴族；從語言內部的接觸規律看，滿語極大地豐富了京腔的言語庫。可以這樣說，沒有滿語底層的影響，今天的這種京腔是不會出現的」。[60]

在清代滿族逐步改操漢語的過程中，京師滿族整體投入了漢語「京腔」的打造工作。到了清康乾時期，經過京師旗族在原有北京方言基礎上系統打磨的「京腔」漸趨定型，這種上自皇帝、貴族下至京師內城統治民族人人習用的方言模式，自然會對各地官民造成一定的示範作用。清廷還利用行政命令來推行京師方言作為國家官話：雍正六年，皇帝頒發了漢語正音的敕命，要求粵語區、閩語區、吳語區出身的官吏謁見皇帝時須說北京官話。《官音匯解》《正音撮要》《正音咀華》等規範標準音的語言學著作應時出版，並在南方各處開辦正音書院。值得注意的是，《正音咀華》的作者莎彝尊就是一位滿族人，這說明滿族的知識分子此時已經承擔起了北京話的音韻規範化和普及化工作。

三

京味兒文學，是滿族對北京文化貢獻良多的另一個方面。

滿族書面文學在順治時代出現了由使用滿文到使用漢文創作的規模性轉軌，儘管此後仍出現少量滿語寫作，但滿族作家的大多數卻已改用漢文寫作。清代，滿人用漢文寫下的詩集約有600種之多，而長篇小說或小說集也有近10種，此外散文、戲劇、曲藝作品亦為數甚多。京師是清代滿人的聚居地，上述作品絕大多數均寫作於北京，它們既帶有北京的地方特點，又回饋於北京文化。

滿族富有藝術創造力度。八旗作家在拜漢族文人為師而研習寫作的路上，沒有亦步亦趨拾人牙慧，而是有膽有識地標示出自身的民族文學個性風采。剛剛從白山黑水原初文化形態中走來的滿族，精神氣質的長處在於生性渾樸，崇尚自然，情趣真切，心胸袒露，而弱勢則在於他們很難在短時間內參透艱澀拗口的漢文經典，很難像中原士大夫那樣從容地引經據典。經過摸索，他們懂得了揚長避短，獨闢蹊徑。清初，納蘭性德率先登上中原詞壇，其悼亡

詞淒清率真，軍旅詞雄渾天然，給人以別樣真切的審美享受。國學大師王國維曾指出：「納蘭容若以自然之眼觀物，以自然之舌言情。此初入中原，未染漢人風氣，故能真切如此。北宋以來，一人而已。」[61] 可見，納蘭性德的創作個性中的確存有獨到的民族氣質，他「以自然之眼觀物，以自然之舌言情」和「未染漢人風氣」的藝術個性，為中原詞壇吹進了清新的氣息，也為滿族文學贏得了最初的光彩。納蘭性德所開拓的路，後來被一代又一代的滿族作家們越走越開闊，有清一代，他們的創作差不多始終凸現著通俗曉暢、自然渾樸、朗朗上口的藝術特徵。

　　與京師旗族協力重造「京腔」方言相接軌，北京的滿族作家們對運用這種方言進行藝術創作，顯現了高度的趣好與信心。作家和邦額在乾隆年間創作過一部文言小說集《夜譚隨錄》，中間有個短篇《三官保》，這樣描寫了兩個京城旗人相互鬥嘴的情形：

　　佟大言曰：「汝既稱好漢，敢於明日清晨，在地壇後見我否？」保以手拊膺，雙足並踴，自指其鼻曰：「我三官保，豈畏人者？無論何處，倘不如期往，永不為人於北京城矣！」

　　雖然這是一篇文言小說，所模擬的京腔聲口，卻活脫畢現。滿族作家在本民族早期狀寫北京故事的小說中，就特別注重傳遞京師口語的氣口神韻，此處足窺一斑。

　　滿族文壇誕生的第一部長篇白話小說，即正白旗包衣曹雪芹寫於乾隆年間的文學巨著《紅樓夢》。這部書的藝術成就無疑是全方位的，而語言運用上的高超造詣無疑是它給世人留下最突出印象的地方，北京方言作為鮮活靈動的藝術材料，被曹雪芹「烹煉點化」，揮灑得得心應手、爐火純青。誠如紅學家俞平伯先生所指出的：「宋元明三代，口語的文體已很發展了，為什麼那時候沒有《紅樓夢》這樣的作品，到了清代初年才有呢？恐怕不是偶然的。作者生長於『富貴百年』的『旗下』家庭裡，有極高度的古典文學修養和愛好。在《紅樓夢》小說裡，他不僅大大地發揮了自己多方面的文學天才，而且充分表現了北京語的特長。」[62] 完全依賴北京方言語體來構建長篇，《紅樓夢》之前並無先例，[63] 可以說，假如沒有清代京師滿族對京腔口語十分上

心地玩味與打造，曹雪芹要想達到如此完美的語言水準，也是不易想像的。「一部用北京方言寫成的小說取得空前的藝術成就，這個事實本身就說明北京話具有極強的表現力……曹家人肯定和絕大多數滿清旗人一樣，都是說北京話的。這是因為，滿族人及他們的祖上女真人對北京話的形成起著至關重要的作用。」[64]

另一部為北京方言贏得大聲譽的清代長篇小說，是道咸年間滿族作家文康撰寫的《兒女英雄傳》。在思想性上它雖然距《紅樓夢》相去較遠，但在使用流暢悅耳、幽默動人的京腔語言寫作上，文康卻不讓曹氏。胡適先生在他撰寫的《〈兒女英雄傳〉序》中如是說：「《兒女英雄傳》是一部評話，它的特別長處在於言語的生動，漂亮，俏皮，詼諧，有風趣。這部書的內容是很淺薄的，思想是很迂腐的；然而生動的語言與詼諧的風趣居然能使一般的讀者感覺愉快，忘了那淺薄的內容與迂腐的思想。旗人最會說話：前有《紅樓夢》，後有《兒女英雄傳》，都是絕好的記錄，都是絕好的京語教科書。」[65]

本民族歷史上敘事文學傳統悠久，促成了清代滿族作家在小說領域表現出卓越的寫作才能。「雖然他們各自的創作思想各不相同，選用的小說形式也不一樣，但是他們筆下描寫的家庭社會生活畫面、生動豐富的人物形象，以及白話小說中鮮活上口的北京話，逐漸形成滿族文學一種藝術傳統，十分鮮明、突出。」[66] 至清末民初，滿族作家以北京方言來寫作小說，已是蔚然成風。例如雲槎外史（即西林春）的《紅樓夢影》、石玉昆的《三俠五義》、松友梅的《小額》、市隱的《米虎》、冷佛的《春阿氏》、穆儒丐的《北京》《同命鴛鴦》等，均在這類創作中有過不俗的成績。20 世紀 20 年代，傑出的滿族作家老舍步入文壇，他在長篇處女作《老張的哲學》中使出的第一柄「撒手鐧」，便是道地而傳神的京味兒語言。而且，終其一生大約 40 年的創作生涯，京味兒語言，始終是他最叫讀者痴迷傾倒的絕活兒。周作人在《〈駱駝祥子〉日文本序言》中指出：「至老捨出，更加重北京話的分子，故其著作正可與《紅樓》《兒女》相比，其情形正同，非是偶然也。」[67] 把老舍的作品在京語運用上的佳績，與曹雪芹的《紅樓夢》、文康的《兒女英雄傳》相提並論，確是切中肯綮的。這一肯綮，自然還是京旗作家在創作中始終如一的對北京方言的眷戀與砥礪。

到了 20 世紀晚期,「京味兒文學流派」形成,且在中國文學的大格局中引起廣泛矚目。參與其間的,既有像趙大年、葉廣芩、王朔、檀林、王安等許多北京籍滿族作家,也有一批來自國內各地而在京城生活較久的其他民族作家。老舍已經成了這一流派的圭臬與旗幟。儘管這一流派的作家們在取材立意諸方面差異多多,在作品中間捕捉和體現京腔語言的風采神韻,卻是大家一致的求索。

當然,滿族文學對北京文化的貢獻,遠不止於運用京城口語寫作這一項。限於篇幅,這裡只能擇其重點稍加闡釋。

四

北京的傳統表演藝術,尤其是京劇和曲藝,也跟滿族的關係分外密切。

京劇,顧名思義,是在北京這座城市形成的一個劇種。清代中晚期的 100 多年,是京劇形成並且逐漸完善的歷史階段。這一階段,也正是京師八旗族眾空前熱衷於文化藝術的時期。外界對於乾隆五十五年(1790 年)「四大徽班」進京為皇上祝賀 80 壽辰而成為京劇緣起的史實,大多耳熟能詳;不過,要提到滿族在京劇的發展中造成的歷史作用,卻可能知之不多。

滿族的先民有喜好表演藝術的習性,他們中間長期流傳著一種叫做「朱春戲」的民間戲劇,是集傳統的滿語敘事文學、民歌曲調、舞蹈表演程式為一體的藝術樣式。在滿族未有文字及書面文學之前,口承方式是他們記錄歷史、傳承思想、播撒文化的唯一途徑,而帶有形象可視性的民間戲劇受到人們特別垂青,是不難理解的。後來,滿族躋身於北京這樣的中原文化重鎮,以傳統的審美習性而去優先親近戲曲類的直觀的敘事性表演藝術,是再自然不過的。

清入關之初直到康熙朝,因政局波動兵事起伏,京城的娛樂業是受限制的。至乾隆朝大局穩定,社會生活相對平靜,戲曲等行業也漸顯隆興。隨著徽劇進京並與京師此前流行的其他戲曲形式結合,八旗上下的欣賞胃口被刺激起來。為適應皇族親貴們的觀賞需要,內廷創辦了教習專業演員的太監戲

學；而培養旗籍子弟為業餘演員的戲曲「外學」，此刻也應運而生。至道光朝，又有湖北的漢調進京，促使以「西皮」「二黃」為主的京劇聲腔體系日益成熟。雖然宮廷戲學這時已經衰敝，而旗族子弟中間的京戲「票友」們自組的京戲「票房」，卻愈來愈紅火。

清代京劇藝術一直是在「雙軌制」下發展的。一方面，主要有著科班出身的專業藝人們的創作及商業演出，另一方面，又有旗族業餘藝術愛好者們非營利性的切磋思索與表演實踐；二者經常彼此溝通交流，使京劇藝術從一開頭就形成了雅俗共賞的品位，且直接貼近了京城文化的總格調。那時科班出身的藝人們大多短缺文化，而旗籍票友中間倒不乏知識分子和貴族人士——這些人對劇情戲理的探究較前者高深，且能把自身文學藝術綜合修養移植到戲曲表演的鑒賞提高上面，這就為京劇舞臺增添了不少雅緻唯美的氣息，也使京劇從問世之初就顯現出某些地方劇種所不具備的審美基準。

「京劇，自道光年間在北京形成後，日臻完善。迨到光緒年間，便呈現出一派繁榮景象。在京劇史上有『盛世』之稱。」[68] 這一時段，滿族最高統治者對京劇的熱情是空前的。「無論是穆宗載淳（同治皇帝），還是執掌實權的慈禧太后，以至德宗載湉（光緒皇帝），都是京劇的酷嗜者。特別是慈禧，可以說是一個大京戲迷，不僅愛聽愛看，有時還關起門來和太監們唱上一段作為消遣。同治皇帝能演武生，光緒皇帝精於板鼓……」[69] 據說有一回慈禧做壽，光緒也粉墨登場，演的是《黃鶴樓》裡的趙雲。既然帝后們這樣愛好京劇，統治階層對京劇的扶持也就可想而知了。在這個京劇發展的黃金時段，京師四城常年設有高水準的票房組織，中間湧現出大量技藝超群的旗族票友，其中包括日後成為京劇舞臺上早期名伶的慶雲甫、黃潤甫、汪笑侬、德珺如、金秀山、龔雲甫等人。因為時值清末，八旗社會的管理已告懈怠，個別滿族子弟自幼進入京戲科班「坐科」學戲的情況也出現了（例如「青衣泰」陳德霖和名淨錢金福，均出自清恭王府開設的「全福崑腔科班」）。

1911年，辛亥革命結束了清朝統治，也終止了兩千多年的中國封建專制。這一事件，為滿族社會帶來了根本性的變遷。旗人們掙脫了八旗制度的捆綁，斷絕了當兵吃餉的經濟來源，必須改行自食其力。先前頗有藝術修養

的某些旗人票友，為窮困所迫，只好變先前的藝術愛好為謀生手段，「下海」成為專業藝人。此外，有些雖未貧寒到非「下海」不可的滿人，在自主擇業之際，因為已無八旗制度牽制，又深愛戲曲藝術，便主動選擇了梨園行作為職業。自民國初年起，不同階層的旗人從業者，摩肩接踵地進入了京劇界。這中間堪稱大家級的藝術家，就有「十全大淨」金少山、「四大名旦」之一程硯秋、「四大鬚生」之一奚嘯伯，以及慈瑞全、金仲仁、雙闊亭、瑞德寶、唐韻笙、文亮臣、杭子和、李萬春、厲慧良、李玉茹、關肅霜等。這些滿族出身的藝術家，對京劇藝術發展發揮過重要作用。

民國時期滿族的京戲票友，人數多、實力強，最著名的有紅豆館主（溥侗）、清逸居士（溥續）和臥雲居士（玉銘）……紅豆館主出身於清宗室，被公認為京劇史上票友中造詣最深、名望最高的代表人物，他文武崑亂不擋，生旦淨醜兼工，深諳戲曲音樂，吹打彈拉無所不通，深為內外行所折服，名伶們亦常趨前請教，被尊為北京的「票界領袖」。

長久以來被稱為「國粹」和「國劇」的京劇，是中華文化界用心血培育出來的一朵藝術奇葩。為了造就這門「京」字號、「國」字號的藝術，滿族人或投身其間或推波助瀾，做出了特殊的貢獻。

京城的滿族與北方曲藝也有過千絲萬縷的緣分。

較之京劇，曲藝似乎是更為「下里巴人」的俗文藝形態，可滿族偏偏從來就跟它特別地親。據文化人類學者研究，東北亞地區的滿—通古斯語民族，都有久遠的說唱文學傳統。在滿族民間流傳的說唱文學樣式「德布德林」（滿語原意為「本子」），以散文講述與韻文吟唱交替出現，講的基本上是故事情節，唱的則主要是人物的心理活動。這類說唱文學，已跟中原曲藝中間的鼓書門類相差無多。滿人入關後，秉承其民族藝術習慣，表現出了對中原城鄉曲藝說唱的濃厚興致，也及時地又創製出了本民族新型的曲藝類型。自清中期始，在下層旗人中間，出現了與民族舊有文娛嗜好相吻合的「子弟書」「八角鼓」等俗文藝樣式。

子弟書，是乾隆年間興起的一種鼓曲藝術，因首創於八旗子弟中間而得名。據說這種藝術由清代軍中流行的巫歌、俚曲衍成，最初多是借現成曲調

編詞表達懷鄉思歸情感的小製作，傳入北京後為滿族下層文化人所改造，以固定曲式配唱各種敘事作品。表演時，多以三弦為伴奏樂器，一唱到底而無說白。作品一般不太長，涉及題材廣泛，除取材於《三國演義》《水滸傳》《西遊記》《金瓶梅》《紅樓夢》《兒女英雄傳》等精彩片段外，還有些描繪滿族社會及市井生活的段子。作品均出自旗籍文化人筆下，遣詞用韻很見功力。清中後期子弟書藝術發展很快，呈現出分別成熟於北京東、西兩個城區的東韻、西韻流派分野，東韻風格「沉雄闊大，慷慨激昂」，以演述忠烈故事為主；西韻則多「尤緩而低，一韻纡縈良久」，以表現愛情故事見長。後來子弟書藝術由北京流傳到盛京等處，欣賞者也擴大到廣大市民階層。同治年間出現的子弟書作家群，把創作推向了高潮，從當時無名氏所寫的《石玉昆》子弟書中，可以知道，在名藝人演唱時，書場內能「坐過千人」，尚有「多人出入如蜂擁」。直到20世紀早期，這股「子弟書熱」才退去，後來曲調也瀕於失傳。存世的子弟書曲目有440餘種。受聽眾喜歡的一些子弟書段子，被移植到晚近的京韻大鼓、東北大鼓、西河大鼓、二人轉、山東琴書等曲種內繼續演唱著。

早期投身子弟書寫作的高手，知名者有乾隆年間的羅松窗。韓小窗是道光至光緒間的子弟書名作家，作品逾30種，《露淚緣》是他最為人稱道的作品，感人至深地刻畫出了賈寶玉慟哭林黛玉時的情景：

苦只苦直到臨終未能見面，恨只恨滿懷心事不能達。到如今我萬語千言你聽見否？妹妹呀你在九泉之下還要詳察。從今後我卻醒了槐中夢，看破了世間無非是鏡中花。不久夜臺合你重相聚，好合你地府成雙勝似家。這段情直哭到地老天荒後，我的那怨種愁根永不拔。只哭得月暗星稀沒了氣色，雲愁雨泣掩了光華。恰便是頹唐一慟悲秦女，抵多少斷腸三聲過楚峽。

子弟書作家中令人關注的，還有奕賡。他是清室成員，早年做過宮廷侍衛，中年之後卻潦落為「柴濕灶冷粟瓶空」的窮文人。他以「鶴侶」為筆名，創作了10多種子弟書作品，其中《鶴侶自嘆》《侍衛論》《老侍衛嘆》等來自其親身經歷和見聞，將末世之際的炎涼世態揭示得淋漓盡致。他的創作以口語白話直入唱詞，常溢出詼諧戲謔的格調，為聽眾喜聞樂見。

八角鼓，是子弟書的姊妹藝術，也是清中期滿族的曲藝曲種。據說乾隆年間八旗兵征討大、小金川的戰爭中，由滿族文人文小槎（又作寶小岔）創製了一種牌子曲形式的「岔曲」，在八旗社會流傳開來，又經引入多種滿、漢民族的傳統曲牌，漸成一種牌子曲演唱形式，因用滿族樂器八角鼓伴奏而得名。至清後期，八角鼓藝術盛行，八旗文人們多喜好在票房內編詞演唱，聊以自娛。當時的八角鼓詞作，除一些依據名作改編的段子之外，尚有《鳥槍訴功》《護軍訴功》《南苑嘆》《八旗嘆》《夏景天》《怕的是》等，反映了「八旗生計」等社會問題。與文學性較高而聲腔變化偏少的子弟書不同，八角鼓藝術以其特有的複雜多變的聯套體說唱形式，對後來出現的北方曲藝曲種，如北京單弦、山東聊城八角鼓，以及民族戲曲曲種，如吉林滿族新城戲等，產生了重要影響。

　　北京曲藝的代表性曲種──單弦，直接承襲於八角鼓。最早的單弦名家是道、咸時期的司瑞軒（藝名「隨緣樂」），是一位「下海」賣藝卻長期隱瞞旗人身份的藝人，他根據《水滸》《聊齋》《金瓶梅》等名著故事，創製了單弦牌子曲的演唱形式，在京師各茶館表演，十分轟動。在隨緣樂之後，清末民初的曲藝舞臺上，又湧現出德壽山、榮劍塵、謝芮芝、常澍田、譚鳳元等旗籍單弦演唱大師，奠定了單弦藝術名家薈萃、流派並存的局面。

　　相聲，這種起源於北京、流傳於全國並且受到國內外觀眾喜好的曲藝樣式，也來自於滿族曲藝八角鼓。早期的八角鼓演唱形式之一「拆唱」，常由多人表演，以插科打諢的醜角為主要角色。「道、咸年間拆唱八角鼓的著名醜角張三祿，因與同行不睦，無人與他搭檔而改說相聲，是為單口相聲之始。八角鼓藝術講究的『說、學、逗、唱、吹、打、拉、彈』中的『說學逗唱』也就成了相聲的主要表現手段，而相聲藝術在表演上的『捧哏』『逗哏』，也是始於拆唱八角鼓」。作為相聲創始人張三祿三位直系傳人之一的阿彥濤，是因家道貧寒而由票友被迫「下海」的窮旗人。他與自己的徒弟春長隆、恩緒[70]（都是滿族人），創建了相聲史上的早期流派之一「阿派」。該派編演了許多屬於文字遊戲類的段子，從內容到手法都趨向文雅，他們講求幽默含蓄，取笑而不庸俗，在相聲中開了「文哏」先河。這顯然與旗人們有著舞文弄墨的習性分不開。

在相聲藝術長達一個半世紀的發展中，眾多表演藝術家的名字為聽眾所熟知：常連安、侯寶林、常寶堃、趙靄如、郭啟儒、白全福、趙佩茹、常寶霖、常寶霆、常寶華、蘇文茂、楊少華、常貴田、侯耀文、楊議……他們本人或前輩，全是北京旗人。此外，像老舍、何遲等滿族文學家，也都為相聲提供過很受歡迎的演出腳本。

評書，是滿族人特別喜好的另一項曲藝藝術。20世紀早期，京旗滿族出身的雙厚坪，與「戲界大王」譚鑫培、「鼓書大王」劉寶全齊名，被譽為「評書大王」，三人鼎足而稱「京師藝壇三絕」，影響極巨。到了20世紀中期，京城評書界又出現了品正三、連闊如兩位滿族評書表演藝術家，前者曾被冠以「評書泰」的盛名，而後者於20世紀50年代初期透過廣播電臺播講傳統評書，家家收音機旁擠滿聽眾，北京市內甚至有「千家萬戶聽評書，淨街淨巷連闊如」的美談。

北京從來就是中國北方曲藝的重要舞臺。清代中晚期和民國年間在當地曲藝領域赫赫有名的滿族藝術家，還有演唱「拆唱蓮花落」的趙星垣（「髽髻趙」）、演唱梅花大鼓的金萬昌、演唱京韻大鼓的姜藍田、演唱竹板書的關順鵬、演唱滑稽大鼓的富少舫、表演滑稽二黃的白慶林（「雲裡飛」）和白寶山（「小雲裡飛」）、演唱北京琴書的關學曾等，也都對曲藝藝術的繁榮饒有貢獻。

五

京師滿族的常態生活習俗，亦曾給予北京文化以深度熏染。

講求禮儀，注重禮貌，是外民族對滿人印象深刻、幾成公議的看法。親宗族而重血親、崇敬先人、尊重長輩、友愛親朋，是該民族在早期信奉薩滿教的歲月裡便形成了的觀念形態，世代根深蒂固。他們把這種觀念兌現為日常的禮節習慣，逢年過節的祭祖、每日不輟的向長輩及同輩問安，均是發自內心的人生功課。「旗人家庭之禮最嚴，老幼皆無敢少失，其周旋應對，莫不從容中節，蓋自幼習之。」[71] 滿人家庭都極為好客，即便是路人來訪也會傾其所有待客，客人離去時不必留下報酬。清代旗族將這類禮俗帶入京城，

到了清末以及民國時代，城中與滿人相處較久的漢族家庭有些也都習慣於「滿漢兩禮」了。滿族人注重講究禮貌的另一方面表現，就是在生活中「最忌諱隨便罵街」，[72]據京城老年人講，傳統的旗人頂不習慣張口就罵人，他們之間產生了齟齬，有的竟只能以當面說一句「我實在地恨您」來發洩。滿人的這種習性，後來也曾長久地被「首善之區」北京的大多數市民所認同、恪守，他們極厭惡「髒口」，無論男女老少，張嘴就罵人都最為人們所不齒。

體現著滿族生活習俗的服飾文化，也給了舊日京城其他民族以影響。旗人的袍服——旗袍，很快就被漢族等民族的女性所喜愛，並透過京師傳到南北各地，再透過中國僑民傳播到西歐北美，成了日後女性的世界性的高雅時裝樣式，已經是人們時常提及的顯例。其實，為目下全國各處重新穿起來的「唐裝」，亦為清代滿族服裝樣式，只是後來透過西洋的「唐人街」展示出去了，才被誤稱為唐裝。另外，還有現在人們習慣穿的「坎肩兒」，也叫「馬甲」，本是八旗兵中「馬隊甲兵」時常身著的無袖外套。

滿族在飲食文化上對北京的奉獻也不少。該民族先民長期從事漁獵生產，養就了喜食野味兒的傳統；他們也喜愛甜食和黏食，因為這類食品在勞累寒冷之際十分禁餓。滿族還是世界上最早飼養家豬的民族之一，對這個長期生存在高寒地帶的民族來說，嗜好厚油脂的肉食曾是他們的飲食特點，也為該民族擅長烤制豬肉等肉食打下了基礎。從滿族入關之前到有清一代，滿族固有的燒、烤、煮、涮等烹飪方式，與中原傳統的煎、炒、炸、熘等烹飪方式，互相借鑑和融匯，終於登峰造極，推出了中華飲食文化的最高成就——滿漢全席。「民間滿漢全席之稱最早見之於乾隆年間李鬥的《揚州畫舫錄》和袁枚的《隨園食單》。當時滿族是統治民族，在文化上有權威影響，交往中，漢人為討好滿族官員，設席都要迎合滿官的特點，必設滿席，為克服滿席烹調簡單的弱點，又會增加一些漢族的名肴。與此同時，滿席注重野味的傳統，又給偏好風雅的漢官提供了體會異族風味的機會。在追求這種皇家風範的體驗以及誇富心理的作用下，早在乾隆年間滿漢全席就已風靡全國」。[73]

清代受困於「八旗制度」的都市滿族，將生活藝術化，體現到了各個方面。作家老舍曾經在小說《四世同堂》中，對當年的旗族藝術生活場面作過清晰的描繪：

整天整年地都消磨在生活藝術中。上自王侯，下至旗兵，他們都會唱二黃，單弦，大鼓，與時調。他們會養魚，養鳥，養狗，種花和鬥蟋蟀。他們之中，甚至也有的寫一筆頂好的字，畫點山水，或作些詩詞——至不濟還會諂幾套相當幽默的悅耳的鼓子詞。他們的消遣變成了生活的藝術……他們會使雞鳥魚蟲都與文化發生了最密切的關係……他們的生活藝術是值得寫出多少部有價值有趣味的書來的。就是從我們現在還能在北平看到的一些小玩藝兒中，像鴿鈴，風箏，鼻煙壺兒，蟋蟀罐子，鳥兒籠子，兔兒爺，我們若是細心地去看，就還能看出一點點旗人怎樣在最細小的地方花費了最多的心血。

當初旗人們細細把玩生活百味的習性和他們極盡想像「玩出了格」的諸種方式，也融入了後來北京人的文化之內。

六

經過清代的二三百年，京師旗族在重造文化習尚的同時，也體現出了自我的精神型範與性格氣質。

愛國主義情操，是他們精神世界中間最可寶貴的成分。自從清政權建立，身為政權基石的八旗將士便樹立起國家至上的信念。隨著清初一百多年平定三藩、收復臺灣、反擊沙俄入侵、平定準噶爾叛亂、抗擊廓爾喀入侵西藏等戰爭的展開，八旗官兵隨時被派往前線作戰與駐防。至雍正年間，全國八旗駐防已有85處；至乾隆後期，又增加了49處。滿族人因而廣泛地被分佈到全國廣大區域戍守。清代，是中國有史以來有效管轄版圖最為廣闊的時期。今天的中國版圖基本上是在清代確定下來的。在八旗下層官兵的心間，為愛國護民不惜犧牲一切的精神，「不得捐軀國事死於窗下為恥」，[74]而以為國戰死為榮的觀念，始終是牢靠的。那時節，京師八旗營房中，貧窮的士兵們，即便家徒四壁，還是不忘國家重託，要按照規定自費購置兵器戰馬，他們嘴上常常掛著的口頭語兒，還是那麼一句落地有聲的硬話：「旗兵的全部家當，

就是打仗用的傢伙和渾身的疙瘩肉!」他們一貫地忠勇可敬,饑寒困苦並沒有磨損他們世代相傳的拳拳報國之心。近年間,清史與滿學研究界正更新思考,逐步接近一項共識:如果沒有滿族傑出人物和八旗勁旅在清代前期的戮力經營,從而達成了清中期國富民盛、各族一體的大局面,後來的中國,是絕難渡過帝國主義列強妄圖瓜分、滅亡我文明古國這一道險關的。

若按各民族人民在清代的分工來說,滿、蒙、索倫、達斡爾等舊新滿洲八旗負擔最重,對漢人實行募兵制,對他們卻實行徵兵制,孩子一落生,便是「養育兵」,長大了便要抗敵、禦侮、保衛祖國,多數人都死在疆場上。因為他們付出的重大犧牲,才創造了國內的和平環境和安定的社會秩序,農、工、商、士,才能自由自在地種地、做工、做買賣、考舉人進士。[75]

與雅俗兼及的文化追求相關聯的,是北京滿族亦莊亦諧的精神文化品相。一方面,為擺脫八旗制對自身精神的束縛,他們已習慣以插科打諢、詼諧幽默調節生活;另一方面,滿人性情從來就不大認同所謂「發乎情,止乎禮儀」,也厭惡虛假的「一本正經」。他們在精神深處很是自尊自矜,講究氣節與操守,日常卻不總是正襟危坐,而往往敢拿自己來開個不大不小的玩笑(北京話叫做「開涮」)。滿人們跟藝術結緣以來,他們創製的各種作品,幾乎無一例外地被注入了喜劇因子,其中老舍作品最是鮮明。

北京藝術的喜劇風格(最突出地體現於相聲、曲藝)或多或少也緣於清末以來的歷史生活:京城所歷風雲變幻的戲劇性、喜劇性;京都小民苦中作樂,冷眼看世相的幽默傳統;沒落旗人貴族諷世玩世自諷自嘲的傾向——這兒也有諸種因素的彙集。其中滿族人、旗人的幽默才能是不應被忽略的方面。這可能是失敗者的幽默,卻也因「失敗」更顯示了一個民族的優異稟賦與樂天氣質。[76]

生活在北京的滿族作家,從曹雪芹到老舍,再到當代的朱春雨、趙大年、葉廣芩,個個創作裡面都蘊涵著深沉的民族自省意識與文化反思精神。曹雪芹的《紅樓夢》,記錄了「金滿箱,銀滿箱,展眼乞丐人皆謗」的滄桑故事,發出了「喜榮華正好,恨無常又到」的感嘆,進而做出「須要退步抽身早」的警告。老舍早在 20 世紀 20 年代,就在長篇小說《二馬》中,深有感觸地

說過：「民族要是老了，人人生下來就是『出窩老』。」簡直是石破天驚之語。20世紀60年代，他在《正紅旗下》裡，更具體地檢討了滿民族的歷史性滑落：

  二百多年積下的歷史塵垢，使一般的旗人既忘了自譴，也忘了自勵。我們創造了一種獨具風格的生活方式：有錢的真講究，沒錢的窮講究。生命就這麼沉浮在有講究的一汪死水裡。

  大約從三個半世紀之前八旗進關時候起，滿族的文化即陸續啟動了一場由原生態的薩滿文化體系，向廣泛吸取漢族等兄弟民族文化營養的多質文化狀態過渡的大變遷。以清代京城旗族文化為代表的滿族「次生文化形態」，其長處是不容忽略的，其弊端也是需要正視的。

  本文側重於從積極奉獻的角度，探討滿族對北京文化的影響。誠如任何一個民族在任何一個歷史過程中都有其侷限與失誤一樣，滿族落戶京城幾百年來，自身文化裡面也不免滋生一些陋弊和痼疾。這些東西，也曾不可避免地作用於北京文化，也是需要認真加以審視和針砭的。滿族的「次生態」民族文化，早已與北京傳統文化水乳交融。假如想要脫離開北京文化渾然一體的總系統，來單純地分析、褒貶、揚棄滿族文化這個子系統，是很難做到的。易言之，北京文化中間至今存留的各類優長、缺失，也是可以透過對照滿族文化這面鏡子來予以深入檢視的。

  今天，站在新世紀新起點上面的首都北京大文化建設，業已提上日程。深刻發掘包括滿族歷史文化教訓在內的種種有助於北京文化建設的人文思考，都應當是其中的應有之義。

北京滿族傳統旗袍的製作技藝與傳承發展

——以清中期的便服為例

呂曉娜 [77]

滿族是中國 56 個民族中的一個重要成員，其歷史悠久，文化底蘊深厚，並且建立了中國最後一個封建王朝——清朝。北京是清朝的首都，是滿族貴族統治集團集中生活的政治中心，也因此成為滿族文化和清朝宮廷文化富集和集中展示的大都會。北京的滿族傳統服裝文化，可謂源遠流長。

一、滿族傳統旗袍的簡述

旗袍，滿語叫「衣介」，意思是「長袍」，是滿族在長期的山林狩獵生涯中，形成的特有的民族服裝。滿族先民主要生活在東北高寒地區，又以狩獵為生，而這種袍服正好造成保暖和方便狩獵的作用。[78] 久而久之，旗袍就被固定下來，專指滿族人所穿袍服。這也是本文所討論的旗袍的真正含義。但是，對於現在的一般人而言，「旗袍」是一個非常特殊的概念，它是一種有代表性的中國女性服飾，既與滿族沒有必然關係，更與男性沒有關係。

圖 1 滿族傳統旗袍

　　在滿族的不同的歷史時期，旗袍也有相對不同的構造。清朝初期，滿族旗袍仍沿襲之前未入關時的服飾傳統，衣身基本是直線線條，袍身寬鬆舒適，長達腳踝，而不注重曲線美。但隨著人們審美觀念的改變，以及實用觀念的不斷加強，再加上不斷地民族交融，旗袍逐漸形成如今我們在清宮劇中所看到的色彩繽紛、紋樣華美的造型。在長期發展過程中，滿族旗袍也形成了自己獨特的製作工藝，為滿族服飾文化的發展做出了傑出的貢獻。

而在滿族的傳統旗袍中，以清朝的宮廷服飾最具有代表性，它不僅品種齊全，而且製作精美，色彩絢麗，寓意豐富，是滿族旗裝中的精品，更成為今天的清宮劇中的一道亮麗風景。

（一）滿族傳統旗袍的分類

清朝中後期，滿族的傳統旗袍已基本形成定式。

根據出入場合的不同，主要有禮服、吉服、常服、行服、便服、雨服6大種類，因而也就有了禮服袍、吉服袍、常服袍、行服袍、便服袍、雨服袍等；

根據開襟的不同，其主要有如意襟旗袍、琵琶襟旗袍、斜襟旗袍和雙襟旗袍等；

根據袖型的不同，又可分為馬蹄袖袍、窄袖袍和平袖袍3大類；而依據不同領型，又可分為立領袍和圓領袍。

根據季節的不同，又有單、夾、棉、皮之分。

旗袍一直貫穿於滿族的發展歷程中，在滿族傳統服裝中占據著重要地位，是最具有代表性的滿族傳統服裝。雖然旗袍的種類繁多，有不同的形式，也顯示了不同的品級和地位，但它們有一個共同點，即都是以最重要的袍服為載體，然後再添加或裝飾一些其他的飾品。不同類型的旗袍雖然有不同樣式的袍服，男式袍服和女式袍服也各有所不同，但這些袍服的製作工藝卻大同小異，因此本文以女式便服袍服為例，來具體介紹旗袍的製作工藝。

（二）便服

便服，主要是人們日常生活中閒居時所穿的服裝。我們常常在清宮劇中看到的各位小主們所穿的製作華美的服飾便是便服。便服的形式繁複多樣，主要包括便袍（主要為男衣）、氅衣、襯衣、馬褂、坎肩等。其中，便袍為圓領，大襟右衽，平袖，左右開裾。氅衣和襯衣是便服中最為華麗多彩的袍服，也最受後宮嬪妃的喜愛。氅衣為圓領、大襟、右衽、直身、平袖及肘，左右兩側開裾至腋下。（見圖2）而襯衣和氅衣基本相似，但襯衣左右兩側不開裾，也無氅衣兩腋下用於修飾的兩個對稱的雲紋圖案。（見圖3）在穿

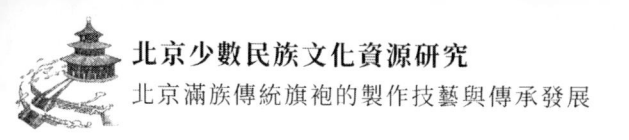

著時，襯衣穿在裡面，氅衣穿在外面。又由於襯衣沒有氅衣的左右開裾，所以有時襯衣也可以單穿。[79]

圖 2 氅衣圖

圖 3 襯衣

■二、製作工藝

　　滿族傳統旗袍工藝多以手工製作為主，以精細為要，然後再加以各種鑲、嵌、滾、盤等工藝。而旗袍的布料一般以織錦、真絲、古香緞、綢為主，正宗的清宮旗袍，從選料、下料到製作，每一道工序都很有講究。然後在整體形成之後，再在上面繪製各種各樣的圖案，經過一系列的程序之後而成。因

此，旗袍的製作流程大體分為以下幾步：尺寸測量、裁剪、縫製、手工和整燙。
[80]

（一）測量

測量尺寸是製作旗袍的首要工序，只有測量精準，才能縫製出合身的袍服，也才能完全地體現出袍服之美。

主要工具：皮尺、尺碼單、筆、牛皮紙、選好的布料。

滿族傳統旗袍在製作前，要求測量的數據主要有：衣長、背長、肩寬、袖長、大臂圍、胸圍、腰圍、臀圍、領圍、手長、掌圍、身高等。

具體步驟：

①測量袖長，從脖頸開始，量至手腕處。測衣長時，從後脖頸起，一般測量至腳踝處，但有時也測量至膝蓋下，具體長度根據所做的袍服的具體款式來定。而腰圍、胸圍、臀圍等直接用皮尺測量即可。測量完畢後，將這些數據都寫在尺寸單上。

②在選定的牛皮紙上，根據所測量的數據，畫下計算之後的長度，形成袍服的紙樣圖。

（二）剪裁

滿族傳統袍服的裁剪，比較簡單。所謂的剪裁，就是要將製作成衣的布料剪裁成樣。將選好的布料與之前已經測量好的、並在牛皮紙上畫下的紙樣比對，然後沿著紙樣，將布料剪裁。

就便服而言，製作布料一般剪裁為3大片：左片、右片和右襟；然而滿族傳統旗袍中還有另外一種袍服——馬蹄袖袍服。由於滿族是一個馬背上的民族，長期騎馬狩獵，再加上天氣較冷的原因，為了保護手臂，人們便想出將袖子加長的辦法，於是就出現了馬蹄袖袍服。有馬蹄袖的袍服，除了左片、右片、右襟之外，還包括兩個袖片，一共是5片。

如圖：

二、製作工藝

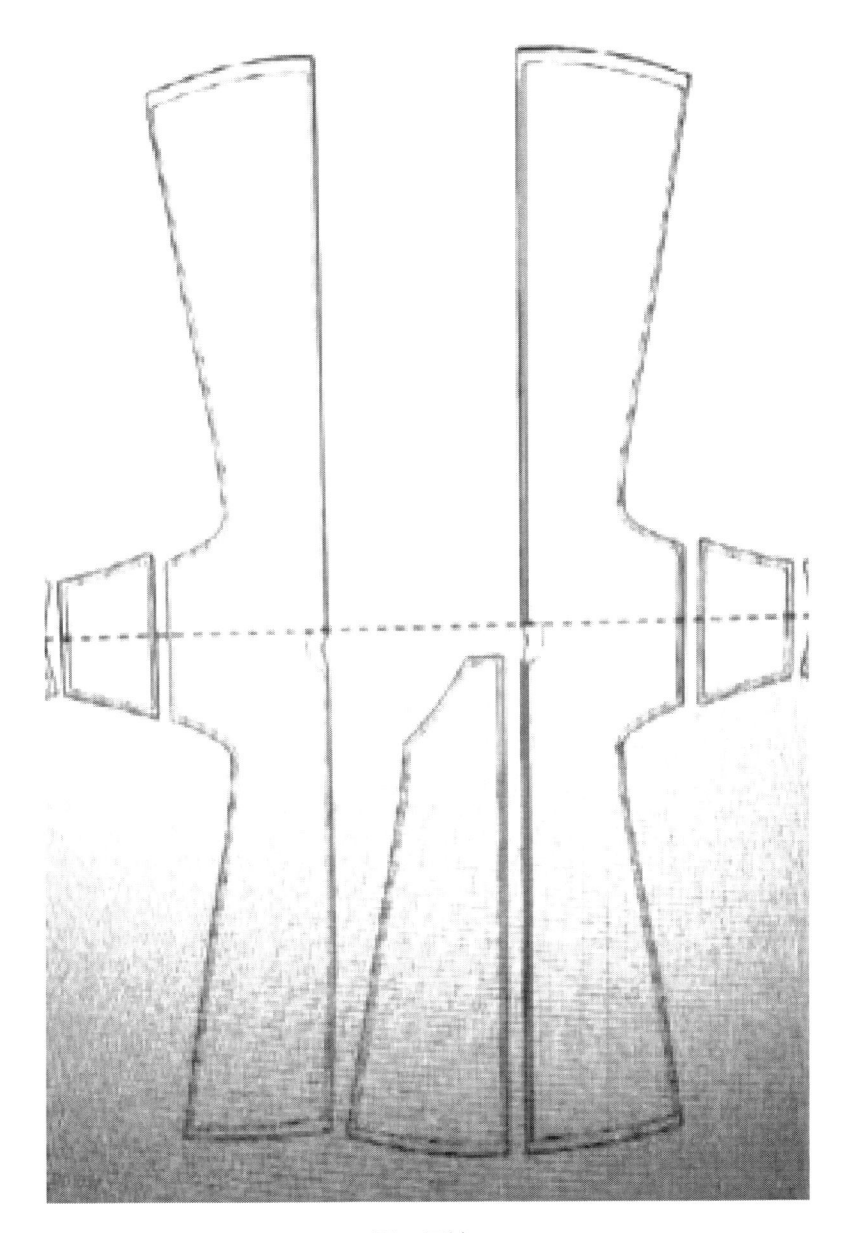

圖 4 平袖

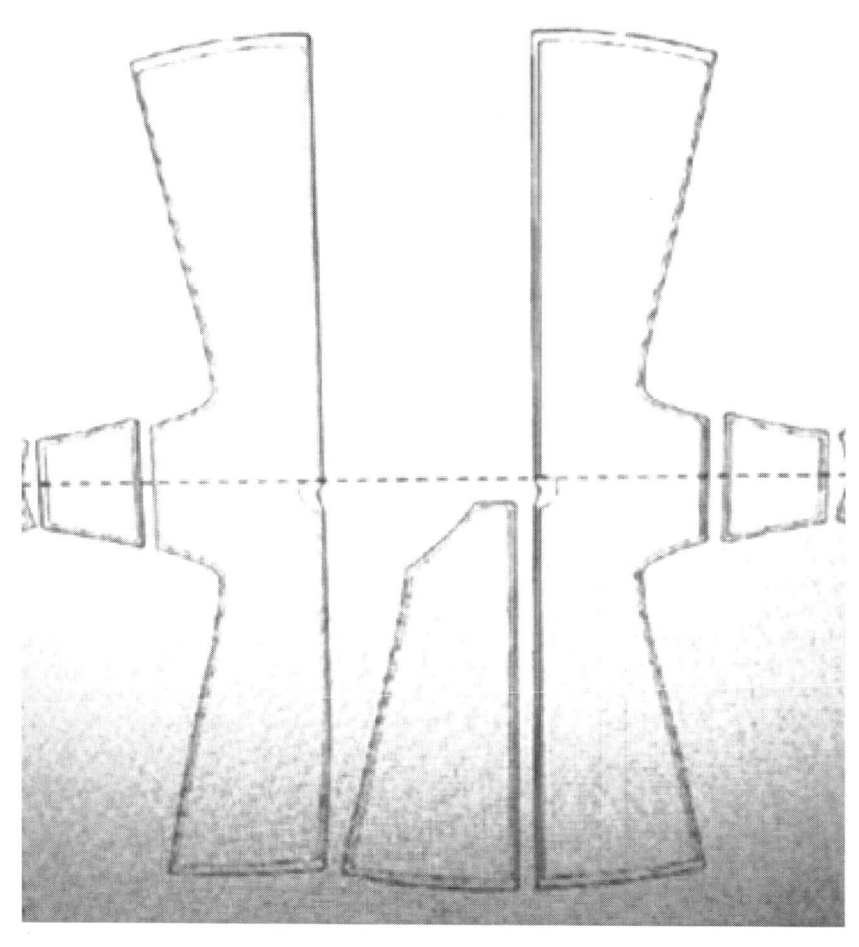

圖 5 馬蹄袖

主要工具：案板、糨糊、剪刀、白紙、筆、熨鬥、噴壺。

具體步驟：

紙樣完成後，開始裁布。用噴壺在整塊布上噴灑適量的水，然後用熨鬥將整塊布料熨一遍，注意要把中縫線熨燙平整，保證整塊布料的平整。

將布料與紙樣比對好，然後開始用剪刀沿著紙樣慢慢將布料裁成三大塊。

旗袍在剪裁時，要用數根針將衣料固定在案板上後再進行剪裁；剪裁完主料後，要在衣片的周邊上刮上一層糨糊；製作前要將主料與裡料用針固定

在一起；製作袖口和開衩處要用糨糊將里布和主料黏合後熨乾，為的是做好的旗袍不走樣。

（三）縫製

主要工具：手針、縫紉機、熨鬥、硬紙板、平縫機、單針、主衣片、淨樣板、鑲邊淨樣板、剪刀。

主要步驟：

1. 縫製成衣

將左片布料與右片布料對齊，然後將衣料翻過來，從裡面用手針開始縫製。從脖頸處開始，一針一針向下縫製，縫至開衩處，即離下擺還有幾釐米的地方。（具體多少釐米，根據具體款型而定。）縫製時，要注意針腳保持均勻，使正面保持平整。縫製右襟時，用同樣的方法，要使得衣料的正面針腳平整。

2. 細鑲滾（滾邊）

滾邊的方式有很多種，這裡主要介紹的為單層滾光式滾邊。

首先，用紙板扣燙滾條兩毛邊，將滾條邊折光。

其次，滾條與衣片正面相對平縫緝合，縫份 0.3cm～0.6cm。在滾包衣片弧形邊時，滾條在凹處稍拉緊，在凸處稍推送。然後修剪縫份，寬度為 0.3cm～0.6cm。

最後，將滾條沿縫線翻轉，蓋在第一道線跡上，使其蓋過 0.1cm，然後在翻轉的折邊上壓緝 0.1cm～0.2cm 的止口。滾邊時，一定要使滾邊平整無扭曲。在滾角時，注意倒角，使角處保持平整。

3. 鑲邊（異色）

鑲邊就是用異色的面料鑲縫在衣片邊緣部分的一種裝飾工藝。鑲邊寬度不宜過寬，一般不超過 0.6cm，再寬就成為分割了。鑲邊按照工藝可分為暗縫式鑲邊和明縫式鑲邊。

鑲邊用料的紗向一般與衣片的紗向一致，以保證面料的整體外觀質感協調一致，對於面料肌理不明顯的和無紡材料可以採用橫紗或者斜紗。鑲邊料要精確裁剪，縫份一定要準確，一般為 0.6cm，必須做對位記號。可根據面料的質地適當地粘襯，以防拉伸變形。

具體步驟：

先按要求裁配鑲條，將鑲條與衣片正面相對，縫邊對齊，衣片在下平縫，縫至拐角處機針不拔出，將衣片拐角剪一斜剪口，使衣片邊與鑲邊對齊繼續縫合，注意剪口不能超過淨縫線。

修剪縫份，弧形部位的縫份要小一些，並且要打幾個剪口。先將縫份分開燙平，再將衣片燙平。

4. 嵌線

嵌線就是在衣片的邊緣或內部分割縫處嵌上一條細條狀嵌條布的一種裝飾工藝。嵌條的顏色最好與衣片的顏色對比強烈或者深淺不一。

嵌條的用料採用 45°正斜紗條，裁剪寬度大約為 1.8cm，成品嵌線寬度為 0.3cm～0.8cm。

具體步驟：

把嵌條布向反面對折，先與一衣片正面相對，毛邊對齊縫合，縫份 0.5cm。將另一衣片正面朝下夾住嵌條，三條毛邊對齊，沿著上一條線縫合，然後將其翻轉鋪平熨燙。

（四）整燙

衣服縫製完畢後，為了保證衣服的平滑，需要進行一次整燙。在燙布料時，要根據布料的不同來調節溫度，選擇干燙、濕燙等。在熨燙的時候，要先噴點水，然後放一塊燙布，要先把中縫線燙平；燙的時候，要把滾邊留出來，不要燙滾邊，只燙周圍的地方就可以。如果有裡子時，要先燙裡子，後燙麵子；先燙上半部分，後燙下半部分；先燙零碎部分，後燙主體衣身部分。最後把旗袍燙平即可。

將整個旗袍做完之後，再全面地檢查一遍。

整個旗袍的大體製作過程就是這樣。

（五）刺繡

刺繡，對旗袍造成了很好的裝飾效果。旗袍大體做好後，人們為了美觀，往往會在旗袍上繡上各種美麗的圖案，或在袖口、衣邊等處繪製或者鑲嵌上幾道花條或彩牙兒，或者其他各種圖案。在北京地區，還流行鑲上18道衣邊，俗稱「十八鑲」，這樣縫製的旗袍是最完美的。而在所有的工藝中，刺繡是最不可缺少的步驟。

1. 刺繡文化內涵

刺繡工藝在中國同樣有著悠久的歷史，蘇繡、湘繡、粵繡、蜀繡便是中國刺繡中的四大名繡。這一工藝也正是在滿族服飾上才得到真正的體現。

刺繡也有一定的原則，比如在刺繡中，刺繡圖案要設計合理，所繡圖案與旗袍的樣式風格要保持一致；刺繡用線也要考慮服裝的面料；而在皇室貴族的服飾中，刺繡還要考慮身份地位的不同等。

如皇后的吉服袍是后妃中最為華麗的。吉袍採用與皇帝吉服袍一致的明黃色，繪有雲水紋樣和十二章紋等，而且在袖口、領口等部位都鑲有圖案，而其他妃子的吉服袍則與皇后的有很大不同，而且不同身份的妃子的吉服圖案都不一樣。（見圖6）

圖6 代表不同身份的吉服袍

以上幾件旗袍都屬於吉服袍，但由於地位的不同，不僅採用不同的顏色，而且刺繡的圖案不同，刺繡的繡線也不同，這正體現了旗袍的獨特作用。

2. 刺繡圖案意義

刺繡圖案不僅可以使得旗袍華緻精美，而且不同的圖案也有著不同的寓意。滿族服飾上的圖案紋樣有：雲水紋、四君子、龍蟒、蝶草紋、暗八仙、補服圖案、如意雲頭紋等。[81]

海水江涯乃自然景物，畫為刺繡圖案則非常具有裝飾性的效果，成為滿族服飾刺繡圖案的一大特色。水、雲、山崖、動物、器物同時出現在一個場景上，可以組合出宏大的紋樣。清代的雲紋、水紋圖案一直被稱為「五彩祥雲、五色紛纭、天下太平、海水江涯、八寶平水」，形象千變萬化，豐富之極，特別是最高統治者的服飾圖案有著深層的含義。（見圖 7）[82]

圖 7 海水江涯

二、製作工藝

「四君子」是梅、蘭、竹、菊的統稱，既可作為氣節崇高的象徵，也可代表四季（春蘭、夏竹、秋菊、冬梅）。[83]

蝶草紋則寓意美好，象徵自由，可以像蝴蝶一樣自由自在地飛翔，與自然和諧共處。（見圖8）

圖 8 蝶草紋

暗八仙也是吉祥紋樣，象徵著長壽與吉祥。

色彩絢麗、華麗無比的滿族旗袍，再搭配上精緻美麗的頭飾，便塑造出清宮戲中那些楚楚動人、婀娜多姿的小主形象。

三、滿族傳統旗袍的傳承發展

滿族傳統旗袍作為滿族服飾文化的重要載體，對滿族文化的傳承和發展起著重要的作用。傳承與發展滿族的旗袍文化，就是更好地傳承滿族文化。

（一）後現代旗袍對滿族傳統旗袍的改良發展

現如今，滿族傳統旗袍在大街上已經銷聲匿跡，我們也只能在各種清宮劇中再看到它那美麗的身影。然而，對這種傳統旗袍進行改造之後的現代旗袍卻仍然傳承了傳統旗袍的魅力。

1. 後現代旗袍對滿族傳統旗袍的外在改良

①造型樣式

民國時期，隨著西洋文化的傳入，國人將中西文化結合，對滿族傳統旗袍進行了改良，從而形成了展現女性完美身材的現代旗袍，也就是海派旗袍。海派旗袍一改傳統旗袍寬大的特點，根據女性的曲美身材剪裁而成，將腰身、胸部等部位都逐漸收斂，並且拋棄了傳統旗袍的多層形式（如便服就包括氅衣、襯衣、坎肩和馬褂等）。

新式旗袍也有很多樣式，根據長短分類，有長旗袍、短旗袍；根據有無袖分類，分為有袖旗袍、無袖旗袍、中袖旗袍等。

新式海派旗袍曾風靡一時，尤其是 20 世紀 30 年代，其發展可謂達到了頂峰，修身、性感的服裝，十足彰顯了女性的身材美，甚至成為標註年代的符號。以至於在大量的影視劇中，我們僅僅透過劇中人物所穿的旗袍就可以知曉故事的發生背景。

現在，樣式新穎的現代旗袍不僅引領時尚的潮流，更走上了國際化的舞臺。2008 年奧運會上，禮儀小姐身穿的青花瓷旗袍無疑是大會的一個亮點。而眾多的國際明星，像安妮·海瑟薇、莎拉·布萊曼、維多利亞·貝克漢姆等也都喜愛穿旗袍出席各種各樣的頒獎典禮。

②旗袍圖案

新式旗袍不僅在樣式上進行了改良，而且在圖案上也進行了創新。在清代，製作精美的袍服只有作為統治階層的皇室貴族才穿得起，而在圖案選擇方面則傾向於雲水紋、四君子、龍蟒、蝶草紋、暗八仙、如意雲頭紋等象徵著權貴、財富的圖案；而新式旗袍作為現代女性服飾的一種，它的圖案不再是以權貴為重，而更加時尚、多元，突出個性。

③材質

作為皇室貴族服飾的滿族傳統旗袍，一般都採用織錦、真絲、古香緞、綢等布料，而一般的平民只能穿粗布衣；現在，不僅可以用絲綢做出漂亮的旗袍，在新技術和新材料的推動下，各種類型的布料都可以做成旗袍。

④內在結構

滿族傳統旗袍在裁剪時，採用的是三片裁剪法或五片裁剪法，即將前後作為一個整體來通體裁剪，然後縫製成衣。然而，後現代的改良旗袍則採用前後裁法，即前後布料分別作為一個整體進行裁剪，然後再將袖子縫上去。

新式旗袍在形式造型改良的基礎之上，不僅傳承了傳統旗袍中的精美的刺繡圖案，而且繼承並創新了重要的製作工藝，豐富了裝飾技法，使得傳統旗袍的精髓得以保存。而這些重要的傳統元素不僅成為現在中國服飾元素的象徵，也成為中國的代表符號。

2. 後現代旗袍對滿族傳統旗袍在文化上的傳承與變遷

①旗袍的禮儀性

後現代旗袍不僅保存了傳統旗袍的外在精髓，也將中國傳統旗袍所蘊含的豐富的禮儀文化傳承了下來。在清代，不同品級的人需穿著不同圖案的袍服，並且在不同場合也要穿著不同的袍服，從而體現一種尊卑有序、內外有別的禮法；而旗袍在後世的發展中，仍然延續了這種禮法。在不同的場合中，女性會穿不同的旗袍。不僅款式不一，圖案也不一，從而體現出旗袍對禮儀文化的延續。

②旗袍的等級意義和象徵性

自古以來，中國的服飾就帶有很強的等級意義和象徵意義。歷代的《輿服制》對上至王公貴族，下到平民百姓服裝的款式、顏色、圖案和配飾等都做出了明確的規定，且任何人不得踰越。而現如今的旗袍不再是某一特定階層的服裝，而是所有女性都可以穿的服飾。[84]

③由傳統保守到開放外向

滿族傳統旗袍長及腳踝，袍身寬鬆，呈直筒式，將女性的身體曲線遮蔽起來，體現出中國古代人的傳統和保守的性格。而後來的改良旗袍不僅將女性的身材曲線美充分加以展示，甚至還出現了無袖短袍，表現出滿族傳統旗袍由傳統保守到開放外向的轉變。

（三）「申遺」傳承滿族傳統旗袍製作工藝

隨著精通古老旗袍製作工藝的老藝人的逝去，傳統旗袍這項古老的技藝面臨失傳的危險，技藝的失傳對傳統旗袍而言可謂是致命的打擊。

沒有製作技藝，何來旗袍成品？！而非物質文化遺產的申報，為這項工藝的保存提供了機會。2007年，滿族旗袍的傳統製作工藝被吉林省申請為省級的非物質文化遺產，並且確定劉淑芬為傳承人；2009年，京式旗袍的傳統製作工藝又被列為北京市非物質文化遺產。申遺工作的開展，讓熱愛這一技藝的人才被確定為傳承人，對於這項製作技藝的傳承造成了非常大的作用，也使得滿族傳統旗袍可以繼續得到發展。

此外，讓傳承人走進校園，為學生講授旗袍製作工藝，不僅讓更多的學生學習和掌握這門技藝，對旗袍製作工藝造成了很好的傳承作用，而且對滿族服飾文化也造成了宣傳作用。

而製作工藝的傳承，不僅可以使滿族傳統旗袍得以傳承和發展，而且對現代服飾的創新也具有重要作用。

（四）音樂——滿族傳統旗袍傳承的一種創新方式

隨著現代社會的發展，音樂已經成為人們陶冶情操、娛樂放鬆的一種方式，而將旗袍的精髓以歌詞的形式寫出來，再以動人的旋律唱出來，不失為

傳承文化的另一種方式。中國著名的青年歌唱家孫瀅迎就以一曲《旗袍》，將滿族旗袍的文化韻味表現了出來。一首動人的《旗袍》，加深了人們對於滿族旗袍文化的認同和喜愛，從而號召更多的人來傳承和弘揚滿族旗袍文化！

（五）新技術對滿族傳統旗袍的推動

新技術的發展，新手段的出現，為我們提供了越來越多的新方法來傳承和發展我們的傳統文化。網站的推送，視頻的宣傳，微博、微信的推廣，使得滿族傳統旗袍文化以文字、圖片、音頻或視頻等形式保存下來。

四、結論

滿族文化博大精深，而旗袍文化也是豐富多彩的。一件小小的旗袍，卻要經過測量、剪裁、縫製、整燙和刺繡等幾十道複雜的工藝，而不同的旗袍也體現著不同的功能與作用，蘊含著不同的寓意。它不僅是滿族文化的重要組成部分，也是中華文化的符號。

然而，傳統的滿族旗袍因種種歷史與現實的原因，已漸漸淡出人們的視野，以至於我們也只有在博物館或者清宮劇中才能再見到它的多姿風采，取而代之的是豪放的現代旗袍，它以更為豐富的樣式，傳承著傳統旗袍的精華，引領時尚的潮流，成為東方女性的代表服裝。

現代旗袍對滿族傳統旗袍的傳承，以及運用新技術手段對這一技藝的創新，不僅使人們能更深入地瞭解旗袍的傳統製作技藝，而且對於傳承滿族傳統文化，弘揚滿族民族精神等，都有著非常重要的意義。

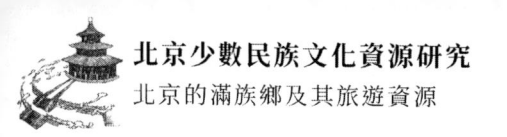

北京的滿族鄉及其旅遊資源

徐躍[85]

湯河川一帶，位於懷柔區北部的深山之中，依山傍水，是北京歷史上有名的滿族鄉，聚集著眾多的滿族人，而以「彭姓」為主的滿族人過去世居瀋陽，後隨清軍入關。在當時，長哨營為楊木營、喇叭溝門為鷹手營、湯河口為胭脂營，這三個營地分別承擔著看管林場並向京城提供楊木材、向京城宮中提供雌雄野雞以及開墾農田為皇宮提供胭脂費用的重要作用。經過漫長的歷史歲月，三個營地逐漸發展成為現在的長哨營滿族鄉、喇叭溝門滿族鄉以及湯河口鎮，在當地政府與民眾的努力下，傳統的滿族文化一直保留至今。今天的湯河川地區，處處洋溢著濃郁的滿族文化，家家保留著熱情好客的滿族風情。

一、北京地區滿族民族鄉概況

（一）長哨營滿族鄉

在距離北京城區 100 公里處、北京市懷柔區的東北部方向，坐落著滿族聚居地的長哨營滿族鄉。沿著長哨營滿族鄉向北，可以到達河北省的豐寧滿族縣以及內蒙古自治區；向東可以到達河北省承德市直至中國東北地區；沿著西方走可到達延慶縣以及河北省的張家口市；東南連接著密雲區密雲水庫，因而是北京通往河北及內蒙古等地的重要交通要道，更是懷柔區的交通樞紐。坐落在青山綠水間、占地約 250 平方公里的長哨營滿族鄉擁有優美的環境與優質的空氣，更是一個天然的避暑勝地。

長哨營滿族鄉是 1998 年撤銷七道河滿族鄉和長哨營鄉後合併而成，[86]滿族人口約占全鄉人口的 1/3。

近年來，長哨營滿族鄉的民俗文化旅遊產業日益完善，開展了滿族文化生態旅遊的系列活動，透過深入挖掘當地深厚的滿族文化資源，建設具有八旗特色的滿族文化新村，逐漸形成了自己的旅遊業品牌。如「京北第一山貨

大集」「滿族民間歌舞之鄉」等。[87] 北京地區唯一一個專門研究滿族民俗文化的滿族民俗文化研究會也於長哨營滿族鄉組建而成。閒暇之餘，對滿族文化熱愛的村民們便集會在一起，互相分享最近收集到了哪些滿族民俗或傳說。長哨營還致力於發展具有八旗特色的滿族文化新村，例如七道梁村便仿照努爾哈赤的故居，建立起一座具有索倫桿子、萬字炕等滿族獨有風格的傳統民居陳列館。

（二）喇叭溝門滿族鄉

在北京市懷柔區的最北邊，坐落著有「首都北大門」之稱的喇叭溝門滿族鄉。此地在歷史上是北方各遊牧民族與華夏諸族經濟、政治以及文化交往的活躍地帶。[88] 喇叭溝門滿族鄉距北京城區 150 公里，面積約 300 平方公里，擁有 10 個滿族村，在歷史上，喇叭溝門滿族鄉曾歸屬灤平縣 14 年、歸屬四海縣 4 年，1952 年劃歸懷柔縣，1961 年 5 月成立人民公社，於 1983 年建為鄉，於 1990 年正式改稱喇叭溝門滿族鄉。[89] 喇叭溝門滿族鄉擁有豐富的林木資源，於 2001 年確立了以「環境立鄉、旅遊帶動、建京北綠色屏障」為目標的發展方向。進入 21 世紀以來，喇叭溝門滿族鄉一直秉承著這一理念，發展鄉村綠色旅遊，並結合滿族傳統文化，開展特色滿族文化旅遊。

在喇叭溝門滿族鄉建有八旗文化廣場，每年夏秋之際，這裡都匯聚著來自四面八方的遊客，在廣場上感受滿族文化，品嚐滿族小吃，享受原汁原味的滿族文化盛宴。滿族民俗博物館也坐落於喇叭溝門滿族村，為民族文化教育增添了新的力量。在近些年的發展中，苗營、孫柵子、中榆樹店 3 個民俗旅遊村也先後建成，具有滿族特色的農家樂對鄉村經濟的帶動成效十分明顯。2011 年，喇叭溝門滿族鄉民俗旅遊收入達 1000 余萬元。[90]

二、豐富多彩的滿族風情節

2007 年至今，北京市懷柔區每年五六月份都會舉辦一年一度的「滿族文化節」，至今已成功舉辦 9 屆，每一屆滿族文化節都會增添新的元素，力求讓廣大人民群眾感受到最真摯的滿族風情。滿族文化節自開展以來，不斷引

起社會各界的廣泛關注,活動期間前往參加節日慶典的遊客越來越多。在懷柔區政府的大力支持和引導下,節日活動的類型和內容也愈加繁多,並得到社會各界的廣泛好評。接下來筆者將對 2011 年—2015 年近 5 年來「北京市懷柔湯河川滿族民俗風情節」活動進行分析,歸納近 5 年來滿族風情節舉辦的特點以及變化之處。

(一) 5 屆滿族風情節梳理[91]

2011 年的滿族風情節以「懷柔湯河川滿族民俗風情節」為名拉開帷幕,在開幕式上,與會領導為滿族民間體育運動培訓基地揭牌,宣告了滿族民間體育運動培訓基地的正式成立。滿族傳統體育項目有珍珠球、蹴球等,都是滿族先民在辛勤勞動之餘逐漸發展起來的體育運動項目,該運動培訓基地的成立也意味著區政府對滿族傳統體育項目的大力支持與幫助。開幕式的《薩滿舞》《大花轎》《老魁舞》等充滿濃郁滿族風情的文藝演出為觀眾帶來一場視聽盛宴,其中《薩滿舞》尤引人注目。風情節期間,滿族歌舞大賽、滿族剪紙大賽也吸引了中外遊客的眼球。滿鄉兩日遊等特色活動可以使得遊客在山清水秀之間盡情體味滿族風情。2011 年的滿族風情節增加了書畫家滿鄉抒豪情等新的內容,對於開發當地的特色文化旅遊、帶動第三產業、促進經濟發展都造成了一定的推動作用。

2012 年「懷柔湯河川滿族民俗風情節」於 6 月 22 日隆重拉開帷幕,本屆滿族民俗風情節的主題是「滿鄉歡歌鬧端午」。北京市文化局共產黨組副書記、副局長等領導出席開幕式,並為滿族風情文化園落成剪綵。據悉,滿族風情文化園的選址為原山貨大集,經過工匠的升級改造後首度亮相風情節。該風情園占地 3 公頃,主牌樓書寫的是滿漢雙語的「滿族風情」,牌樓兩側的畫板上是 24 個行政村的歷史沿革及簡介,西側是傳統美食一條街,東側建有索倫桿子和戲樓,為期 3 天的滿族風情節的文藝展演、特色小吃展賣、文化展示等活動均在此處進行。

在節日舉辦期間,還有許多豐富多彩的民間體育項目讓遊客一飽眼福,如珍珠球、蹴球等,遊客也可以參與其中,感受傳統滿族體育活動的獨特魅力。喇叭溝門滿族鄉、長哨營滿族鄉、湯河口鎮分別開展了滿族歌舞大賽、

滿族手工剪紙大賽、滿鄉兩日遊等活動。遊客還可以參觀滿族民俗博物館，觀看滿族歌舞，欣賞滿族剪紙，體驗滿族體育，學習滿族婚慶禮儀，在玩樂的同時豐富自己的民族歷史知識。據統計，本屆風情節共接待遊客3萬餘人，創歷屆風情節收入之最。

2013年的「懷柔湯河川滿族民俗風情節」於6月10日至6月12日隆重舉行，本屆滿族風情節的活動主題是「濃情碧水迎賓客，滿韻清風醉遊人」。喇叭溝門滿族鄉舉辦了懷柔區第七屆滿族體育運動會；長哨營滿族鄉舉辦了第一屆滿族民間歌舞文化節開幕式暨滿族民俗遊園會、第一屆「中國夢」滿族歌會、第五屆滿族撞拐王爭霸賽；湯河口鎮以休閒養生的理念為主，在馮家大院民俗接待點開展了滿族風情體驗活動，編排了滿族婚禮演出和宮廷服裝展示。

2014年的「湯河川滿族風情節」於5月31日至6月2日隆重舉行，3個鎮鄉分別側重了不同方面的滿族文化：湯河口鎮舉辦了2014年懷柔區湯河川滿族民俗風情節暨滿族體育運動會開幕式，並增添了八旗龍舟表演和比賽。本屆滿族體育運動會懷柔區5個鎮鄉29個滿族村都有選手參賽。此外，湯河口鎮還開展了滿族風情服飾的展示環節。長哨營滿族鄉舉行了「正黃旗滿族村寨」開村的隆重儀式，並且開展了以「弘揚滿族文化、共建文明滿鄉」為主題的2014年北京滿族書畫公益展，為APEC會議在懷柔召開營造氛圍。長哨營滿族鄉在此次風情節系列活動中，各個村級單位都有獨具特色的活動項目，如西溝正黃旗滿族村寨的滿族書畫展；柵子正藍旗滿族文化新村的火鍋盛宴；品嚐八旗盛宴、體驗滿式婚俗的七道梁正白旗滿族文化新村等，對帶動各村經濟發展造成了良好的作用。本次風情節節目演出突出了滿族特色舞蹈、滿族歌曲聯唱、滿族大秧歌等內容，且舉辦了滿族民間書畫展示以及滿族特色手工藝品展示，展示現場還安排了5至10名手工技藝傳承人現場剪紙。

2015年的「懷柔湯河川滿族民俗風情節」於6月19日在湯河川滿族風情文化園隆重開幕。本屆風情節，喇叭溝門滿族鄉結合鎮內自然環境的優勢，以「滿韻白樺谷養生風情地」為主題開展了各種有趣的活動，別具一格的滿

族婚禮秀《格格出嫁》更使得遊客眼前一亮。活動當天還舉行了「弘揚滿族文化、共建文明滿鄉」北京滿族公益書畫展。本屆風情節為期 4 天，遊客們在享受視聽盛宴的同時也能夠一飽口福。借助這一平臺，越來越多的人瞭解滿族，並親身感受到滿族文化，將滿族文化的精神內涵帶出地域的限制。

（二）湯河川滿族風情節的特點

縱觀 5 年以來的湯河川滿族風情節，我們可以看到在以滿族傳統民俗文化為主旋律的基礎上，每年的風情節都增加了一些新的元素。從 2011 年滿族民間體育運動培訓基地成立伊始，到 2015 年的北京滿族公益書畫展，風情節在發展的道路上不斷推陳出新，逐步將風情節打造成一個匯聚北京滿族優秀傳統文化的文化交流勝地。對 5 屆風情節的內容進行梳理，可以看到以下幾個方面的特點：

第一，滿族文化貫穿全程。歌舞展演在為節日的預熱方面發揮了良好的效果，透過近年展演的歌舞我們看到了濃厚的薩滿文化、宮廷文化等，比如讓人耳目一新的《薩滿舞》。薩滿教是一種以「萬物有靈」為基礎的原始宗教，滿族人自先世肅慎、挹婁、勿吉、靺鞨開始便一直信奉薩滿教，薩滿文化有著悠長的歷史傳承，在生產生活中有著豐富的體現，而薩滿舞就是薩滿在祭祀、祛病時所跳的舞蹈。在展覽中同樣十分吸引遊人的還有滿族剪紙，滿族剪紙已被列入非物質文化遺產代表名錄，這是一種基於滿族文化背景下產生的剪紙藝術，在滿族風情節上，滿族剪紙為遊客帶來的文化內涵是十分強烈的，使遊客在栩栩如生的剪紙中似乎可以看到滿族先民的日常生活和勞動場面，其中蘊含著深厚的滿族文化特色。

第二，與滿族體育運動會相結合。從為滿族體育運動培訓基地揭牌，到後來的與滿族體育運動會一起舉辦，區政府一直在不斷創新民族文化旅遊的形式與內容。滿族傳統體育項目珍珠球、踢球就這樣映入遊客眼簾，這些民間體育運動都是滿族先人智慧的結晶，如今遊客可親身參與這樣的民族傳統運動，更深刻地體會傳統文化的精神與趣味。據悉，喇叭溝門滿族鄉在 2005 年特意派出一支隊伍對各村老人進行走訪，蒐集傳統的民間體育運動項目。[92] 得益於這次的系統收集整理，這些妙趣橫生的運動才能更好地展示在遊客

面前，全鄉的男女老少都參與其中，強身健體的同時傳承著滿族傳統體育文化。

　　第三，體驗式旅遊逐漸開展。在食品展示處我們發現，在沙琪瑪等滿族特色小吃展賣活動中，遊客不僅可以免費品嚐地道的滿族美食，還可以親身參與滿族美食的製作，體驗式旅遊效果十分好，每個攤戶周圍都圍滿了男女老少。參與滿族美食展賣的共有精心挑選的 10 多款滿族美食，遊客品嚐後紛紛讚不絕口。特色的滿族「農家院」同樣吸引遊客們的眼球，遊客們住著滿族房屋，吃著地道滿族美食，體驗式旅遊的特殊感受吸引著四面八方的遊客。體驗式旅遊可以在短時間之內使旅遊者融入當地族群的價值體系當中。而這個價值體系與社會生活體系與旅遊者自身所生活的體系有著諸多的不同，對新鮮事物的感知與接受可以更好地促進旅遊者的體驗。

　　第四，遊樂與文化同肩並行。在歷屆風情節中我們可以看到「二魁摔跤」「滿族剪紙」等非物質文化遺產。借助風情節的平臺，滿族鄉將非物質文化遺產的傳承保護與旅遊產業相結合，拓寬遊客視野的同時也透過媒體報導將其帶出地域的限制，吸引著愈來愈多的遊客前往。而富有濃郁生活氣息的滿族剪紙在風情節期間博人眼球的同時，也將家鄉新景與傳統手工相結合，讓深厚文化底蘊藉助物質的載體走得更遠。

　　滿族文化風情節自舉辦以來，不斷創新，開展靈活多樣的節日活動，以最大化滿足遊客們休閒、娛樂的意願，使遊客們在玩賞的同時還可以感受滿族文化，瞭解滿族歷史，品嚐滿族美食，觀看滿族表演，如此形成了多位一體的滿族文化旅遊資源的利用新格局。

▌三、傳承民族文化的民俗節慶旅遊

（一）民俗旅遊是當地特色文化產業

　　進入滿族鄉便可切身感受到，文化是生活，生活也反映著文化，生態旅遊與民俗旅遊如今是滿族鄉重要的第三產業，自 2005 年成功舉辦第一屆滿族民俗風情節以來，文化帶動的旅遊業便成為當地一大新興產業。每年一度

的風情節成為滿族鄉展示民族風情的最佳平臺，同時也是滿族鄉的人民群眾展示才藝的舞臺，更是一個能讓八方遊客欣賞民族文化、學習民族知識的「游」「學」平臺。

喇叭溝門滿族民俗博物館位於北京市懷柔區喇叭溝門滿族鄉以北，始建於2003年6月，2008年擴建了喇叭溝門鄉書畫藝苑，竣工開館於2008年10月。占地約2000平方米，依清代王爺府建築風格建築而成。傳承著民族文化的民俗博物館就在家門口，這對喇叭溝門滿族鄉的居民們來說十分方便。博物館作為對大眾進行文化展示與文化教育的重要窗口，發揮著記載民族歷史、保存民族文化的重要作用。看著清朝歷代的珍貴文物就擺放在原汁原味的滿族建築中，遊客眼前似乎浮現出一幕幕滿族先民們日常生活的情景。看著牆上所懸掛的清代歷朝皇帝的畫像，遊客似乎穿越到那個鼎盛的時代，感受到濃郁的滿族傳統文化的濃厚底蘊。一磚一瓦、一器一具，所滲透的都是屬於滿族先人在日常的生產生活中所凝聚的智慧的結晶。而作為滿族風情節舉辦之地的八旗文化廣場更是集旅遊、生活、文化傳承於一身的地方。廣場正中矗立一尊威嚴的、高達6米的皇太極塑像，[93] 在其身後樹立著正黃旗、鑲黃旗、正紅旗、鑲紅旗、正白旗、鑲白旗、正藍旗、鑲藍旗8面大旗。

近年來各地鄉村文化旅遊日益火爆，這不僅是由於城市中的群體對「都市化」的厭倦，想要逃離快節奏的生活工作壓力，也是由於對體驗不同生活文化的嚮往，加之清宮劇在螢幕上的活躍，滿族民俗旅遊更是成為值得大力挖掘的旅遊點。現今推行「鄉村旅遊」的長遠目標是為了讓「地方」有更大的發聲空間，讓更多的人認識到「地方性」以及文化多元賴以生存的基礎之於人類發展的至關重要性。[94] 就此觀點來說，民族文化元素對於鄉村旅遊來說，不僅使其在更廣闊的平臺展示自身，更可讓人們深刻認識到中國是一個統一的多民族國家，精彩紛呈的民族文化構成了中國悠久的歷史文化長河。

（二）帶動經濟發展、增加民族凝聚力

筆者以志願者的身份於2016年1月9日參加了在北京市懷柔區紅螺寺村京螺山莊內舉行的北京滿族同胞第二屆（丙申年）迎春聯誼會，參加本次聯誼會的有來自全國各地的滿族同胞。志願者中有一位財經記者，筆名為林

雪，在等待祭祀開始時，筆者在與其聊天中得知，雖然現在她的身份證上寫的是漢族，但她卻實實在在是一名滿族人。由於長期生活在福建一帶，林雪的口音有著南方女子的明顯特點。她自幼跟隨爺爺奶奶生活在福建，但是祖上都是滿族人，辛亥革命期間祖輩隱瞞了滿族的民族成分，隱姓埋名來到福建定居。隨著時間的流逝，李雪心中「尋根」的欲念越來越明顯，所以她選擇在北京工作，經常參加北京、遼寧等地舉辦的類似的活動。她認為透過此類活動能讓她更近距離地接觸滿族文化，找到屬於自己的「文化根」。「領牲」的儀式凌晨四點半便開始準備，寒冷的清晨，她也會加入最早開始進行活動的隊伍，她說瞭解自己民族的文化從不覺得辛苦。

塗爾干強調個體的儀式情感、意願、愛與恨、團結等對每個人的行為的影響，這些對於社會生活的秩序也會產生作用。在日常生活中，我們的精神世界對我們的行動所造成的影響往往是很大的，內心的愛與恨支配著我們產生什麼樣的心情，而節慶活動往往可以透過行為的「善」與「趣」而凝聚社會上的和諧與安定。如今的社會正處於飛速發展階段，人與人之間的距離逐漸被拉大，社會成員都有屬於自己的圈子。但是透過節慶活動，地域的距離不再是問題，相反心與心的距離被飛速拉近，人們可以不遠萬里地奔向同一個目的地，即使在此前並未有任何交集，但是因為有著共同的文化願景以及對民族文化的熱忱，彼此之間的距離在豐富多彩的文化活動中快速地被拉近，遠離城市的車水馬龍與喧囂的街道，感受最原汁原味的民族文化特色，在傳承保護優秀傳統文化的同時更能夠極大增強民族凝聚力。

3個滿族鄉為我們展示的不僅是一部有著厚重歷史積澱的民族史詩，更是一幅有著優秀文化遺產的民俗風景畫。恰是在它們的努力下，滿族文化才得以更深刻地留在人們的生活裡與心中。

積極主動地建構民族性與節慶文化

——以北京滿族頒金節與北京滿族薩滿祈福活動為例

梁艷艷 [95]

「民族性」（ethnos）是對於某一地區的人群的文化模式進行的概括。對民族性研究的代表作是魯思·本尼迪克特（Ruth Benedict）的《文化模式》（Patterns of Culture）。本尼迪克特認為，人類行為的方式有多種多樣的可能，但是一個部族、一種文化在無窮的可能性裡，只能選擇其中的一些，這種選擇包括生死觀、婚姻家庭觀，以至在經濟、政治、社會交往等領域的各種規矩、習俗，並透過形式化的方式，形成風俗、禮儀，從而結合成一個部落或部族的文化模式。所以說，民族性的形成有其環境的、歷史的、心理的原因，特別是民族性作為一個歷史概念，是不斷發展的過程。

一、民族性建構與民族節慶文化

在民族—國家體制的語境中，「民族性」與「族群性」的內涵相對而言有一定的差異。「民族性」一詞中含有更多的「國家」意涵，而「族群性」則更多地從文化模式的角度分析每一地區共享同一文化的某一人群的特點。例如，「印第安人」是美國國家法律對於北美洲原住民的統稱，而實際上在「印第安人」的統稱下有眾多的族群，不同族群的文化差異也許很大。再比如說「傣族」作為中國55個少數民族之一，對於傣族「民族性」的研究通常是對於作為一個整體的法定傣族的共同特點的研究，而一些文章則是對於作為「傣族」這一民族下的某一族群的獨特文化的研究，例如對「花腰傣」的研究。本文將滿族的「民族性建構」建立在國家語境下的「族群性建構」的基礎上，兩者共同促成了滿族的文化自覺，以及透過民族節慶文化進行文化展演。

國外學者有很多關於族群性（ethnicity）的研究。韋伯是最早研究族群的學者之一，韋伯認為某個族群成員對其相似性的認同是出於一種「主觀的信念」（sub-jective belief），並且對該族群的歷史有主觀的「共同的記憶」

(shared memory)。韋伯這種關注族群主觀認同的思想影響了很多人,巴斯的「族群邊界」理論、利奇的《緬甸高地的政治制度》對克欽人的研究、安德森的「想像的共同體」理論均受到了韋伯的影響,強調主觀的認同與想像。巴斯把族群看作一個社會組織,強調族群間的界線,而這種界線是內部的,是人們思想裡面的,即人們怎麼樣自己認為是一個族群。利奇注意到緬甸境內的克欽人的族群認同正是在與撣人的互動中才形成的。安德森則指出,由於一個族群的成員之間相互認識的人很有限,因此國家、共同體、民族主義和民族都是其成員想像出來的。科恩則是從權力和資源的角度來認識族群,提出了「隱形的組織」理論。他認為族群其實就是一些隱形的組織,表面上看不出其深層的族群含意,族群是和權力聯繫在一起的,任何認同都可以看作與一定權力的爭取有關。巫達教授則將影響族群認同的主要因素歸納為族群內心情感和理性選擇兩種因素。筆者則認為,無論是族群內心情感還是理性選擇,都是某一族群在歷史的長河中逐步建構的結果。族群性的建構還在不斷地進行著,本文所闡述的北京滿族頒金節和北京滿族薩滿祈福活動就是一種歷史性與時代性相結合的民族性建構行為。

在二元文化結構理論中,歲時節慶文化被歸為精神文化的表現形式。筆者認為,節慶文化符號以其表徵性的特點,往往將物質文化與精神文化相結合,在特定的時間和空間中進行的節慶活動,不僅是視覺、聽覺與味覺的民族文化展演的舞臺,而且是人們重要的情感寄託和精神信仰方式。在文化資源化的語境中,節慶活動中的文化展演成為體現民族文化自覺、民族性建構、文化品牌打造和文化產業發展的場域。本文將透過對滿族的民族節慶文化的分析來體現滿族民族性建構中的主體性努力。

二、滿族慶祝「頒金扎蘭」與滿族薩滿祭祀的歷史傳統

頒金節屬於紀念日性質的節日,其歷史溯源是後金天聰九年(1635年)皇太極「定名滿洲」事件。1635年農曆十月十三日,皇太極發佈了一道諭旨,規定:「中國原有滿洲、哈達、烏喇、葉赫、輝發等名。向者無知之人往往

稱為諸申（女真），夫諸申之號，乃席北超墨爾根之裔，實與中國無涉。中國建號滿洲，統緒綿遠，相傳奕世，自今以後，一切人等，止稱中國滿洲原名，不得仍前妄稱。」這是中國學者對於滿洲共同體的形成時間的主流看法，即認為滿族是在1635年正式定名「滿洲」，作為一個新的民族共同體走上中國歷史舞臺的。

儘管另有學者提出以滿文的創製、1616年努爾哈赤建國、1642年皇太極統一東北等為滿族民族共同體形成的標誌的觀點，還有一些西方學者則認為滿族共同體觀念是在晚清時才出現的，但是或許由於在1635年的諭旨中明確出現了「滿洲」，並且日期非常明確，所以這個事件被大多數民眾或學者認為是滿族形成的標誌性事件。自清代初年以來，滿洲官員與非滿洲官員在加官晉爵等方面的待遇均不相同，且已經有滿八旗、蒙八旗、漢八旗的明確區分，有清一代統治者不斷要求滿洲人堅持「國語騎射」的族群邊界。因此筆者也認為滿洲共同體的觀念在清代初年已經形成，且因為體現了國家意志，因此具有類似於現代民族共同體的特點。當然滿族共同體的構成經歷了從老滿洲到新滿洲，再到今日之滿族的歷史的流變，不變的是以「滿洲」作為族群共同體名稱的命名。

頒金節的全稱為「頒金扎蘭」，「頒金」「扎蘭」均為滿語，「頒金」是「誕生」之意，扎蘭是「喜慶之日」的意思。在全世界的民族節日中，以族群共同體命名日為節日的情況是非常鮮見的。一些對清代新疆滿族社會文化的研究表明，[96]在清代，滿洲人就將頒金節作為最具滿族特色的節日，其他節日則多同於漢族。每到這一天，滿族人就要盛裝聚集在一起，跳傳統舞蹈，唱滿族民歌，滿族的畫家、詩人、藝術家等也會現場作畫吟詩，熱鬧非凡。滿族婦女們還會提前準備好薩其馬、打糕等特色食品。

薩滿信仰是滿一通古斯族群的原始宗教信仰，屬於萬物有靈信仰，主要包括天神崇拜、女神崇拜、祖先崇拜、圖騰崇拜、自然神崇拜。宗教研究表明，大多數族群的宗教信仰都是一個多層次、多樣態共存的信仰體系。儘管滿族在與蒙古和中原的接觸中，信仰體系不斷地納入了佛教和道教成分，例如增加了佛陀媽媽崇拜以及關帝崇拜，但是薩滿信仰一直為滿族統治者與民眾所

保持。例如瀋陽故宮和北京故宮都保存著滿族薩滿祭祀的珍貴遺物。據史料記載,每天清晨4時薩滿祭祀會從北京故宮的皇后居所坤寧宮開始,拜祭的是滿族的保護神柳葉神,但也供釋迦牟尼佛、觀世音菩薩和關帝,皇后是主祭人,皇帝也可能親臨朝祭。這是清入關後,把瀋陽盛京後宮清寧宮的薩滿祭神制度原樣搬到了北京故宮的坤寧宮。另一方面,在民間,每年春秋的家祭(又稱年祭、大祭)以及婚喪等重要的人生禮儀中都要請薩滿跳神祭祀。

因此,滿族命名日「頒金扎蘭」紀念活動以及滿族薩滿祭祀儀式的傳統,與「國語騎射」一起被滿族人認為是族群邊界而加以保持。辛亥革命以後,由於「驅除韃虜」的時政所迫,城市的滿族人無法再公開地進行各種滿族特色的節慶活動,但離城市中心較遠的白山黑水地區依然保持著豐富多彩的薩滿祭祀文化。可以說,滿洲人具有將「頒金扎蘭」視為滿族誕生之日、將薩滿信仰視為滿族精神信仰的民族傳統。

三、三場北京地區滿族節慶活動記錄

「頒金節」再度成為凝聚滿族民族共同體的民族節日是在改革開放以後,由於共產黨的民族政策進一步貫徹、落實,滿族自治縣相繼成立,滿族各項事業不斷興旺發達,因此各地滿族自發地舉行紀念活動,使用的名稱也不盡相同,或稱「命名日」,或稱「誕生日」,或稱「紀念日」等。1989年10月,由遼寧省民族研究所倡導並聯合丹東市民族事務委員會、丹東市文學藝術界聯合會共同在丹東舉辦了「首屆滿族文化學術研討會」,會上曾專題討論「滿洲」命名日應如何稱呼,結論是稱為「頒金節」較為適宜。會後經多方宣傳,各地滿族競相以「滿族頒金節」為名在每年農曆十月十三日前後開展各種節慶活動。《人民日報》和中央人民廣播電臺相繼報導這一活動情況,使得「滿族頒金節」更加深入人心。近年來,一些滿族自治地方更是依據《民族區域自治法》將「頒金節」設立為地方性節日。這些都使得「頒金節」成為可以體現滿族民族性的特色節日。因此,筆者認為,今日之「頒金節」是歷史淵源與現代民族政策共同促成的民族節日。

由於歷史原因，北京是滿族的聚居區，並且形成了獨特的「京旗」文化，匯聚了眾多滿族文化精英。據全國人口第六次普查數據顯示，北京人口中滿族超過 10 萬人，如果加上非京籍戶口的在京工作生活的滿族，那麼在京滿族的人數將遠遠超過這個數字。在京滿族早在 20 世紀 80 年代初就開始積極發起北京市滿族聯歡活動，1981 年在中央民族大學召開了第一屆滿族新年聯歡會，1995 年紀念滿族命名 360 週年時，與會者一致同意與全國滿族一起，把滿族誕生紀念日農曆十月十三日稱為「頒金節」。[97] 一年一度的在京滿族聯歡會由北京市民族聯誼會支持，到 2016 年，已經連續舉辦了 36 屆。無論是非官方支持的民族聯歡活動，還是民間自發的慶祝，節慶活動的日期也漸漸從公曆新年變為農曆十月十三日左右。在節慶活動中，人們以不同形式展示著各種滿族文化。

筆者參加了三場北京地區的滿族節慶活動，分別是 2015 年 11 月 22 日由北京市民族聯誼會滿族活動組在民族文化宮舉辦的「在京同胞歡慶滿族命名 380 週年頒金節晚會」，2015 年 11 月 24 日（農曆十月十三日）由某滿族文化網站主辦的，在中央民族大學附近某餐廳舉辦的「紀念滿洲定名 380 週年頒金聚會」，以及 2016 年 1 月 10 日由北京某滿族文化公司牽頭，在京郊某山莊舉辦的第二屆滿族薩滿祭祀活動。這三場活動雖各具特點，但都體現出了滿族積極主動建構民族性，融入社會主義和諧社會的民族使命感。

（一）半官方晚會上，滿族知名學者指出精神要強是關鍵

2015 年 11 月 22 日，在民族文化宮舉辦的「在京同胞歡慶滿族命名 380 週年頒金節晚會」，由於有北京市民族聯誼會的資助，因此帶有半官方色彩，在三場活動中規格也最高。作為有穩定資金支持的頒金節慶祝活動，這個年度活動已經成為在京滿族節慶活動的一個金字招牌，具有民族團結的象徵意義，加之近年來媒體報導逐漸增多，因此這個節慶活動是在京滿族最為熟識的滿族聚會活動，很多在北京長期工作學習的滿族同胞都會透過不同途徑拿到晚會門票。由於 1981 年的第一屆滿族聯歡會在中央民族大學舉辦，因此歷屆晚會都有從中央民族大學招募志願者的傳統，滿族學生們穿著滿族服裝在晚會上進行志願服務。晚會還設有頒發滿族學生獎學金的環節，由滿族企

業與個人資助，獎勵學業優秀的在京滿族學生。本場晚會的主持人均穿著滿族服裝，並且以滿漢雙語進行主持。晚會邀請了北京部分滿族鄉以及外地滿族自治縣的表演隊演出太平鼓、韃子秧歌，以及老藝術家表演單弦和琴書，還有很多在京中青年滿族演員參與了演出，並且在當日或次日透過新聞媒體發佈了報導文章。很多參加這個節慶活動的滿族人也是穿著傳統民族服裝出席。但是由於是劇場演出形式，因此參加活動的滿族人之間鮮少有互動交流的時間，演出結束後，大都四散離場，或者三五成群組織聚會去了。此外，晚會的文化展演存在貶義詞被誤用的情況，例如由東北某滿族自治縣帶來的節目取名「韃子秧歌」，實際上「韃子」是漢人對滿人的蔑稱，觀看演出的一些滿族人對於這種誤用的情況提出了不滿。

筆者認為，本場晚會以其半官方的性質，發揮了引導滿族「與時俱進」地構建民族性的重要作用，這集中體現在滿族知名學者關紀新先生在晚會上的發言中。關紀新先生講道：

同胞們，我瞭解各位心中有時會泛起一絲憂慮，因為滿族容易被外界誤看作是一個已然沒了特點的民族。我想，外界願意怎麼看尚在其次，關鍵也許在我們自己怎麼看……辨別任何一個當代民族，或許早就不再是僅僅依憑於吃什麼與不吃什麼食物，穿什麼與不穿什麼服裝，信什麼與不信什麼宗教，說什麼與不說什麼語言。我們的滿民族，曾經在獨特的歷史過程中，形成了自己諸多優良的、鮮明的文化傳統，它過去和今天，在很大程度上決定著本民族成員的精神皈依、風度做派、生命持守、價值判斷、倫理選項、情趣志好……身為滿族後人，我們該當有責任學習傳統、發揚傳統，讓世界看到我們民族的個性優長。別忘了，滿洲民族的先輩一代又一代留給他們後人的囑託，都有著這麼樣的一個沉甸甸、響噹噹的關鍵詞——要強。

當前，滿族人常常被置於「被漢化」的話語中，由此關先生指出飲食習慣、服飾、宗教信仰、語言文字都會隨時代而變遷，但一個民族的精神內核和意義體系才是其最獨特的民族性特點，也是一個民族應當傳承與發揚的傳統。

（二）民間網站主辦的「滿—通古斯文化圈」色彩的節慶活動

2015年11月24日（農曆十月十三日），在中央民族大學附近的某餐廳，某滿族文化網站主辦了「紀念滿洲定名380週年頒金聚會」。

該滿族文化網站由民間發起建立，在滿族社群中具有一定的知名度。2015年11月24日是一個星期二，是農曆十月十三日，該網站的宣傳是在頒金節的「正日子」聚會。儘管當天是工作日，但是還是有200多名在京滿族趕來聚會，一部分人還身著滿族服裝參加。聚會屬於民間自發性質，AA制收取費用，在校學生有所優惠。

本次節慶活動的主持語言主要是採用漢語，但是演出中有滿語歌曲演唱，主辦方為參加者準備了印有滿語的2016年臺歷。值得注意的是，這次民間自發的頒金節慶祝活動的滿—通古斯文化圈特點，在餐廳的小舞臺表演節目的除了滿族以外，還有錫伯族的朋友帶來的舞蹈。筆者發現，很多民間自發的滿族聚會中常常有錫伯族、鄂倫春族、鄂溫克族、達斡爾族等滿—通古斯語族的人參加。此外在滿族音樂創作的過程中，也多採用滿—通古斯音樂的概念，因此帶有更大的泛滿族文化圈特點，這是半官方性質的「在京同胞歡慶滿族命名380週年頒金節晚會」所沒有的現象。

（三）弘揚優秀民族文化，傳承薩滿文化和海東青精神

2016年1月10日，筆者參加了由北京某滿族文化公司在京郊某山莊舉辦的「第二屆『祈福年、祭天地、吃福肉、喜迎春』迎春聯誼會」。活動的通知中提到，舉辦本次活動是為了貫徹習近平主席「弘揚優秀的民族文化」的指示精神，希望「謳歌滿族人民在中國共產黨帶領下走在民族富強的金光大道上，展示具有滿族特色的大年文化」。活動內容除了薩滿祭祀儀式外，還有室內聯歡會、滿族文化展、室外舞中幡、秧歌舞、耍金叉、滿族布庫摔跤、滿族射箭比賽。活動費用採用AA制，每人200元。

本次活動最大的特色是薩滿祭祀儀式，舉行的是祭火神儀式。主辦方從吉林邀請了兩名薩滿和兩名扎力（薩滿的助手），其中一名是老薩滿，一名是30歲左右的正在學習的青年薩滿。青年薩滿告訴筆者，舉行祭火神儀式

是主辦方向他們提出的。祭火神儀式一般在冬天舉行，在後金以前是比較重要的祭祀儀式。

礙於場地限制，儀式被安排在兩個場地舉行，分別為祭祀淨地儀式和祭祀祈福儀式兩部分。祭祀淨地儀式的犧牲是一只200斤左右的大豬，用於祭祀的豬不能是花斑的，必須是純色的，而且不能有殘疾。據說是為了祭祀活動和農戶專門訂的，在當天早上5點多鐘被拉到了祭祀地點。在殺豬前，薩滿要先唸咒語對豬進行淨化，同時往豬耳朵裡面灌水，如果耳朵動了，表明神靈喜悅，採納這隻豬作為犧牲。然後差不多到9點鐘，已經被殺的整隻豬被抬到祭臺上，正式作為犧牲獻給神靈。薩滿晃動腰鈴，唸誦咒語迎請神靈前來享用祭品，並賜福給到場的人。扎力則在一旁擊鼓來配合整個請神的活動。在即將把神靈送走之時，老薩滿出現了劇烈顫抖、虛脫的狀態，不得不由青年薩滿攙扶下場，過了好久才回過神。青年薩滿解釋說，這是因為神靈太喜歡他們了。將犧牲獻給神靈之後，這隻豬的肉就叫做福肉，滿族風俗中吃神靈賜給的福肉寓意新年裡可以有福氣，無災禍。約10點鐘，在另一個場地舉行起火祈福儀式，將柴火擺放成9大堆，由青年薩滿依次點燃火堆，然後兩位薩滿一起在火堆前唸誦咒語，扎力在一旁協助擊鼓，之後所有參加祭祀的人們手牽著手繞火而行。這是在紀念滿族祖先學會用火，會用火是人類的一個偉大的發現，繞火堆則預示著新的一年紅紅火火。

在本次活動的聯歡會上，主辦方邀請了中央民族大學學習滿語的研究生擔任滿語主持，活動以滿漢雙語主持。這次活動傳達的核心訊息是弘揚薩滿文化和海東青精神。主持人說不能將薩滿視為迷信，薩滿文化中有很重要的人與自然和諧相處的精神，這是滿族後代應當去傳承的優秀傳統文化。同時海東青作為滿族的圖騰，也是勇敢戰勝困難的精神像徵，因此應當弘揚海東青精神。筆者認為，主辦方將薩滿祭祀作為一種傳統文化，以薩滿祭祀來凝聚族胞，闡釋薩滿文化中人與自然和諧相處的精神內涵，並將其與「弘揚優秀的民族文化」的時代精神相結合，是與時俱進地主動建構民族性的一種體現。

四、結論

筆者認為，無論是頒金節慶祝還是薩滿祭祀活動，都是滿族人與時俱進地主動建構自己的民族性的努力。「定名滿洲」（「頒金」）是滿洲人主動地建構滿洲民族的一次努力，而紀念「頒金」則是滿族人自建族以來為了不斷地增強民族凝聚力，不斷與時代相適應的努力，「頒金節」本身就是歷史性與時代性的結合。

薩滿信仰是滿族人的原始宗教信仰，一直被滿族人主動地作為區別於其他民族的文化邊界。而今的滿族人主動地挖掘薩滿文化在凝聚民族內心情感上的作用，弘揚其文化價值，既發揮了其族群邊界的符號意義，又與時代精神相適應。所謂「文化自覺」，就是對自己民族文化的過去、現狀和未來有所覺悟。從滿族文化精英的視角，我們可以看到滿族人自覺地維護自己的精神內核的努力，同時將這種精神內核置於當今的弘揚優秀民族文化以及實現民族富強的語境中。

分析本文中的幾場節慶活動，我們就會發現滿族人主動借助節慶活動的文化展演，在傳承民族傳統的同時將自己融入新時代的努力，這種主動的民族共同體建構既增強了民族的內心情感，也體現了與時俱進的理性選擇。

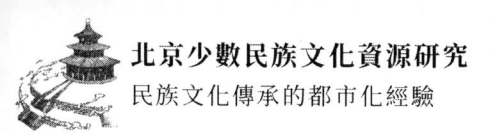

四、結論

民族文化傳承的都市化經驗

——以「北京蒙古語言文化班」為例

李亞寧 [98]

少數民族文化既是中國各民族智慧的結晶，也是現代文化的重要組成部分。在全球化的背景下，民族傳統文化保護和傳承的呼聲日益高漲。在 2016 年的兩會期間，政協委員騰格爾曾一再強調「加強少數民族傳統文化習俗的保護」。然而在文化多元化、全球化、現代化的大背景下，中國少數民族文化傳承面臨著巨大的挑戰。這就要求各民族文化「不斷突破本民族文化的地域和模式的侷限性而走向世界，不斷超越本民族文化的國界，並在人類的評判和取捨中獲得文化認同和價值認同，不斷將本民族文化區域的資源轉變為人類共享、共有的資源」。[99] 因此，積極與時代接軌，合理借鑑現代化的文明成果，促進民族文化傳承和發展就顯得極為重要。而在大都市中傳承和發揚民族文化，就更需要民族的文化精英分子發揮力量，引導人們正確認識現代性的內涵，科學審視本民族現代化道路，進而更好地傳承和發展民族文化。

文化傳承「是指文化在民族共同體內的社會成員中作接力棒似的縱向交接的過程。這個過程因受生存環境和文化背景的制約而具有強制性和模式化要求，最終形成文化的傳承機制，使民族文化在歷史發展中具有穩定性、完整性、延續性等特徵。」[100] 為此，筆者透過田野調查「北京蒙古語言文化班」的發展歷程以及對相關人物的訪談，以民族文化傳承的都市化進程為主線，探討民族文化如何保護以及傳統與現代化的關係，以期為民族文化在都市的傳承提供可借鑑性經驗。

一、北京蒙古語言文化班

圖 1 北京蒙古語言文化班 logo

「北京蒙古語言文化班」是以義務培訓蒙古語言文字和蒙古族音樂舞蹈為主的公益性機構，簡稱「文化班」，文化傳承和交流是其創建的出發點。2008 年 6 月 20 日成立了籌備委員會，在眾多媒體和廣大熱心人士的支持和幫助下，於 2008 年 9 月 6 日正式開課。北京蒙古語言文化班招生不分年齡、種族，只要是熱愛蒙古語言文化者都可以報名學習。現有 9 個班同步上課（其中兒童班 3 個），目前共有 1900 多名學生，包括中、英、日、澳、加等多個國家，蒙古、漢、藏、維、滿、錫伯、白、達斡爾、回等 20 多個民族的學生；100 多名老師、志願者，現階段蒙古語教學已取得了階段性成果。「北京蒙古語言文化班」是一個積極響應共產黨和國家的民族政策，以創建和諧社會為目標，堅持以人為本的科學發展觀，注重各民族團結友愛，努力為大家創建學習和交流蒙古語，進而傳承蒙古族文化的平臺。文化班的宗旨是「讓在京想學習和瞭解蒙古語言文化的人們如願以償」；目的是「加強交流，豐富生活」；承諾是「讓不會說蒙古語的人，聽說能力達到初級水平；讓不會寫蒙古文的人，寫作能力達到初級水平」；口號是「團結進步和諧發展」；理

念是「讓世界充滿愛，讓義務教育陪伴初學語言文化的人」。北京蒙古語言文化班，在內部分兒童班和成人班，每年上兩個學期，時間分別是3至6月和9至12月的週六，並於每學期開學第二周舉行開學典禮和每年12月份舉行學生風采大賽；成人班每半年開設零基礎新班。經驗證明，如果按時上課、積極努力，一般在兩年內能夠簡單交流和表達。

此外，文化班有著嚴格的運行機制和行動指南，有著健全的學生規章制度和學生管理制度，有著合理的課程設置、教學安排以及獎懲機制。目前，文化班的主要課程有字母課、閱讀課、口語課、音樂課、舞蹈課以及蒙古式摔跤（搏克）和綜合格鬥（MMA）課程。上課時間統一在每週六一整天（寒暑假日除外）。兒童班上課時間是14：00～17：00；成人班上課時間是10：00～18：00。此外，每個學期組織1至2次戶外活動，每年度主辦1至2次蒙古文化講座，每年度開一次表彰大會，表彰優秀老師、志願者和學生。

經過8年多的努力和發展，「北京蒙古語言文化班」日漸成熟，受到越來越多人的關注和認可，影響力也越來越大。

二、文化傳承的經驗

（一）民族傳統文化與現代化接軌

正如我們所熟知的，「現代文化是在民族傳統文化的基礎上提高、昇華而形成的，沒有傳統文化的繼承、創新、發展，就沒有現代文化的存在和發展；民族傳統文化具有時代的生命力，一經同現代化建設相適應，就會成為現代化建設不可分割的重要組成部分，民族傳統文化與現代化互為依存，互為補充，協調發展，已成為不可阻擋的趨勢」。[101] 由此可見，少數民族文化與現代化結合，已經成為民族文化傳承的必然趨勢。

「北京蒙古語言文化班」便因充分利用了現代化的技術手段和順應時代潮流而得到了進一步發展。首先，在文化內容和形式上力求多元化、豐富化以吸引更多的人。例如，2016年文化班新加入了馬頭琴基礎課、蒙古式摔跤

（搏克）、綜合格鬥（MMA）課程以及蒙古語實戰對話課（如圖2），為文化班注入了新的生命力。其次，在宣傳手段上，文化班積極利用大眾傳媒帶來的便利，製作了蒙語和漢語兩種網頁（如圖3），還利用微信、微博、視頻、邀請音樂家創作班歌、參與那達慕大會籌辦等多種手段推廣自己（如圖4）。

課程	教室	時間	認課老師	助教
馬頭琴基礎課	理工樓地下室	9：30—11：30	赫楚芒來	薩日娜
15班語言課	801	10：10—11：00	熬敦胡	
15班練習課	801	11：10—12：00	塔格塔	
16班語言課	805	10：10—11：00	為力士	寶迪斯慶
16班練習課	805	11：10—12：00	達不拉干	
17班語言課	802	10：10—11：00	忠博爾	鮮花
17班練習課	802	11：10—12：00	溫都日那	烏格木爾
15、16、17班音樂課	805	13：00—13：50	才仁其木格	阿木谷愕
18、19班音樂課	806	13：00—13：50	布日瑪	孟根祖魯
18班語言課	805	14：00—15：50	布英才采克	阿密娜、劉煒煒
18班練習課	805	16：10—17：00	特格木樂	阿迪亞、艾麗娅
19班語言課	806	14：00—15：50	木希葉	秋花、阿如汗
19班練習課	806	16：10—17：00	蘇日娜	高如何、哈達
兒童14班課程	802	14：00—16：00	查蘇娜、滿達	阿麗雅
兒童15班課程	801	14：00—16：00	薩日娜、蘇日娜	特日格樂
兒童16班音樂課	709	14：00—14：50	巴音才其格	達日丹
蒙古語實戰對話課	710	15：00—17：00	莫日根	
兒童16班語言課	709	15：00—15：50	韓小慧	新格日來
兒童17班語言課	807	14：00—14：50	娜日格勒	滿都日娃
兒童17班音樂課	807	15：00—15：50	巴音才其格	趙娜
兒童班舞蹈課	807	16：10—17：00	薩馨拉	都科仁措
兒童——蒙古式摔角（搏克）綜合格鬥（MMA）課	802	16：10—17：00	戴雙海	
成人班舞蹈課	理工樓地下室	17：10—18：00	布英才采克	
成人——蒙古式摔角（搏克）綜合格鬥（MMA）課	802	17：10—18：00	戴雙海	溫都日那

圖2 北京蒙古語言文化班第17學期2016.12.3（星期六）課程安排

二、文化傳承的經驗

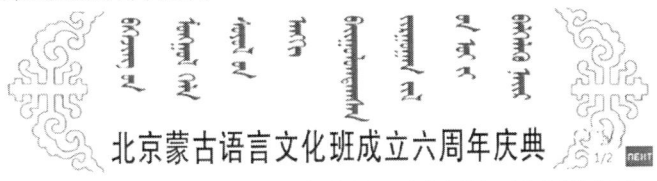

圖 3 北京蒙古語言文化班漢、蒙語網頁

圖 4 北京蒙古語言文化班微博

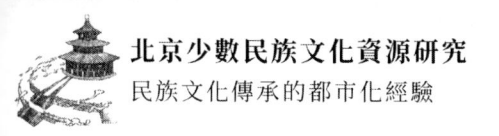

（二）增加影響力，充分調動社會力量

北京蒙古語言文化班得到了社會各界的關注和支持，尤其是社會媒體和輿論。例如關注和報導北京蒙古語言文化班的媒體有（根據時間順序排列）：《內蒙古日報》、國際廣播電臺、中央人民廣播電臺、呼倫貝爾電臺、人民網、蒙驛門戶網、內蒙古電視臺蒙古語衛視春節晚會、赤峰電視臺、內蒙古電視臺蒙古語衛視《相約週末》欄目、《內蒙古婦女》雜誌、內蒙古電視臺蒙古語衛視《足跡》欄目、內蒙古電視臺漢語衛視《蔚藍的故鄉》欄目、內蒙古電臺、內蒙古電視臺蒙古語衛視《社會觀察》欄目、《通遼日報》、通遼蒙語電臺、內蒙古蒙古語電臺、內蒙古電視臺蒙古語衛視晚間報導、《公益》欄目等，此外還有內蒙古電視臺蒙古語衛視《青年》欄目——2014年6月「zaluus」program、《愛心欄目》2015年1月「hairiin helhyee」program等。這些大眾傳媒擴大了文化班的影響力，使文化班得到了文化班學生和家長以及社會各界人士多方面的支持和贊助。北京蒙古語言文化班的成立和發展，幾位行政人員、30多位老師、十幾位志願者的補助，以及所有活動的經費，均來源於這些贊助（見表1）。

表1 2016年學生贊助及社會贊助

具體時間	贊助人及金額
1月6日	中央民族大學博士包冬梅贊助200元,累計贊助400元
1月12日	北京京華通鋼結構工程有限公司董事長賽音圖先生贊助10000元,累計贊助40000元
1月14日	法福克重工機械工程師文明贊助100元
1月26日	uudam贊助100元,累計贊助400元
2月21日	uudam贊助100元,累計贊助500元
3月1日	中央民族大學博士包冬梅贊助200元,累計贊助800元
3月6日	18班學生張新苗贊助1000元
3月14日	王勝軍贊助100元
4月8日	中央民族大學博士包冬梅贊助200元,累計贊助800元
4月9日	18班學生烏蘭贊助200元
4月13日	鄂爾多斯達拉特旗蓮花老師贊助200元
4月16日	uudam贊助100元,累計贊助600元
4月30日	遼寧阜新蒙古族自治縣郭青枝贊助600元,並承諾此後每月贊助100元
5月23日	博王夏宮生態旅遊度假村老闆瑪西巴圖贊助100元
5月27日	uudam贊助100元,累計贊助700元
6月4日	中央民族大學博士包冬梅贊助200元,累計贊助1000元
6月13日	赤峰阿魯科爾沁旗布仁巴雅爾贊助100元,累計贊助200元
6月27日	uudam贊助100元,累計贊助800元
7月11日	uudam贊助100元,累計贊助900元
9月3日	uudam贊助200元,累計贊助1100元
9月16日	王悅婷(Maggie Wang)贊助1000元
10月29日	uudam贊助文化班100元,累計贊助1200元
11月9日	明珠(臨河)贊助文化班100元
11月20日	uudam贊助100元,累計贊助1300元
12月11日	uudam贊助100元,累計贊助1400元
12月30日	德國威爾德公司中國區總經理白玉山博士贊助10000元,累計贊助50000元
12月31日	北京京華通鋼結構工程有限公司董事長賽音圖先生贊助10000元,累計贊助50000元

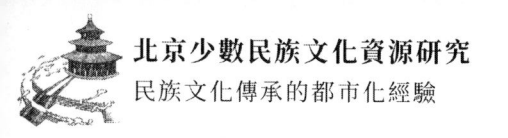

（三）少數民族精英分子的文化自覺性

北京蒙古語言文化班的老師和志願者多是來自中央民族大學蒙語系的學生，有著較高的文化自覺性，他們願意也樂意為民族文化的傳承和發展貢獻自己的力量。現工作於民族出版社的北京蒙古語言文化班會長即創辦人薩茹拉，從 2008 年至今舉辦並參與了多場文化講座和活動，努力將這個平臺推而廣之，從而更好地傳承和發揚蒙古族文化（見表 2）。此外，很多少數民族機構與文化班也有著密切深厚的聯繫，如北京娜日蒙古族幼兒園、北京巴音興業科技有限公司、北京草原皮畫民族藝術品有限公司等。

表 2　2008 年至 2016 年北京蒙古語言文化班舉辦的蒙古文化活動

時間	文化講座或活動
2008 年開始	連續 7 年參加在京蒙古族那達慕大會
2008 年開始	連續 6 年參加聖主成吉思汗誕辰週年活動
2008 年開始	連續 8 年參加在京蒙古族助學籃球賽
2008 年開始	每年舉行北京蒙古語言文化班成立週年聯誼會及優秀師生頒獎大會
2008 年 7 月 19 日	邀請北京大學的陳崗龍教授做了有關蒙古民俗文化的講座

2008年10月3日	組織了玉淵潭公園戶外活動，主要教授了一些蒙古傳統遊戲項目
2008年11月15日	邀請社科院烏納欽教授做了《蒙古民歌中的蒙古文化》的講座
2008年11月22日	邀請中央民族大學的那木吉拉教授做了有關蒙古歷史的講座
2008年11月23日	舞蹈隊參加了草原戀合唱團《綠色記憶》演出
2008年12月21日	舞蹈隊在草原戀合唱團《走進草原》無伴奏音樂會上演出安代舞
2009年10月7日	北京蒙古語言文化班部分師生去元大都遺址公園秋遊
2010年4月11日	組織參觀元朝重要文化遺產白塔寺
2010年4月17日	邀請中央民族大學副教授葉爾達老師做了有關蒙古民間藏書的講座
2010年10月30日	邀請內蒙古農業大學教授、中國馬業協會秘書長做了關於保護鐵蹄馬行動的技術後盾—芒來進行的講座
2011年5月28日	邀請北大姚克成教授做了《我心中的蒙古》的講座
2011年9月17日	邀請作家郭雪波做了《青旗·嘎達梅林》的講座
2011年10月1日	師生秋遊奧林匹克森林公園
2011年11月19日	蒙古公主哈琳光臨我班
2013年6月	5週年慶典
2014年6月	6週年慶典
2016年1月	班歌《神聖的七母音》誕生
2016年3月	內蒙古電視台蒙古語衛視《索藝樂》欄目錄製紀錄片
2016年5月28日	蒙古族特色遊戲預慶「六一」兒童節
2016年7月10日	北京蒙古語言文化班8週年蒙古文化公益組織代表公益交流會
2016年9月26日	蒙古衛視《麥荷芽》欄目錄製紀錄片
2016年10月22日	參加在京蒙古族那達慕大會
2016年12月13日	成人15班畢業典禮暨17學期結課儀式

三、北京蒙古語言文化班的功能

隨著社會的發展、時代的變遷以及異質文化的交流碰撞，北京蒙古語言文化班成為蒙古族文化在都市傳承的理性選擇。北京蒙古語言文化班使遠離聚居地區的民族後代能夠聽到和使用本民族語言；讓蒙古族在傳承發展民族文化時走出唯語言教學內容與方法的模式，形成符合現代社會發展和群眾需要的多元化模式，進一步擴大語言教育在傳承民族精神與文化方面的積極作用。北京蒙古語言文化班在向社會教育、家庭教育延伸的過程中，與漢族等各民族教育相互影響、相互促進，在課程設置、教學方法、師資培養培訓、

校園文化建設等方面，強化了特色，吸引了越來越多的人參與和傳播蒙古族文化。透過訪談北京蒙古語言文化班中的教師與學生，筆者發現：關於民族文化，他們普遍都有興趣，尤其是蒙古族的學生深深為本民族文化而自豪，他們不僅願意學習本民族文化，而且希望文化班能把蒙古族的傳統文化更多地帶到北京，讓都市人零距離感受蒙古文化的博大精深。訪談中一位45歲的蒙古族阿姨告訴筆者：「北京蒙古語言文化班的創新教育模式讓我重新拾起了母語，找到了歸屬感。」

在新時代的背景下，在京蒙古人始終思考並實踐著現代元素與傳統文化的有機整合，這是蒙古族文化在面對現代化過程中所展現出的文化自信心和頑強的生命力。這種生命力使得蒙古文化在全球化的浪潮中，做出相應的調適，並遵循著順應的路徑與時俱進。

總之，北京蒙古語言文化班在短短的8年時間內由26名學生發展到1900多名學生，並在都市中生根、發芽、生長，對社會的影響力越來越大。因此，筆者認為「北京蒙古語言文化班」作為在都市傳承發展民族文化的成功案例，對在全球化背景下越來越趨向同質化的社會中如何發揚民族文化具有深刻的借鑑意義。雖然，現代化是民族文化變遷的主要途徑，但現代化並不總是貶義的，只要取其精華去其糟粕，現代化也可以為文化發展帶來便利；文化變遷也並不可怕，因為變遷是文化的基本屬性，北京蒙古語言文化班的成功案例也證明民族文化是可以在變遷中傳承和發展的。

▋附錄：

學生規章制度

1. 學生報名程序：預先電話，QQ報名，並現場（805教室）攜帶身份證複印件和1吋照2張，填寫檔案表為準。

2. 提前10分鐘到教室，拿聽課證進入教室，聽課證放在桌子上便於檢查，聽課證是文化班免費聽課的唯一有效證件。

附錄：

3. 遵守課堂紀律，尊重老師，將手機關閉或置無聲狀態（關於接聽電話的事情，老師課前提醒），不得擾亂課堂秩序。

4. 愛護公共財產，保持教室干淨整潔。

5. 不得遲到、早退、無故曠課；如因工作或者其他原因不能按時來上課者，提前向學生處或班主任老師請假，並找時間補好所學課程內容，下節課來上課時寫蒙古文請假條交給班主任的，可以視為未曠課。經常來上課的學生突然連續 3 次不來上課了，學生處負責瞭解情況，號召鼓勵學生堅持，並學籍自動轉到下一個級別班；連續曠課 3 次以上，學生處有權開除學籍，並進行網站公示。

6. 要求學生每週定期（週三）關注官方網站（http：//www.mongol.org.cn）和群訊息。

7. 做好老師佈置的作業、學習計劃及預習計劃，遇到問題應及時向老師或助教請教。

8. 積極參加班裡組織的各項活動，開學典禮、學生風采大賽、週年慶典必須盛裝出席，其他春遊秋遊活動自由參加。

北京蒙古語言文化班學生處

2012 年 11 月 11 日

學生管理制度

1. 上課期間，將手機關閉或置無聲狀態，不得擾亂課堂秩序。

2. 不得遲到、早退、無故曠課。

3. 準備好課堂所需文具，做好老師佈置的作業。

如因工作或者其他原因不能按時來上課者，寫蒙古文請假條交給班主任的可以視為未曠課。

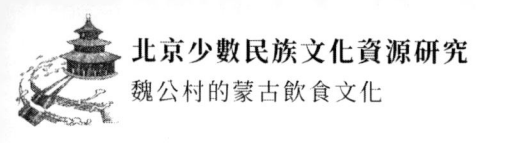

魏公村的蒙古飲食文化

格日勒瑪[102]

　　蒙餐是中國餐飲文化體系中極具民族特色的餐飲文化之一，是草原文化的重要組成部分。蒙餐是指蒙古族的飲食，是蒙古民族在長期的生產、生活、征戰中形成的飲食品類，是蒙古民族歷史文化傳承下來的活遺產。具體是指在一定的場所透過加工製作、商業銷售、服務性勞動為消費者提供以蒙古族飲食為特色的食物、酒水、消費場所的食品生產經營行業。隨著社會經濟的不斷發展、生產力水平的不斷提高，蒙古族餐飲也日趨成熟，它源於草原文化，卻有別於草原文化，成為一種展現蒙古族裝修、服飾、禮儀、風俗習慣的多元的文化。蒙餐因其天然綠色、營養美味、民族特色濃重等特點獨立於諸多菜系並逐漸嶄露頭角，受到了消費者的青睞。

　　筆者參考了諸多學者關於蒙古族餐飲行業和蒙古族餐飲文化的文獻，並透過調研，瞭解到蒙餐存在的必然性和自身的優勢，它不但具有廣闊的發展空間，同時可緩解就業壓力，推動社會經濟向前發展。但不得不承認，蒙古餐廳存在一些不可忽視的弊端，如經營不善、管理落後等。其原因有客觀的也有主觀的，有現實的也有歷史的。其中，筆者認為主要的原因應該有經營方面的欠缺、宣傳力度不夠和資金不足。但蒙餐業發展的優勢有很多，如菜品營養優勢、（羊肉、奶製品）天然綠色優勢、民族特色優勢等。

　　為了將這篇論文寫得更富於理論性和說服力，筆者運用了文獻研究法和實地調查法。由於自身的侷限，可能有表達欠妥之處，不過希望這些意見和建議能夠經過實踐的檢驗，推動蒙餐的發展，從而使蒙古飲食文化更加受到廣大消費者的喜愛。

一、蒙古飲食文化

　　蒙古飲食文化是蒙古民族的牧業文明在飲食習慣、飲食傳統及禮俗等方面所表現出來的一種具有特色的生活方式，也就是蒙古人在餐飲歷程中形成的傳統的獨特的文明習俗和文化積累，它包括茶文化、白食文化、紅食文化、

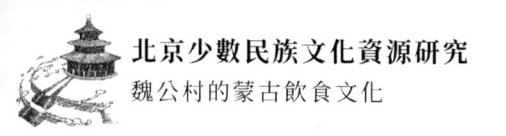

酒文化等，表現著蒙古民族的文化核心，既有文化的傳統延續也有時代性，蘊藏著豐富的文化內涵。接下來筆者簡略介紹一下蒙古飲食：

1. 肉食

蒙古人將肉食稱作「ulagan iedegen」，即「紅食」。蒙古族以畜牧業為主業，主食羊、牛肉，兼食馬、駝肉，野味也占一定的比例。由於羊肉鮮嫩味美，營養豐富，至今還是蒙古人的主要肉食來源。牛肉次之，馬肉更少食用。蒙古草原水草豐美，可供牲畜食用的草類繁多，使牛羊肉味道鮮美，少有膻味。越是乾旱草原的牛羊肉，越是肥美可口，營養豐富。手扒肉是蒙古飲食文化中的一道傳統特色菜餚。手扒肉、烤全羊等，都保持了肉的原汁原味，除加少許鹽之外，不添加任何佐料。

2. 蒙古包子

是草原牧民最喜歡的食品，蒙古包子不用發酵面做皮，採用小麥麵粉，用熱水和好後，稱為燙麵。蒙古包子的特點是：餡大、皮薄、味道鮮香。包子餡兒大致分兩種，一種是肉餡，即羊肉或者牛肉剁餡兒加料完成。當然，可以根據個人口味加點菜。還有一種就是用肉腸或者血腸做餡兒。

3. 蒙古餡餅

是明朝末年，蒙古族蒙郭勒津部落定居遼寧地區後創製的。最初的蒙古餡餅以當地的特產蕎麥麵為皮，牛羊肉為餡，用干烙水煎的方法製成。特點是成品皮薄透亮，金黃油亮，鮮香可口。

4. 奶食

蒙古人將奶食稱作「Cagan idegen」，即「白食」。蒙古奶食在蒙古人的飲食文化中占有重要的地位。奶食以蒙古人的「傳統五畜」的奶汁為原料，製成多種食品和飲料，以滿足自己的需要。奶油、黃油、奶皮子、奶酪、生奶酪、酸奶酪等，是蒙古族食品中的上品，味道鮮美，營養豐富。

5. 蒙古奶茶

蒙古語稱「蘇臺茄」，是流行於蒙古族的一種奶製品。喝奶茶是蒙古族的傳統飲食習俗，除解渴之外，也是補充人體營養的一種主要方法。磚茶是牧民不可缺少的飲品，喝由磚茶煮成的鹹奶茶，是蒙古族人們的傳統習俗。在牧區，人們習慣於「一日三頓茶，一頓飯」。每日清晨，主婦的第一件事就是先煮一鍋鹹奶茶，供全家整天享用。

蒙古人善於利用酸奶製作奶酒享用。其製作方法是：將發酵的酸奶脫脂後，在鍋中煮沸，鍋上套冷卻裝置，中央吊上小罈子。蒸汽經過冷卻裝置後形成帶有酒精的液體流入罈中，成為奶酒。這種奶酒可以再行蒸餾，變成度數很高的蒙古奶酒。

由於內蒙古地區人口成分的變化和許多地區農耕化，現今的蒙古人，除了享用傳統的飲食外，開始大量地食用蔬菜、水果以及多種穀物，城市裡的蒙古人更是如此。當前中國食品安全領域存在的一些問題和缺陷，某種程度上影響著大眾的生活品質和消費安全，而內蒙古大草原所擁有的綠色、無汙染的食材，恰恰迎合了大眾所追求的飲食理念。

二、北京魏公村的蒙古餐廳現狀

在北京魏公村附近活動的蒙古人比較活躍，所以筆者到魏公村的 4 家蒙古餐廳進行實地走訪，與相關負責人進行交談，掌握了目前北京魏公村蒙餐發展的狀況。

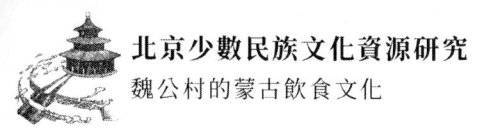

表1 筆者調查的4家蒙古餐廳

餐館名字	塔林蒙古小館	浩日沁蒙古餐廳	興安盟古人家	滿德海盟古食府
經營者性別	女	女	女	男
文化程度	初中	小學	本科	碩士
家鄉	興安盟	興安盟	興安盟	鄂爾多斯
員工人數	8	8	6	18
桌數(張)	9	9	5	24
經營時間(年)	18	16	7	12
大/中/小型	小型	中型	小型	中型
營業時間	11：00—23：00	10：00—22：00	10：00—22：00	09：30—22：00

註：以上表格的數據是以2016年4月份的調查為準的。

筆者調查的這4家餐廳都是經營了多年的，調查結果顯示，其民族性分別顯現在其名稱、裝修風格、就餐環境、服飾及禮儀，還有菜品名稱和內容等方面。

這4家餐廳中，除了滿德海食府之外，其他3家從廚師到服務員均是從內蒙古來的蒙古族，只有滿德海食府會招用一部分其他地區的服務員。

據實地走訪瞭解到，這4家餐廳最受歡迎的菜主要是以牛羊肉為主的家常菜、燴菜、蒙古包子、蒙古餡餅、面片之類，以及具有內蒙古特色的奶茶、酸奶、果條等。顧客來源於附近各個單位，有白領、老師、學生、歌唱家、舞蹈家等。顧客以蒙古族為主，還有一些藏族人、漢族人、壯族人等。由於地理位置偏僻，顧客多數為老顧客，尤其是朋友和回頭客更多。週末或是在北京蒙古族那達慕的時候顧客會更多。

透過訪談瞭解到，這4家餐廳主要存在的問題有：餐廳的店面小，而且都是私人的，不是正規的，資金不足，地理位置偏僻，顧客來源少，投資力度小。有些顧客喝酒坐的時間太長，影響更多的顧客來吃飯，所以換座率不高等問題也普遍存在。

三、蒙餐具備的特點以及優勢、不足、建議

1. 蒙餐具備的幾種獨特要素

第一，綠色環保的食物原料、天然本味性、高熱能、耐消化性、新鮮營養性。

第二，獨特的蒙餐製作工藝、內涵豐富的餐桌禮儀、特點鮮明的蒙古族傳統藝術、民族特色濃郁的就餐環境等。蒙古族用精湛的彩繪手法設計具有吉祥寓意的裝飾圖案，這種圖案在蒙古族生活聚居區隨處可見，已經成為蒙古民族的一種文化符號。較大規模的蒙古餐館通常會巧妙地運用這種裝飾藝術，透過室內蒙古包的設計、壁畫的設計、廚具的設計將這種民族文化元素突出，搭配服務人員的民族服裝，為消費者營造民族特色濃郁的就餐環境。

第三，蒙餐做起來省時省力，而且易飽，營養價值又高。

2. 蒙餐業存在的問題與不足

第一，文化層面：民族傳統文化的認知缺失。

第二，技術層面：蒙餐開發與標準化的深度不夠，蒙餐業經營方式落後。蒙餐品牌文化有待打造，蒙餐菜品開發理念缺乏創新，缺乏專業的知識。多數蒙古餐廳從業人員都是非職業廚師或是半路出家，或是兄弟姐妹幾個一塊兒上，對待菜品只有朦朧的感覺，而無核心總結，從而造成蒙餐發展停滯不前，後繼乏人。對蒙餐概念理解不深，而且品牌保護意識淡薄。缺乏系統的整理，規範的應用，科學的運作。

第三，規模小，資金不足，蒙餐的銷售價格偏低，利潤較少。小型蒙餐業競爭激烈，菜品過於傳統，創新不足，很難吸引其他民族消費者，而大型蒙餐業菜品複雜，易脫離蒙餐業的概念。

3. 關於未來蒙餐開發的幾點建議

第一，加快食源的開發與利用步伐，利用更多種原料，打破以牛羊肉為主的傳統觀念。蒙餐要改變觀念，蒙餐並非必須大碗喝酒、大塊吃肉、盤多量足，應加以改變革新，實現科學飲食、精細加工、合理配膳、就餐環境舒適。

第二，廣泛搭建蒙餐文化的宣傳平臺，加大蒙餐行業的監督力度，與新興產業一起成長。

第三，走集團化的發展道路，提高競爭力。蒙餐在市場經濟競爭日益激烈的情況下，由於其資源的弱勢和不足，生存受到嚴重的威脅。而擴大規模可以透過資本積累、收購兼併、合併或聯盟合作等途徑來實現。蒙餐應走集團化的發展道路，朝大企業、大規模方向發展，實現優化資源配置和規模經濟，提高市場競爭力。

第四，要合理利用民族文化。蒙餐應利用本民族獨一無二的民族性，走品牌化的道路，在市場上形成一種具有強大影響力的民族品牌，從而給蒙餐增加新的活力。小型蒙餐可透過相互合併，或是透過連鎖經營擴大自身規模，並打造蒙餐業優質的品牌。有效運用現有法律體系，保護自身品牌。

蒙餐在滿足市場需求的過程中，在口味上不斷創新，並挖掘新的蒙餐菜品，以獨特的民族飲食文化，與綠色、天然、無汙染的健康飲食理念，帶著草原的質樸與純真，受到越來越多的消費者的追捧。蒙古族飲食中的食材不但具有純天然的特點，還有滋陰潤肺、清熱解毒等藥用價值，成為養生專家推崇的養生食材。近年來，各地以蒙餐為主的餐廳逐漸增多，挖掘蒙古飲食文化，擴展蒙餐延伸菜系，才能使蒙餐向外輻射的能量更強大。蒙餐業未來的生存與發展，必須充分發揮民族餐飲習俗的文化功能，結合現代科學的養生理念，擴展其開發思路。

經營理念決定蒙古族餐飲業的未來。蒙餐若想在諸多的競爭對手中處於不敗之地，必須從經營理念方面著手進行改良與創新，把菜品質量置於根本，把服務態度的改進放在首位，把菜品的創新與融合作為關鍵，同時，必須繼續發揚蒙古民族優秀文化與傳統，透過別具一格的裝修風格，搭配款式考究的蒙古族服飾，加上民族氣息濃重的蒙古族禮儀，從細節和整體上凸顯蒙古族文化與草原文化的經典與精髓。筆者相信，在遵循市場經濟的價值規律和國家宏觀調控政策的前提下，在自身的不斷創新和進取下，在經營者和員工的通力協作下，蒙古族餐飲行業的前途勢必一片光明。

三、蒙餐具備的特點以及優勢、不足、建議

圖1 浩日沁蒙古餐廳的指示牌

圖2 浩日沁蒙古餐廳的蒙古元素裝飾品

圖 3 浩日沁蒙古餐廳裡面的牆畫

圖 4 浩日沁蒙古餐廳的一角

三、蒙餐具備的特點以及優勢、不足、建議

圖 5 塔林蒙古小館的牌匾

圖 6 興安蒙古人家的牌匾

圖 7 滿德海蒙古食府的牌匾

圖 8 蒙古包子

三、蒙餐具備的特點以及優勢、不足、建議

圖 9 蒙古餡餅

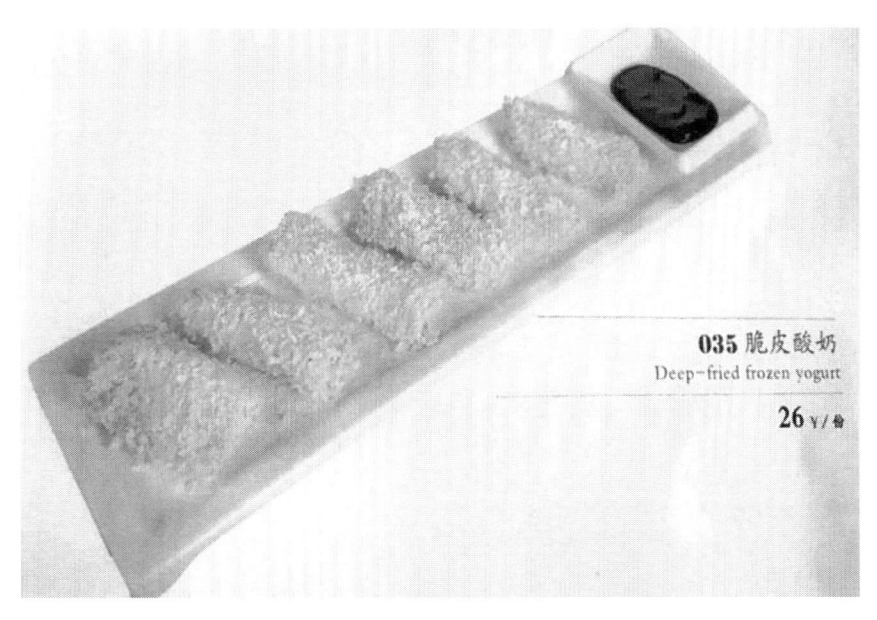

圖 10 滿德海蒙古食府的特色菜品：脆皮酸奶

圖 11 在外面晾乾的奶乾兒

圖 12 奶皮子

北京「新疆村」的變遷——北京「新疆村」調查之一

楊聖敏　王漢生[103]

在 2002 年以前，北京曾有兩個「新疆村」：其中一個位於白石橋路的魏公村，該村最多時有 18 家維吾爾族餐館；另一個位於海澱區甘家口增光路，該村曾有 33 家維吾爾族餐館。「新疆村」既非自然村落，更非行政編制，它得名，是由於那裡聚集了大量來自新疆、以維吾爾族為主的少數民族流動人口。他們以經營餐館為生。

自 1996 年以來，筆者在講授「人類學田野調查方法」和「社會學研究方法」兩門課程的同時，帶領多個班的同學，連續 5 年對魏公村的「新疆村」進行了人類學和社會學角度的調查，重點是村中的維族餐館。

一、「新疆村」調查的意義

在工業化和現代化的過程中，農村人口向城市轉移是一個世界性的問題。在農村人口向城市流動的大潮中，來自邊疆地區的少數民族人口，是農民工這一邊緣群體中十分特別的一支。他們不僅像其他進城農民一樣，來自農村和貧困地區，而且是一個在語言、宗教、風俗等方面特殊的人群。因而他們在進入城市以後，所面臨的不僅有城鄉文化的衝突和融合問題，而且也有與其他民族，特別是與漢族的民族衝突和融合的問題。他們的流動所要突破的不僅有體制的障礙，而且還有文化、心理和語言的障礙。他們給城市帶來的問題，除了如其他流動人群所帶來的社會治安問題外，還有民族關係問題，這種關係不僅影響著其所在家鄉的民族與漢族的關係，而且影響著他們的民族對國家的認同感。那麼，這些流入大城市的少數民族人口是怎樣一個人群？進入城市以後，這個人群會發生什麼樣的變遷？同時，他們給城市帶來了哪些影響？

學術界對於少數民族移民社區的研究存在著幾種有影響的理論，其中兩種涉及本研究的主題。它們是：

第一，「邊緣人」概念和理論。「邊緣人」寄託在兩個不同的群體中，但又不完全屬於任何一個群體。結果是他們對自己在團體中的地位形成一種獨特的「自我理解」，這種自我形像是非常不協調和矛盾的。學術界對邊緣人的研究主要是從文化、自我認知、就業、區位的意義上進行的，而當今中國大批流向城市的農民，其邊緣性更突出地表現在社會地位和身份結構上。中國城市中的移民聚居區主要是以移民共同的身份和地域背景凝聚而成的，他們都是所在城市社會的邊緣群體。對他們進行研究並與國外的同類人群進行比較，無疑可以豐富有關邊緣人理論和移民理論。

第二，民族社會經濟聚居區模式。在對各種民族群體融入主流社會的過程、途徑和特徵的討論中，存在著三種主要模式：「同化論」「民族文化模式」和「民族社會經濟聚居區模式」。第三種模式對我們解釋北京的「新疆村」具有很大的啟示。這種模式將注意力集中在促使移民融合於主流社會的社會背景和結構基礎上，強調在民族群體成員的社會流動和地位獲得方面，民族經濟和民族社會網絡能起很重要的作用。這種模式包含著經濟和文化兩種成分，它把民族聚居區看作是大經濟的一個組成部分，是一個具有獨特的勞務市場，並在一定程度上獨立自主的民族聚居區經濟結構。有了民族聚居區經濟和勞務市場的存在，移民就不需要從附屬經濟開始，或從社會階梯的最低一級開始攀登，相反，他們可以自己組織起來在內部做生意或者與外界進行交易。透過家庭、親屬網絡和本民族的其他社會機構，群體良好的文化共性和民族團結精神能夠促進聚居區經濟的發展。

我們希望透過對北京「新疆村」維吾爾族流動人口的考察，對以上的理論進行討論。

北京歷來是多民族活動的城市。自元代以來，魏公村一直與維吾爾人有密切聯繫。我們希望透過對魏公村歷史變遷的簡單回顧，考察不同民族在這裡的融合過程。

二、元代以前北京的維吾爾人

維吾爾人與北京的關係由來已久。根據文獻的記載，早在唐代（618—907），就有大批維吾爾人的祖先——回紇人在幽州（今北京）一帶活動。當時，蒙古草原上的回紇人與唐朝關係密切，貿易活動頻繁，最大宗的貿易就是用馬交換中原的絲綢。當時的長安、太原和幽州幾座城市是回紇商人最集中之地，僅常住長安的就有1000餘人。[104]他們在這些城市中還「殖資產，開舍第」，[105]與漢人通婚。據記載，在幽州的回紇人不僅有商人，更多的是軍人。783年，唐朝叛將朱滔據守幽州時，麾下的回紇騎兵就達3000人，他本人還娶回紇女為側室。[106]840年，回紇汗國崩潰，一支回紇人南下進入中原，其中「回鶻降幽州者前後三萬餘人」。[107]

僅從以上這些零星的史料，就可窺見唐代的今北京地區，已有很多維吾爾人祖先的活動。

遼代（917—1125），契丹人占領了今北京地區，並將其稱為「南京」。當時，遼朝與維吾爾人（回鶻人）交往密切，大量的維吾爾商人頻繁往來於遼朝的各個城市經商，城中維吾爾人聚居的地方稱為「回鶻營」。[108]今北京城自然也是維吾爾商人活動的城市之一。

三、元代畏吾爾村的建立

今北京的魏公村始建於元代，當時稱為「畏吾爾村」，是一個維吾爾人聚居的村落。魏公村所在的北京西郊，在遼代還是一片荒涼。在魏公村以南約1公里，有一條流經紫竹院公園北側、直通昆明湖的高梁河，高梁河兩岸，在遼代曾經是一片戰場。公元979年7月（北宋太平興國四年），宋太宗趙光義率大軍進逼遼「南京」（今北京）城，曾在此與遼軍大戰，史稱「高梁河之戰」。[109]

1125年，契丹人的遼朝被來自東北的女真人和北宋南北夾擊而滅亡。1127年，北宋被女真人的金朝打敗，全線退到黃河以南，史稱南宋，從此北京城下不再是前線和戰場。

北京「新疆村」的變遷——北京「新疆村」調查之一

1163年，金朝定都燕京（今北京），稱為中都。和平與定都，推動了北京城周的建設。

12世紀70年代，金世宗在北京西郊依高梁河水系修建離宮。此後，這裡逐漸成為山水樹木風景秀麗，離宮廟宇點綴其間的郊遊勝地。

1206年，成吉思汗統一蒙古草原，接著就向鄰境擴張，今新疆遂成為蒙古軍進攻的目標。當時的新疆和中亞地區，有兩個地方政權互相為敵：一個是占據新疆西部和中亞河中地區（今烏孜別克斯坦、吉爾吉斯斯坦、塔吉克斯坦）的哈拉汗朝，以伊斯蘭教為國教；另一個是新疆東部以高昌（今吐魯番）為中心的高昌回紇王國。1209年，高昌回紇王主動投奔蒙古大汗，使蒙古軍輕易地進入了新疆，成吉思汗遂將女兒嫁給高昌回紇王，並認其為義子。從此，高昌回紇的貴族就受到蒙古人的信用。在元朝，文獻中所稱的「畏兀爾人」一般都是專指來自新疆東部高昌回紇境內的居民，而新疆西部和中亞地區信仰伊斯蘭教的居民，則被稱為「西域人」或「回回人」。在元代，畏兀兒貴族和文人受到重用，在政府、軍隊中擔任要職的很多。其中較早來到元大都（今北京）的一批畏兀兒貴族，就被安排到風景秀麗的西郊高梁河畔聚族而居，形成了一個村落，當時人稱「畏吾兒村」，即今天的魏公村。蒙古人於1215年攻占了金中都（今北京），畏兀兒人當在此後不久，隨蒙古大軍進入北京城，史籍中有關的記載還是很清楚的。

清朝喬松年撰《蘿亭札記》卷六稱：「李西涯或自署畏吾，蓋京師西直門外村名。本西域畏兀部落，元太祖時來歸，聚處於此，以稱村焉；蓋與回部相似，今則不復知此族矣。廉希憲、小雲石海涯皆畏兀人，西涯則以居址相近而署號，非畏兀人也。」李西涯是明朝大學士李東陽之號，他死後葬於畏吾兒村，直到十幾年前，在魏公村東側還可見到他的墓碑。[110]

元代，北京成為大都，忽必烈與皇后常住於金朝留下的離宮中，並於至元元年（1264年）在西郊建萬壽山殿。不久，又在高梁河之北岸距畏吾兒村不遠處建萬壽寺、五塔寺和大慧寺等佛教寺廟。當時，高梁河上已可通船，后妃公主們出西直門乘船沿高梁河可直達玉泉山、西湖，中途在萬壽寺休息和用膳。於是，畏吾兒村周圍一片熱鬧繁榮景象。

四、畏吾爾村的居民

據查禮和賈敬顏先生等人的考證，最早居於此村的畏兀兒人有布魯海牙、廉希憲和阿里海牙、貫雲石兩大族。[111] 據《元史》本傳，這幾人的簡要情況如下：

布魯海牙，畏吾人也。祖牙兒八海牙，父吉臺海牙，俱以功為其國世臣。布魯海牙年十八（1214），隨其主內附，充宿衛。太祖（1206—1227）西征，布魯海牙扈從，不避勞苦，帝嘉其勤，賜以羊馬氈帳，又以居里可汗女石氏配之。太祖崩，諸王來會，選使燕京總理財幣。使還，莊聖太后聞其廉謹，以名求之於太宗（1229—1241），凡中宮軍民匠戶之在燕京、中山者，悉命統之。辛卯，拜燕南諸路廉訪使，佩金虎符。布魯海牙性孝友，造大宅於燕京，自畏吾國迎母來居，事之。死後大德（1297—1307）初，贈儀同三司、大司徒，追封魏國公。

布魯海牙來到燕京（今北京）當在太祖崩（1227年）前不久。他來北京後，造大宅迎母來居，北京西郊的畏吾爾村也就出現了。

布魯海牙之次子名廉希憲，因其父拜燕京路廉訪使，故以父官名為姓。廉希憲當生長於北京，很有可能就生於今魏公村。受燕京人文環境的影響，「希憲好經史，手不釋卷。一日，方讀《孟子》，聞召，急懷以進。世祖問其說，遂以性善義利仁暴之旨為對，世祖嘉之，目曰『廉孟子』，由是知名」。希憲一生歷任京兆、四川宣撫使、中書平章政事等職。死後，追封魏國公、恆陽王。其子6人，皆於朝廷內任高官。[112]

魏公村另一畏兀兒顯貴家族阿里海牙氏當比廉氏稍晚進京和顯貴。《元史》本傳稱：「阿里海牙，畏吾爾人也。家貧，嘗躬耕，用薦者得事世祖（1206—1294）於潛邸。」阿里海牙一生歷任行中書省右丞、湖廣行省左丞相等職，死後加封楚國公、江陵王。

阿里海牙娶廉氏女為妻，生小雲石海牙，又名貫雲石。貫雲石在漢文化的氛圍中長大，精通經史，歷任翰林侍讀學士、中奉大夫、知制誥同修國史。他還長於漢文書法，史稱他：「草隸等書，稍取古人之所長，變化自成一家，

163

所至士大夫從之若雲，得其片言尺牘，如獲拱璧。」他死後，朝廷贈集賢學士、中奉大夫，追封京兆公。有文集多卷，其中最有名的是《直解孝經》。他的子孫也繼承父祖之風，「有學識，能詞章」。[113]

另外，居於該村的畏兀兒貴族還有忽必烈之親近重臣、燕京行省達魯花赤蒙速思，死後封敏惠公。蒙速思之女婿即廉希憲。蒙速思之子阿失鐵木兒，官至大司徒，死後也都葬於村旁的高梁河畔。

五、畏吾爾村之衰落與魏公村之得名

賈敬顏先生認為：「畏兀兒村之得名，確貫、廉二氏矣。」到了清代，畏吾爾村改名魏公村。筆者認為，魏公村之得名，當與廉氏家族有關。

最早來到畏吾爾村的廉氏父子布魯海牙和廉希憲，死後都被封為魏國公。此後廉姓後人一直居於魏公村。直至20世紀50年代初，魏公村只有17戶居民時，仍有廉姓。2001年，筆者在調查時還找到了最後一位廉姓男子的女兒。20世紀50年代末，原魏國公的石碑仍保存於魏公村。

畏吾爾村清代改稱魏公村，似應與魏國公有直接聯繫。

自元代始直至清代，除了聚居於京西畏吾爾村的維吾爾人之外，陸續不斷有新疆維吾爾人遷居北京，但是畏吾爾村自明代以後不斷衰落，清代中期以後，該村的畏兀兒人或遷走，或融入漢族之中。究其原因，畏吾爾村的居民一直信佛教，又世代為朝廷高官，很容易就融入中原漢民族之中了。

而其他遷居北京的維吾爾人，多來自新疆西部，較早改信伊斯蘭教，聚居於北京東四清真寺、牛街清真寺周圍。清初又把遷居北京的維吾爾族安置於西長安街路南的東安福胡同聚居，稱為「回子營」。乾隆時期，回子營有維吾爾人329人，編為一個佐領，由內務府管轄，按月發給錢糧。到光緒年，這支維吾爾人已發展到1800餘人。[114] 清末民初，北京的維吾爾人一部分遷回了新疆，一部分仍聚居於此。直至20世紀30年代的統計中，回子營還有108戶795名維吾爾人。而1949年時，昔日維吾爾貴族聚居的魏公村，只有17戶漢族農戶，[115] 已不見維吾爾人的蹤影。

六、魏公村的變遷

1949 年解放初期，魏公村至高梁河一帶已是一片荒涼，昔日香火旺盛的法華寺、萬壽寺、大慧寺和五塔寺等都已荒廢。村中只有十幾家農戶，村周圍是莊稼地、大片的古冢和荒地。

20 世紀 50 年代初，政府將原住紅廟、白祥庵村等地的百餘戶居民遷至魏公村，為他們修建了房屋，劃分了村周圍的土地，大部分居民都務農為生。公社化以後，這些農民又都成了公社社員，屬於四季青公社萬壽寺大隊魏公村小隊。但隨著政府在西郊的各項建設，如 20 世紀 50 年代後，村周圍相繼興建了外語學院、中央民族學院、北京工業學院和氣象局等，加上村中人口的增長和房屋的增建，土地越來越少，到了 20 世紀 70 年代，村中居民已逐漸脫離了農業，轉而成為工人、小買賣人等城鎮居民，村周圍只剩下少量莊稼地和小塊菜地。20 世紀 80 年代中期以後，村周圍的農田菜地就完全被新建的居民樓等建築取代了。

在這個城市化的過程中，魏公村的年輕人相繼離開了老舊的平房，融入城市的就業人群之中。這片 20 世紀 50 年代興建的平房區，與周圍的樓群相比，顯得破舊、擁擠，留守其中的都是 50 歲以上的老居民，失去土地以後，他們沒有其他勞動技能，生活陷入貧困之中。

20 世紀 80 年代中期，中國的經濟體制改革進一步深入，政府允許農民進城開店設坊，提供勞務服務。於是，善於經商的維吾爾人陸續來到北京，並在北京形成了兩個維吾爾人聚居的「新疆村」。他們正好為留守於魏公村平房區的老居民提供了出租房屋的機會。

七、「新疆村」的建立

早在 20 世紀 80 年代初，就有幾百名新疆維吾爾族同胞在北京和新疆之間從事紗巾和布匹等日用品的運銷活動。他們主要集中於王府井大街，在日用品種類齊全的東安市場和百貨大樓購物，到八面槽郵局寄出，在新疆各地批發零售。

北京少數民族文化資源研究
北京「新疆村」的變遷——北京「新疆村」調查之一

1985年，北京的市場全面開放，大量外來人口湧進北京經商，其中的維吾爾族同胞也更加活躍，除了販賣紗巾、布匹之外，一些人開始從事烤羊肉串、葡萄乾、哈密瓜、杏乾等項經營或販運。他們主要分佈於北京站、動物園、甘家口、魏公村、人民大學和海澱鎮等處。不久，因經營烤羊肉串積攢了一些錢的人轉向餐飲業經營，於是，在甘家口附近的北沙溝和魏公村，就出現了維吾爾人開辦的新疆風味餐館。

北沙溝東距甘家口商場約300米，鄰近位於二里溝的新疆駐京辦事處，北距中央民族大學約2公里。1984年，這裡開設了首家維吾爾族餛飩館。至1987年，維吾爾族餐館增至15家。1992年1月1日，海澱區政府正式命名這裡為「新疆村」。到1993年，維吾爾族餐館達33個，在甘家口派出所辦有暫住證的新疆流動人口達500～600人，其中33家餐館的維吾爾族人口當在500人左右。1999年，北沙溝街道拓寬工程開工，沿街的商店、餐館等所有建築物全部拆除，幾十家維吾爾族餐館也在其中。海澱區政府曾撥出近千萬元款項對這幾十家餐館給予補償。這些餐館被拆除後，有的老闆轉到北京其他地區繼續租房經營，有的轉到外地或遷回了新疆。

魏公村的「新疆街」緊鄰中央民族大學的北牆。1983年，當地出現了第一家維吾爾族餐廳。1996年，維吾爾族餐館發展為18家。

解放前，魏公村僅有十幾戶居民，主要為農戶、小買賣人等貧苦人家，周圍是農田、墳場，十分荒涼。20世紀80年代以後，魏公村周圍建起幾十棟居民樓，樓中住戶主要為各類企事業單位的職工，而原來的老戶仍居於平房區的舊房中。據1994年統計，平房區共有820戶，2200餘人，維吾爾族餐館也在其中。平房區夾於南北兩條各長約300米的街道中，維吾爾族餐館多集中於南街上，因此這條街就被稱為「新疆街」或「新疆村」。此外，新疆街上還有藏、傣、蒙古、朝鮮和回等族同胞開的餐館，因此，這條街又被稱為「民族食品街」。

自1996年以來，筆者在授課的同時，指導幾個班的同學分別調查了11個維吾爾族餐館，它們是艾尼餐廳、伽師餐廳、波斯坦餐廳、古城餐廳、天池餐廳、阿凡提餐廳、阿瓦提餐廳、岳普湖餐廳、新和玉餐廳、新疆風味餐

廳和友好餐廳。另外，我們又調查了朝鮮族的鄉村居餐廳，傣族的金孔雀餐廳和藏族的香巴拉餐廳。總共調查了 14 家餐館。對其中幾家餐館在 2012 年之後又進行了再調查，還對村中的一些老戶居民和居委會進行了多次調查訪問。

八、創業過程與生活特點

這 14 家餐館的老闆，均來自新疆、西藏、甘肅、雲南、吉林延邊等少數民族地區。老闆的年齡在 26～60 歲之間，其中以三四十歲者居多。除了少數未婚者外，老闆都帶妻小等家眷同住北京。除了兩戶之外，其他老闆都沒有北京戶口。

來北京之前，這些老闆的身份以小商販為主，也有農民、離職的小學教員、工人和機關幹部。其中多數來自烏魯木齊、喀什和伊寧等城鎮。他們在家鄉時，經濟上基本比較困難，大多從事過兩種或兩種以上的職業。小商販也都嘗試過多種經營。也就是說，這些人在本民族中，屬於社會經驗較豐富，有較多見識、較大膽量，也有較多社會關係的人。但他們基本上都沒有開過餐館，主要原因是沒有足夠的資金。剛來北京時，一般只帶了幾百至幾千元錢。有人甚至在走出北京站時，身上僅有幾元錢。

來北京以後，一半以上的人曾經歷了在街頭賣羊肉串、葡萄乾或到別人的餐館中打工等形式的資金積累階段。這個階段，一般在 5 年或 5 年以上。少數人是靠親朋集資或向政府貸款來開辦餐館的。借貸一般能在開餐館後一二年之內還清。可以說，來北京開餐館的這 14 位老闆，開餐館後都達到了脫貧致富的目的。

這些老闆進入北京創業的活動，無疑是一種市場行為。因為所有的老闆都認為，來北京開餐館，比起其家鄉來，有更多的賺錢機會，這裡顧客更多，消費更高。但這些老闆並不是完全依照市場供需關係和市場價格的指引流動的，而是沿著傳統社會關係網絡流動的。來北京之初，他們都是首先投奔在甘家口或魏公村的同族親朋，或是投奔在中央民族大學讀書或工作的親朋老鄉。進入北京以後，他們儘量地與同族人靠近或聚居於一處。

他們辦理暫住證、開業手續、租房和貸款，都是靠這些同族老鄉親朋來指引、介紹、幫忙完成的。餐館開辦起來以後，也主要在同族老鄉、親眷中雇工。

「新疆村」內經營與生活的特點，確實表現為一種「民族社會經濟聚居區模式」。14個餐館的雇工，一般都在 4～10 個，其中 70% 左右是與老闆同族的老鄉、親眷。所有的廚師都來自本民族，其他民族的雇工主要從事前臺端菜、清掃等次要的工作。工資 300～1500 元不等，80% 的異族雇工收入在 300～600 元。

「新疆村」的維吾爾族老闆中，一位威望較高者擔任村長。他負責協調各維吾爾餐館之間的競爭、合作等關係。如，他要定出各種飯菜的統一價格，解決維吾爾人之間的糾紛，代表維吾爾居民與居委會和派出所等機構協商村裡的各項事務，有時也代表居委會向各維吾爾餐館轉達各類通知和規定。

來「新疆村」就餐的顧客成分也與北京一般的餐館有明顯的差別。除了北京的居民之外，顧客中有較多的少數民族和外國人。如中央民族大學的少數民族教職工和學生，是這裡的常客。有些居地較遠，甚至遠在天津等地的少數民族顧客，也專門前來這裡就餐。外國人中，巴基斯坦、沙特阿拉伯等國家的使館人員常攜全家來此用餐。俄、德、日、法等 50 多個國家駐華使館人員也常來此用餐。顧客中還有大量的外國留學生。

筆者 1996 年調查的 11 家維吾爾族餐館，年贏利均在 5 萬元至幾十萬元之間，贏利最高的一年近百萬元。生意興隆的原因主要有二：一是食品和餐館本身濃郁的民族特色，二是價格比較便宜。

「新疆村」的少數民族餐館，特別是維吾爾族各餐館，在經營和生活中，都具有明顯的內聚傾向。由於文化上的差異，特別是由於語言上的障礙和宗教信仰的不同，他們很少與當地漢族和其他民族居民交往，他們自成一個小社會。每日餐館原料如牛羊肉、菜的進貨，有自己單獨的渠道和網絡。每週的主麻日和古爾邦節等宗教節假日，一般都集體去清真寺禮拜，業餘時間則與北京的維吾爾人之間互相串門、娛樂。除了在北京必要的開支以外，老闆

和雇工大多將攢下的錢寄回新疆老家。戀愛和婚姻也基本上限於本民族成員之內，大多是回新疆去找對象。

他們在子女入托、上學等事情上，並不能享受與北京當地居民同等的權利。如，孩子上幼兒園和上小學時，需要額外交贊助費，贊助費一般可達每年 1000 至 2000 元。由於他們沒有魏公村的固定戶口，街道居委會甚至還要向他們每人徵收 40 元的公共廁所費。他們大多已在北京居住 5 年至十幾年了，很多人的子女在北京長大，能說一口流利的漢語，而維吾爾語卻很生疏，但他們仍沒有北京人的感覺。在問到將來的去向時，大多數人都說以後還是要回家鄉的。但若干年後他們回去時，家鄉的生活他們還習慣嗎？鄉親們對這些北京回來的維吾爾人還看得慣嗎？他們確實處於城市和鄉村之間、處於不同民族文化之間的邊緣。

不難看出，以上所簡要介紹的，在「新疆村」的初步調查，在一定程度上印證了本文前面所假設的理論。希望這種理論的探討，對大城市中少數民族聚居區的研究和政策的制訂造成一點推動或借鑑的作用。

「新疆村」以餐飲業為主，自 20 世紀 80 年代初建立後，發展迅速，在同行業中具有較強的競爭力，內部自成系統，不僅對北京的經濟、社會、文化及社會管理等多方面造成了日益深刻的影響，而且還極大地影響了其故鄉流出地的社會發展進程。「新疆村」的形成與發展過程不僅集中代表了農村勞動力衝破城鄉壁壘進入城市、紮根城市，並不斷擴展其生存空間的過程與方式，而且集中體現了在一個主體文化中，作為一種亞文化的少數民族文化是如何形成、演化以及如何與主流文化互動的。此外，作為一種聚集而居的邊緣人群體，其內部的組織化程度較高，已有了採取集體行為、組織行為的能力，對城市經濟社會生活的影響遠較分散於城市居民中的零散個體為大。「新疆村」中的少數民族居民與本地居民雜居共處，並在北京市建立了自己的經營特色和服務範圍，其與北京市的經濟社會生活有千絲萬縷的聯繫。因此，透過對「新疆村」的研究，不僅可以深入瞭解大城市邊緣人的內部結構、生活方式、經營活動、文化心理，其與城市居民間的關係形態、互動方式、

相互觀感等，而且可以透視在一種新的環境中，一個異文化的變遷過程、不同文化的衝突和交融以及不同民族之間關係的演化。

大城市中少數民族流動人口聚居區的形成與演變——北京「新疆村」調查之二

王漢生　楊聖敏[116]

一、研究關注的問題

本研究以農村勞動力流動中的一個特殊的類型——漢族聚居的大城市中的少數民族移民聚居區——作為研究對象，力圖透過對該類社區的深入研究，對下述問題做出嘗試性的回答：

第一，漢族大城市中的少數民族移民聚居區作為農民進入城市的一種獨特形式，其形成和發展的過程、機制和主要影響因素是什麼？

第二，這一獨特的流動人口聚居區類型的特點是什麼？

第三，這種類型的聚居區對勞動力的流動過程、對民族關係形態、對流入地和流出地的經濟發展和社會結構、對民族文化的保持和變遷等，具有怎樣的意義？

第四，它對理解中國勞動力流動問題和社會結構變遷的意義在哪裡？

本項研究的資料主要來自實地調查。實地調查中主要採用了以下方法收集資料：

第一，個案研究。本項研究的一個重要的研究方法為個案調查。我們充分發揮個案研究的優點，即對個案的深入、全面、詳細的把握，先後對位於「新疆村」內的 18 個少數民族餐館進行了個案調查。

第二，訪問。為瞭解「新疆村」的發展歷史，我們對「新疆村」內的「老」北京居民進行了較為廣泛的訪問。由於該地區現在已經拆遷，原居住人口已經分散到北京各處，很難尋找，因此我們這部分訪談資料就變得極為珍貴。

第三，問卷調查。問卷調查以「新疆村」外來流動人口作為調查對象，樣本儘量採取隨機的方法抽取。

二、樣本基本情況

問卷調查於 2000 年 10 月開始，同年 12 月結束，共獲得有效問卷 203 份。2001 年 2 月，完成數據錄入和整理工作。下面是關於問卷調查數據的初步分析：

1. 民族分佈

樣本中維吾爾族占主體，共有 187 人，占 92.1%；其他民族 11 人，占樣本總數的 5.4%；另有 5 人情況不詳。在有配偶的人中，配偶是維族的占到 97.1%，其他民族只占 2.9%。這說明，同民族通婚仍是少數民族婚姻的主要形式。

2. 年齡與性別

在被調查的 203 人中，女性 37 人，占樣本總數的 18.2%；男性 164 人，占 80.8%；另有 2 人未做回答。樣本平均年齡 28.54 歲，配偶平均年齡 32.01 歲。

3. 婚姻狀況

所有被訪人均回答了他們的婚姻狀況，其中已婚者 72 人，占總數的 35.5%；未婚者 112 人，占 55.2%；離婚者 17 人，喪偶者 2 人，分別占 8.4% 和 1.0%。配偶與本人的關係如表 1 所示：

表 1　樣本配偶與本人的關係

關係	頻數	百分比(%)
同村人	14	16.9
同鄉人	25	30.1
同縣人	32	38.6
同省人	12	14.5
總計	83	100.0

4. 教育水平

樣本的平均受教育年限是 7.93 年，其配偶平均受教育年限 7.39 年。樣本中 75.4% 的人是在民族語學校接受的教育，只有 7.9% 的人是在漢語學校接受的教育，另有 16.7% 的人屬於其他情況。表 2 是樣本及其配偶的教育水平構成情況。

表 2　樣本及其配偶的教育水平（%）

教育水平	本人	配偶
未受過正式教育	5.6	3.1
三年以下初級教育	0.5	4.7
小學畢業	27.7	32.8
初中	33.8	32.8
高中、技校、職高	19.5	15.7
中專	4.6	6.3
大專	5.6	3.1
大本	2.6	1.6
總數	100.0（195人）	100.0（64人）

與其父輩相比，樣本的教育水平有了很大提高。樣本本人母親平均受教育年限為 4.43 年，父親為 5.03 年；樣本配偶母親平均受教育 4.57 年，配偶

父親為 5.07 年。看來，男性教育水平高於女性的情況在少數民族那裡也不例外。

5. 樣本地區分佈

樣本戶口在新疆的占絕大多數。在 202 個有效回答中，有 191 人來自新疆，占 94.6%，四川 4 人，甘肅 2 人，陝西、河南、寧夏、北京和山東各 1 人。有配偶的 72 人中，66 人來自新疆。

6. 健康狀況

在問卷中我們設計了兩個健康狀況項目，一個是被調查者本人的狀況，一個是其配偶的狀況。有意思的是，被調查者本人認為自身健康狀況良好的比例（76.8%）高於其對配偶的評價（72.5%），見表 3。

表 3　樣本及其配偶健康情況（%）

健康評價	本人	配偶
良好	76.8	72.5
一般	21.2	26.1
較差	2.1	1.4
總計	100.0（190 人）	100.0（69 人）

7. 政治面貌

樣本共產黨員只占 1.6%，團員占 26.1%。配偶中共產黨員比例與樣本相差無幾（1.5%），但團員比例要低很多（9.2%）。

三、職業經歷

樣本中農民工平均工作年數為 8.56 年，其中平均從事農業生產 5.74 年。有意思的是，配偶的平均工作年數大大高於樣本本人，為 12.81 年，這顯然是因為樣本中未婚人數多且年齡較輕之故。樣本在非農產業部門平均工作

5.53 年，配偶為 6.53 年。樣本中只有 18.6% 的人在鄉鎮企業工作過，其配偶在鄉鎮企業中工作過的更少，僅 10.9%。

1. 外出之前的職業

樣本中外出之前從事農業生產的占主體，具體情況構成見表 4。

表 4　外出前的職業

職業類別	頻數	百分比(%)
念書	11	5.5
務農	92	46.2
企業中做工	17	8.5
幹部	9	4.5
科學文衛人員	5	2.5
經商	16	8.0
待業	7	3.5
當兵	1	0.5
個體手工業	32	16.1
其他	9	4.5
總計	199	100.0

2. 外出打工或外出經營的時間和地點

樣本中 20 世紀 70 年代就外出打工的只有 2 人，最早的一個是在 1974 年；20 世紀 80 年代外出的人數顯著增加，有 14 人；20 世紀 90 年代的則增加到 134 人，特別是 20 世紀 90 年代後半期，外出人數是前 5 年的 2.8 倍（2000 年 1 人，另有 52 人未回答）。有意思的是，66.5% 的被調查者外出打工的第一個地點就選擇了本市，而選擇戶口所在地的村鎮、縣城、離家鄉最近的城市和同省的城市的比例均不超過 7%，選擇其他省的也只占 12.8%。

3. 外出後的流動情況

在我們的印象中,農民工更換工作和更換居住地均十分頻繁,「新疆村」住民的情況有所不同。樣本中有142人自稱更換過工作,平均更換工作1.58次,配偶中有23人更換過工作,平均更換1.3次。具體分佈如表5所示。

表5 樣本及其配偶更換工作的情況

更換次數	樣本 頻數	樣本 百分比(%)	樣本配偶 頻數	樣本配偶 百分比(%)
0	62	43.7	12	52.2
1	26	18.3	3	13.0
2	19	13.4	4	17.4
3	16	11.3	2	8.7
4	5	3.5	1	4.3
5	7	4.9		
6	2	1.4		
7	2	1.4		
9			1	4.3
10	2	1.4		
12	1	0.7		
總計	142	100.0	23	100.0

從表5中不難看出,實際上樣本中有流動經歷的只有80人,占樣本總數的30%;其配偶中有流動經歷的只有12人,比例更低。

4. 外出後的第一份工作

(1) 第一份工作的所有制性質

樣本離開家鄉外出後找到的第一份工作是個體戶的占很大比重,比例為26.6%。表6給出了具體分佈情況。

表6 第一個工作單位的所有制性質

單位性質	頻數	百分比(%)
城市國有企事業單位	4	2.0
城市集體企業	4	2.0
鄉鎮村集體企業	2	1.0
私營企業	24	11.8
三資企業	3	26.6
個體戶	54	0.5
家務	1	1.1
當地居民家裡	4	2.0
其他	45	22.2
缺失	65	30.5
總計	203	100.0

(2) 當時的職業

樣本外出打工的第一份工作主要集中在兩個職業上，即服務業和幹個體，具體職業構成見表7。

表7 外出後第一份工作的職務類型

工作性質	頻數	百分比(%)
農民	7	4.7
管理人員	6	4.0
辦公室人員	3	2.0
工人	4	2.6
服務人員	70	47.0
營銷人員	10	6.7
私營企業老闆	2	1.3
個體	33	22.1
其他	14	9.4
總計	149	100.0

(3) 離開第一份工作的原因和方式

在有流動的樣本農民中，離開第一份工作的主要三個原因是：原工作收入低（35.1%）、與老闆關係不好（21.6%）和找到了更有前途的工作（20.3%）。「原來的工作太累」（8.1%）和「被原來的單位解僱」（5.4%）是第四、第五位的原因。

從表8可以看出，農民工更換工作主要借助的是社會關係——親戚、老鄉、朋友、社會上認識的人，其他手段的作用相對較小。

表8　第一次換工作的方式

方式	頻數	百分比(%)
原單位或原單位同事介紹	2	2.2
自己通過城裡勞動力市場	8	9.0
到用人單位自薦	1	1.1
家裡人幫助找	2	2.2
社會上認識的人介紹的	11	12.4
通過老鄉	43	48.3
通過其他朋友介紹	10	11.2
通過親戚介紹	8	9.0
通過廣告	1	1.1
其他	3	3.4
總計	89	100.0

（4）首次更換城市的原因

樣本中有93人回答他們除在北京市工作過外，還在其他城市居住過，這就意味著他們更換過居住城市。在對「更換居住城市的原因」的回答中，「原來城市掙錢太少」被排在第一位（58.1%），其次是「在原來的城市受人欺負」（17.2%），「原來的城市機會太少」（6.5%）和「在原來的城市住不慣」（5.4%）排在第三和第四位，另有11.8%的人選擇了「其他」。

5. 進入本市後的第一份工作

在樣本中，現在的工作就是進入本市後的第一份工作的人占絕對多數，比例為63.5%。

為什麼選擇到本市工作，原因比較分散，參見表9。占優勢的原因是社會關係優勢，家庭其他成員、親戚、村裡的熟人等在此居住或打工。

表 9　到本市工作的原因

原因	頻數	百分比(%)
因為家裡已經有人在這裡打工	10	5.0
因為有親戚在這裡打工	19	9.4
因為有村里的熟人在這裡打工	22	10.9
因為這個地方有人來招工	7	3.6
因為家裡有人在這裡住	1	0.5
因為家裡有親戚在這裡住	4	2.0
因為有民大有親戚朋友	5	2.5
在這裡打工的朋友回來找到我	22	10.9
別人說這裡好找工作	95	47.0
從廣播電視裡聽說這裡掙錢容易	5	2.5
其　他	12	5.9
總　計	202	100.0

（1）在本市的第一份工作是如何找到的

　　社會關係，特別是以血緣、親緣、地緣為紐帶的社會關係，不僅是少數民族流動人口進入本市的主要原因，同時也是他們尋找工作的主要渠道，參見表 10。

表10　找到第一份工作的方式

方式	頻數	百分比(%)
原單位介紹	5	2.6
自己通過城里勞動力市場	7	3.6
到用人單位自薦	4	2.1
家裡人幫助找	4	2.1
社會上認識的人介紹的	30	15.5
通過老鄉	67	34.5
通過其他朋友介紹	22	11.3
通過親戚介紹	28	14.3
通過本民族的人介紹	13	6.7
其他	14	7.2
總計	194	100.0

到本市後，樣本平均花費41.89天找到第一份工作，最長的半年以上，最短的到達後馬上工作，具體情況（個案數：153人）為：「0～7天」的占47.7%，「8～30天」的占13.1%，「31～90天」的占17.6%，「91～180天」的占11.1%，「181天以上」的占4.6%，「其他」的占5.9%。

(2) 到本市後第一個工作單位的性質

樣本中，到本市後第一個工作單位屬於個體性質的占絕大多數，比例為70.9%，具體分佈情況如表11所示。

表 11　第一個工作單位的所有制性質

單位性質	頻數	百分比(%)
國有企業(事業)單位	3	1.6
集體企業(事業)單位	1	0.5
合資企業	1	0.5
外商融資企業	2	1.1
股份合作制企業	2	1.1
私營企業	12	6.5
個體	144	78.3
其他	10	5.4
不知道	9	4.9
總計	184	100.0

(3) 工作職務

表 12 是樣本到本市後第一份工作的職位構成情況。顯然，從事服務工作的人占主體。

三、職業經歷

表12　本市第一份工作的職務類別

職務類別	頻數	百分比(%)
管理人員	15	7.9
辦公室人員	2	1.1
工人	6	3.2
服務人員	108	57.1
營銷人員	11	5.8
自我僱傭者	7	3.7
街頭小販	16	8.5
其他	24	12.7
總計	189	100.0

（4）工作類別

樣本的就業大部分是臨時的形式，其第一份工作屬於臨時工的占54.2%；其次是固定工，占15.8%；合約工占14.1%，平均合約年限為2.9年。

（5）收入

樣本到本市後第一份工作的月平均收入為2322.73元，明顯高於一般外來農村勞動力的平均收入，也高於本地職工的平均收入。為什麼會這樣？一個決定性的因素是樣本中包含著32個企業主。因此，這裡的月收入不只是月工資收入，即勞動收入，而且包含著經營收入，即資本收入。

6.最近一次更換工作的原因

對於那些流動過的被訪者，我們在問卷中詢問了他們最近這次更換工作單位的原因，有81個人作了回答，具體情況參見表13。

表 13　最近一次更換工作單位的原因

原因類別	頻數	百分比(%)
為了更高的報酬	38	27.0
為了更好的工作條件	30	21.3
被上一個單位辭退	2	1.4
為和配偶在同一個城市	3	2.1
其他	8	5.7
總計	81	100.0

7. 是否打算更換現在的工作

除 27 個調查對象沒有回答外，樣本中明確表示沒有考慮過更換目前工作崗位的人占絕對多數，為樣本的 71.9%。

四、經營、收入和生活情況

在「新疆村」內，外來少數民族人口主要從事的是餐飲業工作。在樣本中有 32 位經營餐飲業的業主，20 世紀 80 年代就開始在村內經營的有 5 戶，占業主總數的 15.6%，其中最早在此經營的有 1 戶，開始的時間是 1980 年，其餘業主均是 20 世紀 90 年代開始經營餐館生意的，其中 1990～1995 年開業的有 9 戶， 1996～2000 年開業的有 18 戶，後 5 年是前 5 年的兩倍。這說明，「新疆村」的餐飲業如果沒有外來強制性政策影響的話，會得到進一步發展。

1. 經營

（1）經營決策

對於「當初誰跟您提起北京的生意好做」這一問題，樣本認為對自己下決心影響最大的人是老鄉，參見表 14。

（2）投資來源

樣本來到北京的時候平均攜帶人民幣3000元，最多的4萬元，最少的0元。業主的初始投資主要依靠向朋友借錢，見表15。

表14　對下決心影響最大的人

	頻數	百分比(%)
是自己跑來的，沒有人提起	29	24.6
家裡人（親屬）	3	2.5
親戚	18	15.3
老鄉	54	45.8
外鄉的朋友	9	7.6
其他	5	4.2
總計	118	100.0

表15　投資資金來源

	頻數	百分比(%)
全部是自己的積蓄	34	24.3
向朋友借無息款項	70	50.0
向朋友借有息款項	3	2.1
向銀行貸款	11	7.9
向同族人借款	22	15.7
總計	140	100.0

(3) 合作者和僱傭工人

樣本業主固定生意夥伴平均為 4.54 人，其中同村 0.73 人，同鄉 0.76 人，同縣 0.97 人，同省 1.21 人，省外 0.77 人，同族 0.96 人，北京的生意夥伴僅 0.22 人。

樣本業主平均僱傭工人 4.45 個，其中親戚 0.67 人，同村 0.46 人，同鄉（鎮）0.50 人，同縣（市）0.79 人，同省 0.88 人，外省 1.00 人，同族 1.26 人。

(4) 具體經營情況

2000 年 11 月，樣本業主的具體經營情況如表 16 所示。

表 16　資金流動情況

項目	平均值
11月份實際支付（工人或服務員）的工資	2682.05 元
11月份店鋪的總租金	9674.07 元
營業總額	31283.33 元
利潤率為	51.50%
11月份您索交稅收、工商管理費（僅此兩項）	3260 元
11月份餐館純收入	34495.45 元
現在借給別人的錢	5797.12 元
每月利息收入	1046.57 元

(5) 對目前經營狀況的滿意程度

表 17 是樣本對「您對現在的經營狀況滿意嗎」這一問題的回答情況，滿意的比不滿意的多 12 個百分點。

表 17　對經營狀況的滿意程度

態度	頻數	百分比(%)
十分滿意	17	9.1
比較滿意	54	29.0
一般	66	35.5
比較不滿	23	12.4
十分不滿	26	14.0
總計	186	100.0

2. 收入和生活

(1) 工作與收入

樣本平均每週工作 6.69 天，這就意味著幾乎沒有休息的時間。不僅如此，每天工作的時間也很長，平均 10.17 小時。平均月收入 1964.91 元。樣本中已婚者配偶與本人同在一個城市的占 49.4%，平均有子女 1.95 個，其中有 58 人的子女在京上學，平均每戶 0.45 個。1999 年，樣本中有 58 人得到父母給的錢，平均 450 元，其中最多的 1 萬元；得到子女錢的有 46 人，平均 478.26 元，其中最多的也是 1 萬元。

(2) 住房

樣本居住的房屋使用面積平均 18.43 平方米。樣本中有自購房的僅 8 戶，購房款平均 23666.67 元。其餘大部分人租房而居，每月房租平均 667.3 元。得到住房的具體方式如表 18 所示。樣本中有 62 戶除家庭成員外，同住的還有雇工、親戚、朋友、同族的其他人，平均每戶分別為 0.84 人、1.77 人、0.21 人和 0.11 人。

表18　住房來源

來源	頻數	百分比(%)
向當地居民租的	95	46.8
自己在當地買的房	8	3.9
租住旅館	3	1.5
住在親戚家裡	18	8.9
向朋友借的房	17	8.4
其他	31	15.3
missing	31	15.3
總計	203	100.0

(3) 支出

樣本認為，在北京市生活，平均每月需要基本生活費1036.38元（130個個案），然而樣本目前平均每月的家庭總開支是1564.29元（42個個案），表19是開支細目。需要說明的是，細目中各項目的均值是依據填答者人數計算的，而不是根據樣本總個案數計算的，因此我們把每一項應答人數給出。另外，月支出各項目加總後的月支出顯然大大超過了上述家庭月平均總開支。為什麼出現這種情況，需要我們進一步分析。

四、經營、收入和生活情況

表 19　年和月支出

主要支出項目	平均金額(個案數)
1999年給樣本父母的錢(包括實務和現金)	3535.09元（117）
1999年給不與樣本同住子女的錢(包括實物和現金)	2136.93元（57）
今天送禮費用	826.92元（78）
為小孩入托和上學至今共交贊助費(不含正常學費)	1431.40元（43）
1999年捐助總費用	2586.72元（61）
去年儲蓄(指存入銀行和家中，不含借入)	10516.28元（86）
房租(若是買的房子，每月付貸款)	654.23元（52）
食品	852.29元（59）
水電、煤氣和電話費	418.11元（45）
交通費	468.75元（64）
子女教育	305.96元（47）
娛樂	601.34元（56）
菸酒支出	491.52元（66）
日用消費品支出(包括衣服和化妝品等)	492.19元（73）
其他支出	348.13元（48）

五、態度與行為

在設計問卷時，我們設計了有關平等、社會關係、對未來的預期等方面的問題，目的是瞭解被訪者的主觀感受和行為取向。

1. 對平等的看法

關於平等，我們設計了三個問題：

（1）對民族平等的看法

樣本中認為民族之間「非常平等」的僅占1.5%，認為「比較平等」的比例為15.8%，認為「不太平等」的為37.4%，認為「很不平等」的為31.0%，另有13.3%的人回答「不知道」。顯然，認為民族之間沒有受到平

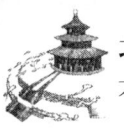

等對待的人比認為受到平等對待的人高出 4 倍，這是一個需要進一步研究的問題。

（2）對外來農民與本地人是否受到平等對待的看法

對這個問題的回答與對上一個問題的回答相差不多，認為不平等的人是認為平等的人的 4 倍。具體比例是：認為「非常平等」的為 1.0%，認為「比較平等」的為 13.8%，回答「不知道」的為 28.6%，認為「不太平等」的為 39.9%，認為「很不平等」的為 16.3%。

與上述評價相對應，在我們問到「外地人應該不應該與北京人受到同等對待」這一問題時，有 67.5% 的被訪對象認為兩者應該受到平等對待，有 25.1% 的人持相反意見。

（3）行為層面的反映

儘管在抽象層面，調查對象認為農民工應該受到與城市居民同等的待遇，但在具體問題上有矛盾的看法，例如有 46.8% 的人同意「當城市就業狀況不好時農民工應該回到農村」這一看法，不同意的人略少一些，比例為 45.8%。

樣本中有 28.1% 的人與本地人發生過糾紛，68.5% 的人明確表示沒有發生過糾紛。當發生糾紛時他們採取何種方法解決問題呢？參見表 20。

表 20　解決糾紛的方式

方式	是	否	未答	總計
向上級管理單位上告	30.0	17.7	52.2	100.0
組織或參與請願	5.4	42.4	52.2	100.0
訴諸新聞輿論	2.0	45.8	52.2	100.0
雖然吃虧，但也只好忍了	13.8	34.0	52.2	100.0
找同族人報復	7.9	8.9	83.3	100.0

2. 社會關係

由前面的描述可知，在農村流動人口決定外出打工、尋找工作、更換居住城市時，社會網絡總是起著十分重要的作用。到了城市並且在城市居住和工作了一段時間以後，他們的社會關係是否有所變化呢？由表21可以看出，確實有變化，「老鄉」的作用在降低，「鄰居」的關係在增強。從表21可以看出，在碰到經濟困難時，以前的同事、鄰居、親戚是主要的求助對象；而在碰到情感問題時，主要的求助對象為鄰居、朋友、親戚。上述這種差別是很有意思的。

表21　碰到困難向誰求助（%）

求助對象	經濟困難	情感問題
親戚	20.7	12.3
單位	5.4	1.5
以前的同事	33.0	0.5
老鄉	1.5	3.9
鄰居	32.0	61.6
朋友	3.0	18.7
missing	1.0	1.5
總計	100.0（203）	100.0（203）

3. 對未來的預期

表22從不同的層面探討了樣本對未來的預期，從中不難看出，儘管外來人口對自己的城市居民身份很少認同，但在北京繼續發展的願望還是十分強烈的。應當指出的是，在返回家鄉和留在北京的可能性上，大多數人「說不清」。弄清「說不清」的具體含義和是什麼原因導致這種「說不清」的狀態，是十分重要的，本研究將就此進行進一步分析。

在具體層面，樣本對未來的預期怎樣呢？被調查者中有 26.1% 人打算購買北京戶口，不打算購買的占 67%，還有 6.9% 的人沒有明確表態。表示會長期留在本市的人占到樣本總數的 47.3%，與否定答案所占比例相同，有 5.4% 的人態度不明。有 93 個被調查者對「打算繼續在本市待多久」這一問題給予了明確的回答，平均時間為 32 個月，即近 3 年的時間，具體情況如表 23 所示。

表 23　打算繼續居住的時間

停留時間	頻數	百分比(%)
0~12個月	45	48.4
13~24個月	10	10.8
25~36個月	11	11.8
37~48個月	5	5.4
49個月及以上	22	23.7
總計	93	100.0

4. 與家鄉的聯繫

(1) 承包土地由誰耕種

在樣本中有 126 人涉及承包土地的問題。外出之前，他們的家庭平均承包土地 10.9 畝，外出後，所承包的土地主要由父母耕種，具體情況見表 24。

表 24　承包的土地主要由誰耕種

耕種者	頻數	百分比(%)
父母	91	72.2
妻子（丈夫）	5	4.0
兄弟姊妹	8	6.3
親戚	12	9.5
交回集體	2	1.6
轉包給本村人	1	0.8
被占用	2	1.6
顧別人種	3	2.4
其他	2	1.6
總計	126	100.0

（2）家鄉的住房

樣本中的絕大多數人在家鄉都有房子（89.2%），沒有房子的只占4.9%，另有9人未作回答。外出之後，這些房子主要由家裡其他人居住（67.4%），其次是由親戚住（24.7%），出租的只占4.5%，另外還有2.8%的暫時沒有人住。在沒有房子的10個人中，有4個人已經把房子賣掉了，有3個人的已經損壞了，其他情況的也有3人。

（3）與家鄉的經濟往來

樣本中有64.5%的人給家裡人寄過錢，平均寄錢6330.97元；沒有寄過錢的比例是33%。外出後收到過家裡匯款的占樣本總數的7.5%，平均金額為2603.85元。由此可以看出，樣本與家鄉的經濟聯繫仍然是密切的，外出打工的收入對於家庭經濟具有重要意義。

5. 對居住地的評價

（1）就業市場

樣本中52.2%的人認為現在比兩年前更難找到工作，持反對意見的占33%（另有14.8%的人沒有表態）。關於導致就業困難的原因，23.1%的人認為是「政府對民工的歧視政策」，50.5%的人認為是「有太多的下崗工人，競爭不過」，還有26.4%的人認為是「其他」的原因。

對於「國有企業大量工人下崗是因為有太多農民工在城市工作」的說法，樣本中持贊同態度的占12.8%，不贊同的占79.8%，不發表意見的為7.4%。

（2）在「新疆村」生活的感受

對在「新疆村」的生活，樣本中只有3%的人感到「很滿意」，感到「一般滿意」的占32%。感到「不滿意」的為23.2%，「很不滿意」的為14.8%，另有3%的人沒有表態。而主要不滿意的地方依次是：治安、擁擠、沒有穩定感和受歧視。

儘管對於治安滿意度最低，但遭到過搶劫或毆打事件的在樣本中只有5人，占2.5%，其中3人遭到2次以上。為什麼外來人口在北京的安全感這麼差，是一個需要繼續深入分析的問題。

北京穆斯林社區的歷史形成

敏俊卿[117]

一、北京伊斯蘭教的傳入與最早的穆斯林社區

伊斯蘭教傳入北京的時間沒有明確的史料記載，大多以牛街禮拜寺的建成年代為起點。據傳，960年，有一位名叫革哇默丁的著名伊斯蘭教「篩海」（意為「老者」「長老」，是伊斯蘭教對德高望重、知識淵博的宗教學者的稱謂），從遙遠的西域來到北京傳播伊斯蘭教。篩海生有三子，均信仰篤定，才華橫溢，深得當朝皇帝賞識，欲賜予他們官爵，但被婉言謝絕。他們潛心於宗教，呈請皇帝頒建清真寺，獲得準承。996年，遼聖宗統和十四年，即北宋太宗至道二年，聞名於世的牛街禮拜寺在北京建成，初具規模，奠定了今天牛街禮拜寺建築群落的基礎。北京伊斯蘭教至此開始了新的發展，這也反映出北京地區最早的穆斯林社區開始形成。

從穆斯林社區形成的傳統看，一方面，牛街禮拜寺的修建是為滿足當地穆斯林的宗教需求，說明當時在牛街地區已經形成了一定規模的穆斯林社區；另一方面，隨著牛街禮拜寺的建成，不斷有新的穆斯林來到牛街地區居住，擴大了牛街穆斯林社區的人口和規模。

二、元大都的回回人與穆斯林社區

13世紀初期，一代天驕成吉思汗在蒙古草原迅速崛起，統一了蒙古族各部落，從此，蒙古人以征服者的姿態登上了世界的舞臺。1219年，成吉思汗以攻打中亞西部的花剌子模國為開端，拉開了他及其後裔率領蒙古大軍對中亞、西亞和東歐廣大地區發動大規模軍事征戰的序幕。蒙古人先後發動的大規模西征有5次，即成吉思汗西征（1219—1223）、哲別和速不臺西征（1220—1224）、綽爾馬罕和拜住西征（1230—1245）、拔都西征（1236—1242）和旭烈兀西征（1253—1260）。經過蒙古軍隊半個世紀的西征，中亞、西亞廣袤土地上的伊斯蘭各國先後被其攻破。蒙古人在此基礎上先後建立起

了橫跨歐亞兩大洲的蒙元大帝國和四大汗國——金帳汗國（又稱欽察汗國）、窩闊臺汗國、察合臺汗國和伊利汗國。其版圖東臨太平洋，西至俄羅斯平原，北起西伯利亞北極圈，南到波斯灣，這是人類歷史上疆域最遼闊的大帝國。1271年，元世祖忽必烈建立元朝，改國號為大元，定都大都（今北京市）。

蒙古西征掀起了人類歷史上草原遊牧民族與農耕民族大遷徙和大融合的浪潮，長期中斷的絲綢之路得以復興，東西方交通網絡高度發達，商業盛極一時，政治、經濟、文化之間的交流空前繁榮，亞洲成為當時世界政治舞臺的中心和各個民族交往薈萃、多元文明相互碰撞的交匯地。大批的回回人在征戰中籤發東來，阿拉伯地區的天文、數學、醫藥、建築、藝術等領域的成果隨之傳入中國；中國的歷史、算術、製圖、醫學和藝術等方面的成就，也透過阿拉伯人更加廣泛地傳播到西方，形成了《明史·西域傳》所言的「元時回回遍天下」的歷史盛景。《世界征服者史》這樣記載：「但在今天，許多真主的信徒已朝那邊邁步，抵達極遙遠的東方國家，定居下來，在那裡成家，以至多不勝數。」[118] 據稱，這批回回人有幾十萬人之多。中國伊斯蘭教的傳播與發展進入了第一個最為重要的歷史發展時期。余振貴認為，元代在中國的穆斯林人數估計約有百萬以上，遍佈全國各地，並已形成中國穆斯林「大分散，小聚居」的分佈格局與特徵。「在元代，北京是多種來源的穆斯林的雲集、落籍或中轉之地」。

因回回人參與蒙古人統一全國的戰爭而取得卓越功勳，再加上蒙古人出於利用回回人牽制漢人和南人的政治考量，回回人在元代的民族等級中享有僅次於蒙古人的地位，在政府的任職序列中亦是如此。至元二年（1265年）二月，忽必烈詔命：「以蒙古人充各路達魯花赤，漢人充總管，回回人充同知，永為定製。」這為回回人在元代政治舞臺上大顯身手創造了條件，從此，在元大都的朝堂上相繼活躍著一批回回人的達官顯貴。花剌子模人牙老瓦赤任統轄中原漢地的燕京行尚書省事，為大斷事官；奧都剌合蠻撲買中原課稅，任提領諸路課稅所官；賽典赤父子、阿合馬、哈散、倒剌沙、烏伯都剌，均位至丞相、平章，成為元廷重臣。而在中央各衙門及地方政府中擔任要職的回回人則更多。據《元史·宰相表》和《新元史·宰相年表》記載，回回人在元朝朝廷中擔任過右丞相（正一品）的有1人，左丞相（正一品）的有3人，

二、元大都的回回人與穆斯林社區

平章政事（從一品）的有 11 人，右丞（正二品）的有 1 人，參知政事（從二品）的有 1 人。按元朝定製，回回人可充任各路同知、達魯花赤。世祖至文宗時期的 21 任達魯花赤中，有回回 5 人；所屬錄事司和各縣達魯花赤中，回回人居 1/3。同時，來自中東和中亞的大批優秀科技、經濟人才也受到元朝政府的重用，成為元代的重要建設者，偉大的建築家也黑迭兒丁便是其中的傑出代表。也黑迭兒丁不僅奏請修建了北京的瓊華島（今北海公園的前身），而且擔綱元大都（今北京城）宮殿和宮城的設計與工程組織。

13 世紀義大利著名的旅行家馬可·波羅在《馬可·波羅游記》中稱，全國共有驛邸逾萬所，以元大都為中心，全國的驛站「星羅棋布，脈絡相通」。元人感嘆：「四海為家……適千里者，如在戶庭，之萬里者，如出鄰家。」在這星羅棋布、四通八達的交通網絡中，到處都有回回人活躍的身影，其中「回回人戶在大都即近 3000 戶」。如按每戶 5 口人計算，其時，元大都的回回人就已經超過了 1 萬人。這部分回回人在元大都的政治、經濟、軍事、科技和手工業中扮演了重要的角色。隨著穆斯林人口的急劇增多，北京牛街的穆斯林社區的規模再次擴大，並必然新增一些穆斯林社區。

蒙古人專擅遊牧，不擅營利，而回回人擅長經商，為蒙古貴族謀利。因此，蒙古對回回人的商業行為實行優惠政策，激發了回回人的商業智慧。許有王《西域使者哈只哈心碑》載：「我元始征西北諸國，而西域最先內附，故其國人柄用尤多。大賈擅水陸利，天下名城巨邑，必居其津要，專其膏腴。」從孛兒只斤·窩闊臺大汗時期開始，蒙古國的經濟主要依靠「色目人」來經營。元世祖即位，為之經營財務的一般官吏以回回人居多，回回宰相阿合馬就是其中的一個代表人物，是聞名全國的著名理財能手。

13 世紀末元朝定都大都（今北京），開鑿河道，貫通京杭大運河，也使伊斯蘭教進入沿運河傳播的新時期，在歷史的發展中，運河沿岸因中外大批穆斯林商人的出現而興建或重建起大量的清真寺和穆斯林社區。

元代，北京開鑿了通惠河，作為京杭大運河的北京段。通惠河自昆明湖至積水潭，經中南海、崇文門外向東至楊閘村向東南折，至通州高麗莊入潞河（今北運河故道），長 82 公里。今天，北京部分清真寺的分佈與歷史上

的通惠河形成緊密的關聯，如昌平的西貫市清真寺、昆明湖邊的安河橋清真寺、海澱的藍靛廠清真寺、德勝橋清真寺、楊閘清真寺、管莊清真寺、通州清真寺等，清真寺的出現必然有穆斯林社區相對應。這些清真寺和穆斯林社區就是大運河開通後，在歷史的發展中隨著穆斯林人口在各段的落居而逐步出現和形成的。

三、明代京城穆斯林社區的湧現

在北京朝陽區最東部坐落著一個著名的回族聚居地——常營。史載這是明朝開國元勛、回回著名將領常遇春在推翻元朝的農民起義中，攻克元大都時，屯兵於此而建立的。常遇春的屯兵之地，以「營」字為名。因其軍營內有回回兵，為滿足他們的宗教生活需求，建起清真寺，日久便形成圍寺而居的回回村落。

至正二十七年（1367年）十月，常遇春等奉命開始了一生中輝煌的北伐之戰，也是他人生的最後一次重大戰役。朱元璋命徐達為征虜大將軍，常遇春為征虜副將軍，率25萬大軍出師北伐。其時，北方元朝的軍事力量已經大大被削弱，徐達、常遇春出師3個多月，就順利平定山東，繼之取得塔爾灣大捷，占領河南和潼關，為攻取元大都奠定了基礎。史載：「既行，以遇春兼太子少保，從下山東諸郡，取汴梁，進攻河南。元兵五萬陳洛水北。遇春單騎突其陣，敵二十餘騎攢朔刺之。遇春一矢殪其前鋒，大呼馳入，麾下壯士從之。敵大潰，追奔五十餘裡。降梁王阿魯溫，河南郡邑以次下。謁帝於汴梁，遂與大將軍下河北諸郡。先驅取德州，將舟師並河而進，破元兵於河西務，克通州，遂入元都。」[119]

洪武元年（1368年）閏七月，徐達、常遇春率馬步舟師由臨清沿運河北上，連下德州、通州。元順帝孛兒只斤·妥懽帖睦爾聞訊攜后妃、太子等逃奔元上都開平（今內蒙古正藍旗東）。徐達、常遇春順勢攻取元大都，改為北平府。後率軍平定山西。洪武二年（1369年）三月，明軍主力正在陝西、山西一帶，元順帝伺機命丞相也速反撲北平，兵鋒抵達通州。常遇春奉命與李文忠率步卒8萬、騎士1萬馳救，大獲全勝。

三、明代京城穆斯林社區的湧現

據載，回回將領常遇春揮師北伐元大都的兩次軍事行動中，曾在北京城東部的常營域內屯兵紮營。他所率的軍隊中有一支是回民軍隊，後長期駐紮於此，並形成村落。因村民多系常氏後人，故稱「常家營子」，後稱「常營」「長營」。據《康熙通州志》記載，徐達、常遇春等築臺駐軍於通州，距城30里為營。常營距京城朝陽門、東直門約25里。可見，常遇春當時屯兵紮營的地方就是常營。除常營之外，當時常遇春的回回軍隊還分別駐紮於京郊不同的地方，如今天順義區的回民營，大興區的薛營等，相傳都是因常遇春的屯兵營地而得名，後回回軍隊長期駐紮，自成回族村落，繁衍至今。北京有學者還認為，「西城區花市清真寺相傳為常遇春的官邸改建；昌平區城關清真寺為常遇春北征途中駐軍時所建」。[120]

入明以後，從西域察合臺汗國、伊利汗國、帖木兒汗國以及吐魯番、哈密等地區不斷有回回人移居內地，繼續充實了回回人的數量。據《明實錄》記載，從洪武元年至成化年間（1368—1487），東遷回回人多達70余批。明代，也是一個回族人口頻繁遷徙的時代。作為首都的京城，在回族的移民浪潮中，在元代大量回回人落居的基礎上，再次移入了大批來自祖國各地的回族人，成為回族分佈較多的地區，不僅修建和重建了一批清真寺，而且湧現出了數個穆斯林聚居街坊和胡同。《岡志》記載：「今燕都之回回，多自江南、山東二省分派來者，何也？由燕王之國護圍（衛）軍僚多二處人故也。教人哭父曰：『我的達』，其亦山東之俗也。」[121] 據邱樹森的《中國回族史》記載「明中葉後，北京城內及附近地區因此形成了一些較大的回回聚居區」，「由於入附北京及其附近地區的回回人很多，因此不得不大量修建清真寺」。[122] 牛街禮拜寺《敕賜禮拜寺記》稱：「成化十年（1474年）春，都指揮詹昇題請名號，奉聖旨曰『禮拜寺』。」同時奉敕賜名的清真寺還有「清真」「普壽」「法明」三寺，和「禮拜寺」合稱「四大官寺」。所謂「禮拜寺」即牛街禮拜寺，「清真」即東四牌樓清真寺，「普壽」即阜成門內錦什坊普壽寺，「法明」即安定門內二條法明寺。明嘉靖三十九年（1556年）成書的《京師五城坊巷胡同集》記述，當時與回回有關的地名還有西城阜財坊的白回回胡同、河漕西坊的回回廠、北城發祥坊的三保老爹胡同（因鄭和居住而得名）、金城坊的禮拜寺（錦什坊街清真寺）和南城白紙坊禮拜寺（牛街禮拜寺）。

所謂官寺，李興華先生認為，是指擁有禮部所發札副、冠帶，從而掌教者冠帶榮身，主持是寺，以領眾焚修、祝延聖壽，享有一切差徭概在蠲免之列特權的清真寺。其中一部分系奉敕修建重修或由皇上題名。[123] 北京四大官寺均系由皇帝題名。當時，在江蘇、陝西、河北、安徽等地皆有清真寺為官寺的情形，但是一座城市同時擁有 4 座由皇帝題名的清真官寺，全國唯有北京一例。當時，曾遊歷中國的中亞穆斯林學者阿里·阿克巴爾在其著作《中國紀行》一書中記述了北京清真官寺和各地敕賜清真寺的情況：「中國皇帝在汗八里（北京）為穆斯林建造了四座清真寺。中國境內共有九十座清真寺，都是政府為穆斯林建造的。各個部落都有自己的標幟和政府設立的禮拜處所」。「有許多穆斯林得到中國皇帝的許可，永久居住在那裡。僅僅鞏昌府，據說就有三萬定居的穆斯林」。[124] 此外，明代在北京還修建了花市清真寺、教子胡同新禮拜寺、笤帚胡同禮拜寺、三里河清真永壽寺和海澱藍靛廠清真寺。[125] 相應地，穆斯林社區新建或擴大。

四、清代伊斯蘭教政策與穆斯林社區

清代，由於內地回、東鄉、撒拉、保安等穆斯林民族已經形成，新疆維吾爾、哈薩克、柯爾克孜等民族也完成了伊斯蘭化進程，所以，伊斯蘭教與各穆斯林民族的關係更加緊密。穆斯林人口不斷增多，其教義思想、禮儀制度和宗教組織表現出更強的地方性和民族性特質。

在清朝前期，即從 1644 年清朝建立到乾隆四十六年（1781 年），歷經順治、康熙、雍正三世及乾隆前期，在這 100 多年裡，國家統一，邊疆鞏固，生產發展。清廷在這一時期處理諸多民族宗教問題時，其宗教政策可以概括為「欽崇佛教、總持道法」「崇儒重道」「儒釋道三教並垂」[126]，而對伊斯蘭教確立了「齊其政而不易其俗」的政策。清政府對各族穆斯林的伊斯蘭教信仰給予尊重和保護，多次駁回朝臣嚴禁伊斯蘭教的奏疏。雍正二年（1724 年）九月，山東巡撫陳世倌上疏言：「如回教，不敬天地，不祀神祇，另立宗主，自為歲年，共產黨羽眾盛，濟惡害民，請概令出教，毀其禮拜寺。」[127] 雍正見奏當即傳諭：「彼之禮拜寺、回回堂，亦惟彼教中敬奉而已，何能惑眾？

四、清代伊斯蘭教政策與穆斯林社區

朕令汝等禁新奇眩幻駭人之事。如僧、道、回回、喇嘛等，其來已久，今無故欲一時改革禁除，不但不能，徒滋紛擾，有是治理乎？」[128] 在這種背景下，伊斯蘭教得到進一步傳播和發展。雍正七年（1729 年）三月，陝西總督岳鐘琪上奏稱：「查編戶之中，有回民一種，其寺皆名禮拜，其人自號教門，飲食衣冠，異於常俗，所到之處，不約而同，其習尚強梁，好為鬥狠，往往一呼百應，聲息相關，直省皆然，秦中尤甚。」雍正皇帝遂於同年四月初七日下諭內閣：「直省各處皆有回民居住，由來已久。其人既為國家之編氓，即俱為國家赤子，原不容以異視之也。數年來屢有人具折密奏『回民自為一教，異言異服，且強悍刁頑，肆為不法，請嚴加懲治約束』等語。朕思回民之有教，乃其先代留遺，家風土俗，亦猶中國人之籍貫不同，嗜好方言亦遂各異。是以回民有禮拜寺之名，有衣服文字之別，要亦從俗從宜各安其習」；「且朝廷一視同仁，回民中拜官受爵、薦登顯秩者嘗不乏人，則其勉修善行守法奉公以為良民者，亦回民之本心也」[129] 等。無不顯示了雍正皇帝對伊斯蘭教的寬容和保護。

乾隆時期，為安撫歸附的維吾爾族首領，清政府召他們及其家眷來京居住，封官授爵。和卓家族的後裔香妃就在這支進京的隊伍中。他們到京後，清政府為他們賜居邸舍，授封官職，香妃的叔叔額色伊被封為輔國公，她的哥哥圖爾都和表兄瑪木特被封為一等臺吉。另外一些部族首領也被封貝勒、臺吉等號。乾隆二十八年（1763 年），維吾爾族伯克霍集斯、霍什克等來京。清政府對兩位伯克賜居邸舍，授封官職。對其餘留住京城的人則「編設佐領」，於長安門西建回子營，修清真寺，並立有石碑。清真寺大殿建築頗具匠心，四面皆走廊，四周各有角亭一座，殿中央隆起形成亭子的樣式，金頂火檐，高起雲湧。其碧色的琉璃瓦和朱色的窗柱相映成趣，極為輝煌。大殿的周圍種植了松柏、柳樹等，每至夏季，綠色蒼蔭，幽靜莊嚴。回子營建成後，兆惠又調來北京城內許多內附的維吾爾百姓，讓他們居住在長安門西，在職位、職業及旅行方面享受與當地人民相同的待遇。這裡逐漸成為維吾爾族穆斯林在北京生活的社區。清真寺建成後，在這裡聚集禮拜的維吾爾族穆斯林，無不歡欣鼓舞。那些入朝覲見的新疆伯克們也均願意在這裡做禮拜，交口稱讚這個清真寺在其故土上也未見過。《中國伊斯蘭教——一個被忽視

的問題》一書中還對乾隆皇帝御書的清真寺碑文內容記載道:「我朝鑒於不同民族按自己不同的方式統治,因此我們始終一貫透過各自的宗教信仰彼此和睦相處。與此相適應,在我們的各種娛樂活動中,我們給你們保留表演走鋼絲的遊藝場所,在皇宮的賓客中,也有那些頭纏白頭巾人們的位置。這樣,誰還能說不合適呢?」在碑記正文之後,乾隆皇帝以幾行四言詩作為結束語:「孰為天方?孰為天堂?花門秘刹(神秘的清真寺),依我宮門。厥城麥加,厥宗默克(穆罕默德)。派哈帕特(祖將經文授信徒),傳依鐵勒(並將經文傳給教法官)。經藏三十,咨以阿渾(授命阿訇)……」[130] 這些記載從一個側面透露了清朝政府對宗教信仰寬容和對伊斯蘭教懷柔的一面。

清朝後期,在北京城維吾爾街區生活的維吾爾族逐漸增多,並開始分散至城內其他地區定居。

同時,清政府對穆斯林上層人士進行拉攏網羅。清朝入關後,向全國廣納人才,不少回民透過科舉考試成為清政府要員。如直隸河間府回民白惺涵,順治六年(1649)進士及第,官至吏部郎中;江蘇仁和縣回民丁澎順治十二年(1655年)進士及第,官至禮部郎中;溧陽回民馬世俊,登順治十八年(1661年)一甲一名進士,官至侍讀學士。康熙對曾在廣西任總兵的穆斯林官員馬雄父子恩寵有加,給予高官厚祿。對投附於清朝的哈密阿奇木伯克穆罕默提夏和加的兒子額貝都拉授予一等扎薩克,編入旗隊。這就是哈密回王的由來。清廷平定南疆後,允許白山、黑山兩派信眾照舊誦經禮拜;服飾、髮型除四品以上伯克可留髮辮外,其餘維吾爾族穆斯林均沿舊俗;伊斯蘭教曆法依舊沿用;和卓的麻扎受到保護;原有伯克官制保留……

在相對寬鬆的伊斯蘭教政策背景下,北京伊斯蘭教和穆斯林獲得穩定的發展,北京的牛街禮拜寺、花市清真寺、三里河清真寺、常營清真寺等在清初都得以翻修和擴建,北京的穆斯林社區也基本定型,並平穩發展。

北京的清真飲食文化

徐燕[131]

目前，學界對清真飲食文化的研究涉及食材、製作方法、飲食禁忌、飲食禮儀、食客關係等諸多方面，幾乎達到了「凡所應有，無所不有」的程度，本文不可能一一涵蓋，因此，只選擇其中的一部分作為文化質點來加以分析研究——重點透過對北京清真飲食的歷史及發展現狀進行梳理，對不同的清真飲食消費者訪談資料進行解讀，指出，北京的清真飲食本身能夠提供的，除了味覺享受之外，還有濃厚的味覺記憶與歷史情懷。但飲食文化本身會隨著場景和賦意的變化而變化，不同身份、角色的人出於不同的原因，或許會有相同的食物選擇，因此，食物及其附帶的飲食行為並不能作為一個特定的外顯標誌，用以界定「我族」與「他族」。

一、何為「清真飲食」

「清真飲食」，指符合伊斯蘭教教義、符合信仰伊斯蘭教少數民族的風俗習慣，並按這種教義和風俗習慣進行生產、加工、經營的食品。[132] 其實，「清真飲食」這一叫法並非阿拉伯語的音譯，也非伊斯蘭教傳入伊始就有，而是中國文化與伊斯蘭教教義長期融合的結果，是中國特有的。阿拉伯語中則把伊斯蘭教食品稱為「哈俩（HALALI）」，該詞借鑑於猶太教的Kosher[133]一詞，意為「合法的」，意指符合伊斯蘭教教法的食品。

公元6世紀，南朝劉義慶的《世說新語》中最早出現了「清真」一詞——「清真寡慾，萬物不能移也」。[134] 這以後，直至清朝，「清真」一詞頻頻出現在文人墨客的詩詞歌賦中，用以表示「純真雅潔、樸素自然」之意。例如，唐代李白《五古·避地司空原言懷》中有「所願得此道，終然保清真」的佳句，用以表達自己素樸淡泊的尚「清」理想；宋代陸游《園中賞梅》中有「閱盡千葩百卉春，此花風味獨清真」的吟誦，用以讚美梅花純潔質樸的品格；清朝薛雪的《一瓢詩話》中有「文貴清真，詩貴平淡」之句，用以表明文章貴在真實自然……自元代起，中國的伊斯蘭教學者及宗教職業者漸漸使用「清」

「真」「淨」等字來形容禮拜寺。[135]明洪武元年（1368年），「清真」被作為一個詞，用以表示與伊斯蘭教有關的事物。[136]明末清初的伊斯蘭教漢學家王岱輿更是在其《正教真詮·清真大學·希真正答》中用「純潔無染之謂清，誠一不二之謂真」[137]的說法，對「清真」一詞進行了純伊斯蘭式的闡釋。隨後，諸多的伊斯蘭教學者紛紛在「清真」一詞的原有詞義基礎上，對其進行伊斯蘭化的闡釋，使其成為中國穆斯林的一個專用術語。據此，在中國，人們將符合伊斯蘭教教義、符合信仰伊斯蘭教少數民族的風俗習慣，並按這種教義和風俗習慣進行生產、加工、經營的食品稱為「清真飲食」。中國的清真飲食，在具備阿拉伯—伊斯蘭飲食文化標準應有因素的同時，也在烹飪技術等方面參照並吸收華夏飲食文化的經驗，從而形成了兼有兩種文化體系的獨特飲食品種，其特點主要體現在嚴格的禁忌性、歷史的悠久性、鮮明的地域性、品種的多樣性和食用的廣泛性等方面。

二、北京清真飲食的發展歷史與現狀

1. 歷史脈絡

通常意義上的「北京菜」實際上由山東菜、清真菜和宮廷官府菜三部分構成。清真菜作為北京菜中舉足輕重的一部分，其歷史非常悠久。本文對北京清真菜的歷史發展脈絡進行了大致梳理，如表1所示：

二、北京清真飲食的發展歷史與現狀

表1　北京清真菜的歷史發展脈絡

唐代	唐永徽二年（651年），第一个阿拉伯使者会见唐高宗，打开双方互通有无的大门。此后，大批阿拉伯商人到中国经营各类生意，并带来了茴香、肉桂等香料，极大地丰富了中国烹饪"以味为核心"的内涵
北宋	沈括的《梦溪笔谈》[1]中首次出现"回回"一词，泛指信奉伊斯兰教的穆斯林
元朝	据胡振华主编的《中国回族》[2]一书介绍，这一时期，回回大量涌入北京，故后人有"元时回回遍天下"之说；至元年间出版的《居家必用事类全集》[3]中有"清真菜"之记载；元代忽思慧所著的《饮膳正要》[4]中载有克儿匹刺、秃秃麻食等清真菜肴，但其烹饪方法较多地保留了西域特色；元末，大量的穆斯林聚居区形成，并出现了作为单一民族共同体的回族
明朝	北京清真饮食的专业厨行大约正式形成于明代。相传，永乐年间，人称"厨子梁"的梁姓回族厨师因厨艺精湛深得皇帝赏识，被赐为"大顺堂梁"，其门下弟子众多，⑤至今已历经20几代人，这些回族名厨为北京清真菜肴的发展做出了重要的贡献
清中后期	推行民族歧视和民族压迫政策，"以回制回""剿抚并施"，使得北京清真餐饮业的发展进入了前所未有的低迷期
清末民初	北京的政治、经济状况发生很大的变化，清真餐饮业有了很大发展，如著名的清真老字号"西来顺""鸿宾楼""东来顺"等都是这一时期兴办起来的。当时，清真饭庄分为东西两派，东派重传统，以白魁老号饭店的烧全羊等为代表；西派重创新，吸取了南方菜肴的风味，以西来顺的清真小炒等为代表
民国时期	1928年，政治中心南移，经济一片萧条，北京的高档清真饭庄也日渐衰败，不过一些清真风味小吃店却得以幸免。此时，清真菜已经成为非常完善的餐饮风味，是京式菜系重要的一支
1952年	北京的高、中、低档清真餐饮店全面恢复到正常经营水平
1956年底	对清真小吃店进行调整改组，实行公私合营，最终合并为校场口小吃店、大栅栏小吃店、南来顺小吃店等17个规模较大的清真小吃店
1958年	受"左"的思想影响，北京市的清真餐饮店有的被迫更改名称，⑥有的被拆除。一些单位合并了回汉食堂，甚至将回族厨师调去做汉族饭菜，从而导致北京市的清真网点大大减少，供应能力严重不足

①參考（宋）沈括著，侯真平校：《夢溪筆談》，岳麓書社，2002年。

②參考胡振華：《中國回族》，寧夏人民出版社，1993年。

③參考（元）無名氏編，邱龐同譯註：《居家必用事類全集》，中國商業出版社，1986年。

④參考（元）忽思慧著，劉正書校：《飲膳正要》，人民衛生出版社，1986年。

⑤如阜成門外的「廚子魏」、德勝門外的「廚子金」、崇文門的「廚子鮑」、朝陽門的「廚子黑」等均為其門下弟子。

⑥如清真老字號「東來順」被迫改名為「民族飯莊」。

1961年	中央全面糾正「左」的錯誤，北京市為解決清真網點供應能力嚴重不足的問題，採取措施增加網點，使得全市的清真餐飲網點有一定程度的恢復
1962年	北京市政府根據全國民族工作會議精神，注重民族特點和民族差別，強調民族政策的貫徹執行，陸續恢復了一些清真網點，停止讓回族廚師做漢族飯菜
「文革」期間	清真餐飲店被指責為「為資本主義老爺服務」，北京市的清真餐飲店或被關庭，或被要求減少風味菜餚，從而導致全市清真餐飲業的發展再度遭受嚴重挫折
1978年	十一屆三中全會後，隨著各項民族政策的恢復與落實，北京市的清真餐飲業也重新迎來了發展的春天
1991年	北京市成立了全國首家專營清真肉食品的公司，該公司所擁有的現代化清真冷庫達1.5萬噸儲量，保障了全市清真肉食品的供應
1992年	「文革」期間遭到關停的清真老字號店均得以恢復。同時，北京市第一家專營清真肉食品的大型批發市場開業，這為北京清真餐飲業的發展提供了平台與契機
1993年	北京市民委指出改革開放以來，全市清真飲副食網點增長了4.06倍，遍布17個區縣，已形成產、供、銷緊密結合的清真飲副食網路
1999年	北京市第十一屆人民代表大會常務委員會第六次會議通過《北京市少數民族權益保障條例》，並於1999年1月1日起施行，從而更好地保障了北京市清真飲副食品的供應

由表1可以看到，清真飲食在北京的發展經歷了一個漫長而艱辛的過程。正是經過如此經年累月的發展，才逐漸形成了今日集質地脆嫩、口味醇厚、汁濃不膩、原汁原味等諸優點於一體的北京清真菜系。北京的清真菜以炸、熘、爆、炒、扒等烹飪技法為主，其食材的搭配和烹調方法的選擇融為一體，其中譽滿四海、名揚五湖的名菜有炸卷果、它似蜜、炒咯吱、燒四寶、雞皮燒魚肚、油爆肚領等。由於北京得天獨厚的地緣優勢，遼金以來就雲集了天下各方各族人士。因而，多種飲食文化在北京都有所體現，而清真飲食又極善於博采眾長，吸收其他風味菜餚的烹調技法。因此，為適應不同顧客的不同需求，北京的清真菜在傳統清真菜的基礎上兼收並蓄，融匯了九州各地不同風味菜餚之精華：從蘊含著西域風情的油炸饊子，到透露著遊牧民族率真性格的涮羊肉，再到浸透著江南細膩溫情的八寶蓮子粥……可謂包羅萬象；

從講究氣勢排場的全羊宴，到百吃不膩的鍋貼羊雜，再到實惠經濟的焦圈豆汁……可謂應有盡有，可以說，它照顧到了從朱門繡戶到白屋寒門各階層的問顧者，做到了豐儉由人、應付裕如。

2. 發展現狀

據第六次全國人口普查的數據顯示，北京市有清真飲食習慣的少數民族約 25.6 萬人，主要分佈在教子胡同、馬甸、大興、密雲等 16 個區縣。[138] 作為中國的首都、政治中心、文化中心，每年有許多全國性的政治、經濟、文化活動會在北京舉辦，這些活動都有力地促進了北京餐飲業的發展。而且，作為中國吸納遊客最多的旅遊城市之一，北京的餐飲業也因旅遊業而受惠。此外，隨著中國國際地位的提高，北京作為中國的國際交往中心，設有越來越多的外國大使館、跨國公司總部、分支機構或駐京辦事處等。其中，以伊斯蘭教為主要信仰的國家就多達 40 多個。這些國際交流和商務往來的不斷升溫，刺激著北京餐飲業的迅速發展，從而形成了非常可觀的消費空間。僅《北京餐館指南》[139]《中國清真美食地圖》[140]《中華老字號》[141] 等書中收錄的清真餐館就多達 500 多家。其中，一些「老字號」的清真餐飲企業深受顧客的喜愛，如：

被譽為「京城清真餐飲第一樓」的鴻賓樓飯莊，創建於 1853 年，現有員工 100 多人，占地面積 2000 多平方米，共 3 層，16 個單間。菜餚多達數百種，其中頗具代表性的有「雞茸魚翅」「濃湯魚翅」「砂鍋羊頭」「白蹦魚丁」「紅燒牛尾」「玉米全燴」「烤羊脊」「燒蹄皇」「扒駝掌」等。

極負盛譽的清真名店「東來順」，最初由丁德山兄弟手推小車在北京第一批開闢的市場——東安市場北門擺攤叫賣豆汁、扒糕等清真小吃。後來，兄弟二人在一間小木棚內掛牌開店，取名「東來順粥鋪」，主要經營豆汁、餡餅、羊雜等小吃。1912 年，東安市場失火，木棚被焚。待到市場重建後，丁德山兄弟在原來的地方建了 3 間瓦房，重新開店經營，改招牌為「東來順羊肉館」，專營涮肉。20 世紀 20 年代，東來順進行改革，不僅改善了涮羊肉的炊具，還主推「選料精、加工細、佐料全」的特色，從而成為北京城內

首屈一指的涮羊肉名店。建店100多年來，東來順接待了大批慕名而來的中外食客，如美國原國務卿亨利·阿爾弗雷德·基辛格等，都品嚐過這裡的美味。

創建於1930年的西來順飯莊，被譽為西派清真菜的代表，主營清真炒菜，擅長熘、爆、炒、燒，以清淡、鮮嫩、質優著稱。其創始人儲祥，號稱「清真第一灶」，不僅精於廚藝，還十分擅長創研新菜品，如「紅燒魚翅」「鍋塌香椿豆腐」等口碑菜就是他結合清真菜的食材與魯菜的烹飪技法製作而成的。作為北京市旅遊用餐的定點單位，該飯莊每年會接待成千上萬的遊客用餐，其招牌菜有「燈籠雞」「雀窩蝦」「馬連良鴨子」等，其中「清真烤鴨」「香辣雞丁」曾在第五屆世界烹飪大賽上獲得金獎。2007年，國家商務部重新認定西來順為「中華老字號」。

同為清真老字號的「南來順」，則以傳統的清真面點、小吃而聞名。南來順的清真小吃，不僅價廉物美，花樣繁多，還充分突出了「講究」的宗旨。這種講究使其店內的清真小吃處處體現出一種「精」：原料精選，加工精細，外觀精緻，口味精到。如「清真爆肚」雖名為一類，實則會把牛羊的胃再細分成肚領、百葉、食信、肚板、散丹、蘑菇頭等十幾個品種，不同的品種會對應不同的刀工——寸段、薄片、骨牌塊、韭菜絲等。只有依據顧客的點餐要求選擇最合適的品種及刀工，才能真正做出符號顧客口味的佳品。正是因為南來順對每一個環節都關注和「講究」，才使得這裡每天都賓客盈門，座無虛席。

「又一順」是北京又一大著名清真餐飲店，創建於1948年，集東派的涮肉（以東來順為代表）與西派的小炒（以西來順為代表）於一體，獨樹一幟，其特色菜餚包括「滑洋四寶」「它似蜜」「香辣羊排」「醋熘木須」「夏果蝦球等」。2005年，該飯莊經過整修改造後可同時容納300多人用餐。2006年，被重新認定為「中華老字號」。

與鴻賓樓、又一順、民族宮清真餐廳並稱為「西城清真四杰」的清真老字號「烤肉宛」，創建於1686年。該店的第一塊匾額由溥儒[142]親題。相傳，齊白石、張大千、梅蘭芳等藝術大師都曾是這裡的常客。「文革」時期，烤肉宛被迫改名為「牧平烤肉店」，「文革」後恢復老字號。

二、北京清真飲食的發展歷史與現狀

創建於 1785 年的壹條龍飯莊，迄今已有 200 多年的發展歷史。該飯莊原名「南恆順羊肉館」，1897 年的一天光緒皇帝曾到此吃涮肉，此後人們便稱該飯莊為「壹條龍」[143]。由於當時隨便稱「龍」是有罪的，因而直到 1921 年該飯莊才正式掛出了「壹條龍羊肉館」的匾額。該店一直沿用著銅火鍋的傳統吃法，因而被稱為「正宗京城涮羊肉」。2006 年，被首批認定為「中華老字號」。

……

除了上述這些老字號外，北京的中低檔清真餐飲店還有很多。比如，就清真小吃而言，不僅在「南來順」等老字號店有供應，在很多個體經營的清真小吃坊也有供應，如「豆汁張」家的豆汁、「餡餅周」家的餡餅、「穆柯寨」家的炒疙瘩等都遠近聞名。這些小吃，都是經營者們在當時物質極其匱乏的條件下，充分發揮創造性將各類食材「物盡其用」製作而成的。可以說，在那個三餐並不豐富的年代，種類繁多、味美價廉的清真小吃成為人們日常生活必不可少的「調味劑」。

在過去，北京餐飲業被稱為「勤行」，「勤行」除了包括上述各種高、中、低檔的實體餐飲店外，還包括一種專門承辦民間宴席的「廚行」。當時，北京城內並不缺乏好的清真餐飲店，可解放前有一規矩：清真飯館只應散客，不接宴席，婚喪嫁娶的流水席要由當時北京城內的二三十家廚行世家承辦，這些廚行世家主要分佈在牛街、德勝門、王府井等地。廚行都沒有實體店面，而是在辦事人的家裡露天搭建簡易帳篷，應辦事人之需擺出幾桌到幾十桌不等的席面。當時廚行界有一行規，叫「不串片兒」：牛街的廚子不往北，德勝門的廚子不往南，各處的廚子不輕易跨區做買賣。一般而言，每個廚行的常備菜點有 150 道左右，這些菜點全靠廚行世代口耳相傳，強記硬背。

由於清真菜在用料做法上有很多的禁忌要求，因此，這種流動家宴對主廚的考驗很大，從訂料備料到砌灶烹飪，主廚事必躬親。一般而言，清真宴上的菜品上桌順序依次是「壓桌」「扣菜」「湯菜」「炒菜」。「壓桌」一般以面點、風味小吃為主，會提前預備好，以便為後面烹菜節約時間；「扣菜」就是從籠屜裡蒸出來的菜，要求蒸出來扣到盤子裡時必須出湯，然後在

上面澆一層汁上桌;「湯菜」一般要在鍋裡燉熟,然後連湯帶菜一起上桌;「炒菜」可謂「五花八門」「花樣繁多」,一起宴席至少要做4～6樣菜,會根據主人的不同要求、不同季節的時令蔬菜進行選擇配菜。比如,光是牛肉一種材料就有很多種做法,如「番茄牛肉」「紅蒸牛肉」「燉肉」「孜然牛肉」「醬牛肉」等10多種。「炒菜」對於時間的限制要求非常嚴格,一般要求3分鐘就要出道菜,因為與很多大棚宴席不同,清真宴席要求上菜快、吃飯時間短。

從落座到起座,一起清真宴就只有20多分鐘,這一撥人吃完,緊接著就要換下一撥人。一起宴席一般要上二三十道菜,主廚要連續做出蒸、燉、炸、扣、炒等菜品,幾乎連說話的時間都沒有。如果要同時開10桌以上的宴席,對菜量的要求還很大。所以,需要廚師準備充分且精神集中,否則是無法應對的。[144]

隨著社會的變遷,城市裡的平房大院越來越少,各類大型的清真餐飲店紛紛辦起了酒席,北京的「廚行」日漸式微,如今只留下了「廚子舍」一家。為了保留這門手藝,廚子舍被評為「非物質文化遺產」後,其第五代傳人舍增泰收了女兒和侄子為徒,想要培養「廚子舍」第六代傳人。但是,畢竟如今家庭結構發生了很大的變化,人們的思想觀念和外界的環境都發生了很大的變化。因此,廚行也許不會再恢復昔日的盛景,也許最終將歸為一份珍貴的平民記憶,但是這不影響廚行曾經的輝煌,也不影響人們對其背後蘊含的行業精神及平民文化的認同。而這種精神與文化內質是可以透過人們的情感共鳴,滲透在社會和日常生活之中,從而被代代相傳的。因此,從這個層面而言,作為行業的廚行衰落了,但是作為北京清真飲食文化和城市文化一部分的廚行文化卻仍然朝氣蓬勃,煥發著生命力。

綜上而言,北京的清真餐飲業發展前景可謂蒸蒸日上,欣欣向榮,但就其發展現狀而言,仍存在著一些問題:

第一,清真餐飲網點少。據統計,目前北京市的清真餐飲網點在北京市政府部門登記的餐飲網點中僅占2%。[145]造成這一局面的原因,除了有市場競爭方面的因素外,還有城市規劃發展方面的因素。在市場競爭方面,一是

外來餐飲業的巨大衝擊。肯德基、麥當勞等洋快餐的大批入駐，使北京的傳統餐飲業面臨著巨大的競爭壓力；二是隨著旅遊業的快速升溫，高級賓館、飯店以全新的星級服務和配套的中、西餐供應，對北京的傳統餐飲業形成了一定的衝擊；三是魯、川、蘇、粵、閩、浙、湘、徽八大菜系及內蒙古、西藏、延邊等地一些具有地域特色和民族特色的餐飲行業聲勢浩大地進入北京市場，爭奪擠壓著北京傳統餐飲業的市場份額，對久據京都的清真餐飲業形成不可小覷的壓力。在城市規劃發展方面，北京市舊城區的改造對清真餐飲業的發展造成了巨大衝擊——由於歷史原因，北京的清真餐飲門店大都集中在舊城區，舊城區的大規模改造使得許多清真餐飲店業不得不搬離這些地段較好的地區，有些僥倖留在原地的餐廳，也不得不從臨街的門面房搬遷至樓上，從而對其發展造成了一定影響。

第二，缺乏固有的文化內涵。現代消費者追求的不只是菜餚的口味，更是符合自身情感、體現自身文化品位的個性服務。面對競爭日趨激烈的北京餐飲市場，餐飲企業若想立足其中，就不僅要注重提升特色、價格、服務等方面的競爭力，還要營造富有內涵的企業品牌文化，從而為消費者提供兼具質量、衛生、情感及品位於一體的餐飲服務。近些年，北京清真餐飲業在外部裝修和內部陳設等方面確實下了不少功夫，但仍舊缺少一些清真菜餚固有的文化內涵。因此，若想擁有持久的生命力，清真餐飲界應真正領悟「清真」二字的內涵，樹立以品牌文化為主的觀念，將菜餚的形、色、味與北京清真飲食的文化特性聯繫起來，使顧客在品嚐清真菜餚的同時，能夠透過菜點與服務領略到獨特的回坊風情，感受到特色的清真文化。

第三，中低檔清真餐飲店的經營規模小，硬件設施不足。價廉物美是中低檔清真餐飲店的傳統優勢，但在留有傳統優勢和鮮明特色的同時，北京市現有很多中低檔清真餐飲店的硬件設施非常不足。這些餐飲店多由個體戶經營，店面其實就是經營者自建或租用的一兩間房屋，不但就餐環境過於簡陋，而且設施也比較落後。因此，在日趨激烈的市場競爭中，這些中低檔清真餐飲店很難擴大經營，只能勉強維持現狀。另外，因為大多數經營者篤信伊斯蘭教「放棄余欠的重利」[146]的信條，基本上不從銀行借貸款項，都是從親

朋好友中拆借資金，因而融資非常困難，這也是大多數中低檔清真餐飲店長期處於小規模經營的一個重要因素。

第四，清真不「清」。在2011年下半年，北京市民族事務委員會同北京市統計局、財政局等多家部門，對全市範圍內的清真餐飲副食網點進行了檢查，檢查中發現了一些「問題清真」店：一些無清真食品飲食習慣的業主，在未申辦清真許可證的情況下，擅自懸掛上了「清真」標誌，實際經營中採買不嚴，原料混裝；部分清真餐廳中具有清真食品飲食習慣的少數民族職工比例偏低，有的嚴重不足，使監督失效；個別經營者以非清真食品冒充清真食品；有的清真飯館雖已辦了清真許可證，但原來辦證的主人所提供的穆斯林員工均已不在崗；有的穆斯林居民用自己的身份證、照片申請辦理清真許可證，然後交給漢族經營者使用……之所以出現上述這些清真不「清」的現象，主要原因有以下幾個方面：第一，清真食品的「清真」，體現在屠宰、採購、加工、銷售等多個環節上，但部分經營者過分追求經濟利益，忽略了這些環節；第二，經濟活動不是孤立的，而是嵌入於一定的制度中的，「經濟的假設、規則和理性化是受文化的限制和塑造的」。[147] 但是，目前涉及清真食品管理方面的法律條文還很缺乏，相關的執法機構由於沒有具體的法律條文作依據，在執法檢查中無法介入，形成管理真空，這些都很不利於北京清真餐飲業的健康發展。

此外，「一元為主，多元共存」「你中有我，我中有你」是餐飲業發展的必然趨勢，在這樣的大背景下，如何在秉持自身優勢與特色的同時，實現推陳出新，增強品牌的擴張性，這也是清真餐飲業在發展過程中必須要考量和解決的難題。

三、結語

在西方，運用人類學、民族學等學科的理論方法對飲食文化進行研究已近百年，無論是古典進化論、結構主義，還是比較像徵論、文化唯物論，都曾有學者從各自的理論角度出發對飲食文化進行過研究，但也僅僅是一些有益的嘗試和探討，並未建立起完善的理論體系，在具體的個案研究方面仍存

三、結語

在著諸多不足；在中國，學者對飲食文化的研究可以說略早於西方，清初傑出的伊斯蘭學者劉智就曾從宗教的角度對穆斯林的禁食體系進行過較為系統的研究。但像劉智所作的這類具有一定理論取向的研究，在以後的中國飲食文化研究中並未得到進一步的深化。就現有的研究成果而言，絕大多數中國學者都把關注的焦點放在了對飲食文化的靜態描述和資料介紹上，對其背後的象徵意涵[148]及理論取向涉及較少。

曾有很多學者主張，飲食文化可以作為一個界定「我族」與「他族」的外顯標誌。但透過本次調研，筆者認為，飲食文化實際上會隨著場景和賦意的變化而變化，不能固定為一個民族或者族群區別於他族的外顯標誌。在調研過程中，筆者曾對一些清真餐廳的消費者進行過訪談，訪談內容涉及對清真飲食的認識、對清真食品選材的看法、選擇清真餐館的原因等方面。透過對訪談結果的整理，筆者認為大致可以將這些被訪者分為三大類，即穆斯林、民族信仰者和普通居民（非穆斯林，亦非民族信仰者）。

「穆斯林」是指順服阿拉的人，他們的宗教信仰程度最高，屬於制度化的宗教信仰者。他們熟讀《古蘭經》和各種聖訓，並將其中的教導躬行於實踐，表現在日常生活的各個方面。他們最顯著的特點是要嚴格遵行伊斯蘭教的五功，即念、禮、齋、課、朝；「民族信仰者」是指雖然遵循清真飲食規則、認同清真飲食文化，但並不信仰伊斯蘭教，不是真正意義上的穆斯林。在中國，遵循清真飲食規則、認同清真飲食文化的民族共有 10 個，[149]但並非這些民族所有的人都信仰伊斯蘭教。正如白壽彝先生所言：「一個穆斯林，可能是回族人，也可能不是回族人。一個回回，很可能是穆斯林，但也不一定就是穆斯林。」[150]與穆斯林相比，這些民族信仰者對清真飲食規則的遵循，更多源於其對本民族的熱愛和對本民族風俗習慣的尊重與傳承，而非源自對伊斯蘭教教義的實踐。對於第三種人——普通居民而言，他們對清真飲食的選擇，無關乎宗教，亦無關乎民族。他們選擇清真飲食，或出於地緣因素的考量，或認為清真飲食的衛生條件更好，或因為更喜歡清真飲食的味道。這裡由於篇幅所限，筆者只擷取三類被訪者中較有代表性的訪談片段：

（MYS，北京市民，36歲，回族，穆斯林）清真食品是符合聖經規定的食品。我們之所以不吃大肉，也是出於聖經的旨意，要嚴格修煉自己的身心，保持純淨。[151]

　　（ZBN，在京學生，20歲，哈薩克族，民族信仰者）供應清真飲食的餐館，一般都會帶有星月標誌。我們不吃大肉，因為我們民族的飲食習慣一直就是這樣的。[152]

　　（GX，北京市民，56歲，漢族，普通居民）我經常到清真餐館吃飯，我覺得清真食品的味道很特別，很好吃啊，而且清真餐館相對而言比較干淨、講衛生，所以到清真餐館吃飯我比較放心。很多老北京買小吃什麼的，都會囑咐小孩子：「記得要買清真的喲！」很多清真餐館都傳了好幾代人，從來不以次充好或者偷工減料，比較講究口碑。[153]

　　由此可見，飲食文化其實是主體藉以表達個人心理意願的媒介和載體，它把人們內在的各種觀念意識和心理狀態加以濃縮，透過一定的飲食行為加以凸顯，其實是個體人格特徵的外化與表露。飲食文化作為主體傳遞訊息的媒介，分別由食物、食用器具和飲食行為三種基本的要素構成。其中食物和飲食器具都是物化的符號形式，它們在各種特定的時間和場合中經過人們的想像而變成負載有訊息密碼的特殊實體。飲食行為則是人們利用食物和飲食器具來傳遞訊息的中介性行為，正是因為有人們的這種飲食行為，食物和器具等物質實體才可能變得具有人性，並成為主體表達觀念意識和心理狀態的重要媒介或載體。也正因為食用者的主體性觀念意識和心理狀態，導致了飲食文化的流動性，使其不能固定為一個民族或者族群區別於他族的標誌。很多人將慣用清真飲食作為區別「穆斯林」與「非穆斯林」的外顯標誌，但實際上，如前文所述，穆斯林、民族信仰者、普通居民均會出於對角色、身份、利益等因素的考慮，而將食用清真飲食作為日常生活的常態，從而使得「慣用清真飲食」這一行為具有兩可性，失去對「穆斯林」與「非穆斯林」進行分界的意義。因此，不同身份、角色的人出於不同的原因，或許會有著相同的食物選擇，食物及其附帶的飲食行為只能被視為是主體表達觀念意識和心

三、結語

理狀態的重要媒介或載體,而非將「我族」與「他族」進行區別的特定外顯標誌。

除了味覺享受之外,北京的清真飲食本身能夠提供的,還有濃厚的味覺記憶與歷史情懷。在調研過程中,筆者曾就「社會發展中廚行越來越淡出市場」的問題及「城市規劃發展造成的清真老字號被迫搬遷」等問題採訪過附近居民。就「廚行」這個問題而言,很多與廚行打過交道的老北京,如今還唸著廚行的好呢:

(MTY,北京市民,57歲)廚行做的東西吧,本味兒、講究,不像現在的好多飯館,做飯都是重油、重辣調味道,廚行做東西就講究能吃出食材本身的香味,那種香味你要是吃過一次,你就忘不了了,就還想再吃第二次、第三次。[154]

(CJZ,北京市民,68歲)好多人對廚行吧,有偏見,覺得廚行就愛跟有錢人打交道,其實根本就不是那麼回事兒。我當年結婚那酒席,就是請廚行給辦的,當時我手裡沒多少錢,但是得結婚吶,沒辦法,只能跟人廚行的說實話,求求情啊。人家二話沒說就答應了,到處幫我賒肉賒調料,幫我籌劃,愣是把這酒席給辦下來了。人家這份情,我這輩子都忘不了,到現在我都唸著人家的好呢。[155]

但也有很多人對所謂的「廚行」非常陌生,表示沒有吃過私家流動宴席,也沒有見過這種場面。

而在談到清真餐飲店被迫搬遷的問題時,很多人談及,清真餐飲店的被迫搬遷,確實給他們的生活帶來不便,使得他們不得不費一番周折、花一番工夫才能重新找到。而當筆者問及為什麼即使需要費周折、花工夫才能找到,也還是要找這些老字號時,大部分人表示,到這些常去的老字號吃飯,已不僅僅是為了滿足食慾,更是出於一種記憶,一種情懷:

(LCX,北京市民,51歲)這些老字號算是北京清真味兒保留得比較好的地方了,要是把這些老字號都拆完了,你上哪兒找那麼濃的清真味兒去?社會得進步,城市得發展,這是沒辦法的事。但發展城市把特色都拆沒了,

215

這也是不對的啊。這些老字號也是北京的過去啊，你拆掉了可以重建，建些仿古的，什麼小吃街之類的，但那樣有什麼意義呢？就好像護國寺小吃，我知道它是老北京的傳統小吃，所以樂意吃它。如果你給我換了漢堡或者薯條，或者烤串什麼的，對我而言，意義就不一樣了，可能我就不願意吃它了。[156]

(WY，北京市民，38歲) 北京的老字號原來不少的，我感覺這些店保留著還挺有意義的。我經常和朋友去外地玩，好多品牌別的地方也都有，你有的別人也有，都是大同小異的，這有什麼意思呢？但是如果我們有的別人沒有，這就是我們北京特別的地方啊！[157]

(JGD，北京市民，64歲) 人家都說咱北京是「歷史古都」，你今天拆個老店，明天遷個舊址，到頭來要是搞得「歷史古都」都沒歷史了，看你還發展個啥？[158]

「清真餐飲」看似是一份被經營的生意，但在這生意裡浸潤著的，卻是滿滿的人情，而用這「人情」創造與書寫出來的，則是城市歷史與城市文化。北京的清真飲食是北京城市歷史的一部分，也是城市文化延續和發展的一部分——富有特色的北京清真飲食在過去被創造出來，然後透過所用食材和製作技藝的傳承而得以保留，這其中所蘊含的智慧與精神透過人為的力量得以傳遞，從而激起人們的情感共鳴。在經歷了諸多歷史變遷之後，仍然能夠擁有著鮮活的生命力，其中一個原因就在於，清真餐飲既有經營者踏踏實實經營所獲得的人氣，也有因為這清真飲食而聯結的人際與人情。憑藉這一以清真飲食為紐帶聯結而成的人際網，就可以形成一份城市的味覺地圖，豐滿著城市的歷史。清真飲食應城市和時代所需而生，並跟隨社會歷史的發展不斷自我流變，最終凝固成城市場景的一部分，融入居民的生活，透射出生活於這座城市的清真食客們的審美情趣和生活習慣，也折射出這座城市的文化精神與氣質。因而，城市的味覺地圖不僅展現著不同個體的記憶，也呈現著具體的城市歷史記憶。人們對食物的期待除了口腹之欲之外，也賦予了諸多的主體性觀念意識和心理狀態。因此，當一些「老字號」因城市發展規劃等原因被迫搬遷時，很多人寧願費一些周折、花一番工夫，也要重新找到這些「老字號」。因為，這些「老字號」不僅僅滿足了食客們的食慾，也能夠幫助人

們重新找回對於城市的味覺記憶，使他們安心地融入城市生活，找回原有的食客人際關係等。也正因為如此，當昔日風靡一時的廚行在社會變遷與城市發展的歷程中，不可避免地走向衰微時，會有那麼多「老北京」感到不捨與難過。或許，約翰·S·艾倫說得沒錯：「無需生活在食物匱乏狀態下的人是幸運的，對他們而言，簡簡單單的食物就是潛在的美好回憶的來源。應當謹記，各種力量，個體的、集體的，都參與塑造我們與食物相關的記憶。或許這樣能幫助我們把糟糕的事拋在一邊，而創造更多關於美食和美好時光的記憶。」[159]

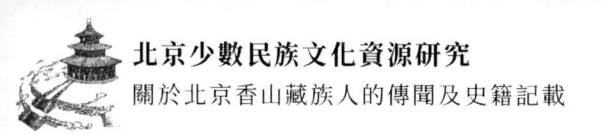

三、結語

關於北京香山藏族人的傳聞及史籍記載

陳慶英 [160]

  10 年前，筆者在中央民族學院曾聽到關於北京香山藏族人的傳聞。據說 20 世紀 70 年代初，中國煤礦文工團的兩位同志在西山一帶采風時，發現紅旗村、正白旗村有些農民會唱一種與北京地區民歌迥異的歌曲，歌詞亦非漢語，詢問其含義，則說是祖上傳下來的，現在無人懂得；問其祖上來歷，也說不清楚，有的說原是南方的苗族，與清朝打仗，戰敗被俘而來，有的人過年節要專門進宮表演民族歌舞，所以南方的民歌保留下來了，但現在都使用漢語了，所以無人知道歌詞內容了。煤礦文工團的同志將他們唱的歌曲錄了音，到中央民族學院遍詢從南方來的各族師生，期望能確定這種歌曲究竟是屬於什麼民族的。正好有西南民族學院的贊拉‧阿旺同志，是四川小金川地區（今小金縣）人，當時在中央民族學院古藏文專業進修班攻讀，他鑒別出這種歌曲應是四川金川地區藏族的歌曲。此後，中央民族學院部分藏族師生曾到紅旗村一帶調查訪問，瞭解更多的情況，認為當地有一部分農民是從金川遷來的藏族人的後裔，大約是清代乾隆年間兩次平定金川時有一部分藏族被俘，被遷來此處定居。從當地附近山上建有金川藏族風行的石碉房，可以得到佐證。但是由於沒有找到直接的文字資料證明，當地的人又堅持其祖先是南方的苗族，所以這一問題未能最終解決，許多疑問有待進一步探討。

  《西藏研究》1982 年第 1 期發表了中國社會科學院民族研究所黃顥先生的《略述北京地區的西藏文物》一文，在介紹護國寺、白塔寺、五塔寺、嵩祝寺、雍和宮、黃寺、香山昭廟之後，作者指出：

  總之，北京地區有關藏族的文物古蹟甚多，除去上述主要者外，還有一些值得進一步探討的文物古蹟。例如：房山縣上方山兜率寺及其所藏藏文佛經；西山紅旗村實勝寺有關金川事件的四體文《御製實勝寺碑》，西山紅旗村演武廳及正白旗村附近山上建有金川藏族所修的清代藏式石碉房為攻打金

川練兵之用；故宮雨花閣供奉的西藏佛像及其藏式裝飾；故宮明清檔案館所藏的歷代達賴、班禪向清朝皇帝呈進的大量藏文書信奏摺；中南海紫光閣所繪的金川戰圖及功臣像；頤和園後山香岩宗印之閣附近的藏式紅臺建築及碉房、佛塔；順治、乾隆兩帝分別宴請過五世達賴和六世班禪的南苑德勝寺；朝陽門內祿米倉以刊印漢藏文對照的西藏密宗圖書聞名的密宗院等。

近年來，他發表了研究南苑德勝寺、密雲番字牌村、法海寺的文章，但研究實勝寺及藏式碉房的文章還未見發表。去年，西藏文獻資料叢刊出版了張羽新先生編的《清代喇嘛教碑文》，在《實勝寺碑記》的註釋中對香山藏族碉房的來歷、健銳雲梯營的訓練及實勝寺的修建作了說明，由於篇幅所限，沒有展開考證，加以這一問題本來就比較複雜，註釋中的說明還有許多值得補充和探討之處（詳說見後）。筆者對香山藏族碉房這一問題也很有興趣，近年來在工作中注意收集這方面的資料，對香山藏族人的來歷問題形成了一些粗淺的看法，故在張羽新先生的註釋的基礎上加以發揮，整理成文，不當之處，尚祈指正。

一

《清代喇嘛教碑文》所收乾隆御製《實勝寺碑記》及編者所加註釋如下：

去歲夏，視師金川者久而弗告其功，且苦酋之恃其碉也，則創為以碉攻碉之說，將築碉焉。朕謂攻碉已下策，今乃命攻碉者而為之築碉，是所謂借寇兵而資盜糧者，全無策矣，為之憮然。因憶敬觀列朝實錄，開國之初，我旗人躡雲梯、肉搏而登城者不可屈數，以此攻碉，何碉弗克？今之人猶昔之人也，則命於西山之麓，設為石碉也，而簡飛之士以習之。未逾月，得精其技者二千人，更命大學士忠勇公傅恆為經略，統之以行，且厚集諸路之師，期必濟厥事。賴天之佑，大功以成。此固經略智勇克兼，用揚我武，酋長畏威懷德，厥角請命。是以敵忾以往者，率中道而歸，竊恨未施其長技，有餘怒焉。記不云乎：「反本修古，不忘其初。」雲梯之習，猶是志也。而即以成功，則是地者，豈非綏靖之先聲、繼武之昭度哉？因命擇向庀材，建寺於碉之側，名之曰「實勝」。夫已習之藝不可廢，已奏之績不可忘。於是合成

功之旅，立為健銳雲梯營，並於寺之左右，建屋居之，間亦依山為碉，以肖刮耳勒歪之境。昔我太宗皇帝嘗以偏師破明十三萬眾於松山、杏山之間，歸而建實勝寺於盛京，以紀其烈。夫金川蕞爾窮番，豈明師比。然略昆明而穿池，勝僑如而名子，其識弗忘一也。《漢書》訓碉作雕。碉為石室，而雕則若雕鶚之棲雲者，皆非是。蓋西南夷語，彼中呼樓居，其音為碉雲。

註：乾隆十四年（1749年），清高宗弘曆撰。碑存於北京海澱區實勝寺。

在第一次平定大小金川的戰鬥中（即大金川之役），莎羅奔憑藉山高路險和石碉堡壘，給清軍以大量殺傷。乾隆認為金川「地險碉堅，驟難取勝」，因而參酌清朝入關前與明軍作戰的經驗，「因於京師香山（今北京西郊香山公園附近）設石碉，造雲梯」，「其築碉者，即金川番兵也」（魏源《聖武記》卷七）。乾隆十四年（1749年）第一次金川之役雖然宣告暫停，清政府徹底平定大小金川的打算並未完全放棄。乾隆認為「已習之藝不可廢，已奏之績不可忘」，乃命將俘獲的一部分大金川士兵和工匠在香山附近舊有碉堡的基礎上，仿大、小金川的地形和石碉，再築石碉，組建「健銳雲梯營」，訓練山地攻碉部隊。為慶祝大金川之役的勝利，同時也考慮到被俘獲到北京築碉的大金川士兵和工匠的宗教信仰，乾隆命仿清入關前皇太極在瀋陽建實勝寺的先例，於香山石碉群旁建立「實勝寺」，並親制此碑文以為紀念。

可見註釋者認為：其一，在大金川之役進行過程中，乾隆帝即已在香山設碉練兵，築碉者為金川番兵。其二，1749年，大金川之役宣告暫停，乾隆帝命將俘獲的部分金川士兵再築石碉，組建健銳雲梯營。其三，為慶祝大金川之役的勝利，同時考慮築碉金川士兵的宗教信仰，建立實勝寺。對此幾點需作如下補充。

清朝認識川西藏族的碉房在戰爭中的作用，並不始自大金川之役。乾隆十年至十一年（1745—1746）清朝用兵瞻對，已知藏族戰碉難攻，川陝總督慶復在疏陳瞻對善後事宜時就說：「西番壘石為房，其高大僅堪棲止者，曰住碉，其重重槍眼，高至七八層者，曰戰碉。各土司類然，而瞻對戰碉為甚。請每年令統轄土司，差土目分段稽查，酌量拆毀。嗣後新建碉樓，毋得過三層以上，仍令每年終出具印結存案。」在大金川之役中，金川的戰碉更使清

軍損兵折將，寸步難進，清軍將帥一籌莫展。乾隆十三年（1748年）二月川陝總督張廣泗奏報：「上年因賊碉險固，一切攻碉之法，如穿鑿牆孔以施火球，及積薪牆外圍焚，賊皆防禦嚴密，不能近前。彼時缺少大砲，惟掘地穿穴至碉底，多以火藥轟放地雷，即可震塌碉牆。因揀調各廠礦夫，攻取曾達一碉，讵掘成，於穴中聽聞碉內賊聲，以為已到碉底，不意舉發地雷，尚離碉二三丈遠，致未收功。復於木耳金岡之大碉，挖地道已成，令於穴中打通地上一小孔，看明已在碉內，即放火藥轟擊，乃系賊寨東北耳碉，雖經震塌碉頂，西南耳碉，亦衝破一孔，然正中大碉，止搖動而未傾倒。自此賊皆設防，各於碉外周掘深塹，此法不能再施。」外圍戰碉如此難破，使得清軍無法迫近大金川首領莎羅奔等駐守的勒烏圍、刮耳崖。在此情況下，乾隆帝派往金川督師的大學士訥親提出「以碉攻碉」的辦法：「賊番因險砌碉，藏匿其內，故能以少御眾，以逸待勞。今我兵既逼賊碉，自當亦令築碉與之共險，兼示以築室反耕之意，且守碉無須多人，更可餘出漢、土官兵分佈攻擊，似亦因險用險之術。」乾隆帝對訥親的辦法大不以為然，認為：「但攻守異用，彼之築碉以為自守也，我兵自宜決策前進，奮力攻取。且用以破碉之人而令效彼築碉，是亦將為株守之計耶？碉不固，則不足恃，築碉固，則徒勞眾。若以此築碉之力，移之攻取，破彼之碉，以奪其恃，不亦可乎？」訥親提出的是長圍久困的持久作戰的方針，乾隆帝認為如實行這樣的方針，「師老財匱」，兵費至巨，難以負擔，而且「大兵聚久，變患易生。在因原居於無事之時，尚有一夫夜呼，倉卒四起之變，何況軍中親信僅百數十人，此外皆調發客兵及蠻司土卒，本非世受深恩為我心膂，浮寄孤懸，孰無室家鄉里之戀？而勞役不已，奏凱無期，版築方殷，鋒銳莫展，肘腋之慮，良可寒心」，因而斷不可行。但是，乾隆帝也拿不出迅速破碉的辦法，又不願罷兵，最後想出用滿洲兵雲梯登城的辦法來攻取戰碉，正如乾隆十三年（1748年）七月癸卯的上諭中說：「朕意示弱罷兵以逞賊意，斷不可為，而又實無制勝萬里之能，因思滿洲舊有蟻附登城技藝，甚為便捷。因承平日久，未經演習。今已派大臣挑選八旗兵丁數百名，按期操練，務令純熟，將來或可備攻擊碉樓之用。」七月丁醜的上諭又說：「朕現在特派大臣，挑選精壯滿兵三百演習雲梯，即令伊等兼習鳥槍，俟其熟練，臨期再挑選侍衛等於明春帶領前往，以備率

領官兵進攻之用。」由此可見，乾隆帝在香山設碉練兵實開始於乾隆十三年（1748年）七八月間，所練之兵全為滿洲八旗的士兵，第一批為三百人，練習的是以雲梯攻碉之法。至於當時築碉的是否為被俘的「金川士兵」，沒有明確的記載，尚難斷定。七月癸卯的上諭中還說，總兵馬良柱因作戰失敗被解送到京，乾隆帝面訊之後，「並暫留馬良柱於京師，且不問其罪，令其量度賊碉情形，協同演習」。可見當時協助練兵、指示金川戰碉情形的，其實是曾在金川作戰的清軍自己的將領，魏源《聖武記》所說的「其築碉者，即金川番兵也」，是指後面的情形。同年九月己卯乾隆帝的上諭中又說：「朕思我朝滿兵素稱勇敢，身臨行陣，唯有捐軀效命，奮勇先登，從無退縮。若續派滿兵數千前往，必能速奏膚功。現今雖於八旗前鋒護軍內挑兵一千名，操演雲梯，但為數尚少。著再擇漢仗好者一千名，合為二千之數。」幾天之後的十月壬午，「大金川所調滿洲兵五千名，自京起程前赴軍營」。可見乾隆十三年（1748年）七月至九月香山設碉練兵，其實只訓練了雲梯兵一千名，並非乾隆帝《實勝寺碑記》中所說的「未逾月，得精其技者二千人」。

　　乾隆十三年（1748年）十一月，乾隆帝新派的經略大學士傅恆離京出征，次年正月，金川首領莎羅奔、郎卡乞降。乾隆帝看到金川一時難以徹底征服，指示傅恆接受金川投降，班師回朝。此次大金川之役結束，莎羅奔、郎卡仍統大金川，免其赴闕謝恩，更無押解戰俘回朝的記載。甚至莎羅奔、郎卡請求選送番童、番女各十名進京代其服役，也為乾隆帝所拒絕。當時被清軍帶回北京的，只能是個別投降清軍後曾為清軍效力而又不便在原地安置的金川士兵。小金川土司澤旺之弟良爾吉、大小朗素等在清軍占領美諾時投降，但良爾吉私下與大金川聯絡，暗通訊息，泄露軍情，被傅恆在軍中處斬。大朗素及其徒眾被清軍安置在成都喇嘛寺內，不久病死。小朗素在良爾吉被誅後，帶領士兵幫助清軍，頗能出力，四川總督策楞請求將小朗素發往西藏，交予達賴喇嘛，令其仍作番僧，並咨駐藏大臣嚴加約束。乾隆帝認為小朗素是曾經出力之人，不應如此對待，「小朗素無可安插，不若令其來京。如伊願作喇嘛，即令為扎薩克喇嘛。京中廟宇甚多，如章嘉呼圖克圖、噶爾丹錫勒圖呼圖克圖、濟隆呼圖克圖等，不一其人，講習經典，亦屬便易。如願還俗，當授以家室，給以二三品職銜品級，以示優獎。此時策楞等已回成都，可令

其傳喚小朗素到省,即以大學士公傅恆之意,面加詢問,並將已經奏明種種加恩之處,詳悉曉諭。伊若必欲赴藏,則聽其前往,如願來京,著一面奏聞,一面委員護送前來,俾眾土司知曾經出力之人,即蒙特別施恩,優加錄用,庶人心皆思奮勉,是亦鼓勵番眾,永輯邊疆之一策」。經詢問後,小朗素表示願意赴京,清朝派員護送,行至西安患痘症亡故。不過小朗素的隨從,當有被送到北京的。

第一次大金川之役結束後,乾隆帝確實並未完全放棄徹底平定大小金川的打算,他下令在香山練兵的戰碉之側建實勝寺,以紀念平定大金川的勝利,同時將從金川歸來的習雲梯的滿族士兵組成「健銳雲梯營」,在實勝寺的左右建屋居住,「間亦依山為碉,以肖刮耳勒歪之境」。也即是修建金川式的戰碉,模擬金川首領居住的刮耳崖、勒烏圍的自然環境,供兵士演練。此時,確實有投降的金川士兵及工匠參加築碉工作,並依附於健銳雲梯營居住。《日下舊聞考》卷七十三錄有《乾隆十五年(1750年)御製賜健銳雲梯營軍士食即席得句(有序)》一詩:「朕於實勝寺旁造室廬,以居雲梯軍士,命之曰健銳雲梯營,室成居定。茲臨香山之便,因賜以食。是營皆去歲金川成功之旅,適金川降虜及臨陣俘番習工築者數人,令附居營側,是日並列眾末,俾予惠焉。猶憶前冬月,雲梯始習諸。功成事師古,戈止眾寧居。實勝招提側,華筵快霽初。餕餘何必惜?可以逮豚魚。」由此可見,實勝寺建成時附居於健銳雲梯營的金川降人工匠數量並不多,「同時也考慮到被俘獲到北京築碉的大金川士兵和工匠的宗教信仰,乾隆命仿清入關前皇太極在瀋陽建實勝寺的先例,於香山石碉群旁建立實勝寺」的說法,不符合當時的實際情形,是後人的誤會。再從宗教方面看,根據崇德三年(1638年)國史院大學士剛林所撰的瀋陽《實勝寺碑文》記載:「至大元世祖時,有喇嘛帕思八用千金鑄護法嘛哈噶喇,奉祀於五臺山,後請移於沙漠,又有喇嘛沙爾巴胡土克圖復移於大元裔察哈爾林丹汗國祀之。我大清國寬溫仁聖皇帝征破其國,人民鹹歸。時有喇嘛墨爾根載佛像而來,上聞之,乃命眾喇嘛往迎,以禮昇至盛京西郊,因曰:『有護法不可無大聖,猶之乎有大聖不可無護法也。』乃命工部卜地建寺於城西三里許……名曰蓮華淨土實勝寺。」可見瀋陽實勝寺並不是像乾隆帝所說是紀念大破明軍十三萬眾於松山而修建的,而是紀念破林丹

汗、獲護法嘛哈噶喇像而修建的。但無論如何,實勝寺是佛教寺廟,無可懷疑。乾隆帝在香山所建的實勝寺,應當也是供有嘛哈噶喇的佛寺,故乾隆帝的詩中稱為「招提」。而金川降人的宗教信仰與此不同,雖然金川亦有喇嘛、佛等用語,但其流行的宗教實為本教,大金川之役時莎羅奔寄給綽斯甲布土司的信中說:「我促浸(即大金川)與你綽斯甲布遵奉的是桑結靈巴楞則恩喇嘛衰珠爾佛爺所傳的遺教,兩家修的廟宇、供的佛像都是一樣,你想我們促浸要是滅了的時候,你綽斯甲布還能得好麼……傳這雍中奔布爾的教,就只是我促浸與你綽斯甲布兩家,我們兩家要是滅了的時候,這雍中奔布爾教就完了。」對於金川奔布爾教與黃教的區別,乾隆帝也是清楚的,第二次金川之役後,乾隆帝即命將雍中喇嘛寺拆毀,將其木料、銅瓦、金頂等一併運回北京。乾隆帝還說:「若奔布喇嘛傳習咒語,暗地詛人,本屬邪術,為上天所不容。」所以難以想像乾隆帝是為了金川降人的信仰而建實勝寺,應該是他為了讓雲梯營將士供奉佛像及護法嘛哈噶喇而建實勝寺的。

二

從乾隆十四年(1749年)第一次大金川之役結束後,在香山修築戰碉的工作一直在繼續進行。雖然從事築碉工作的金川降人數目不多,但是關於他們工作和生活的情形,在乾隆帝的詩歌中有生動的反映。《日下舊聞考》錄有《乾隆十五年御製番築碉詩》一首,全詩如下:

番築碉,築碉不在桃關之外,乃在實勝寺側西山椒。狼卡稽顙歸王化,網開三面仁恩昭,叔孫名子不忘武,欻飛早已旋星軺。俘來醜虜習故業,邛籠令築拔地高。昔也禦我護其命。今也歸我效其勞。

番築碉,不惟效勞,爾乃忘其勞。魋結環耳面顴,嗜酒喜肉甘膻臊。但得酒肉一醉飽,渾忘巴朗卡撒其故巢。其婦工作勝丈夫,粉不能白厎且麼。不藉繩墨與規矩,能為百尺森岧嶢。

番築碉,侏離番語為番謠,揚聲強半不可曉。大都慕義懷恩膏。亦不為汝慕義懷恩膏,我自兩階文德舞戚旄,偶肖汝制役汝曹,赍汝金錢為錦袍。

從詩中可以看出，這些金川降人被帶來北京後主要的職責就是修築碉房，為清政府效勞。他們在服飾裝束上依然保持著金川藏族的原貌，在生活習慣上愛飲酒、喜食牛羊肉，在勞動中伴以藏語歌謠，特別是他們修築碉房的技藝高超，能不用繩墨規矩等器具就築起高聳的石碉，這些都引起了乾隆帝的注意，並寫進了詩歌。尤其重要的是，詩中寫到藏族婦女的勤勞能幹「其婦工作勝丈夫」，說明當時在香山的金川降人還帶有家眷，舉家定居於此。因此他們與那些派充苦役的戰爭俘虜還不完全相同。

這些金川藏族人修築的碉房，自然不只我們現在還能見到的這幾座。《日下舊聞考》記載：「健銳營衙門在靜宜園東南，圍牆四角有碉樓四座，共房二十二楹。皇上閱兵演武廳一座，後有看城及東西朝房、放馬黃城」，「園城……內設碉樓七處」，「健銳營官兵營房在靜宜園之左右翼，共三千五百三十二楹，碉樓六十八所」。除健銳營的衙門和營房建有碉樓外，八旗印房亦建有碉樓，「靜宜園南樓門外有八旗印房」，「八旗印房四隅皆有碉樓一座，乾隆十四年建。合之東四旗、西四旗各營碉樓，共計六十有七」。「靜宜園東四旗健銳雲梯營房之制，鑲黃旗在佟峪村西，碉樓九座，正白旗在公車府西，碉樓九座，鑲白旗在小府西，碉樓七座，正藍旗在道公府西，碉樓七座。香山東四旗健銳雲梯營房，乾隆十四年奉命建設，後四旗同」。「靜宜園西四旗健銳雲梯營房之制，正黃旗在永安村西，碉樓九座，正紅旗在梵香寺東，碉樓七座，鑲紅旗在寶相寺南，碉樓七座，鑲藍旗在鑲紅旗南，碉樓七座」。

以上記載證明，從乾隆十四年（1749年）起，乾隆帝有計劃地在香山一帶興建了一批金川藏族式樣的碉樓，現今西山紅旗村、正白旗村附近的碉樓即是其中一部分的遺存。

從第一次金川之役開始，乾隆帝充分注意到在配備火槍、火炮的條件下戰碉在山地攻防戰中的重要作用。透過清軍的戰鬥實踐，乾隆帝看到掌握攻碉和守碉技術在當時條件下所能發揮的軍事威力。所以西山設碉練兵也是清軍戰鬥技術的一種新發展，它為清軍後來徹底征服大小金川作了戰術準備，同時也為清軍的其他山地戰鬥提供了一種新的攻防手段。正如魏源在《聖武

記》中所說:「自金川削平,中國始知山碉設險之利,湖南師之以制苗,滇邊師之以制猓夷,蜀邊師之以制野番,而川陝剿教匪時亦師之堅壁清野而制流寇。」

乾隆三十六年(1771年),因小金川土司澤旺及其子僧格桑與沃日土司為仇械鬥,占據沃日村寨,大金川首領索諾木等支持小金川,襲殺革布希咱土司,大小金川又聯合攻占明正土司之地,並抗拒清朝官員的查辦,乾隆帝遂決心派大兵征討大小金川。清軍經過一年多苦戰,於乾隆三十七年(1772年)年底占領小金川,小金川土司澤旺投降被押送北京,僧格桑逃往大金川。乾隆三十八年(1773年)初,清軍分路進攻大金川,在木果木遇到頑強抵抗,大金川又派人鼓動已降的小金川番眾「復叛」,截斷清軍後路。六月,清軍在木果木大敗,定邊將軍溫福、提督董天弼戰死,大營被焚,陷沒文武官員及兵丁四千餘名。乾隆帝為重振軍威,徹底掃平大小金川,隨即添派北京鍵銳、火器二營,以及吉林、黑龍江、伊犁、貴州、雲南、湖南、湖北、陝西、甘肅各省駐軍總計七萬多人,以阿桂為將軍、明亮為副將軍、海蘭察等為參贊大臣,分路大舉進攻。當年年底,清軍重新攻占小金川全境。乾隆三十九年(1774年)正月起,清軍分路大舉進攻大金川,這一戰役打得比第一次金川之役更加劇烈殘酷。金川番兵憑藉層層戰碉,步步防守。八月,大金川首領索諾木將小金川首領僧格桑毒死,差頭人綽窩斯甲帶僧格桑屍匣及僧格桑之妾側累及大頭人蒙固阿什咱阿拉至清軍軍營乞降,阿桂不允,拘留綽窩斯甲不放,同時又誘俘小金川大頭人七圖安堵爾,一併押解入京。十月,清軍合圍勒烏圍、噶拉依官寨,晝夜猛攻。金川多次乞降不得,乃拚死抗拒。又經過一年多苦戰,至乾隆四十一年(1776年)初,大金川力竭不支,陸續有頭人帶領番眾投降。對這些戰至最後才投降的金川藏族人,乾隆帝在如何處置他們的問題上頗費思慮,乾隆四十一年(1776年)正月丁酉的上諭中說:

至各路番人紛紛投出,其中大小頭人俱復不少,此等番眾,從前抗拒官兵,捨死固守,情罪均屬可惡。直至兵臨巢穴,計窮力竭,始行投降,非若大兵尚未深入以前陸續來投者可比。但番眾皆系曾與官兵打仗之人,此時難以分其所犯輕重,且其抵抗官兵,固屬可恨,而原其所以捨死堅守,尚知各為其主,亦復可矜。況為數過多,又系投降乞命,若盡與駢誅,實覺心有不忍。

北京少數民族文化資源研究
關於北京香山藏族人的傳聞及史籍記載

惟其中大小頭人及其眷屬，自不便仍留本處，應照前此平定準部時所有臺吉、事桑、德木齊等概行移徙例，妥為辦理。但須趁官兵未撤之時，即為查明，於八旗及吉林、索倫兵凱旋之便，令其分隊攜帶，押至京城，再行酌量分別安插。伊等既系投降，與黨惡要犯應行獻俘者不同，途中不便加以鎖扭，惟當留心照料，毋致脫逃，並不動聲色，勿使驚畏，方為妥善。但各種頭人及其眷屬為數甚眾，其如何分別押帶之處，著阿桂妥為核定，一面奏聞。至各處降番若移於他處編管，未免人多費事，伊等俱系嫻於耕作之人，兩金川又有可耕之地，現在凱旋後，兩金川地方立汛安營，添設提督總兵等官，足資彈壓，其應辦善後事宜內原有隨處耕屯之議，莫若即用此等降番就所在墾耕安業，盡力農功，各有將管束，久之可消其桀驁不馴之氣，而令其交糧，亦省川省運糧之勞。惟是編立營屯，必須安設頭目，當於隨營攻剿之他處土兵內，擇其出力者充當，既足以示獎勵，又令他處之人管理，更不慮其故智復萌。至此等降番，餓乏已久，既欲令其耕種，自難以枵腹從事，著將軍等量為賞給籽種、口糧，俾口食有資，自更安心盡力。將軍等宜及此時早為籌辦。

對於金川的喇嘛（主要指苯教僧人），乾隆帝在正月癸未的上諭中說：

至促浸喇嘛好用鎮壓，今所得舍齊、雍中兩喇嘛寺，皆系喇嘛等唸經之所，恐有密藏鎮壓物件，阿桂等應派細心誠妥之人，於寺內寺外及附近處所凡有可疑之處，悉搜查刨挖，毋令存留。又攻得此兩寺時，俱有喇嘛投出，此等皆曾為逆酋唸經之人，斷不可仍留該處，致番眾等心存希冀，潛滋事端。況此輩在營非若壯夫之可以出力隨攻，又毋庸籍其招致逆匪，留之亦屬無益，應將所有喇嘛即用檻車拘解進京，並派妥員沿途嚴密管押，勿稍疏虞。

在正月乙酉的上諭中，乾隆帝又催促阿桂速辦處理降眾之事：

此等投降番眾難以深信，斷不宜留於番地，致滋事端。屢經傳諭阿桂將所有頭人等概行解京，其餘暫令安插，俟辦理善後事宜時，再為酌量妥辦。今富德已將南路投番遵照將軍等商辦事宜，查辦完妥，何以阿桂處轉未辦及奏聞？該將軍等此時自以圍攻賊巢、籌擒逆酋為重，難於兼顧，然每日豈無片刻稍暇？亦應將此等事宜，隨時帶辦。況降番在營，聚集人多，難保其不乘隙生心。即逆酋等，未嘗不思若輩為援助。自宜即速遣散，以善周防。雖

阿桂前經奏及將降番男婦分別安插於十二土司之地，但陸續投出之頭人等尚多，自應視其情罪輕重酌辦。除應行獻俘之犯，俟擒獲逆酋等一併檻解，其餘亦當如富德所辦，將各頭人先解成都拘禁，使軍營更覺清肅，尤為妥善。

由此可見，在金川之役將近結束時，乾隆帝擬定了處置降人的辦法，對索諾木等為首之人押赴北京獻俘處刑；對投降的頭人喇嘛等，不準留在原地，解送北京安置；對一般降人，則在金川編立營屯，給以種子口糧，令其種地交糧，並設官管理，這樣就從根本上取消大小金川兩土司。

戰爭進行至乾隆四十年（1775年）十二月二十日，大金川首領索諾木之母阿倉、姑阿青、大頭人阿卜策妄、丹巴僧格等出寨投降。十二月二十八日，索諾木長兄莎羅奔岡達克出寨投降。乾隆四十一年（1776年）二月初四，索諾木跪捧印信，帶領其兄弟莎羅奔（由此可知，清朝關於大小金川戰役的文獻中所載的「莎羅奔」並不是專指一人，而是金川苯教首教的一種稱號。）甲爾瓦沃雜爾、斯丹巴及頭人喇嘛等男女老幼二千餘人出寨投降，第二次金川之役全部結束。

二月初六日，由戶部侍郎福康安率火器營及健銳營兵士押解索諾木兄弟等入京，二月初七日，由副都統德赫布押送索諾木幼弟斯丹巴及其母、姑等進京。四月二十七日，乾隆帝舉行獻俘禮，下令將索諾木兄弟等重犯凌遲處死，其家口年未及歲者永遠監禁，其餘婦女分賞厄魯特、索倫三姓功臣之家為奴。

由於第二次金川之役以大小金川徹底失敗告終，在戰爭中及辦理善後時遵照乾隆帝之命，有不少金川的頭人及其家屬被押解到北京，使在北京的金川藏人的數目增加不少，以至在乾隆四十一年（1776年）出現了將他們編為佐領的事。

三

兩次金川之役中被強迫遷移到北京及內地的金川藏人到底有多少，他們到京後居住和生活情形如何，當時應有詳細的檔冊記載，但是現在已難以見

到。不過從一些詩文中仍有線索可尋，乾隆帝在香山所作《番築碉》詩說明，第一次金川之役後在健銳雲梯營有附居的專門修築戰碉的金川藏人，已如前述。乾隆四十一年（1776年）四月二十八日，也即是舉行金川之役獻俘禮、處死索諾木等人的次日，乾隆帝在中南海紫光閣宴請阿桂等征討金川有功的將領，並寫了一首長詩《四月廿八日紫光閣凱宴成功諸將士（有序）》：

績宣西犪，洗兵波靖金川；凱葉南薰，錫宴筵開紫閣。旋踔舉勞還之典，昨朝終解征衣；御樓受俘獲之儀，詰旦全陳系組。念繳外棧穿冰雪，瘁以五年；指壁間米聚山川，成於百戰。功宜懋賞，允茲晉爵加章；實稱循名，遂爾圖形系贊。緊此日同堂之愷樂，酬諸臣歷歲之苾誠，酌酒親頒，一醇露珠非易；承筐共拜，千縡赍亦奚多？撫陳跡以增懷，難忘視昔；幸後來之繼踵，益勉從今。六章詎曰侈文？億載願言偃武。己巳班師原赦罪（已己之奏凱，非受降，乃赦罪。彼乃所屬土司，逆命則討之，服罪而赦之，安得與外夷相提並論，謂之受降哉？），丙申宴凱信成功。樊崇甫以十年叛（郎卡自赦罪之後，未及十年，即侵擾鄰境，念番俗構爭乃其常事，遂置不問），莽布奚當六戰雄？蠶食狼貪終弗改，雞連鯢取孰矜窮？五年宵旰勞西顧，幸睹酬勛禮樂融。郊勞昨還曉受俘，禮應凱宴答功膚。修儀偃伯斯宜矣，夜雨朝晴有是乎（廿七夜半後快澍澠霱，未曉而霽。夜雨朝晴最為難得，於盛典尤覺相宜）！紫閣貌圖俾續顯，金卮手賜按名呼（宴間，召將軍阿桂、豐昇額，參贊海蘭察、額森特，領隊大臣奎林、和隆武、福康安、普爾普，並擇其餘勞績茂著之人及軍機大臣舒赫德、於敏中、福隆安等至坐前，親賜卮酒，以示優眷）。瘡瘢著處恫關切，念此何敢耀武吾？美諾重徵得重易，勒圍多戰信多勞（初攻趨拉，雖經歲始平，及收復美諾諸境，則未旬日而蕆事。至促浸則層層險阻，賴阿桂不憚艱瘁，將士奮勇宣勞，每因難以奏績，前後不啻百戰）。

詎予隴蜀無已望，念彼蘗芽有籍薅。資哩卡了消雪窟，木思西里化冰嶠。而今都是光明境，屯戍相將事桔槔。上將歸來是近臣（阿桂、豐昇額俱軍機大臣兼領侍衛內大臣，其餘亦在御前乾清門行走者多），國朝家法萬年循。解兵笑彼一杯酒，示譯欣茲滿座春。夷樂寧須關傑伬？俘歌合此奏童佅（阿桂等所俘番童有習鍋莊及斯甲魯者，即番中儺戲也，亦命陳之宴次）。鴻勛集矣雨暘若，祇恐驕生志倍寅。紫光閣峙液池邊，為寫戰圖廊展前（紫光閣

壁間舊列西師戰圖已滿，昨歲展拓前楹以備繪金川戰績，命將軍等具稿以進，擇其事最大戰最偉者繪之）。幸矣竟如操左券，嘉哉所賴掌中權。揚威擣險重無藉，橐劍弢弓合有然。五載劬勞信不易，一為歡喜一為憐。伊犁回部早成勛，又勒畫圖新舊分。詎我佳兵不知戢？柰其伏莽敢忘勤（索諾木濟其父惡，蠶食鄰封，與僧格桑狼狽為奸，背恩反噬，不得不聲罪致討。今幸成功，而追憶艱險，不啻痛定之思矣）。頻思舊績翻因戚，多出翹才繼以欣（平定伊犁回部時所繪一百功臣，今存者不過十之一二，撫念慨然。今所繪功臣中世家子弟及新進之人頗不乏翹材，則又為之欣幸雲）。湛露採薇重賦罷，益欽保泰敢雲雲。

　　此詩亦由乾隆帝親筆題於《紫光閣凱宴將士圖》上，但是略去了詩中的註釋。從這首詩的註釋中可以看出，阿桂等回軍之時，不僅遵旨將大小金川的頭人及其家屬解送北京安插，而且帶回了專習歌舞的「番童」，在紫光閣的慶功宴上就表演過川西藏族的「鍋莊」舞及「斯甲魯」（歌舞），具有地方民族特色的「鍋莊」和「斯甲魯」進入了清朝宮廷。香山金川藏人的後裔相傳祖上過年節要專門進宮表演歌舞，顯然是有根據的，表現的歌舞自然也就是這鍋莊和斯甲魯了。

　　隨著第二次金川之役後住在北京的金川藏族人增加，清朝政府感到有必要對他們單獨編組，以便管理。在管理少數民族事務的理藩院的檔冊《欽定回疆則例》第五卷中有如下記載：

原例

駐京番子等編為佐領入旗學習當差

　　一、乾隆四十一年大學士等議定，現在駐京之兩金川番子共計男婦一百八十九名口，照依乾隆二十五年將駐京之回子編為佐領之例，編為一佐領，入於內務府正白旗，為內務府及理藩院所屬，與包衣管領一體，定為驍騎校一員，領催四名，馬甲額缺七十名。由包衣佐領下馬甲內令占三十五缺，俟有缺出裁汰外，另添設三十五。暫於包衣佐領下揀派驍騎校一員、領催二名、寫檔傳事馬甲三名，帶領番子佐領下之驍騎校、領催等，教辦佐領事務。此七十名馬甲錢糧米石，暫行不必分給，貯於公所，另派信實妥善包衣官一

員，將伊等銀米撙節辦理，養贍伊等，於每年年終報銷，內務府查核。俟過數年，伊等曉事之時，再將此項包衣官員驍騎校等兼攝代辦之處停止。伊等內有銀匠、木匠、寫字人四名，刻字畫佛像喇嘛二名，共番子六名，交中正殿造辦處，與京城匠役等一同學習行走。仍交內務府大臣等，於伊等內酌其明白去得者，揀派同本處馬甲學習當差。伊等住房交管理健銳營大臣於香山附近地方令其自行建造碉樓，其工食動用健銳營公項支給。伊等內既暫不得可用之人，於包衣官員內揀選妥善者帶領引見補放佐領，俟伊等內有能辦事者，再以番子等補放。其佐領圖記，交禮部照例鑄給。

再現有留京能唱番曲、跳郭莊之番子二十八名，與前次留京番子楊蘇等十一名，亦皆入於此佐領下，將現在楊蘇等所食馬甲錢糧十一副，亦作為此佐領之缺。

原例

香山居住番子等由健銳營約束管理

一、乾隆四十一年奉

上諭：香山安插之兩金川番子，自應令健銳營就近約束管理，所有新設之番子佐領一缺，已令該營前鋒章京書臣補授。其舊有之番於所占內務府甲缺十一副及應得餉米，俱著統歸該佐領辦理，以昭畫一欽此。

以上兩處記載說明，乾隆四十一年（1776年）清朝將被押送到北京的大小金川藏族189人編為一個佐領，歸入內務府正白旗，加上唱番曲、跳鍋莊的28人以及第一次金川之役後留京的修築碉房的11人，該佐領共轄金川藏族228人。他們歸入旗籍，成為內務府三旗中的旗人。「佐領」滿語為「牛錄額真」，為清朝八旗的基本行政單位，清太祖努爾哈赤時曾規定300編為一個佐領，佐領負責管理屬下的戶籍、田宅、兵役、訴訟等。乾隆二十五（1760年）年將平定新疆大小和卓木之亂時投降的回眾（維吾爾人）編為一個回人佐領，在西長安街路南設回營一所以居之，回營之西建禮拜寺，金川藏族佐領即是仿其編設。不過金川藏族佐領的住房是在香山附近，由管理健銳營大臣指定地方由健銳營公項支給費用，令其自行建造碉樓，實際上就是

在香山形成了一個金川藏族村，這大約是因為香山的地形氣候比較適合金川藏族居住的緣故。香山的金川藏族佐領設驍騎校一員，催領四員，應在藏人中擇人擔任，由於暫時沒有適宜的人選，所以先由健銳營前鋒章京書臣擔任。在初建階段，還由內務府包衣佐領下揀派驍騎校一員、領催二名、寫檔傳事馬甲三名教辦藏族佐領事務。另外還派包衣官一名管理藏族佐領的糧餉銀米。這大概是因為藏族佐領的原先的十一副馬甲錢糧名額及後加的七十副馬甲錢糧名額都是從內務府撥出的，所以藏族佐領在財務及人事上由內務府包衣佐領代管，又由於金川藏族建築碉房及居住在香山，與健銳營關係較近，所以乾隆帝又命健銳營就近約束管理。

既然金川藏族佐領由內務府提供馬甲錢糧，所以同時也必須在內務府當差，從檔冊看，當時當差的種類有：唱曲跳鍋莊的二十八人，健銳營修築碉房的楊蘇等十一人，中正殿造辦處與京城匠役一同服勞的銀匠、木匠、寫字人四名，畫佛像刻字喇嘛二人。這是有專門技藝特長的，其他人則由內務府大臣分派學習當差，具體幹什麼活則不清楚。

除此之外，金川藏族佐領似乎還有擔任口語翻譯的職責。《回疆則例》還記載：

番子朝覲來京傳用通事

一、各省番子土司官員等襲職等事照舊由兵部辦理外，至土司官員等進貢請安輪班朝覲各事宜，均歸理藩院照回子例辦理。遇有翻譯番子字，即責成唐古忒學生出身之筆帖式二員承辦，所需通事，行文健銳營在於駐京番子內擇其明白曉事、漢語好者，咨調二人充當通事。

以上所記的香山金川藏族佐領是不是包括當時在京的全部藏族人呢？大約也不是，可能還有一些零散人員編入了其他旗分或部門。《回疆則例》中就有將藏族通事札克塔爾阿齋、阿甲之家口入於內務府鑲黃旗的記載：

原例

番子通事札克塔爾阿齋、阿甲之家口入旗

一、乾隆四十二年奉

旨將番子通事札克塔爾阿齋等作為藍翎侍衛交內務府，將札克塔爾阿齋等家口並前次所來以千總用之番子通事阿甲等家口俱入於該衙門鑲黃旗管領下管理。

四

透過對以上史料記載的考查，我們清楚了清朝在兩次金川之役的戰爭中都曾將部分投降的金川藏族遷移到北京，特別是乾隆四十一年（1776 年）遷來的人較多，以至清朝專門將他們編為一個佐領，歸入內務府正白旗，並指定他們在香山建築碉樓居住，由健銳營就近約束管理。這些金川藏族人帶來了他們的語言、習俗、歌舞、建築碉樓的技藝等，具有自己鮮明的文化特點，至今雖然已經過去了 200 多年，但香山的藏式碉樓依然有遺存，香山藏族人的後裔中還流傳藏族的歌曲，這是值得我們注意的民族文化現象。

至於有的專家依據解放初期這些香山藏族人的後裔曾自己說是苗族的後代，因而肯定他們是苗族的後裔，自然需要進一步調查和研究史料來判斷是非。不過需要附帶提及的是，將金川藏族誤為苗族者，以往並不罕見，例如流傳很廣的印鸞章編的《清鑒綱目》即稱大小金川「番民居焉，亦苗種也」。現在不應用這些推測來判斷，而應依據仔細的調查和大量的史料來研究問題，才能使我們的研究符合歷史實際。

香山藏族編設佐領定居之後的情形，應該在內務府的檔冊中有所反映，對現今香山藏族的後裔的調查訪問也進行得很不深入，這兩方面筆者都沒有條件繼續探討，因此只能希望這篇文章能造成一點引玉之磚的作用，希望有條件的同志繼續深入研究，更好地弄清有關香山藏族人的問題。

北京的藏文文獻

白希菊[161]

藏文是一種源於印度的輔音音素文字，即一種在文字體系中以輔音為主要成分的音素拼音文字。在字母表中把輔音字母和元音字母分別排列，元音字母不能獨立書寫，要加在輔音字母的上面和下面。這是一種源自印度的輔音文字觀，自成一種類型的字母拼音文字體系。

而古代藏文文獻載體從金石等材質發展到紙質，其間經歷了千百年的漫長歲月。藏文古籍載體主要有以下幾種：

其一，刻鑄載體。所謂刻鑄文獻是指用鑿等工具在石、木上雕刻而成的石刻文獻、木刻文獻以及金屬鑄造而成的銘文文獻。其中，石刻文獻在藏文文獻中當屬較早的文獻之一，它又包括摩崖石刻、片石石刻、石碑和瑪尼石刻。

其二，書寫載體。書寫載體有木簡、樹皮、皮、牆壁、陶器、綢緞、貝葉和紙質。

其三，印刷文獻。藏文古籍中的印刷文獻主要以木刻印刷為主，材質主要有藏紙、布、紗、藏綢等。

藏文文獻內容豐富，涉及面廣。它是我們中華民族燦爛文化的重要組成部分，也是千百年來藏族人民智慧的結晶，同時還是中華民族共同的精神財富。藏文文獻歷史悠久、卷帙浩繁、門類繁多，涵蓋了政治、歷史、宗教、天文、歷算、醫學、語言、文學、藝術、民俗、經濟等內容，有著極其重要的價值和意義。藏文文獻主要分佈在西藏、青海、甘肅、四川、雲南以及北京等地，本文主要論述的是北京市藏文文獻的現狀。

北京市的藏文文獻出版與收藏具有悠久的歷史，這與歷代朝廷對西藏地方的政策有關。自元以來，各朝都在北京收藏和出版藏文文獻，用以促進藏族文化的交流。尤其是中華人民共和國成立以來，共產黨中央在藏文文獻的收藏、利用、保護以及促進藏族文化發展方面，均給予了高度重視。

一、北京市藏文文獻的歷史淵源

北京市的藏文文獻的源頭應該始於元代，在八思巴任元朝國師期間，在北京（當時稱大都）翻譯和出版了大批藏文文獻典籍，如：《金剛經》（藏漢對照本）、《八千頌》、《妙法蓮花經》等。永樂年間，在南京出版了第一部刻板（一說銅板，一說木板）藏文大藏經《甘珠爾》部。這部刻板書的問世，對整個藏族文化有著極其重要的意義。因為在此之前，藏區只有少量雕版技術，而藏區大規模的雕版印刷是在這部書問世之後開始興起的，故其影響力極大。明朝時期除刊刻藏文《大藏經》之外，還刻印了大量藏漢文對照的經典，如《妙法蓮花經》《金剛經》等。

到了清代，在北京刊刻印刷藏文佛經成為一種時尚，風行於北京城裡，究其原因可能首先是出於政治目的，其次才是信仰。據歷史資料記載，當時的刻版印刷所應該有數十處，其中最著名的有嵩祝寺天清經局、文成堂、官方刻經處等處。嵩祝寺為清代章嘉活佛的駐錫之地，倍受清朝重視。康熙三十二年（1693年），二世章嘉活佛阿旺羅桑卻丹（1642—1715）應召進京，駐錫法源寺，在該寺講經傳法，並主持刊刻藏文佛經。三世章嘉活佛若必多杰（1717—1786）應召進京後，於乾隆七年（1742年）在法源寺將藏文《甘珠爾》譯為蒙文，並主持刊刻藏文、蒙文和漢文佛經。此後該寺一直由格魯派僧人主持，故寺內除刊印一般藏文和蒙文的公共佛經外，主要還刻印格魯派的藏文、蒙文佛經以及世俗圖書。佛經印刷後除分藏於北京的雍和宮、廣濟寺、法華寺、頤和園、故宮、普濟寺、東黃寺和西黃寺之外，還分賜予入京朝貢的西藏、青海、甘肅、四川、雲南和蒙古族地區的藏傳佛教僧俗官員。其中東黃寺和西黃寺被清廷指定為達賴喇嘛和班禪額爾德尼兩大活佛貢使入京朝貢時的駐錫地，兩寺幾經擴建，規模宏大。乾隆四十七年（1782年）年底，又在西黃寺西側興建清淨化城塔院，在京城內形成了極其濃厚的藏文化氛圍。在這幾座寺裡收藏了大批極其珍貴的京版和藏區版的各類藏文圖書及文物，可遺憾的是在鴉片戰爭和八國聯軍侵略北京期間，被侵略者洗劫一空，現在空無一物了。

到了民國，印刷技術逐步從刻版、石印，轉向了鉛印技術。隨著鉛印技術的興起，藏文鉛字出版物大量出現，對藏文化的傳播和發展造成了較大的推動作用。到 1949 年北京和平解放後，北京城內各大佛教寺廟、圖書館、博物館保留下來的藏文圖書未遭戰火之災，完整地保留下來，成為北京獨有的藏文文獻珍品，為現在藏學研究的事業發揮了重大的作用。

二、北京市藏文圖書典籍的館藏概況

北京市現所藏的藏文文獻，從數量看，十分可觀。其主要分佈在國家圖書館、故宮博物院圖書館、民族文化宮、中國藏學研究中心等單位機構。

1. 國家圖書館

中國國家圖書館是中國最大的圖書館，舊稱北京圖書館，是世界五大藏書過千萬冊的圖書館之一。1988 年建成的這座新型的、現代化的新館，坐落在北京圖書館原址以西的西郊紫竹院北側。這是中國、也是目前亞洲地區最大、藏書最多的圖書館，也是世界上著名的大型圖書館之一。其前身是 1909 年 4 月 24 日清政府籌集的京師圖書館，主要用於收藏善本書等古籍，館址在什剎海廣化寺（鼓樓西鴨兒胡同內）。辛亥革命後由北京政府教育部接管，1912 年 8 月 27 日開館，正式接待讀者。1928 年改名國立北平圖書館，館址遷到中南海居仁堂。1931 年於北海公園西側建成宮殿式新館，因館內藏有文津閣的《四庫全書》，館前街名稱作文津街。這裡環境幽美，明代時是著名的玉熙宮，明末時是皇家的別院。1951 年更名為北京圖書館。1988 年 12 月 12 日經國務院批準，北京圖書館更名為國家圖書館，對外稱中國國家圖書館。1999 年 4 月 16 日江澤民同志為國家圖書館題寫館名。

該館目前收藏有 26 種中國少數民族文字古籍，共 10 多萬冊件。其中最多的是藏、蒙、八思巴、西夏、女真、回鶻、察合臺、東巴、彝、傣、滿等文種的古籍。收藏少數民族古籍始於 1909 年，當時清政府籌備京師圖書館時將內閣大庫 40 多箱滿文圖書撥交圖書館，後來殖邊學校又贈送四五箱滿蒙文圖書，自此國家圖書館便開始收藏中國各少數民族文字古籍。

該館的民族語言部收藏有藏文古籍 3000 余函，吐蕃敦煌寫經 200 多卷。有南京明刻版、北京嵩祝寺版、德格版、八邦寺版、塔爾寺版等，囊括了藏族的歷史、宗教、語言、醫學、曆法、建築、藝術等學科的古籍。藏文古籍以刻本為主，有明、清、民國刊本，部分為解放初期從德格、八邦寺購買的古籍。其中有珍貴的北京版藏文《大藏經》和抄本數百函。

2. 故宮博物院圖書館

故宮博物院是位於中國北京市故宮內的博物館，1925 年 10 月 10 日在原明清皇宮紫禁城的基礎上建立故宮博物院，位於北京中軸線的中心，始建於明成祖朱棣永樂四年（1406 年），永樂十八年（1420 年）落成。1961 年，經國務院批準，故宮被定為全國第一批重點文物保護單位。1987 年，故宮被聯合國教科文組織列入《世界文化遺產》名錄。

故宮博物院圖書館以清宮舊藏明清古籍為主，是以清代皇室藏書為基礎建立起來的文物博物館專業性圖書館。抗日戰爭時作為「古物南遷」的善本、珍本圖書有 1334 箱，總計 157602 冊又 693 頁，其後被運至臺灣。1949 年以後，不斷購進和接受私人捐贈圖書，現有藏書 50 余萬冊。古籍圖書有清內府刻本（殿本）、抄本、明清坊刻、家刻本等珍貴版本。內容以史志、天算、金石、書畫、佛經和歷代諸家文集為主。除大量漢文書籍外，還有一批滿、蒙、藏、回文書籍。該宮的圖書館和故宮保管處，均收藏有藏文古籍和藏文檔案，兩處的藏文藏書約有 2000 函，檔案卷宗約 2000 件，其中乾隆三十五年（1770 年）的藏文大藏經《乾隆御製甘珠爾》是磁青紙泥金寫本，共 108 函，經板、捆書繩、包書布、頁碼和卷冊完整無損，每函首頁均為貼錦木板，有精美的插圖和珍珠瓔珞裝飾，共用了 14364 顆珍珠，是價值連城的珍貴版本和文物。館內有的古籍和卷宗尚未整理編目。

3. 中國民族圖書館

中國民族圖書館是一所全國性的民族專業中心圖書館，1959 年 9 月建成開放。原為民族文化宮圖書館，1989 年 4 月經中華人民共和國國家民族事務委員會和文化部批準，改稱中國民族圖書館。中國民族圖書館在北京民族文

化宮內的花園式庭院之中，館舍面積 2700 平方米，有近百個閱覽座位，並擁有國內少見的封閉式書庫。

建館後向全國各少數民族地區收購和接受捐贈了大量民族圖書、文物。該館現有藏書 50 多萬冊，以漢文和民族文獻為主，外文文獻為輔。民族文字古籍 17 萬餘冊，其中有不少國內外罕見的各種民族文字寫本、刻本、金石拓片、輿圖，以及年代久遠的貝葉寫本等。文種包括蒙古、藏、維吾爾、哈薩克、朝鮮、彝、水文等 24 種文字。藏文古籍 3200 函，其中有珍貴的抄本 1000 多函，孤本 500 多函。版本有明、清和民國刻本，以及抄本。這些古籍中有《紅史》《薩迦班智達·貢噶堅贊傳》《薩迦世系史》《拔協》《醫藥十八支及醫療法寶》，以及梵文貝葉經《妙法蓮華經》《菩薩地》等 259 函，均為世界級善本。1990 年，編制完成《館藏藏文典籍目錄〈文集目錄〉》，並於 1997 年出版，共 3 巨冊，收 180 家文集，附子目和作者簡介，查詢十分方便。該館各種目錄齊全，便於查閱和檢索。此外，蒙文《成吉思汗格言》、彝文《西南彝志》、水族的《水書》、西夏文佛經等都是極其珍貴的民族古籍。

4. 中央民族大學圖書館

該館成立於 1951 年，成立之初，北京各大圖書館、博物館和社會名流，都捐贈了大批圖書，其中就有部分藏文古籍。20 世紀 50 年代中後期，從四川省德格縣德格印經院購進一批古籍，1000 余函。1957 年，西藏上層人士進京開會，贈送了數百函古籍。現在該館內藏有圖書 198 萬餘冊，其中紙質圖書 150 萬餘冊（全校總計紙質圖書 165 萬餘冊，其中院系紙質圖書 15 萬餘冊）、電子圖書 48 萬餘冊。線裝古籍 22 萬餘冊，舊平裝 3 萬餘冊，其中藏文平裝書 2.04 萬冊，藏文古籍 2000 余函。藏文古籍中有珍貴的納塘版《甘珠爾》，精抄本《多仁班智達傳》《熱瓊巴傳》，精刻本《達賴喇嘛傳》《大寶伏藏》《布頓傳》《宗喀巴三師徒傳》等。除納塘版外，還有拉薩版、德格版、薩迦版、北京版、拉卜楞版等。該館各種書目完備，在國內外有一定知名度。此外，該校博物館、藏學研究院均有藏文文獻近 2000 冊。

5. 中國藏學研究中心圖書館

中國藏學研究中心圖書館於 1986 年 5 月 20 日在北京成立。雖然該館設備、條件遠不如其他圖書館，但在蒐集資料上頗下功夫，先後從全國各藏區蒐集併購置了約 2000 函的藏文典籍，其中藏文《大藏經》版本有北京版、拉薩版、德格版、卓尼版、納塘版和阿央活佛整理的手抄本《苯教甘珠爾》、滿金拉色活佛整理出版的手抄本《苯教甘珠爾》、西藏古籍出版社整理出版的手抄本《苯教丹珠爾》、四川阿壩出版的《苯教甘珠爾》等。是收藏 1990 年以來新版藏文圖書較多的圖書館之一。

6. 雍和宮藏經樓

雍和宮為皇家佛堂，其傳承屬藏傳佛教格魯派，歷來受到朝廷的重視，珍藏有嵩祝寺、章嘉活佛和朝廷贈送的藏文古籍，約有 4500 函。其中有許多清代早期的刻本，如：《三師徒文集》《章嘉傳》等。解放後一直受到國家的保護，故該寺圖書沒有任何損失。由於僧人管寺，對編制目錄不大重視，至今無人整理編目。

7. 中國藏語系高級佛學院圖書館

中國藏語系高級佛學院由十世班禪額爾德尼·確吉堅贊大師和中國佛教協會原會長趙樸初先生發起倡辦，經共產黨中央、國務院批準於 1987 年 9 月 1 日成立，是一所以藏傳佛教為特色的佛教綜合院校，是當代中國藏傳佛教的最高學府。該館以收藏藏文圖書為主。自 1987 年以來，購買、受贈的藏文圖書共有 5000 餘冊，其中有 1980 年後的新版藏文古籍 1600 餘函，有部分民國刊本，藏文平裝書 3000 餘冊，有系統目錄可供檢索。

8. 民族出版社圖書館

民族出版社是中國唯一的國家級民族出版機構，1953 年 1 月 15 日，經周恩來總理批準成立。出版民族語言文字、民族歷史、民族文化遺產等方面的圖書，出版面向民族地區讀者的社會科學與自然科學讀物及相關音像製品。民族出版社藏書 10 萬冊，其中藏文古籍 200 函，藏文平裝書 2200 餘冊。有系統目錄可供檢索。

9. 中國社會科學院民族研究所圖書館

於1957年建館，藏書41萬冊，珍善本圖書1萬多冊，古籍線裝書8萬冊，少數民族文字版的圖書2萬多冊，以及有關民族學的錄音帶、錄影帶、幻燈片、照片、縮微膠卷等。其中有明清時期的手繪典籍《苗圖》，滿文抄本《欽派大臣與俄國使臣交涉尼布楚國境記錄》和《尼山薩滿傳》。藏文平裝書共1200冊，藏文古籍1300函。古籍中大部分為德格版，部分為北京嵩祝寺版和甘南版。各種圖書均已編制系統目錄，供讀者查閱。

10. 法源寺藏經樓

該寺收藏有1949年以前的藏文古籍1000余函，其中有藏漢對照本，也有藏漢蒙滿四語對照本。內容以佛經為主，版本主要是嵩祝寺刻本。該寺最珍貴的古籍是西藏納塘版藏文大藏經《甘珠爾》和《丹珠爾》部，共300余函，經板、捆書繩、包書布、頁碼和卷冊完整無損，書品極好。每函首頁和末頁均為貼錦木板，有十分精美的插圖。此套《大藏經》在版本學、文獻學、宗教學等方面具有極高的學術價值和文物價值。

11. 中國社會科學院少數民族文學研究所圖書館

於1980年建館，收藏圖書數十萬冊，其中藏文藏書400余冊。此外，該所格薩爾研究室從20世紀80年代開始蒐集關於《格薩爾王傳》的各種資料，並成立資料室。該室蒐集有50多部藏文《格薩爾王傳》的抄本、刻本，以及200余冊有關格薩爾的圖書和其他資料，成為研究《格薩爾王傳》的資料中心之一。

12. 中國民族語文翻譯中心圖書館

1955年12月12日，經周恩來總理批准，中央民委（現國家民族事務委員會）翻譯局在北京成立。1974年2月，周恩來總理再次批准，在中央設立一個少數民族語文翻譯專門機構，民族語文翻譯局的籌建工作由此全面展開。1978年11月9日，中央馬列著作毛澤東著作民族語文翻譯局在原中央民委翻譯局的基礎上正式成立。1991年，中央馬列著作毛澤東著作民族語文翻譯局更名為中國民族語文翻譯中心。2003年，經中央機構編制委員會辦公室批

準，翻譯中心在全國共產黨代會和全國「兩會」等重要會議期間，同時使用「中國民族語文翻譯局」名稱。收藏藏文圖書5萬冊，其中藏文古籍120余函，藏文平裝書2500余冊。有系統目錄可供檢索。

13. 中國第一歷史檔案館特藏部

中國第一歷史檔案館是專門保存明清兩代中央國家機關檔案及皇室檔案的國家級檔案館，館藏檔案1000余萬件，共74個全宗。明代檔案3000余件，主要是天啟、崇禎時期的兵部檔案，也有少量洪武、永樂、宣德、成化、正德、嘉靖、隆慶、萬曆、泰昌時期的檔案。清代檔案占絕大部分，内容涵蓋了清代的政治、經濟、軍事、文化、農業、工業、外交、科技、教育、宗教等諸方面。大部分為漢文檔案，約 1/6 為滿文檔案；蒙文、藏文等少數民族文字文獻和檔案數千件。圖書目錄尚未編制完成。

三、北京市藏文文獻的出版業概況

1. 民族出版社藏文圖書編輯部

共產黨中央為瞭解放新疆、西藏等少數民族地區，於 1949 年 12 月在北京建立了民族印刷廠，並從翌年開始，用鉛印技術印刷和出版蒙、藏、維、哈文的《中國人民政治協商會議共同綱領》《民族區域自治綱領》等政策文件及少量的毛澤東著作單行本，並以藏文出版若干民族政策文件。1953 年，在國務院民族事務委員會的關懷下，在京成立民族出版社，負責出版蒙、藏、維、哈、朝等民族文字的各類圖書。是年以出版少數民族文字的教科書及一般通俗讀物、民族幹部讀物和一些急需讀物（指地方出版社不能出版，急需滿足實際的圖書）為主，共出版藏文圖書 16 種、畫片 10 張；1954 年主要翻譯出版了共產黨和國家的政策文件、政治圖書、法律、語言、藝術方面的圖書，共出版藏文圖書 37 種；從 1955 年開始，除了出版馬列主義經典著作、毛澤東著作、共產黨和國家政策文件、宣傳共產黨的民族政策的圖書之外，還出版了大量的經濟、民族、語言文字、文學、藝術、歷史、教育等方面的圖書，1955 年至 1966 年間，共出版藏文圖書 736 種；1967 年至 1976 年，由於受「文化大革命」的影響，主要出版馬克思、列寧和毛澤東的著作、語

錄和政治宣傳圖片；1976 年至 1979 年，除了出版國家領導人著作之外，還出版部分《人民日報》特約評論員的小冊子。1979 年秋，全國進行改革開放，結束了極「左」路線的干擾，迎來了社會主義全面發展的春天。1980 年至 1992 年共出版藏文圖書 619 種；1993 年至 2000 年，共出版藏文圖書 358 種。據不完全統計，民族出版社從成立至 2000 年，共出版藏文圖書 2175 種，其中馬恩列斯著作 68 種、國家領導人著作 291 種、政策文件 137 種、哲學（宗教）64 種、社科總論 6 種、政治 418 種、法律 57 種、經濟 47 種、民族 64 種、文化教育 67 種、語言文字 97 種、文學 191 種、藝術 314 種、歷史（地理）126 種、科普讀物 82 種、綜合性圖書 146 種。

2. 中國藏學出版社

該出版社成立於 1986 年 12 月 29 日，隸屬於中國藏學研究中心，主要任務是出版發行藏、漢文的各類藏學專著、叢書、古籍、史料、圖冊及其他與藏學有關的書籍。從 1986 年建社至 2000 年，共出版各類圖書 229 種，其中藏文圖書 115 種，漢文圖書 114 種。該社出版的精品圖書有：《中華大藏經丹珠爾》（藏文版對勘本）。該書由中國藏學研究中心數十名藏學家組成的「藏文《大藏經》對勘局」校勘整理，為國家「七·五」重點項目，全書 150 冊。此項出版工程耗資巨大，是世界藏學出版史上的壯舉，也是藏族文化史上的一件盛事。《五明精選叢書》（藏文版）。此套叢書是精選藏文古籍中的詩學、醫學、曆法、哲學、聲韻學、宗教學等大小五明學科的內容彙編而成，現已出版 20 餘種。《藏族學者文集》（藏文版），此文集是當代藏族學者撰寫的各種具有較高水平的藏文論文集。《苯教文獻集成》，是由著名苯教學家才仁太主編，已出版 4 部。該社出版的書籍中 95% 以上都是以藏族文化為主要內容的文獻、檔案和學術著作。

3. 中國民族語文翻譯中心藏文部

該機構於 1974 年在北京成立（原名「少數民族語文翻譯局」），其主要任務是翻譯馬克思、恩格斯、列寧、斯大林、毛澤東等人的著作，全國人民代表大會和中國人民政治協商會議的會議文件，共產黨和國家的重要文獻、重要政策法規等。此外，還翻譯和編寫文學、歷史、文化、法律等方面的論著。

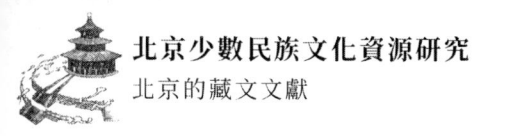

4. 中央民族大學出版社

該出版社於 1985 年在北京成立，主要出版中國少數民族各方面的漢文圖書和民族院校的教材，同時出版一些少數民族文字的學術論著，近年出版了《拉薩口語會話手冊》《藏文文法》《西藏法典》《語言學概論》（譯著）、《歷輩達賴喇嘛和班禪額爾德尼年譜》《藏曆精要》等藏文圖書。

除以上出版社之外，北京的其他出版社也經常出版和發行一些有關藏族文化、歷史、風情等方面的漢文圖書和英藏漢對照的大型圖冊，例如：《西藏木刻藝術》《布達拉》《西藏》《古格王朝遺址》《珍寶》《中國藏傳佛教白描圖集》《西藏藝術》《藏傳佛教金銅佛像圖典》《西藏脫模泥塑》《中國西藏阿里東嘎壁畫》《藏傳佛教藝術》等。

四、北京市藏文文獻的雜誌類

1.《民族畫報》

其於 1955 年創刊，月刊，以漢、蒙、藏、維、哈、朝 6 種文字出版。該報的主要任務是：報導中國少數民族地區的政治、經濟、文化教育等方面的建設成就，介紹 56 個民族的社會生活、風土人情、名勝古蹟、自然風光、民族文化、優秀人物，宣傳共產黨的各項方針政策，傳播科技知識和民族文化，加強和增進各民族人民之間的瞭解、團結。其中刊登了數千幅有關藏族社會歷史、宗教、文化、民族等方面的珍貴圖片和相關文字。

2.《中國藏學》

《中國藏學》是由中國藏學研究中心主辦、中國藏學雜誌社編輯出版的社科類學術期刊。現有漢、藏、英 3 種文版。其中，漢、藏文版 1988 年正式創刊，季刊；英文版 2003 年創刊，半年刊。其所刊內容包括政治學、經濟學、人口學、宗教學、歷史學、考古學、人類學、民族學、民俗學、教育學、語言學、文字學、藏藥學、民間文學、環境科學、文學藝術等，涉及藏學研究的各個學科和眾多領域，充分體現中國藏學界的最新研究成果，展示中國藏學研究工作的最新走向。

漢文版另有《動態與訊息》《新書簡介》《新書瀏覽》《最新相關資料要目索引》等反映藏學界學術動態的固定欄目。

3.《中國西藏》

於 1990 年創刊，季刊，現有藏、漢、英 3 種文版，是中央統戰部主辦的綜合性刊物。

此外，經常刊載藏族文化的漢文雜誌也有如下幾種：《民族團結》《民族譯叢》《民族語文》《民族研究》《中央民族大學學報》《民族教育研究》《民族古籍研究》《民族博覽》《法音》《佛教文化》等。

五、結語

北京作為全國政治、經濟、文化以及國際交流的中心，高校林立，文化機構眾多，歷史文物古蹟和人文景觀分佈廣泛。少數民族古籍文獻歷史悠久、卷帙浩繁、門類繁多。元代以來，朝廷組織相關人員翻譯和出版了大量的藏文典籍，到了明清、民國時期，各個皇家寺院收藏和印刷了大量的藏文文獻，特別是新中國成立以後，建立了眾多院校、科學研究單位以及各類圖書館，這些單位也都蒐集和整理了大批的藏文文獻，為我們的歷史研究和藏學研究做出了突出的貢獻。

瞭解北京市藏文文獻的現狀，對於我們這些學習和從事藏學研究的學生和研究員來說具有重要的意義和價值。第一，藏文文獻典籍是中華民族燦爛文化的組成部分之一，是藏民族千百年來智慧的結晶，也是藏民族重要的精神財富。第二，藏文文獻是相關研究人員和學者從事藏學研究的重要史料和資料。同時，它也是集藏民族社會歷史價值、文學藝術價值、文物價值和使用價值於一體的、寶貴的文化遺產。第三，它是藏文文獻學研究和發展的主要對象。目前，國內對藏文文獻資料的分類還沒有形成一致的看法，大家各有各的想法，各有各的見解。筆者認為，我們應該在現有的文獻資料分類的基礎上，對其進行進一步的整理編譯、研究撰述、編輯出版等一系列配套工作，促進學界對藏文古籍文獻的整理研究。

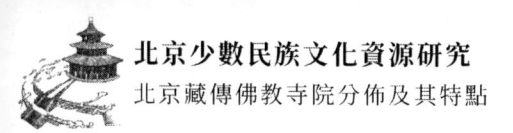

北京藏傳佛教寺院分佈及其特點

瓊英 [162]

　　佛教傳入西藏並不是一蹴而就的，從佛教的傳入、傳播到最後在青藏高原地區深深紮根所經歷的歲月在眾多藏族知識精英所撰寫的史料中，都有詳實的記載。從吐蕃贊普拉托托日年贊時期的「隱形」傳入到贊普松贊乾布時期的正式傳入，之後在赤松德贊和赤熱巴巾時期得以廣泛傳播。但是，在這個時期，佛教只是在上層社會和知識精英階層人士之間傳播，並沒有樹立堅固的群眾基礎。這就使得佛教在吐蕃最後一個贊普朗達瑪時期遭到了毀滅。其後是兩個世紀之久的戰爭，百姓的生活無法得到安寧，使佛教再度復興成為可能。復興之後的佛教就成為藏族人民的精神信仰，寺院成為人們的心靈得以「休憩」的一個神聖場域。

　　藏傳佛教作為一種實體存在，非寺院莫屬。公元779年，在衛藏地區建立了第一座藏傳佛教寺院——桑耶寺。在此之前，吐蕃贊普松贊乾布迎娶尼泊爾赤尊公主和唐朝文成公主時就有史料記載建立了大昭寺和小昭寺，但是，在藏族宗教史料中，第一個真正意義上的藏傳佛教寺院是桑耶寺。因為在桑耶寺建立之後，才有了藏族的第一批出家僧人（七試人或七覺士），以及佛像和翻譯的經書，才俱全所謂藏傳佛教的佛、法、僧三寶，因此才稱其為第一個藏傳佛教寺院。吐蕃贊普朗達瑪與其他反佛的苯教勢力一同抑制佛教，使佛教遭到了前所未有的破壞，寺院被關閉或者被改為屠宰場等。藏傳佛教復興後，寺院開始在康區紛紛建立，最後分佈到整個青藏高原地區。從區域分佈上來講，寺院在佛教前弘時期只是集中分佈在衛藏地區。但是，到了後弘時期，寺院經歷了一個從康區、安多兩地傳播分佈到衛藏中心的過程。從此，寺院作為藏傳佛教的一個像徵符號得以建立。寺院在藏區不僅僅是作為一種象徵符號，還具有一種向心力的作用，可以凝聚和整合社會成員。從國內的情況來講，藏文化作為中華民族多元文化的一個組成部分，與其他民族的文化交織融匯。而寺院又作為藏文化的象徵，不僅分佈在藏區，而且也分

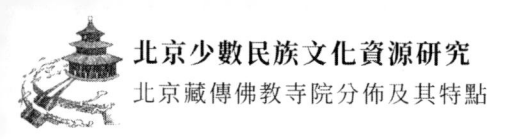

佈到祖國的其他地方。本文就以藏傳佛教寺院在北京的分佈來看藏傳佛教在北京的發展歷程及其特點。

一、藏傳佛教在北京

根據史料記載，北京與藏傳佛教結緣可追溯到元代。為完成統一全國大業，鞏固中央政權，元世祖忽必烈於1267年在金中都城東北另築新城，九年（1272年）改稱「大都」，二十年（1283年）落成。從此，大都正式成為國都。一大批藏族高僧也隨之來到大都，從而把藏族文化帶到了大都。元世祖忽必烈及其繼承者大力推行尊崇藏傳佛教的政策，在大都建造了許多藏傳佛教寺廟，作為藏族大喇嘛的宗教活動場所。可以看出，寺院作為藏傳佛教文化的一種載體在北京立足，其主要原因是元代統治者對佛教的崇奉，同時，它也成為治藏的政治手段及其政策。元朝時期，主要是由薩迦派高僧掌管全國佛教事務的，明清兩代也遵行了有元一代的治藏政策。但是，有別於元代的是，明朝時期採取的是「多封眾建」的政策，清朝時期大力扶植的是黃教教派的勢力。從藏傳佛教寺院的數量來看，在元明清這三個時期呈現的是一個階梯式的上升發展趨勢，直到民國時期這種發展趨勢才趨於蕭條態勢。總之，在元代，藏傳佛教傳入北京，開啟了藏傳佛教寺院在北京立足的先河。

二、北京藏傳佛教寺院的分佈概況

（一）北京佛寺分佈情況

藏傳佛教傳入北京，根據史料記載可追溯到元代時期。藏傳佛教薩迦派第四祖師薩班與闊端議妥了衛藏歸順蒙古國的條件，從此衛藏納入中國的版圖。薩迦派獲得元朝扶植，在衛藏地區取得了政治和宗教上的領袖地位。1264年忽必烈遷都燕京（當時稱中都，1267年又建新城於中都東北，1272年名新城為大都），設總制院，掌管全國佛教事務和吐蕃地區的地方行政事務，又命八思巴以國師領總制院事。這就標誌著藏傳佛教開始在北京立足。至元七年（1270年），元世祖忽必烈命建大護國仁王寺於高梁河，並請藏族高僧膽巴金剛上師（1230—1303）擔任住持，普度僧員。十一年（1274年）

三月建成。同在至元七年（1270年），貞懿皇后詔建西鎮國寺。隨著藏傳佛教的傳入及藏傳佛教寺院的建立，上到皇宮貴族下到民間百姓，其日常生產和生活的方方面面都深受其影響，而且影響越來越大。藏傳佛教作為國教在元代盛行，並從此在北京產生深遠的影響。

佛寺在北京的建造不同於藏區，究其原因，一是佛寺在元代的建立主要是由於皇室統治者的崇奉以及政治需求；二是北京的地勢和環境不同於藏區。從北京古城的建築佈局來看，藏傳佛教寺廟都建在皇宮周圍，位置重要，而且其體量崇宏高大，遠遠超過了衙署和民居，僅次於皇宮。由此看出，北京古城寺院的建立與藏區的寺院形成鮮明的對比。相同之處在於：二者在各自的社會發展中都具有重要的存在價值，都達到了整合之功能，而且從分佈上來看，都是處在重要的位置，具有較高的社會地位。不同之處在於：在藏區，寺院作為城市之中心和重心，試圖把文化內核透過一種「向心力」的作用向外輻射而達到整合的功能。而在北京，佛寺則是作為一種輔助手段，透過從外層向以皇宮為核心的文化中心「聚合」來達到其整合功能。

在北京藏傳佛教的史料中，集中論述了佛教作為藏文化的核心在北京歷史文化中的傳播及發展等概況，而對寺院分佈及其特點的論述並不多見。因此，本文就藏傳佛教在北京的分佈狀況，並將之與藏區的分佈情況進行比較，從而總結出其特別之處。主要側重於從時間和空間兩個維度來進行分析和探討。從時間的維度（長短）來看，透過論述佛教寺院在新的朝代中得到認可和發展的情況，瞭解朝代的更迭對藏傳佛教寺院造成的影響。從空間維度來看，透過掌握藏傳佛教寺院在北京區域上的分佈（地理位置的優劣），來進一步瞭解佛寺在北京歷史發展過程中的地位以及其存在的歷史價值。

(二) 從時間上來看

表 1　元明清時期修建、擴建的藏傳佛教寺院

元代		明代		清代	
1095	白塔寺	1403—1424	武塔寺	1629	五門廟
1267—1275	雙塔寺	1425	能仁寺	1645	察罕喇嘛廟(後黑寺)
1270	西鎮國寺	1435	西域寺		嵩祝寺
1270—1274	大護國仁王寺		雙林寺	1651	永安寺
1284—1287	崇國寺	1439	法海寺		東黃寺
1300—1308	大承華普慶寺		智珠寺		普勝寺
1305	萬寧寺		法淵寺	1652	西黃寺
1308—1312	南鎮國寺	1452	隆福寺	1665	弘仁寺
1318	興教寺		護國寺	1694	普度寺
1321	寶集寺		慈恩寺	1723	福佑寺
1326	大王源延聖寺	1485	興教寺	1721	資福寺
1329	功德寺	1512	鎮國寺		福祥寺
		1547	保安寺		慈祐寺
				1725	雍和宮
					慈度寺(前黑寺)

根據表1我們可以看出，藏傳佛教寺院在北京的建立時間主要集中在元、明、清三代。究其原因主要是，由於藏民族全民信教，宗教勢力滲透到政治、經濟乃至文化活動等各個領域，所以如何利用和對待宗教勢力是歷代朝廷治理西藏地方的關鍵所在。因此，元朝以藏區的這一主要命脈作為治藏策略來控制藏區。並且元朝上至皇帝及皇室貴族，下至百姓，都把佛教作為國教對待。元代時期主要扶持薩迦派勢力，使薩迦派勢力在藏區形成了集政治和佛教權力於一身，獨攬權勢的局面。明代繼續有元一代的治藏政策，與元代不同的是採取「多封眾建」，冊封法王等措施，而不再是僅僅扶植薩迦派勢力。這就使得各教派勢力在得到明代統治者的扶植後均有所發展，寺院的建造數量與元代相比有了明顯的變化。到清代，藏傳佛教達到了鼎盛時期，與前代不同的是，清廷扶植的是黃教教派的勢力。

（三）從空間佈局上來看

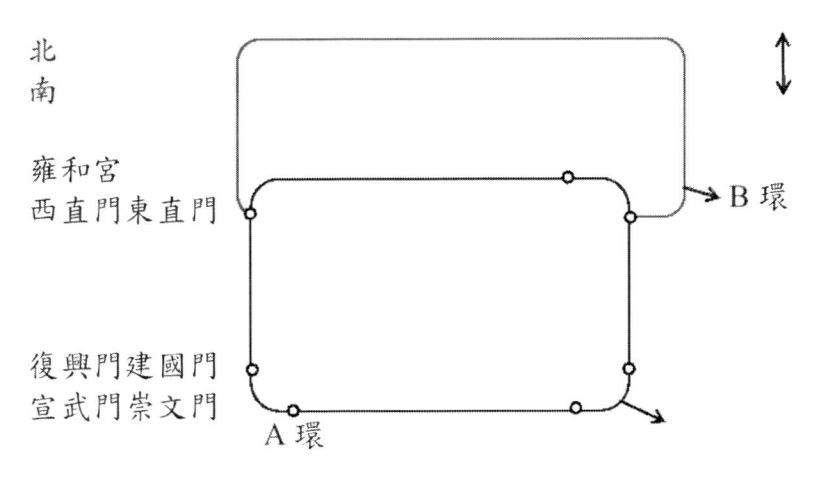

图1北京區域劃分（東區、西區）

圖1把右側的雍和宮和崇文門視作東（南）城區，把左側的宣武門視作西（南）城區，東（南）城和西（南）城都是圍繞在皇宮周圍。現今的北京城就是在A、B兩環的基礎上不斷向外擴張而形成的。藏傳佛教寺院在元大都的分佈狀態大致如下：

東（南）城區分佈的藏傳佛教寺院主要有：萬寧寺、雍和宮、嵩祝寺、南鎮國寺、寶集寺、隆福寺、東黃寺、普勝寺、普度寺。

西（南）城區分佈的藏傳佛教寺院主要有：大護國仁王寺、白塔寺、雙塔寺、崇國寺、大天源延聖寺、大承華普慶寺、功德寺、興教寺、西鎮國寺、五塔寺、護國寺、慈恩寺、能仁寺、興教寺、西域寺或三塔寺、雙林寺、鎮國寺、保安寺、法海寺、智珠寺、法淵寺、五門廟、福佑寺、永安寺、西黃寺、慈度寺或前黑寺、弘仁寺、察罕喇嘛廟或後黑寺、資福寺、慈佑寺、福祥寺。

從上述藏傳佛教寺院的分佈概況來看，寺院主要分佈在北京的東（南）城、西（南）城兩區。實際勘探業已證明，元大都的皇城位於全城南部的中央地區，宮城偏在皇城的東部。從圖1來看，主要是分佈在A環的區域範圍內，與這種勘探趨於一致，藏傳佛寺主要分佈在南部區域中的東區和西區範

圍。可以說主要是圍繞在 A 環（偏南）範圍內，分佈較為集中。元大都的園林主要分佈在都城東南與西南，而尤以西南一帶最為集中，究其原因，當與元大都周邊水系的分佈有關。由此看來，佛教寺院在當時主要是建在皇宮以及皇家園林周圍的地域，這就足以說明，藏傳佛教在當時具有重要的地位。

綜上所述，從時間上來看，藏傳佛教寺院在北京的建立時間最早可追溯到元代，經歷了從元代立足、明代上升、清代鼎盛到民國蕭條的一個歷史過程；從空間分佈上來看，藏傳佛教寺院在北京的分佈區域主要是在元明清各朝代的皇宮周圍。元代，主要分佈在中都的南部中心區域（南部的東城和西城偏南區）。明清時期，主要是在元朝時期的基礎上對藏傳佛教寺院進行修繕、改建、擴建的。因此，還是集中在元代分佈區域範圍內。民國以後，除一些著名的寺廟得以保存外，大多因年久失修，坍塌不存，或改為學校、工廠、民居而移作他用。

藏傳佛教寺院從建立到後續的發展都受到了當政者的重視，同時，從人類學、民族學的視角來講，它也是一個文化傳播、民族融合的過程。時至今日，藏傳佛教寺院在北京依然發揮著重要的作用，即在物慾橫流的時代，給信仰藏傳佛教的信徒提供一個心靈和精神得以慰藉的空間。

三、北京藏傳佛教寺院的分佈特點

根據以上對藏傳佛教寺院在北京的分佈狀況的分析，我們可以發現藏傳佛教寺院在北京的分佈存在以下幾個顯著的特點：

第一，分佈範圍較為集中。元世祖忽必烈改遷都城到中都（今北京），並命八思巴為帝師，掌管全國宗教事務，標誌著藏傳佛教寺院開始在北京立足。根據上述對藏傳佛教寺院分佈情況的分析可知，從元代到清代，藏傳佛教寺院數量有明顯的增多，呈現了元代立足、明代上升、清代鼎盛及民國蕭條的局面。而且建立的寺院主要集中在皇宮區域的周圍。究其原因是，元代當時的都城就在西城區，元世祖忽必烈信仰藏傳佛教，從一開始建立的寺院「大護國仁王寺」這一名稱上就能看出，元世祖視藏傳佛教為國教，並希望其能造成護國的作用。甚至從在皇城的東南西北各處都建有佛教寺院，就能

看出元世祖忽必烈對藏傳佛教的信仰程度非同一般。寺院都較為集中分佈在皇城的周圍，也與藏區的寺院作為向心力的分佈格局形成鮮明的對比。

第二，藏傳佛教受到歷代朝廷的重視。自元代以來，薩迦派就在藏區取得了絕對的優勢地位。不管是從宗教事務還是政治事務上來講，都可以說是統領了全藏區。明、清兩代大致繼承了元代統治藏區的手段，即以宗教作為統治藏區的重要工具，而且根據當時具體的歷史環境不斷予以修正和創新，制定出了一系列行之有效的統治蒙藏地方的宗教政策。在明代，朝廷對藏採取多封眾建的措施，冊封達賴喇嘛、班禪的稱號以及三大法王的稱號。有清一代，朝廷更是對「格魯派」青睞有加。尤其從寺院的屬性來看，大多數都是皇家寺院，都是由皇家出資興建。寺院作為得到官方授權而設立的公共機構，據此就有權得到地方官的保護。從文化上看，寺院被建構成精英的公共機構，也有義務滿足全體士紳的需要，它與其說是一個社區的中心，倒不如說是一個階層的中心。這與藏傳佛教起初在藏區主要在上層社會中傳播，並為其服務的形式不謀而合。但是二者產生了不同的結果，藏傳佛教最終在藏民族生活中紮根並為之服務，但是在內地的傳播卻是隨著歷代朝廷的興亡而發生變化。

第三，藏文化向內地傳播。藏傳佛教寺院在北京發展的歷史從元代到現今已有800多年了。藏傳佛教寺院不僅在元代發揮著重要的作用：皇室貴族的婚喪嫁娶等事項都要舉行藏傳佛教的法事活動，甚至其影響波及下層百姓的生活當中。時至今日，藏傳佛教寺院在北京的影響還是不可低估的。可以說，它既是一個藏文化在內地傳播和發展的歷史遺蹟，也是藏族與內地其他民族融合的一個見證。這場文化傳播不僅使藏文化融合到了內地文化中，也拉近了各民族之間的感情。中國是一個多民族國家，藏文化作為中國文化的一個組成部分，在與其他各民族文化相互兼容並包的過程中發展，並豐富著中華民族文化的多樣性。

第四，氣勢宏偉的建築風格。元明清時期在北京建造寺院多屬朝廷（皇家）集資行為，因此，其建築的氣勢和規模都是超前的龐大和宏偉。北京現存規模最大的藏傳佛教寺院——雍和宮就是典型的例證。

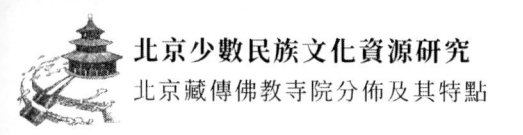

四、結語

　　藏傳佛教寺院自元代在北京立足以來，就與北京結下了不解之緣。隨著歲月的流逝，朝代的更迭，分佈在北京的藏傳佛教寺院經歷了從元代立足、明代興盛、清代鼎盛到民國到蕭條的一個歷史發展過程，並且在各個朝代都發揮了其特有的價值和功能，並成為統治藏區的重要手段。從藏傳佛教寺院的分佈區域（皇宮周圍）、建築風格以及規模僅次於皇宮來看，佛寺在當時的歷史發展中地位之重要。元明清時期修建的藏傳佛教寺院有些依然矗立在北京城，並形成了北京城市文化的一大亮麗的景色。現今，北京最為典型的藏傳佛教寺院雍和宮就是最好的例證。藏傳佛教寺院不僅作為藏傳佛教的神聖場所為眾生服務，而且在歷史的發展過程中，它作為祖國內地宗教活動的一個重要場所，發揮著重要的統合功能。

北京市藏式風格建築

次仁卓瑪[163]

　　北京在元代成為國都，之後經歷明、清兩代，直至今日仍為國都，是中華各民族文化的交流融匯之地，承載著政治、經濟、文化中心的職能。元朝結束了國家的分裂後，統一了全中國。在著名的「涼州會晤」之後，藏區回歸中央王朝。藏傳佛教薩迦派的八思巴追隨叔父薩迦班智達來到元都，1252年與忽必烈相遇於六盤山。忽必烈即位後，於1260年封八思巴為國師。

　　八思巴任國師期間，為以藏傳佛教為核心的藏族文化與中原各民族文化的溝通與交流提供了渠道。藏傳佛教由於在藏區以及蒙古貴族中的重要地位，使得元朝及其之後的王朝對之採取扶持、發展的態度。在八思巴任國師期間，藏傳佛教佛塔、寺院的興建，為藏式風格建築日後在北京的發展奠定了基礎。

　　至元八年（1271年），因在遼代所建的永安寺舍利塔中發現了舍利，忽必烈敕令在遼塔遺址上重建藏傳佛教白塔。尼泊爾匠人阿尼哥因深受八思巴賞識，得以主持白塔修建工作。至元十六年（1279年）白塔建成，並迎請舍利入藏塔中。

　　白塔高51米，臺基高9米，塔高50.9米。全塔由塔基、塔身、塔刹3個部分組成。其中塔底座面積為1422平方米，依次有3層，最下層臺基設有一通道，通道連接塔基。二層及三層臺基為「亞」字型須彌座。3層臺基之上為白塔基座，連接塔身及基座。基座之上為綻放狀蓮座，蓮座之上塔身為覆鉢狀。塔身上半部分則為圓錐形，共有13節，稱為「十三天」。頂上花紋銅盤的周圍懸掛36個小銅鐘。銅盤高5米，重4噸。分為刹座、相輪、寶蓋等幾個部分。白塔形制即源於古印度的窣堵坡式。後以白塔為中心建寺，元朝時稱為大聖壽萬安寺，後改名為妙應寺，是目前北京城內最古老且保存完整的藏傳佛教佛塔。

　　元朝廣建藏傳佛教寺院，為藏傳佛教在北京的發展提供了條件。據《元史》記載：「帝師之命，與詔敕並行於西土。百年之間，朝廷所以敬禮而尊

信之者，無所不用其至。雖帝后妃主，皆因受戒而為之膜拜。正衙朝會，百官班列，而帝師亦或專席於坐隅。且每帝即位之始，降詔褒護，必敕章佩監絡珠為字以賜，蓋其重之如此。」[164] 自元朝之後，明清兩代也極為重視藏傳佛教。

明永樂元年（1403 年），永樂皇帝迎請噶舉派黑帽系五世噶瑪巴活佛得銀協巴進京，並封為「萬行具足十方最勝圓覺妙智慧善普應佑國演教如來大寶法王西天大善自在佛」，即「大寶法王」；永樂十一年（1413 年），永樂帝封薩迦法王昆澤思巴為「萬行圓融妙法最勝真如慧智弘慈廣濟護國演教正覺大乘法王西天上善金剛普應大光明佛」，即「大乘法王」；宣德九年（1434 年），明宣宗敕封格魯派釋迦也失為「萬行妙明真如上勝清淨般若弘照普應輔國顯教至善大慈法王西天正覺如來自在大圓通佛」，即「大慈法王」。

明朝時期，藏傳佛教寺院有所增加，約有 10 餘座。分別為：大慈恩寺、大隆善護國寺、大能仁寺、大護國保安寺、興教寺、真覺寺等。此一時期藏傳佛教寺院的建築，仍帶有印度、尼泊爾等地的風格。明成化九年（1473 年），明成祖在元代護國仁王寺內賜建真覺寺。真覺寺的金剛寶座塔按照印度佛陀迦耶精舍形式而建，建築風格中融入印度、藏、漢、蒙等風格。

金剛寶塔分為塔座和五塔兩部分，內部為磚砌，外部則用青白石包砌。整座塔分為長方形的須彌座式的石臺基及金剛寶座座身。在臺基上刻有佛像、梵文等紋飾。主要雕刻內容有四大天王、羅漢、獅子、象、馬、孔雀及大鵬金翅鳥，以及法輪、降魔金剛寶杵、佛教八寶等浮雕圖案。[165] 金剛寶座塔的須彌座束腰上，刻有元朝時期八思巴在中統四年（1473 年），致忽必烈的新年祝詞《吉祥海祝詞》。祝詞為藏文、梵文上下並行刻寫，自塔南向東繞塔座一週，每句 9 字或 7 字刻寫，共 44 句。

座身共有 5 座四方形的石塔。5 座石塔中間一尊較高，其餘 4 座圍繞兩側，每座石塔分層而建，每層均有石刻短檐，內刻有坐佛。塔檐部分是用白色石料仿照木結構的塔檐雕刻而成，並且雕刻得特別逼真。在塔檐之間的每層塔身上，均浮雕有許多趺坐式佛像，5 座塔身上共雕有佛像 1000 余尊。在塔檐

的 4 個角上，各懸掛著一只四方形，富有蒙藏風格的銅鈴。真覺寺在朝代更替中被損毀，但寺院中的標誌性建築金剛寶座塔依然保存至今。

明朝的藏式風格建築仍延續元朝風格，以藏傳佛教寺廟為主。在藏地與中原的交流中，藏地進貢品多為佛教用品及佛教造像等。而安置藏地進貢的珍貴佛像，也是明朝廣建藏傳佛教寺廟的原因之一。

清朝未入關前，即與藏傳佛教格魯派取得聯繫，並相互支持。在清入關之後，大力扶持格魯派在藏地取得領導地位，並與藏地的聯繫進入空前繁盛的狀態。也就是在這一時期，清朝各代帝王在北京修建多處藏傳佛教寺廟。以康熙皇帝為例，康熙五年（1666年）在太液池西南岸，將清馥殿基址改建為弘仁寺，並將鷲峰寺的旃檀佛像遷移供奉於此。康熙二十七年（1668年），康熙帝敕令對妙應寺及白塔進行全面修繕，並御製碑文以紀事立功。康熙三十年（1691年）為其祖母孝莊太后祝釐，在南苑興修了永慕寺。此外康熙皇帝還在內蒙興建多倫諾爾匯宗寺，晚期於熱河外八廟興建的仁寺、溥善寺，並曾多次前往五臺山拈香，發銀幣修建「祝國佑民道場」。[166]

清朝各代皇帝不僅擴建藏傳佛教寺院，並在清朝皇宮中，建造除寺院外的藏式風格建築。在北海、靜宜園、頤和園等皇家宮苑園林中也建有白塔等藏式建築。

民國至解放過程中，中國在時代變遷的大背景下百廢待興，北京城內的藏式建築也受到不同程度的損毀。在新中國逐漸走向正軌之後，歷代興建的藏傳佛教寺廟得到修復和保護。也就在這一新時期，北京西藏大廈等藏式風格建築拔地而起，開啟了藏式風格與北京風貌相結合的新篇章。

一、寺院建築

7世紀，佛教自印度等地傳入西藏，逐漸發展為藏族社會生活中最重要的組成部分。在佛教與西藏本土宗教融合的過程中，形成了具有西藏特色的藏傳佛教。為使藏傳佛教興盛發展於藏地，藏傳佛教寺院的興建隨之而興起。自元朝西藏歸附中央政府之後，各代帝王對藏傳佛教採取扶持發展的態度，

為藏傳佛教向中原傳播交流提供了基礎。北京作為中國的重要城市，更是修建了多座具有時代特色的藏傳佛教寺院。這些寺院建築風格主要以藏式風格為主，兼融合有漢、蒙等建築風格，體現了藏族與其他少數民族友好交流及文化發展的歷史。

藏傳佛教寺院的建築風格，受到不同因素的影響。從地域的差別來看，可分為藏式風格、受漢等民族影響的風格。在北京、五臺山等中原地區，藏傳佛教寺院一般為藏漢風格結合的建築。而藏傳佛教內部各教派的差異，也導致藏傳佛教寺院的建築外觀上使用的風格、塗色各有不同。[167]

在藏地，藏傳佛教寺院一般建造於山麓之上，整體格局按照山勢走向而建。其建造佈局較為自由，寺院扎倉及大殿位於中心位置，周圍圍繞僧舍及各個小殿。而在北京的藏傳佛教寺院，一般建造於平地之上。寺院建造規整對稱，大殿及偏殿位置安排有嚴格的規劃。

藏傳佛教寺院有其獨特的建築風格。從建築外部來說，有以下幾個顯著特徵：金頂，建築之上的鎏金，具有藏地特色的門窗、樑柱以及白、紅等外觀塗色。從建築的內部裝飾來看，寺院建築內部的雕刻、壁畫等則是重要的組成部分。

藏傳佛教寺院中，扎倉及各大殿建築氣勢恢宏，是整個寺院的中心建築。這些建築的內部空間較高。在大殿的頂部，主要採用金頂的建築特點進行修建。早在松贊乾布時期，為寺院大殿修建金頂的傳統便開始流傳。金頂一般採用銅鑄，造型與一般屋頂相似。以鬥拱做成四坡形的頂蓋屋架，頂面翹首飛檐，四角飛檐飾有張口鰲頭並垂有刻經銅片及銅鈴。金頂屋簷上的紋飾一般為藏八寶、法輪、雲紋等花紋。金頂在整個建築中，不僅具備房檐屋頂的功效，更為整個建築增添了別具一格的特點。

藏區的傳統寺廟建築常根據藏區的地理地貌特徵，在建造過程中就地取材。例如在牆體的夯築過程中，大量使用高原出產的黃土、阿嘎土。「阿嘎土」是高原溫帶半乾旱灌叢草原植被下形成的土壤，經反覆澆水捶打的工序後，有光滑平整的優點。寺廟建築中的牆體一般都由阿嘎土砌築完成，這不僅體

現了藏式建築因地制宜的智慧，同時阿嘎土夯築的繁複也顯示了寺院在藏區尊貴的地位。

牆體內部的藏式樑柱結構，是建築內部的重要建築、裝飾部分。木柱一般為正方形、圓形、「亞」字型，扎倉等大殿內部木柱的數目一般以佛教的吉祥數字為準。柱身多塗為紅色，並裝飾各種圖案及紋飾，例如雲紋、寶輪、火焰等。柱頭雕飾複雜，色彩豐富。木樑飾有彩畫及鏤空木雕等花飾，色彩艷麗濃厚，與木柱連為整體，富有濃厚的宗教色彩。

在藏式寺院建築中，壁畫是建築裝飾中最主要的部分。在寺院的天井院落或是殿前迴廊之中，都可見不同題材的精美壁畫。壁畫多採用礦石作為原料，使用時將礦石磨粉加入膠、水後進行繪畫。壁畫色彩豐富、筆觸細膩。不同位置的彩畫內容和紋樣各有不同。柱頭、木樑、窗框等多採用雲紋、火焰紋、萬字型、十字型等圖案。而牆壁、迴廊等壁畫則多為宗教內容。常見的有釋迦牟尼、宗喀巴大師的傳記故事、四大天王、六道輪迴圖等內容題材。

漢地的藏傳佛教寺院在建築特徵上與藏區存在差異，多體現出與當地建築樣式交匯融合的風格。在建築材料的選擇和建築形制上也存在不同，但是也能看出藏式建築風格在其中的影響。

北京的藏傳佛教寺廟，根據清朝時期《理藩部則例》《清宮普寧寺檔案》等檔案及妙舟居士所著的《蒙藏佛教史》來看，有西黃寺、弘仁寺、嵩祝寺、福佑寺、瑪哈噶拉廟、新正覺寺、普度寺、黑寺（慈度寺）、大隆善護國寺、妙應寺、五塔寺、察罕喇嘛廟、永安寺、聖化寺、雍和宮等 40 餘座。

其中雍和宮為北京城中最著名的藏傳佛教寺院。雍和宮原為雍正為皇子時期的府邸，清乾隆九年（1725 年）改建為藏傳佛教寺院，又名「甘丹金恰林」（意為吉祥威嚴洲）。雍和宮在建築風格上，既保留了明清時期皇家宮殿建築的風格，又融合了藏式建築的元素。

雍和宮建制規整對稱，分為中路、東路、西路。由天王殿、大雄寶殿、永佑殿、法輪殿、萬福閣 5 個大殿以及講經殿、密宗殿、數學殿、藥師殿等

組成。寺院內高大的碑樓、石獅以及迴廊、鐘鼓都體現著漢、藏等多元的建築元素。

第一進的大殿為永佑殿，黃琉璃筒瓦歇山頂樣式，梁枋與屋簷之間用鬥拱結構。大殿面闊5間，門窗使用三交六椀棱花樣式，檻牆為龜背紋綠琉璃形制。法輪殿整體為漢地北方官式建築，其內部為梁木結構，傳統古建裝修。大殿平面呈十字形，主殿面闊7間，黃琉璃筒瓦歇山頂，前後軒、抱廈各5間。在法輪殿正殿殿頂四邊各有一黃筒瓦懸山頂天窗，殿頂及天窗頂各建有一藏族風格的鎦金寶塔。在所有大殿中，法輪殿的藏式建築風格融入尤為突出。

出法輪殿，為飛檐三重的萬福閣，其兩側為永康閣、萬福閣、延綏閣，三閣並列復道相通，為遼金時期的建築風格。萬福閣面闊及進深均為5間，整個建築為重樓結構，屋頂採用歇山頂覆黃色琉璃瓦樣式，殿內成兩層閣樓狀。

雍和宮大殿一般採用樑柱結構。在寺院的建築結構上，漢族建築特徵明顯的鬥拱在雍和宮建築中多有使用。鬥拱，由不同形狀的多個木塊重疊拼湊而成，在建築的柱頂、額枋、梁枋與屋頂之間位置使用。鬥拱可增加建築屋簷的長度，縮短梁枋跨度，分散節點處的剪力。由此之外，鬥拱的外形延展，具有裝飾作用。

在北京的藏傳佛教寺院中，不得不提到的還有清初建立的「北坰名剎」之一的西黃寺。西黃寺始建於順治九年（1652年），於乾隆三十四年（1769年）進行第二次大規模重修。五世達賴喇嘛、六世班禪在京期間都曾駐錫西黃寺，向清朝皇帝報告西藏地方政教大事。

西黃寺的寺院外觀上，採用了藏式傳統寺院建築風格為基礎、中原佛教寺院建築為點飾的方式。西黃寺所包括建築有天王殿、前院東西配房、垂花門、東西配殿、大殿、清淨化城塔、後院東西配房、後罩樓等建築。

作為北京重要的格魯派寺院，西黃寺的琉璃黃瓦覆頂、規整對稱的建築結構，都體現了官式建築的基本元素。在寺院內部的內飾設計中，則多採用藏式寺院內的鑿壁、漢地寺院的絹牆等不同形式進行裝飾。同時，核心建築

內部的群組性壁畫也是建築重要的內飾組件。壁畫不僅在繪畫藝術上有審美價值，其繪畫主題主要體現宗教元素，具有藏傳佛教特點。

乾隆四十五年（1780年），六世班禪在西黃寺圓寂，乾隆四十七年（1782年）在西黃寺內建清淨化城塔，塔內珍藏六世班禪衣冠經咒及御賜等。由此，清淨化城塔成為西黃寺內最具有藏傳佛教寺院建築特點的建築。

清淨化城塔是西黃寺塔院的核心建築。整個塔院由漢白玉雕刻的石塔群組合而成，清淨化城塔為塔群中心，雕刻尤為精美。此塔由塔基、塔身和剎桿等部分組成。在塔身設計上採用藏式建築中的瓶形塔造型，並採用藏式建築中常用的雕刻元素，如佛像、蓮花、經文等。塔頂為藏式的鎏金寶傘樣式，四隅加蓋有「青白石幢」造型。清淨化城塔在設計、建造過程中，備受乾隆皇帝關注。在佛塔的外部造型、浮雕內容、塔頂裝飾等內容上，都體現著濃厚的藏式建築的風格特色。

藏式寺院建築興起於北京為代表的漢地，原因主要如下：一是北京的國都地位；二是藏傳佛教在藏區的特殊地位；三是自元代起，西藏納入中國版圖後，中央王朝在對藏區的施政方略中對藏傳佛教所採取的寬厚、優待的特殊政策；明、清兩朝又均連續採取元代的施政方略，這種連續性，使得在北京的藏傳佛教寺廟有了一個較長的相對穩定發展時間和空間，並得以保存下來。[168]

而從建築發展的角度來說，藏式風格寺院建築中的元素進一步傳播到北京，與北方官式建築、遼金風格建築等交流融合。同時，藏式寺院建築在北京的發展，為不同性質、功能的藏式建築進入漢地奠定了基礎。

二、皇家藏式風格建築

北京的藏式風格建築中，藏式寺院建築的發展歷史最為久遠，規模最成體系。自蒙元時期起，歷朝透過不同的方式扶持和發展藏傳佛教以遠控藏區。藏族文化逐漸傳入北京，在皇室宮廷之中，也隨之出現藏式風格建築。

以清朝的宮廷為例，頤和園、圓明園等皇家園林中，便有不同的藏式建築。圓明園中的藏傳佛教寺院——正覺寺，一反太監在宮廷寺院充任僧人的常例，為雍和宮下院，由正式僧人主持。由此可見，藏傳佛教及藏式建築在皇家宮廷、園林中的重要性和獨特性。

在皇家園林中的藏式風格建築，頤和園萬壽山後山的藏式建築群頗有特點。這一建築群主要以藏傳佛教中的「四大部洲」為主題進行建造。清乾隆二十年（1755年）左右，以萬壽山後山為基礎，從下至上地排列建造。整個建築群占地2萬平方米左右，以香岩宗印之閣為建築群中心，包括四大部洲、日月臺等19座建築。

香岩宗印之閣仿西藏桑耶寺形制而建，殿門坐北朝南，面闊5間。1860年英法聯軍洗劫北京，殿閣也受損毀，光緒年間進行重修。重修後的殿閣前後有廊，殿頂正脊為歇山黃色琉璃瓦頂。香岩宗印之閣的整體建築的外部用色、建築的窗框設計上，都體現著濃郁的藏式風格特色。而在屋頂設計中，則沿用皇家建築的黃色琉璃瓦頂，結合官式建築傳統。

香岩宗印之閣象徵佛所在的須彌山，前有須彌靈境，在其四周圍繞建造有像徵佛教世界的四大部洲——東勝神洲、西牛賀洲、南贍部洲、北俱蘆洲。四大部洲中的南贍部洲以長方形為基底，位於香岩宗印之閣北端；西牛賀洲以橢圓形為基底，位於南向右側；東勝神洲以半月形為基底，位於南向左側；北俱蘆洲以方形為基底，位於南向頂端的中軸位置。在四大部洲之外，圍繞有八小部洲。殿閣東南、西南、東北、西北四個位置，設計有白、黑、紅、綠的四座佛塔。佛塔造型體現藏式風格，其建築含義對照佛經中的「四智」。這組依山而建的丁字型建築群，不僅按照藏式建築風格進行建造，在其建築佈局上，也以體現藏傳佛教宇宙觀作為主題。

頤和園中的這組藏式建築的獨特之處在於，作為皇家園林中的佛教建築，建築群以模仿西藏傳統寺院建築風格為主。在建築的外部用色上，採用藏區寺院常用的絳紅色與白色相結合的色彩；四色佛塔塔身為覆鉢體，塔尖為錐形，採用的是藏區佛塔的造型；四大部洲的設計汲取藏式碉房的特點。以香

岩宗印之閣為中心的建築群以金剛牆為界，錯落有致地分佈於萬壽山之上。紅白建築與黃色琉璃瓦頂在皇家園林中特別醒目，增添了園林別緻的景觀。

　　清朝時期的皇家園林中，頻頻可見藏式風格建築。這一時期皇家園林中的藏式建築與清前期的藏式寺院建築風格有很大不同，這些建築含有更濃郁的藏式建築特徵。清以及清朝以前的藏傳佛教寺院，一般為在原有寺院或宮殿上改建而成，在建築佈局、建築風格上，以多民族建築風格融合為表現。而在頤和園以四大部洲為主題的建築群中，則儘可能地仿照藏地建築進行修建。

　　這一時期皇家園林中的藏式建築還有一大特點，即還是以宗教建築為主題。在頤和園、圓明園等重要的皇家園林中，修建的藏式建築以反映藏傳佛教為主題。自清朝入關以來，便與藏傳佛教格魯派建立深厚的聯繫。為加強和重視中央與藏區的聯繫，清廷在北京的皇家園林及承德的避暑山莊等地，都修建有藏式風格的宮廷建築。

三、現代藏式風格建築

　　新中國成立之後，藏式建築在北京的發展呈現新的趨勢。在經歷了歷史浪潮的洗禮後，北京原有的藏式寺院建築，如雍和宮、西黃寺等得到政府的重視，進行多次的修繕和保護。藏式風格建築在北京的發展也呈現出多方位、多功能、現代化等特點。

　　羅桑開珠教授在《論建築的民族文化屬性》一文中，討論了現代藏式建築的基本特徵：現代藏式建築從階級等級、區域特點、僧俗文化、時代風格、民族類型5個方面打破了傳統建築風格的界限，初步形成了具有時代特徵的新型藏式建築風格。這種新型藏式建築風格是在打破傳統建築格局的基礎上，以民族文化元素為基礎，以藏式建築特點為基本風格，以吸收多元建築文化素材為修飾，與現代建築功能和時代特徵相融合後形成的現代藏式建築風格。[169]

北京市藏式風格建築

在時代發展的大背景下，位於北京市朝陽區北四環東路的北京西藏大廈，無疑是現當代北京地區較有代表性的藏式建築。北京西藏大廈是中央第三次西藏工作座談會確定的62項援藏工程之一，於1995年6月8日奠基，1997年10月15日透過驗收。2002年，西藏大廈進行內部再次裝修。

西藏大廈占地面積5716.1平方米，總建築面積20800平方米。主樓高為14層，地下2層。大廈外部造型對稱佈局，整體組合端莊、高大、華麗。充分運用現代建築技術的同時，融匯了西藏的藏式建築風格。

大廈在建築外觀用色上，採用藏區常用的絳紅色、白色、黑色相搭配。牆面主體選用白色，白色在藏族文化中象徵吉祥；建築頂端檐部使用絳紅色，絳紅色在藏式建築中屬於尊貴的用色；在窗框的用色上，則選用黑色，寓意為闢邪。由此可見，藏式建築的顏色選用受到宗教的影響，白、紅、黑等在佛教中對應不同的意義。

在外觀設計上，大廈在建造過程中運用現代技術和材料，體現了現代化建築的特徵。外部造型單向上傾，立面實牆選用藏式建築典型的黑色大理石窗套。大堂上部採用歇山式金色屋頂，女兒牆四周設有7座欽金寶瓶。在陽光照射之下，屋頂熠熠生輝，整個西藏大廈盡顯恢宏氣勢，成為北京新時期藏式建築的新代表。

西藏大廈的建築風格吸取了現代建築技術的精華，同時注重保持藏式建築的特色和風格。在建築設計的功能與藝術上力求統一，使大廈成為藏式現代建築的新代表。西藏大廈的設計不僅在外部設計上發展創新，在功能上也體現出新時期的特點。在建築特點上吸收藏文化的精華，並在功能上成為展示西藏風情、民俗、文化的窗口。

文化的多元發展滿足了人們瞭解不同文化的需求，內地與藏區的廣泛交流也促進了藏式建築以不同形式進入內地。藏式風格內部裝修的餐廳、休閒吧等休閒場所，將藏式風格的內部裝修設計帶入北京。

在北京的瑪吉阿米、巴扎童嘎等知名藏餐廳中，便能體會到藏區富麗堂皇的內飾建築風格。在藏區的室內設計中，運用豐富的色彩，室內牆壁多繪

有藏八寶等吉祥繪畫。門飾中多可見銅門環、角雲子、如意頭等裝飾；室內柱頭等多採用雕刻的彩繪，精雕細刻、流光溢彩。

從建築的領域來說，無論是傳統的藏傳佛教寺院，還是現代化的藏式風格的建築，都在北京這座城市中找到自己的歸屬。

四、結語

北京的藏式風格建築在不同的歷史時期，呈現出了不同的歷史風貌。蒙元時期，藏式風格建築隨藏傳佛教傳入北京，與漢地、遼金等建築風格產生交流。明清之後，隨著藏區與內地的交流緊密，更多的藏式風格建築出現在北京城內。這一時期，藏、漢等建築風格進一步融合。藏式建築在保持其建築特色的情況下，又因地制宜，創新融合出反映藏、漢建築特徵的建築。

在現代化的建築技術的推動下，北京的藏式建築也革新發展，在外觀保持藏式建築藝術特色的情況下，發展出更全面的功能，滿足人們更廣泛的需要。從現階段北京的藏式建築特點來說，傳統的藏式寺院得到良好的修繕和保護，新形式的酒店、文化交流中心迅速崛起和發展。北京地區藏式建築的發展歷程，為我們展現了自古以來藏區與內地的緊密聯繫。藏式建築藝術在北京生根發芽，對漢地建築產生了別樣的影響。

古刹與白塔

——北京妙應寺的興衰史

紅星央宗[170]

　　妙應寺位於北京西城區阜成門內，因寺內有通體塗以白堊的塔，故俗稱「白塔寺」。該塔是北京現存唯一完整的元大都文化遺蹟，也是中國現存最早、最大的藏式佛塔。其造型獨特、結構精巧、氣勢恢宏，是中國建築藝術與尼泊爾建築藝術、藏地文化與中原文化彼此碰撞、互相借鑑的杰作。

　　白塔始建於1271年，後又以佛塔為中心建造寺院，因慶賀元世祖忽必烈生辰而命名為「大聖壽萬安寺」，坐鎮都邑，御統四方，取「國祚永安，服我帝居」之意。元代，該寺作為蒙古皇室宗教活動和百官習儀的中心場所，香火鼎盛，規模宏大。元末遭雷擊焚燬後，於明天順年間重建，更名為妙應寺並沿用至今。清代，朝廷亦出資屢次修繕、裝藏，時為京城最繁華的廟會場所之一。百年更迭間，雖屢遭戰火，幾經興衰，但白塔的興建卻標誌著藏式佛塔在中原佛教建築史上的首次發聲，反映了元以來以佛教為紐帶的愈發密切的漢藏交流，而以白塔為核心的寺院形制發展史更勾勒出一匹多元文化並行不悖、水乳交融的壯美織錦。

一、興衰：幾經波折的修繕史

　　妙應白塔寺歷史悠久，底蘊深厚。自元代興建以來幾度損毀，白塔雖得到了最大程度的保存和精心修繕，寺名卻兩度更改，佛寺形制亦幾經變遷。

　　據宿白先生所校注之《聖旨特建釋迦舍利靈通之塔碑文》載，「初，舊都通玄關北，有永安寺，殿堂廢盡，惟塔存焉。觀其名額釋迦舍利之塔，考其石刻，大遼壽昌二年三月十五日顯密圓通法師道之所造也」，因內藏殊勝法寶而屢現瑞相，「乃知聖人製法，預定冥中，待時呈顯，開乎天意，即至元八年三月二十五日。帝后閱之，愈加崇重，即迎其舍利，立斯寶塔」。[171]可見，早在元世祖忽必烈敕令立塔前，此處已有遼代永安寺所建之幢形舍利

塔的遺蹟。元世祖忽必烈因感念舍利威靈，故開啟舊塔，在舊址另建一佛塔以迎請之。並遣帝師仁欽堅贊（《元史》作「亦憐真」）依「密教排布莊嚴」，循如來身語意三所依裝藏佛塔，是為白塔。因此嚴格說來，如今妙應寺所見之白塔仍為元代所興建的藏式佛塔，而非遼代永安寺所遺存的舍利塔。

值得注意的是，學界基本認可塔碑文所考釋的白塔興建年代為至元八年（1271年），但對大聖壽萬安寺的興建年代卻莫衷一是。目前，以《元史·世祖本紀》《涼國慧敏公神道碑》[172]等為史料依據的觀點認為，大聖壽萬安寺始建於至元十六年（1279年）十二月丁酉，竣工於至元二十五年（1288年）四月甲戌。但近年也有學者，根據與之有關的重要歷史人物的新考古發現或史料記載推測，大聖壽萬安寺的興建時間為至元九年（1272年），與白塔的修築時間基本一致。如楊小琳在《元大都大聖壽萬安寺與白塔建築佈局形制初探》[173]一文中，即以亦憐真圓寂後世祖為其在萬安寺中舉行法會為例指出，若萬安寺始建時間與亦憐真圓寂時間至元十六年（1279年）一致，則無法初建就具備承載百人大法會的規模。黃春和在《元代大聖壽萬安寺知揀事跡考》[174]中同樣以大聖壽萬安寺第一任住持知揀的入駐時間為依據，認為至元十六年（1279年）大聖壽萬安寺已初具規模，至元二十二年（1285年）知揀入駐時又大興土木二度擴建，至元二十五年（1288年）落成。

事實上，關於大聖壽萬安寺具體興建時間即使是在明代宋濂所修的《元史》中也有所出入，如《本紀七·世祖四》所記載的「九年十二月癸醜，升拱衛司為拱衛直都指揮使司。是歲，天下戶一百九十五萬五千八百八十。賜先朝后妃及諸王金、銀、幣、帛如歲例。斷死罪三十九人。建大聖壽萬安寺」，[175]就與同書《本紀十·世祖七》中所載的「（至元十六年十二月），建聖壽萬安寺於京城」[176]大相逕庭。如此，雖然大聖壽萬安寺究竟始建於何時尚無定論，但可以確定的是，大聖壽萬安寺為由國家斥資修建的元大都敕建佛寺，其興建時間晚於白塔。佛寺基址由「帝制四方，各射一箭，以為界至」，[177]經累年擴建、修築，最終形成了以白塔為中心向四周輻射，總面積達16萬平方米的宏偉皇家佛寺建築群。百年間，大聖壽萬安寺香火鼎盛，法脈不絕。既是帝后妃主、王公貴族、喇嘛僧侶舉行佛事活動的宗教中心，又是朝廷例行年度盛典前「百官習儀」的政治場所，世祖忽必烈逝世後更設「影堂」

一、興衰：幾經波折的修繕史

於寺內以供僧眾觀其御容。作為元代藏傳佛教在內地傳佈的縮影，大聖壽萬安寺的分佈位置、建築等級、基址規模為一般佛寺所無法比擬，終元之世享有特殊優禮，其重要地位可見一斑。

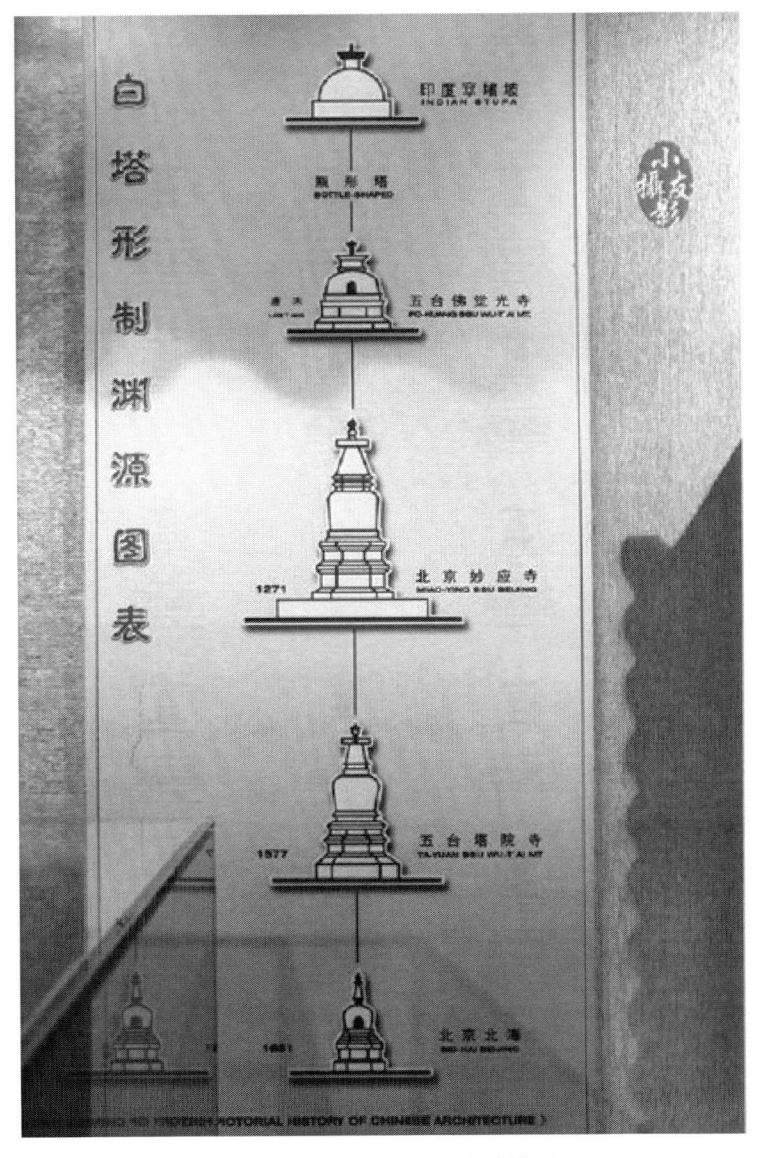

圖 1 妙應寺白塔結構圖

元末至正二十八年（1368年）佛寺遭雷擊焚燬，唯白塔倖存，此後65年佛寺幾近荒沒，偶有信眾捐資修繕白塔的天盤華鬘或銅鈴。現據《宣德八年重新修建造碑》可考，明宣德八年（1433年）白塔得到了修繕，但佛寺並未得到重建。直至明天順元年（1457年），因宛平縣民郭福奏請，由司設監太監廖秀捐資，於元萬安寺遺址上重建了佛寺。成化四年（1468年）佛寺竣工，皇帝賜匾更名「妙應寺」，意為「無而能妙，空而善應」。重建後的佛寺，除白塔這一主體建築外，還包括山門、鐘鼓樓、四重殿、塔院、東西配殿、方丈院等部分。相較於元代東西、南北均長400米的正方形分佈，受宣德年間建造朝天宮占地的影響，妙應寺被壓縮為東西寬約50多米，南北長約200米，總面積約1.3萬平方米的狹長矩形分佈，其規模僅為元代的1/8。同時，元代以白塔為中心，周圍建以殿堂、僧舍的藏式建築佈局，也在明代轉變為漢地寺院「伽藍七堂」的建築格局。（見圖1）一方面，白塔北移至寺院尾部，佛殿轉而成為寺院的中心與主體，形成前殿後塔的模式；另一方面，寺院建築、裝飾風格也不再突出藏傳佛教藝術特點。

　　清代，妙應寺受理藩院直接管轄，額設喇嘛39名。清代妙應寺沿用明代佈局，並由朝廷撥款對佛寺進行了多次修葺。康熙二十七年（1688年）修繕之事記於《聖祖御製妙應寺碑》中，乾隆十八年（1753年），清廷又對其進行了大規模修繕並為白塔重新裝藏。三世章嘉呼圖克圖所著的《京西門白塔因緣志》即對此次所藏的全套龍藏新版《大藏經》、乾隆御筆《般若波羅蜜多心經》、梵文《佛頂尊勝陀羅尼經》、赤金佛像、法衣等經籍、塑像、供物做了詳細記載。清中葉後期，妙應寺僧人出租配殿及空地給小商販，漸成為北京著名廟會之一，佛寺日趨世俗化。

二、開山：藏傳佛教在內地的傳佈

　　藏傳佛教隨著元朝的建立首次傳入北京地區，元皇室對藏傳佛教極力推崇，亦為其在內地的傳佈提供了有利的條件。其推行力度，由元代大都地區大肆興建的藏傳佛教佛寺與佛塔的壯觀景象可窺得一斑。僅在北京地區，由元代帝王主持興建的巨剎多達十餘座。[178] 元代以前，北京地區雖不乏佛寺，

但皆為漢式寺院中線為軸、左右對稱、整飭嚴謹、層次分明的中原建築風格。至元八年（1271年），由元世祖敕令所建的白塔遂成為北京第一座藏式佛塔，後依塔而建的「大聖壽萬安寺」亦成為內地藏式佛寺建築的傑出範本。

「佛塔」系梵語「窣堵波」「浮屠」（stupa）音譯，隨著佛教的傳入而進入漢語詞彙。在近2000年的沿革和發展中，各時期佛塔形制都有明顯的時代特色。（見圖2）妙應寺白塔是典型的覆鉢式瓶形藏式佛塔，其形制與印度的「窣堵波」式塔相近，一般由基臺、覆鉢、平臺、柱竿和華蓋5個部分組成。由元朝國師八思巴主持、尼泊爾工匠阿尼哥設計監造、帝師仁欽堅贊（亦憐真）以藏密身、語、意三所依裝藏而成。佛塔為磚石結構，高50.9米，底座面積1422米，通體潔白，工藝精巧。阿尼哥基本沿用了覆鉢式塔的主體構造，即須彌座塔基、覆鉢體塔身、圓錐形相輪、傘蓋、流蘇和寶瓶，同時改良了尼泊爾風格的覆鉢式塔身的「眼光門」設計，而呈現出新的藝術風格。白塔塔基為3層方形折角須彌座，最下一層為「亞」字型折角，中間設有束腰，最上層為24個半球突起式蓮瓣圍成的環形復蓮座。塔臺承托塔身，塔身上大下小，狀如一個倒置的鉢盂，故名覆鉢式塔。塔身之上是一層小型須彌座，其上有層層內縮、上旋的13層錐形相輪，象徵佛國世界十三層天。相輪頂承直徑9.9米的華蓋，周圍懸掛有36個風鈴。華蓋上置寶頂，另豎有一尊鎏金銅製小佛塔。

圖 2 白塔形制演變圖

　　作為天下有情眾生資糧圓滿的供養福田，佛塔本沒有一成不變的度量，外器世界即是一尊如意俱生的塔。佛塔作為空性的象徵，應是無色無相、永恆不滅的。如《造舍經》所言：「塔身小如余甘子，華蓋一片柏樹葉，塔軸細猶一根針。造塔的大小完全在於各自的信心大小和物力多少，欲建什麼造

型的塔取決於施主各自的愛好，沒有統一的模式。」[179] 因此，佛塔即是涅槃與宇宙的復合象徵。在這個意義上看，元代以白塔為中心的大聖壽萬安寺佈局即是藏傳佛教曼荼羅宇宙圖式的具體體現。《元代畫塑記》載：「仁宗皇帝皇慶二年八月十六日，敕院使也訥：大聖壽萬安寺內五間殿八角樓四座。令阿僧哥提調，其佛像計並稟搠思哥斡節兒八哈失塑之，省部給所用物。塑造大小佛像一百四十尊，東北角樓尊聖佛七尊，西北堆樓內山子二座，大小龕子六十二，內菩薩六十四尊。西北角樓朵兒只南磚一十一尊，各帶蓮花座光焰等。西南北角樓馬哈哥剌等一十五尊，九曜殿星官九尊，五方佛殿五方佛五尊，五部陀羅尼殿佛五尊，天王殿九尊。東西角樓四背馬哈哥剌等一十五尊。」[180] 這

種空間佈局與建築形制與漢地佛寺建築「伽藍七堂」模式迥異，而與藏傳佛教寺院曼荼羅空間圖式較為相似：中央的白塔象徵居於宇宙中心的須彌山；東南西北四方對稱佈置諸佛菩薩殿堂，象徵世界四大部洲；四角則設角樓，象徵須彌山周圍的四大護法天王。（見圖3）

另一方面，從白塔所在的位置來看，其位於元大都福田坊內，緊鄰皇城。符合該時期常將佛塔建於坡峰高臺、關口要隘、渡口要津或都市大道上，以促進藏傳佛教弘法的時代背景。不置可否，無論從佛寺、佛塔的地理位置，還是其空間佈局、建築性質，元代始建的白塔和大聖壽萬安寺都被給予了最大程度的優厚和禮遇。由此觀之，白塔興建之始亦是元統治階層以政治利益為訴求，在內地大力推行藏傳佛教之始。《聖旨特建釋迦舍利靈通之塔碑文》中尤見得，行文極力強調世祖在遼代舍利塔中所得「至元通寶」，以此宣示元社稷正統，並透過迎請舍利、遣仁欽堅贊（亦憐真）裝藏，充分顯示了對藏傳佛教的尊崇，由此以宗教為紐帶鞏固了中央政權對西藏的統治關係。

1. 山門遺址
2. 天王殿
3. 三世佛殿
4. 東配殿
5. 西配殿
6. 七寶佛殿
7. 具六神通殿
8. 白塔

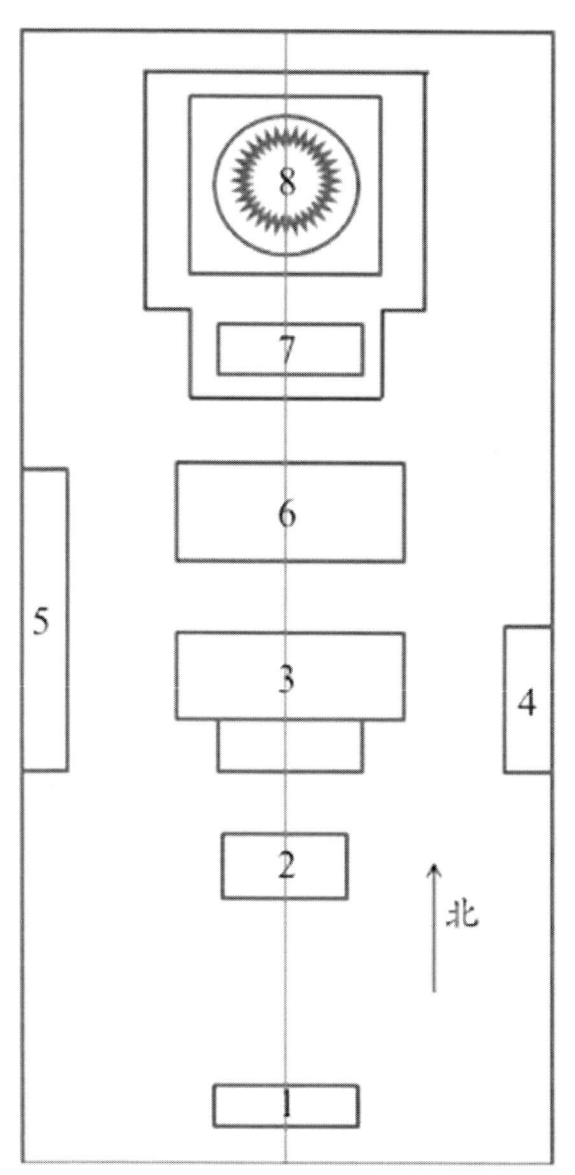

圖 3 妙應寺元代佈局

二、開山：藏傳佛教在內地的傳佈

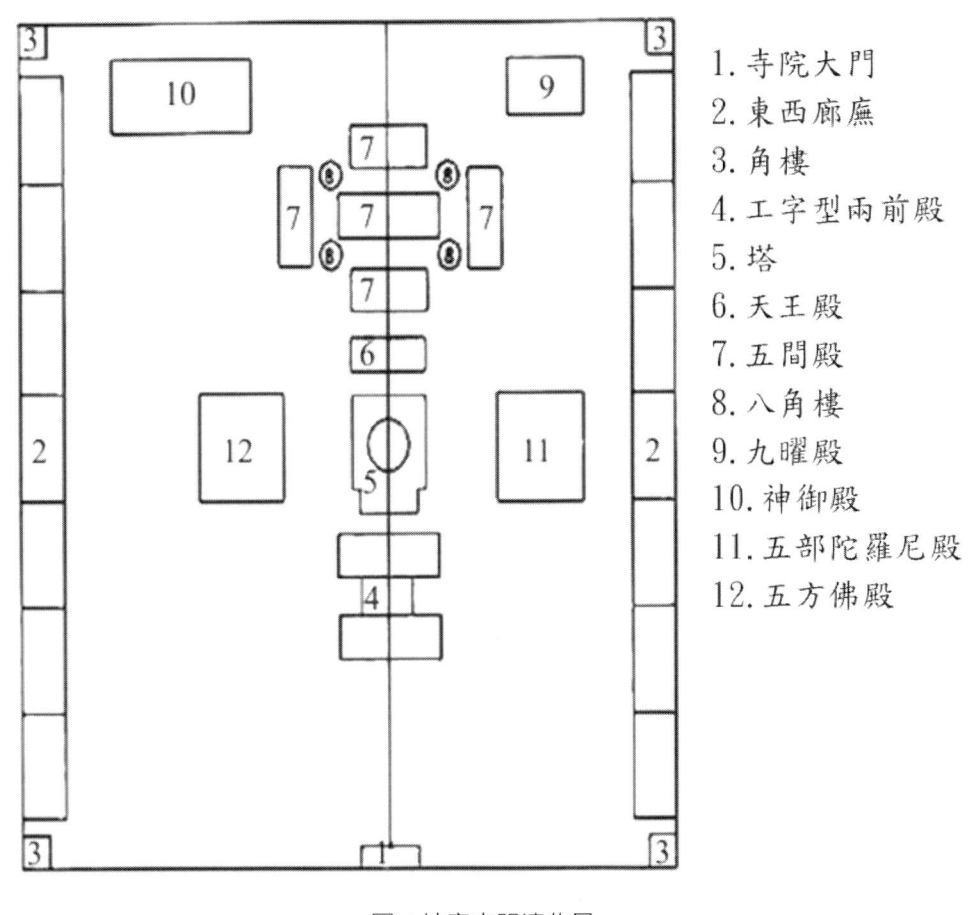

1. 寺院大門
2. 東西廊廡
3. 角樓
4. 工字型兩前殿
5. 塔
6. 天王殿
7. 五間殿
8. 八角樓
9. 九曜殿
10. 神御殿
11. 五部陀羅尼殿
12. 五方佛殿

圖 4 妙應寺明清佈局

值得注意的是，雖然明清兩代都對妙應寺和白塔進行了修繕，但其規模與力度遠不能與元代初建時相比。特別是明代，佛寺與白塔的修葺善款均為私人捐贈的個人行為，而不涉及官方行為，建成後的佛寺亦不再作為國家例行法事、慶典、祈福活動的核心宗教場所。可見，妙應寺的繁榮與藏傳佛教在內地的傳播程度有關，或者說與皇室內部對藏傳佛教的推行力度有關，與中央政權的治藏政策有關。明代政權建立之初，鑒於元代崇奉藏傳佛教而使其政治利益超出宗教職能之流弊，轉而支持漢地禪、淨、律、天臺等佛教宗派，藏傳佛教開始在內地式微。因此，儘管明代各朝多不同程度地提倡和保護佛教、道教，卻又以「廣行詔諭」「多封眾建」等措施始終保持著限制佛

275

教發展、控製出家人數、抑制寺觀經濟的方針政策。由此，亦不難理解妙應寺在明代的尷尬境遇。

三、見證：藏族文化在北京的本土化

　　清代基本承襲明代治藏政策，以尊崇藏傳佛教格魯派「安眾蒙古」「輯藏安邊」，使以藏傳佛教為載體的藏族文化在內地獲得了更多的傳播空間和發展機會。隨著元大都的建立首次傳入，經明清兩代調適，整合為北京歷史文化的重要組成部分。一方面，以妙應寺為代表的藏傳佛教寺院建築演變為北京的標誌性地景，成為普通民眾踏青遊玩、廟會賞燈的集會場所；另一方面，以布施、繞塔、誦經為代表的佛教修持儀軌也逐步融入北京民眾的世俗生活中，成為約定俗成的民俗活動。

　　妙應白塔寺廟會即是這一時期藏傳佛教文化的本土化產物。廟會在北京民俗活動中占有重要地位，清末民初最為興旺。據北平民國學院刊印的1930年《北平廟會調查》載，「月開三次者五，月開二次者十一，年開三次者一，年開二次者三，年開一次者十六，共計廟會之數三十六」，[181] 可見廟會之頻繁。妙應白塔寺與土地廟、隆福寺、火神廟、護國寺、花市即是該時期北京城區主要的廟市。其由來已久，清初期已頗具規模，直至20世紀50年代仍是北京的主要廟會場所。《舊京瑣記·市肆》載：「京師之市肆有常集者，東大市、西小市是也。有期集者，逢三之土地廟，四、五之白塔寺，七、八之護國寺，九、十之隆福寺，謂之四大廟市，皆以期集。」至清末民初，隨著清政權的崩潰，過去八旗聚居的西城廟市日益凋敝，東市則因僑居商客增多而愈發繁榮。白塔寺廟會的時間和會期也發生了改變。《北平廟會調查》載，白塔寺廟會每月開市開3次。對此，民俗學家常人春先生認為，白塔寺廟會原為農曆初五、六開市，每月開6天，即每月初五、六、十五、十六、二十五、二十六。民國十一年後改為公曆每月五、六日。1949年後，又由於土地廟會停辦，改為逢三、四、五、六日開市，會期延長至12天。[182] 屆時，小販設攤沿街叫賣，遊人駐足圍觀挑選貨品。各種山貨日雜琳瑯滿目，還有大批民間藝人聚集在此搭臺唱戲。廟會逛累後，在茶棚歇腳納涼，聽評書、

看戲法、侃大山，再圖個新鮮看人拉洋片，也是那時人們逛廟會的樂趣之一。與雍和宮、黃寺、黑四等由宗教慶典而興起的藏傳佛教寺院廟市不同，這一時期的妙應寺廟會很大程度上是由民間自發的貿易需求帶動的。可見，清末民初，妙應寺的宗教職能已日趨淡化，而成為商貿交易的場所。

與廟會相伴的還有繞塔活動。佛塔是諸佛意所依，繞轉佛塔即可視為身、語、意自我淨化的過程，有離惡趣聞解脫之功德，是典型的藏傳佛教修持行為。而民間自發的繞轉白塔行為卻並不完全出於對藏傳佛教的虔誠信仰，而多是民眾憧憬美好未來，祈求來年福壽安康、萬事如意的樸素願望。繞塔在每年從正月初一起開始，熙熙攘攘的繞塔人群一直持續到十五元宵後才逐漸散去。《帝京景物略》載：「歲元旦，士女繞塔，履屣相躡，至燈市盛乃歇。」[183]《光緒順天府志》亦有「旦至三日，男女於白塔寺繞塔」的記載。老北京民謠《正月正》中的「八月八穿自由鞋走白塔」一句，也描繪出旗人婦女脫去厚重的花盆底鞋，換上輕便的平底鞋去繞轉白塔的熱情。可見，藏傳佛教文化已隨著川流不息的京城百姓及摩肩接踵的香客信徒，在拜謁遊覽妙應寺、參與繞塔活動的過程中，演變為其歷史記憶的一部分。

然而，與印度佛教對藏地的浸潤不同的是，藏傳佛教在內地的傳佈並沒有改變以儒學為主幹的漢地傳統文化主體結構，沒有動搖以理學為綱骨的主流思維方式，沒有摒棄以柔靜安逸、嫻雅超脫為追求的審美情趣。如義大利學者韋大列收錄在《北京的兒歌·白塔寺》中的童謠唱道：「白塔寺，有白塔，塔上有磚沒有瓦。塔臺兒上裂了一道縫，魯班爺下來鋦了塔。」雖然歌謠唱的是修繕白塔的逸聞，但從行文的邏輯思維和審美情趣來看，已不是藏傳佛教的文化內涵了。由此觀之，程朱理學興起以來，包括藏傳佛教在內的佛教在漢地經歷了儒學化的自我調適過程，最終形塑為儒、佛、道三教互為增益、並行不悖的相對平衡關係。

四、結語

綜上所述，妙應白塔寺的興衰折射出藏族文化在內地的本土化進程。以統治階級上層積極推動藏傳佛教在內地的傳佈為開端，經歷了元朝的鼎盛後，

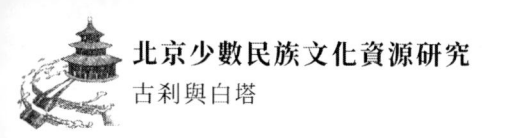

在明代進入蟄伏期，隨著清朝統治者對格魯派的大力扶持而再度中興。鴉片戰爭後，清廷日衰，以國家財政為主要經濟支柱的皇家寺院開始向社會底層開放。過去以政治威權為核心的神聖空間開始退去宗教光環，與本土文化發生交織，最終涵化為常人可隨意出入的世俗場所。妙應白塔寺即在這樣一段漫長的演進過程中，濃縮為一段漢藏文化不斷碰撞、互為融合的鮮活影像，成為內地與西藏睦鄰友善、交流往來的歷史見證。

四、結語

宮廷藏佛——北京故宮藏傳佛教造像淺析

王妍[184]

坐落於北京市中心、占地達 78 萬平方米的故宮博物院作為明清兩代皇宮的舊址，在 500 多年的宮廷史中，彙集了舉國上下以及世界各地的文化精品和奇珍異寶。在經歷了朝代更迭乃至封建王朝統治末期內憂外患帶來的劫掠後，這座寶庫中的藏品也遭受了嚴重損失，甚至流落四方。至今出自故宮的文物除部分流失外，主要收藏在北京故宮、臺北故宮和南京博物院等處。按照 2016 年初官方公佈的數字，故宮博物院目前擁有總數超過 180 萬件的珍貴館藏。這些藏品種類豐富，其中宗教文物共有近 5 萬（48627）件。

自 13 世紀元朝以來，藏傳佛教逐漸傳入中原地區，並相繼得到元、明、清各代皇室成員的推崇和信奉，致使宮廷內數量可觀的建築以及大部分宗教文物與藏傳佛教有關。據統計，故宮內共有 65 處藏傳佛教殿堂，其中館藏藏傳佛教文物珍品近 3 萬件。這些佛堂主要分佈於內廷各區，有中正殿、中正殿後殿、中正殿東西配殿、香雲亭、寶華殿、梵宗樓、雨花閣、慧曜樓、吉雲樓、慈寧宮大佛堂、英華殿、慈蔭樓、寶相樓、鹹若館、臨溪亭、佛日樓、梵華樓等處。其中部分建築直接仿造藏地寺院形制建造，如清代乾隆年間建造的雨花閣，就是仿照西藏阿里古格的托林寺金殿改建成的，是嚴格按照藏密的四部（事部、行部、瑜伽部、無上瑜伽部）設計的佛殿，內部供奉著藏傳佛教法物。

無論是帝后日常起居的寢宮內，還是消閒遊樂的花園中都有供佛之所。這些殿堂內滿供著藏傳佛教神像、佛塔、佛經、祭法器……每座佛堂供奉的主神不同，均有宗教崇拜的不同功用，其內的陳設佈局依據格魯派（黃教）教義，模擬西藏寺廟神殿，所以清宮佛堂內幾乎囊括了西藏神殿中的各類神像、神器。[185] 這些藏品主要是西藏、蒙古等地的貢品和元、明、清各代的宮廷製作和收藏，其中包括相當數量的藏傳佛教造像。造像以銅質為主，兼

有泥質、瓷質、玉石質、鐵質、金銀質等。這些造像的時代早起7世紀，晚至19世紀末至20世紀初，舉凡上師、諸佛、菩薩、本尊、護法、空行與地方諸神等多種品類，不僅有常見的佛、菩薩，還完整保存了全堂的密宗四部佛像。造像產地多為印度、尼泊爾、克什米爾以及西藏等，偶有北京、內蒙等地產造像，品相完好。大體涵蓋了藏傳佛教造像的各時期和地區的基本特徵。

一、故宮藏傳佛教造像分期

故宮內數萬件藏傳佛像大都保留了清代所特有的黃簽（俗稱黃條）記錄，這些系於佛像身上的黃簽題記，是清代的鑒定記錄，反映出佛像本身及與其相關聯的諸多歷史訊息，是研究清宮藏傳佛教造像最直觀和最重要的第一手資料。乾隆初年，三世章嘉若必多吉奉旨對清宮所藏的佛教造像進行清理和分類，並以滿漢文書寫黃條（即黃色紙條），此後宮中收藏的所有造像均系有這種黃條，成為清宮藏佛教造像的特色之一。其共同特徵是正反兩面均寫有整齊的小楷字，正面為漢文，反面為滿文，兩面內容相同，說明造像的質地、尊名、年代、進貢者。

這些藏傳佛教造像由包括章嘉、土觀、阿旺班珠爾等高等喇嘛高僧鑒定，記錄了佛像的分類、名稱、來源以及進宮時間等。三世章嘉若必多吉是當時著名的佛教大師，精於佛像的繪塑與鑒定，因此經過這些高僧確定的佛像名稱與分類至今仍具有重要參考價值。[186] 根據這些黃條，我們可以確認，造像中有很大一部分是由以達賴和班禪為代表的西藏僧俗上層、以哲布尊丹巴等為代表的喀爾喀蒙古各部僧俗上層以及以章嘉國師為代表的內蒙古、甘青地區以及駐京喇嘛所貢。然而並非所有的黃條題記都準確無誤，在乾隆晚期以後清宮的黃簽題記中經常能遇到題記內容與實際造像不符的情況，明顯為後人誤認。[187] 例如，一尊題記為「乾隆三十九年十二月十一日，欽命阿旺班珠爾胡土克圖認看供奉利益蕃銅利瑪釋迦牟尼佛」的造像實則是一尊藥師佛。[188]

按照黃條的記載，可以看出古代對於藏傳金銅佛像造像分類主要以材質、產地、時間和風格為基礎。清宮舊藏的藏傳佛像，據現存實物、題記及檔案記載大致概括為梵銅利瑪（印度銅合金）、梵銅舊利瑪、蕃銅利瑪（西藏本地銅合金）、巴勒波利瑪（尼泊爾銅合金）、桑唐利瑪（印度帕拉王朝及尼泊爾造像風格的銅合金）、扎什利瑪（扎什倫布寺銅合金）、紫金利瑪（西藏或乾隆時期宮廷仿製的貴重材料合金作品）等共計有 16 種名稱。這其中有按照產地分類，也有按照銅材質、教派寺院乃至工匠名字分類的。由於分類方式多樣且錯綜複雜，本文將主要根據造像的製作時間和主題特徵來選取有代表性的故宮藏傳佛教造像進行分析。

藏傳佛教造像的分期大致與西藏佛教的發展相一致，總體可以分為初始傳入、交匯融合、成熟發展和繁榮後的漸趨衰落幾個階段。

1. 初期傳入時期（7—9 世紀），即吐蕃時期，也是佛教的前弘期

佛教正式傳入西藏是在 7 世紀吐蕃贊普松贊乾布時期，這之前當地固有的宗教為「苯教」。松贊乾布為了加強與周邊民族的經濟文化交流，吸收其他民族的先進文化，積極發展與鄰近地區的友好關係，先後與尼泊爾尺尊公主和唐朝文成公主聯姻。尺尊公主和文成公主分別攜帶了一尊釋迦牟尼佛佛像到西藏，修建起拉薩著名的大、小昭寺。此後西藏開始陸續修建其他佛殿廟宇，並翻譯佛經，佛教正式從尼泊爾和漢地傳入西藏。這一佛教在吐蕃初始發展的時期，來自漢地、尼泊爾、印度等地的工匠都曾往來西藏工作，把各地的佛像式樣和造像技術傳播到西藏。但 9 世紀中葉吐蕃最後一位贊普朗達瑪大力壓制佛教，並加以摧毀，掀起一場大規模的滅佛運動。吐蕃陷入各個勢力割據一方的分裂狀態，藏傳佛教「前弘期」至此結束，寺廟、佛像多數被摧毀，前弘期的佛像遺存相對較少，佛教造像藝術在藏地的發展一度終止。

2. 交匯融合時期（10—13 世紀），即佛教後弘期前期

這一時期，佛教在經歷了近百年的禁佛磨難後再度復興，經上下兩路再次傳入藏地，也帶來印度、克什米爾、尼泊爾與漢地的佛教藝術風格在藏地的再次交融。這一時期，西藏本土產的藏傳佛教造像也模仿各地的佛像而呈

现出了多種風格的特點。在故宮舊藏的佛像中,例如釋迦牟尼佛坐像(見圖1)采克什米爾犍陀羅式,風格古樸寫實;寶生佛(見圖2)、無量光佛(見圖3)、綠度母(見圖4),是東北印度風格;立像蓮花手觀音菩薩(見圖5),是尼泊爾風格。

據王家鵬先生的研究,[189]這一時期大體說來,藏西地區受西北印度斯瓦特、克什米爾藝術影響,藏中、藏南地區更多受東北印度帕拉王朝、尼泊爾藝術影響;藏東地區受漢地藝術影響。

一、故宮藏傳佛教造像分期

圖 1 釋迦牟尼佛坐像（西藏，克什米爾風格，11—12 世紀）

圖 2 寶生佛（東北印度，10 世紀）

一、故宮藏傳佛教造像分期

圖 3 無量光佛（即阿彌陀佛，東北印度，10 世紀）

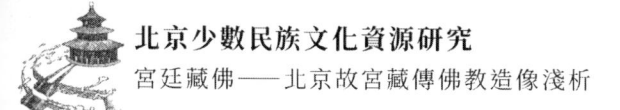

圖 4 綠度母（東北印度，10 世紀）

一、故宮藏傳佛教造像分期

圖5 立像蓮花手觀音菩薩（尼泊爾，11世紀）

3. 成熟發展時期（14—16世紀），即後弘期中期

經過幾個世紀的發展，13—14世紀的藏傳佛教造像，工藝已經十分純熟。如產於西藏的手持金剛立像（見圖6）以及毗盧佛坐像（見圖7），工藝精良，造型傳神。13世紀後，西藏的佛教造像形成比較統一的本土藝術風格，這與佛教自身的發展緊密相關。13世紀中後期，西藏統一於元朝政府管轄之下。中國的佛教發展到元代，由於社會經濟和社會思想意識的轉變，佛教在漢地的發展已經遠不及唐朝時的鼎盛，但在西藏，由於元朝統治者的大力推崇和扶持，藏傳佛教得到空前的發展，佛教藝術也隨之出現空前繁榮景象，造像藝術風格和手法較前有了根本改觀。西藏本地的風格日趨成熟，且漸趨一致。

當時各派風格逐漸融合，形成一種更為統一的表達方式，這種統一的新形式表現在帽冠、裝飾、蓮座、背光形式基本一致，印度、尼泊爾等外來影響已不明顯。[190]

尤其到了15世紀，進入一個新的興盛輝煌時期。首先在造像風格上，不再全部仿效其他地區的佛像模式，更多融入了藏族自己的審美和藝術手法，實現了本土化；其次，造像師們十分注重《造像量度經》對於佛像比例和形式的規定，對不同類別造像的加工塑造，形成規範統一的藝術模式。據推論，《造像量度經》應當是在12世紀以前被譯為藏文的。[191] 值得注意的是，藏族學者在翻譯這些經典時加進了藏地傳統繪畫造像的實踐經驗和作者自己的體會，也成為藏族佛教造像師們的技藝已到爐火純青境界的一種體現。元朝在宮廷內專設「梵像提舉司」，作為佛像製造的專門機構，並請來當時著名的尼泊爾藝術大師阿尼哥等人，主持宮廷繪塑工作。此時期代表作品有：西藏西部產金剛界毗盧佛（見圖8），西藏產無量壽佛（見圖9）以及西藏產宗喀巴像（見圖10）。

一、故宮藏傳佛教造像分期

圖 6 手持金剛立像（西藏，13—14 世紀）

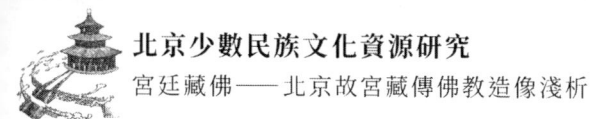

圖 7 毗盧佛坐像（西藏，13 世紀）

一、故宮藏傳佛教造像分期

圖 8 金剛界毗盧佛坐像（西藏西部，14—15 世紀）

圖 9 無量壽佛坐像（西藏，15 世紀）

一、故宮藏傳佛教造像分期

圖 10 祖師像（即宗喀巴像，西藏，16 世紀）

4. 繁榮後的漸趨衰落時期（17—19世紀），即後弘期後期

　　清王朝的扶持帶來了18世紀佛教藝術發展的最後一個高潮，大量西藏佛像精品進貢宮廷，宮廷製作的佛像也回返西藏，促進了內地與西藏佛教藝術的交流。然而在經歷了歷史上的巔峰後，西藏地區造像藝術創造開始呈現出趨於形式、規整造型、程式化特徵明顯等傾向，而缺乏內在神韻和生氣。如西藏產普賢菩薩（見圖11），以及西藏產無量壽佛立像（見圖12），均表現出程式化和做工粗略的特點。

圖 11 普賢菩薩（西藏，19 世紀）

宮廷藏佛——北京故宮藏傳佛教造像淺析

圖 12 無量壽佛立像（西藏，18—19 世紀）

  而與此相對，在同一時期，尤其是康乾盛世時期，內地產佛教造像在清朝宮廷的大力推崇下，得到了快速發展，呈現出注重寫實、工藝精細、自然

一、故宮藏傳佛教造像分期

主義的傾向。康熙設「中正殿唸經處」，乾隆設「造辦處」，都是用於製作佛像，乾隆還曾親手設計造像圖式。而今天所見的清代內地造像絕大多數都出自康乾時期，代表了清代造像的最高工藝水平。如內地產大威德金剛立像（見圖13），北京產白度母像（見圖14），以及內地產青玉阿底峽坐像（見圖15）。此外，一些佛像還在藏地技法的基礎上，融入漢地的最高工藝元素，如珐琅彩等，創造性地製作出極具藝術審美價值的佛像。如內地產彌勒佛坐像（見圖16），是銅胎掐絲珐琅，可謂金銅佛像中的珍品。

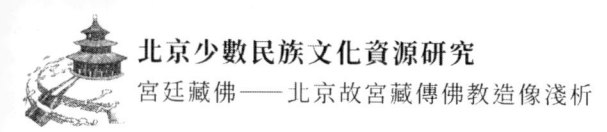

圖 13 大威德金剛立像（內地，清乾隆）

圖 14 白度母（北京，17—18 世紀）

北京少數民族文化資源研究
宮廷藏佛——北京故宮藏傳佛教造像淺析

圖 15 阿底峽坐像（內地，17—18 世紀）

一、故宮藏傳佛教造像分期

圖 16 彌勒佛坐像（內地，清乾隆）

故宮還有許多西藏與清宮的合成像，如獅吼觀音，造像清秀恬靜，與清宮後造的獅子底座相搭配，渾然一體，體現了很高的藝術水平。[192]

二、故宮藏傳佛教造像主題特徵

在故宮博物院，一位初來乍到的參觀者往往會驚異於故宮所藏的數量眾多的藏傳佛教造像。其中有面部祥和的佛菩薩，也有猙獰、令人敬畏的護法、空行母等。密宗發源於印度，流傳到尼泊爾，再擴大到廣闊的藏族地區。這些區域的人們在數千年歷史發展中將這種精神傳統一直保留至今，並且透過繪畫等藝術手段創造了獨特的佛教文化和文明。這些佛教造像除了其本身的藝術及歷史價值，同時蘊含著深刻的精神和宗教層面的意義。

眾生皆具佛性。據《大般涅槃經》言：「佛性者名第一義空，第一義空名為智慧。所言空者，不見空與不空。智者，見空及與不空。」佛性即空性，就是意識中未升起意念時的原始的覺醒狀態。佛教信仰者修習佛法恰恰為的是了悟空性，而其前提是要擁有人身，從而積累福德以及智慧。在藏傳佛教中，之所以有為數眾多的神明的化現，恰恰是為了使得有情之人的心得以歸馴，輔助修行者去除覺悟過程中的障礙。因此在密宗的傳統中，修行者需要觀想佛、本尊、空行母以及菩薩等作為覺悟的對境。

修行者對不同神明產生不同形式的歸屬感，這種歸屬感的產生可以有助於他們快速覺悟，因為這些神明代表了修行者各自的情感傾向。如一些修行者喜歡觀想觀音菩薩，另一些也許會選擇某一位度母神，還有一些更願意透過觀想那些憤怒相的神明來修行。在所有的密宗傳統中，這些神明都會被清晰地觀想出來，包括具體的顏色、形狀、臉部、手部以及所有的裝飾物細節。[193]

在故宮的藏傳佛教造像中，涵蓋了眾多的佛像尊神。其中包括梵華樓在內的一組六品佛樓內所供的六品銅佛像是清乾隆時期對密教四部神系完整和系統化的建構。因為篇幅所限，無法一一分析列舉，在此僅選取具有代表性的一些佛像加以說明。

1. 祖師像

在藏傳佛教神系中，上師居首位，是個人修行路上的指路明燈，這也是為何強調「依止上師」的原因。尤其密宗修行多為師徒之間的口耳相傳，除

了顯宗部分的修習，密教部分的指點都依靠上師。上師與佛無異。藏傳佛教上師主要包括印度大乘上師、密教上師、重要的譯師等，如噶當派的阿底峽、寧瑪派的蓮花生大師、薩迦派的八思巴、格魯派的宗喀巴等。西藏各個教派有不同的祖師，但是所有教派都要求弟子對上師如同對佛陀本人，身語意三皈依於上師。在藏傳佛教中，總是將上師畫在上方，與佛同高，甚至在佛之上。

17世紀的祖師像（見圖15）刻畫的是噶當派阿底峽（982—1054），其為印度高僧，公元1038年，應邀至西藏傳法，在阿里衛藏等地講經，著《菩提道燈論》，對佛教在西藏的復興造成重大作用。該尊佛像產於內地，整個作品人物形象刻畫細膩寫實，袈裟的質感透過流暢的線條表現得淋漓盡致。採用玉石為原料，具有漢地作品的特色，是當時漢藏佛像藝術融合的集大成作品。

產於西藏16世紀末的祖師像（見圖10）是一尊銅鍍金的宗喀巴像。宗喀巴（1357—1419），是西藏格魯派的創始人，被藏族人民譽為「第二佛」，因其本人出生在青海宗喀一帶（今塔爾寺所在地），故被尊稱為宗喀巴。《菩提道次第廣論》和《密宗道次第廣論》是其代表作，至今仍為格魯派必修的經典。與此前眾多教派重視密教輕顯教不同，他極力推崇由顯入密，先顯宗後密宗。他還強調戒律對於僧人的重要性。格魯派在西藏聲名鵲起，最終在17世紀獲得了西藏宗教的最高地位。本尊造像技法嫻熟、工藝精湛，宗喀巴大師面目慈祥，頭戴黃教通人冠，衣紋細緻自然，雙手結說法印，整體造型給人以安詳平和之感。為西藏產佛像造像發展至鼎盛時期之代表作。

2. 五方佛

五方佛源自密宗金剛界思想，他們不是獨立存在的，而是對「佛」的概念的抽象表述。五方佛是「本初佛」的化現。開始，本初佛是一團火焰自蓮心而出，透過它的五種智慧和禪定之行，生出五方佛。東南西北中五方，各有一佛主持。分別是中央的毗盧遮那佛、東方阿閦佛、西方阿彌陀佛、南方寶生佛、北方不空成就佛。

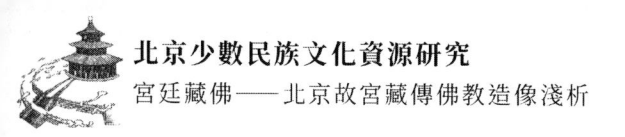

故宮保存了諸多數量的五方佛，其中，金剛界毗盧佛（見圖 17、圖 7、圖 8），全稱毗盧舍那佛，又譯為大日如來。其中克什米爾產毗盧佛（見圖 17）為黃銅材質，頭戴三葉冠，冠葉以及冠檐均裝飾細密珠紋，線條柔和，雍容華貴，具有印度造像影響的痕跡，是克什米爾藝術的經典作品。此像入清宮後配有紫檀木龕，龕後有滿、蒙、漢、藏四文題記。此外，西藏產黃銅毗盧佛（見圖 7）以及西藏西部產毗盧佛（見圖 8），均線條流暢，工藝精良，是鼎盛時期之作。圖 8 與圖 7 造像相比，要明顯受尼泊爾藝術的影響。佛像鑲嵌綠松石、青金石以及珊瑚石，項鏈儘管簡略，但珠粒精緻。可見，藏西藝術古拙的特點正在逐漸受到影響而發生改變。

二、故宮藏傳佛教造像主題特徵

圖 17 金剛界毗盧佛（克什米爾，8—9 世紀）

寶生佛，五方佛中居南方，代表平等性智，基本手印是右手施與願印，左手施禪定印，全跏趺坐。東北印度產寶生佛（見圖2）與同時期東北印度產無量光佛（見圖3）風格完全一致，可見出自同一位工匠之手。

　　無量光佛與無量壽佛的漢文譯名均為阿彌陀佛，居西方。二者起源不同，隨著佛教的發展，二者的概念重合，印度後期經典中二者已經混同。但在藏傳佛教中，他們是不同的兩尊神。在五方佛系統中，無量壽佛是無量光佛的化身，代表壽命的延長。二者形象不易區別。

　　故宮藏西藏產銅鍍金無量壽佛（見圖9），整體做工細膩，與東北印度產無量光佛（見圖3）相比，可見明顯風格上的差異，這也是15世紀西藏佛教造像風格融入更多藏族自己的審美和藝術手法，實現本土化的體現。該尊無量壽佛頭戴寶冠，佩戴項鏈、瓔珞、臂釧，鑲嵌松石，明顯可見藏式風格。

　　如前文所述，西藏佛教造像進入18世紀，即後弘期晚期，開始出現程式化、缺乏內在神韻的特點，已經較之前15—16世紀時期藏地佛像的細膩做工遜色許多。這一點從西藏產立像無量壽佛（見圖12）可見一斑。其造型更像一位佛身邊的供養菩薩，而不像是無量壽佛。五葉冠很高，冠葉為花枝狀，塗色以像珠寶之形，這是後弘晚期西藏及蒙古地區造像中常用的裝飾方法，可能是為了降低成本。[194]

二、故宮藏傳佛教造像主題特徵

圖 18 無量壽佛坐像（內地，18 世紀）

而 18 世紀同期，內地藏傳佛教造像卻在乾隆年間達到技藝和表現的精湛。如清乾隆年間內地產無量壽佛坐像（見圖 18），面目清秀，色彩明艷，不失典雅，下乘掐絲琺瑯蓮座，工藝精湛。

3. 佛陀

佛教創始人釋迦牟尼（公元前 565—前 486），原名喬達摩悉達多，誕生於古印度迦毗羅衛國的藍毗尼。他捨棄豪華生活，出家修行，最後獲得覺悟，創立了佛教。隨著佛教的發展，釋迦牟尼的地位在日趨複雜和龐雜的神系中發生了變化。小乘佛教時期，對釋迦牟尼佛的崇拜僅僅限於對他的神蹟象徵性的表現，如蓮座、足跡、菩提樹等。當佛像出現在犍陀羅藝術和摩陀羅藝術中時，他被看作是佛教至高無上的尊神。隨著大乘佛教的出現和發展，釋迦牟尼被神聖化、抽象化為佛教第一神。很快，佛教的神系開始從時間和空間上拓展。現在佛即釋迦牟尼佛，釋迦牟尼之前的佛即過去佛為燃燈佛，未來佛為彌勒佛。

在故宮所藏的藏傳佛教造像中，釋迦牟尼佛的佛像數量眾多，《造像度量經》載佛具有「三十二相」「八十種好」，因此通常其造像和繪畫的圖像學變化很少，只有坐姿和立姿兩種，禪定印、與願印、觸地印、轉法輪印和無畏印為最常見的幾大手印。

斯瓦特產釋迦牟尼佛坐像（見圖 19），佛陀右手施與願印，左手握持衣角，施授記印，結跏趺坐，袈裟自然垂落，衣紋自然寫實，身體健壯。佛像整體渾厚，具有鮮明的斯瓦特佛像特徵。

與之對比，北京產釋迦牟尼佛坐像（見圖 20），其風格迥異。該尊佛像佛陀施轉法輪印，結跏趺坐於矩形座上。經考證，該尊佛像是內務府造辦處工匠仿克什米爾造像製造的，但是實際已經與克什米爾風格相距甚遠。如佛陀鼻子為錐形，是典型的清宮式，而不再是克什米爾的扁平式。佛座兩側與背面鏤空纏枝蓮圖案裝飾，佛身下坐墊每個圓圈中細刻一鳳鳥圖案，具有典型的漢地特色。

二、故宮藏傳佛教造像主題特徵

圖 19 釋迦牟尼佛坐像（斯瓦特，6—7 世紀）

北京少數民族文化資源研究
宮廷藏佛——北京故宮藏傳佛教造像淺析

圖 20 釋迦牟尼佛坐像（北京，17 世紀）

乾隆年間，內地佛教造像藝術蓬勃發展。除了模仿各種風格的造像，最獨特之處在於工匠們嘗試漢藏工藝的完美結合。比如內地產彌勒佛坐像（見

圖 16）在藏地技法的基礎上，融入漢地的琺瑯彩等工藝元素。該尊彌勒佛神態莊嚴，身著袒右袈裟，手結說法印，垂腳坐於束腰方臺上，露肌膚處銅鎏金。袈裟和方座表面為掐絲琺瑯。方臺上鑲嵌各色寶石釉料，五彩斑斕，精美華麗，此像是金銅佛像中的珍貴品種。

在故宮所藏的佛陀造像中，有一尊要在此處特別說明。這是一尊喀爾喀蒙古產釋迦牟尼佛坐像（見圖 21）。該尊佛像右手施苦行印，左手持袈裟一角，結跏趺而坐。面相俊美端莊，鼻樑挺直。其身軀健壯，胸肌隆起，可以讓人直接感受到真實人體的質感。袈裟貼身流暢，整體打磨細膩，堪稱當時的佛像精品。在為數不多的蒙古產佛像中，具有這樣成熟的尼泊爾風格特點的造像著實令人稱嘆。

4. 菩薩

圖 21 苦行釋迦牟尼佛坐像（喀爾喀蒙古，17 世紀）

二、故宮藏傳佛教造像主題特徵

根據陳義孝的《佛學常見辭彙》可知，「菩薩」是梵語「菩提薩埵」的簡稱，華譯為「覺有情」，就是能自覺又覺他的有情。菩薩的意思，還有開士、始士、高士、大士等。開士者，以法開導眾生之士；始士者，開始覺悟之士；高士者，高明之士；大士者，實踐大乘佛法之士。釋迦牟尼佛在成佛之前就曾經為菩薩，經過幾世漫長功德積累後才最終成佛。大乘佛教菩薩代表自利利他思想，揚棄小乘佛教單純追求自身圓滿，達到羅漢果的境界，並不進入涅槃，而是以救度眾生出離世間苦海，到達解脫的彼岸為己任。

菩薩變化形式眾多，其中八大菩薩一說最為普遍。《八大菩薩曼荼羅經》裡稱八大菩薩為：文殊菩薩、普賢菩薩、觀世音菩薩、金剛手菩薩、虛空藏菩薩、地藏菩薩、彌勒菩薩、除蓋障菩薩。通常佛教造像多依此經。在西藏地區，第一代贊普松贊乾布時期，印度密教處於初級階段，當時西藏提倡只以觀音菩薩為本尊，以誦持六字大明咒為行持，是最早傳入西藏的一種簡單易行的密宗法門，在藏地傳播普遍且迅速。四臂觀音在藏傳佛教中較常見，是藏密大悲觀音的主尊，代表悲、智、力，與文書菩薩、金剛手菩薩合稱「三主尊」。

故宮館藏諸多菩薩像中，不乏精品之作。其中尼泊爾產蓮花手觀音菩薩立像（見圖5）就是佛教後弘期早期的代表作。這尊銅鎏金觀音菩薩右手持蓮枝，左手施與願印。頭戴三葉冠，冠葉收攏，頭光火焰紋飾，具有典型的尼泊爾風格。三折扭身姿，立於蓮花座之上，蓮枝隨觀音身體婉轉曲折。紅銅潤澤，具有肌膚的質感。

產於內地的紅銅鎏金蓮花手觀音菩薩（見圖22）雖然在配飾上華麗精細，姿勢優美，然而由於整體給人一種不穩定的感覺，不敵尼泊爾造像精湛。

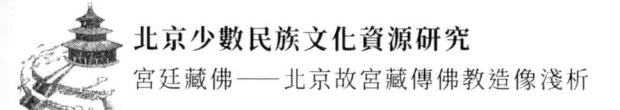

宮廷藏佛——北京故宮藏傳佛教造像淺析

圖 22 蓮花手觀音菩薩（內地，14 世紀）

西藏產騎象普賢菩薩（見圖 11）是後弘期晚期的作品。普賢菩薩遊戲坐姿，側坐象背上，右手說法印，左手托寶，天衣飛動，卻缺乏生趣，呈現出造像程式化的特點。

5. 女尊

在藏傳佛教造像中，眾多的女神形象占據了重要地位。小乘佛教排斥女性，更不供奉女神。佛教女尊的出現與繁榮和大乘佛教的密教有不可分割的關係。

觀世音菩薩的化身很多，著名的如二十一度母、八大救難度母等。《度母本源記》中說，觀世音菩薩在無量劫前，已利益救度了無數的眾生，可有一天她用聖眼觀察六道，發現眾生仍未減少。菩薩不忍再看，淚流雙眼。淌下的眼淚滴成蓮花，先變成綠度母，隨即變出白、紅等不同身色的度母，共二十一尊。這二十一度母化現後，各自對觀音菩薩說偈立誓，要輔助觀音救度眾生。在藏族地區，白度母和綠度母是較常出現的兩尊女性佛像，家喻戶曉，地位很高。尼泊爾產度姆立像（見圖 23），面龐俊美，表情柔媚，豐乳細腰，右手施與願印，動感效果強。表情姿態均帶有尼泊爾藝術中獨特的女性魅力，堪稱尼泊爾藝術精品。

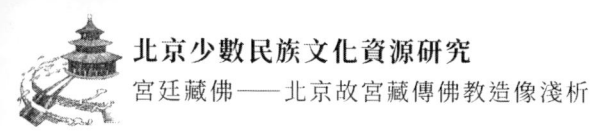

北京少數民族文化資源研究
宮廷藏佛——北京故宮藏傳佛教造像淺析

圖 23 度母立像（尼泊爾，9 世紀）

二、故宮藏傳佛教造像主題特徵

北京產銅鍍金白度母（見圖 14），鑲嵌珊瑚石，右手施與願印，莊嚴優雅。配飾頭冠、項鏈以及蓮座上的珠紋勻稱精美。極可能是當時清宮內務府造辦處在該時期的上乘之作。

更早時期的東北印度產綠度姆（見圖 4），右手施與願印，左手持花，遊戲坐姿，下踏小蓮臺，背光為拱門式樣。別緻之處在於背光上部兩頭大象相對而立。整體裝飾加工均勻精細，與圖 14 北京產白度母相比，給人以風格更加自由和隨意之感。

空行母，在密宗傳統中，既有平和相，也有憤怒相。她們能幫助修行者去除障礙，引導後者覺悟。一些空行母是動物臉，有獅子臉、母豬臉、老虎臉。金剛空行母可以在虛空中穿行，具有超自然的智慧和能力。內地產金剛空行母立像（見圖 24）頭戴骷髏冠，三目圓睜，裸身，豐乳細腰，胸前垂掛骷髏大瓔珞。左手持嘎布拉血碗，右手持鉞刀，雙腳下各踏一人，背飾鏤空雕飾火焰紋背光。表情生動，動作豪放，製作精湛，是 18 世紀清宮造辦處製作工藝最輝煌時期的上等作品。

北京少數民族文化資源研究
宮廷藏佛——北京故宮藏傳佛教造像淺析

圖 24 空行母立像（內地，18 世紀）

6. 護法神

　　如其名所示，護法神是保護佛法不受破壞，維護佛陀教義的神明。通常，護法神以憤怒相示現，目的是為了震懾驅魔，使佛法得以傳播。西藏護法體系的建立是在公元 8 世紀。蓮花生大師應吐蕃贊普赤松德贊之邀來到藏地弘法，他降伏藏地桀驁不馴的苯教神，並將部分願意歸服者收編為護法神，使得印度傳統的護法神在西藏開始本土化。[195]

　　西藏產手持金剛立像（見圖 6），怒目圓睜，赤髮紅顏，身形粗壯質樸，項鏈、手鐲等處均鑲嵌松石。這是在造像藝術交匯融合時期的作品，該作品部分體現了帕拉和克什米爾風格的影響。

　　內地產紅銅大威德金剛立像（見圖 13），裸身，大腹，胸前二臂，右手持鉞刀，左手持嘎布拉血碗，多臂呈扇形展開，各持法器。腳下踏八獸、八禽、八天王、八女明王，身姿強健有力，充滿威猛氣概。此佛像造型極為複雜，鑄造精良，線條規整，是這一時期宮廷造像精湛工藝的體現。

三、故宮藏傳佛教造像研究價值

　　故宮藏傳佛教的研究具有極其重大的學術價值。歷史上，隨著西藏與中央關係的不斷加強，聯繫更加緊密，藏傳佛教也逐漸成為皇室的宗教信仰。自元朝起，西藏各教派領袖人物，只要歸順朝廷，朝貢請封的，便定期進京朝貢，而這些造像就是朝貢的重要物品。每件造像進入皇宮的過程都凝固了一段歷史，數萬件文物組合成豐富全面的歷史圖景，使人們可以感受到各民族相依相存，共同發展的光輝歷程。

　　清朝皇帝充分瞭解藏傳佛教在蒙藏地區的重要影響，把「興黃安蒙」作為鞏固蒙藏邊疆的重要國策貫徹始終。尊崇達賴、班禪、章嘉、哲布尊丹巴等黃教領袖，給予崇高的地位。清代達賴、班禪數次到北京朝覲，受到皇帝的隆重接待，他們的造訪在宮廷中留下了諸多印記，而佛教造像恰好成為這些印記的見證。

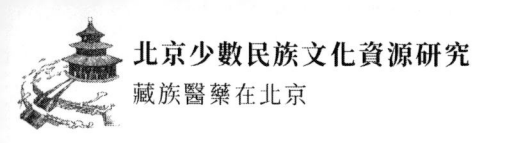

藏族醫藥在北京

羅靜萍 [196]

　　藏族醫藥當中蘊含著藏族人民廣大的智慧和藏傳佛教的慈悲精神。由玉妥·雲登貢布所著的《四部醫典》推動了整個藏族醫藥的發展，在藏傳佛教的寺院當中，一般都開設有曼巴 [197]、扎倉 [198] 來教授醫藥學知識，培養醫藥學人才，使得藏醫藥得以綿綿不斷地傳承發展。在今天，藏民在生病以後，也會在第一時間去找藏醫看病。藏醫藥的發展在今天呈現出一種越來越繁榮的局面，不僅在世界屋脊青藏高原積極發展，甚至在各個大都市中都出現了它的身影。在中國的首都北京市，就有兩家專門經營藏醫藥的機構。下面筆者將為大家詳細介紹這兩家機構的現狀和發展情況等。

一、北京藏醫院

　　北京藏醫院位於北京朝陽區惠新西街，是中國唯一一家以藏醫為主、多民族醫學與中西醫相結合的國家級民族醫院；是國家中醫藥管理局批準的重點民族醫院建設單位、北京市基本醫療保險定點醫院。北京藏醫院於 1992 年成立，由中國藏學研究中心和西藏自治區山南地區行署聯合創建。1998 年經中央統戰部、國家民委、國家中醫藥管理局聯合發文，決定把北京藏醫院擴建為一所「以藏醫為主，多民族醫為一體，民族醫，中西醫結合、醫教研結合的國家級民族醫療機構」，並於 2000 年在亞運村異地擴建，2002 年竣工遷入現址。

　　北京藏醫院建院 20 多年來，在中央統戰部、國家民委、國家中醫藥管理局、中直管理局、西藏自治區、中國藏學研究中心、北京市中醫管理局等各部委局的關懷與指導下，不斷發展壯大。目前整個醫院由門診樓和住院樓組成，下設藏醫心腦血管科、藏醫糖尿病科、藏醫肝膽病科、藏藥浴四個國家重點建設專科，以及藏醫胃腸專科、藏醫婦科、藏醫傳統療術科、藏醫風濕、類風濕科等。北京藏醫院在保護與發展傳統藏醫文化上做了很多的工作與貢獻。下面筆者將對北京藏醫院的一些特色進行介紹：

1. 藏醫院特色治療專科

　　藏醫心腦血管科一直是北京藏醫院的重點建設專科，是國家中醫藥管理局十五期間重點建設的項目。於 2002 年正式成立，藏醫藥在治療心腦血管疾病方面積累了大量的臨床經驗，並有自己完整的理論體系和臨床實踐經驗及豐富的治療手段。早在藏族醫學巨著《四部醫典》[199]中就記載了對腦血管疾病和心血管疾病的理論和治療方法。北京藏醫院的課題組在 3 年建設期間透過內服純藏藥和結合藏藥浴，外用金（銀）針、火灸、放血、拔罐等藏式手法與現代康復技術相結合，至今共接診高血壓、心絞痛、腦出血、腦萎縮等患者共達 8 萬多人次，總有效率達 86% 以上。為了進一步提高醫療質量，本專科多次與其他單位合作，組織學術交流活動，開展人才資源共享等。並對藏醫大師的臨床經驗、秘方、偏方等進行了收集和挖掘。先後在措如·次郎和省級藏醫專家加央倫珠等學科帶頭人的指導下完成了《補隆養血和降隆吸血法對治療腦中風後遺症的療效觀察》《藏醫藥對腦血管後遺症療效性觀察》《藏醫診療標準在藏醫學科建設中的作用》《標準化建設在藏醫中的運用》等論文，對整個藏醫心腦血管科的發展都造成了很大的促進和推動作用。

　　藏藥浴也是北京藏醫院的一個特色治療項目。藏藥浴治療法是透過將全身或者部分肢體浸泡於藥物煮熬的水汁中，然後臥熱炕發汗、祛風散寒、化瘀活絡，達到治病的一種療法。藏藥浴根據藏醫理論，利用藏族醫藥與現代高科技的燻蒸器的完美結合，借熱力和藥力的雙向作用，實現「皮膚吃藥」的物理療法。對於類風濕關節炎、各種偏癱、痛風、銀屑病等治癒率高達 96% 以上。藏藥浴是一種受到廣大的患病群眾歡迎的治療方式，這種治療方式無疼痛感，綠色健康，經濟適用。

　　藏醫肝病重點專科也是國家中醫藥管理局「十一五」重點專科建設項目之一，在藏醫「三因」學說指導下，結合現代生物醫學技術，特別是運用現代科技手段，開發研製出以青藏高原特有的純天然藏藥材為配方的藏成品藥，標本兼治、綜合調理、清熱解毒。對診治乙肝、肝硬化、肝癌、急慢性膽囊炎患者，取得了良好的療效。

藏醫風濕類風濕專科也是北京藏醫院的一個特色項目。現代醫學當中關於風濕的病因機理至今尚未完全明確，目前認為其發病原因與自身免疫有關。藏醫則認為風濕、類風濕是因為人體內物質的失衡導致的一種疾病。北京藏醫院類風濕專科以藏醫《四部醫典》等醫學經典為基礎，結合藏醫長期以來的臨床經驗，採用高原純天然無汙染的藥物研製的藏藥風濕止痛丸、乳香丸、如意珍寶丸等，結合藏藥浴和現代化理療，治療風濕、類風濕關節炎、肩周炎等療效獨特。

2. 醫院特色優勢

目前醫院共有40餘位專業藏醫，他們在藏醫學院接受過系統的藏醫理論培訓，又有多年的臨床治療經驗。這些醫生來自藏區，但是生活在北京，與藏區的醫生相比，他們有更多與外界接觸的機會。這些醫生們大多畢業於藏醫專業，但是長期在內地工作的經歷使得他們的漢語水平很不錯，並且在北京的工作機會使得他們能夠接觸更多的一些最新出版的文章、專著，瞭解到醫學界的最新資訊。不僅僅是對藏醫的資訊，而且對於中醫、西醫等不同的醫療系統都能夠有更深入的認識，能夠有效地結合這幾種不同體系的醫療方式，更好地來為患者制定治療方案。同時醫院的地理位置優勢能夠幫助醫院更快地引進先進的設備和儀器，將傳統的治療與現代的儀器充分地結合起來。

藏族醫學是一門高深的學問，其中流派眾多，各個學派又都有其所擅長之處。最為明顯的就是藏醫因地域原因而分為北派和南派兩種，想要博采眾長，就只能夠透過不斷學習。北京藏醫院充分認識到了這個問題，所以醫院每年都會舉辦「高研班」，至今已經舉辦了7屆。每次的「高研班」都會請來藏區各地具有高水平的著名藏醫為全院的工作人員進行培訓，每次培訓的效果與反響都是很不錯的。

3. 醫院的發展現狀

透過現場對一些患者和醫護人員的訪問，筆者瞭解到，目前來醫院就醫的患者多為附近的居民，也有部分在京居住的藏族群眾，還有一部分患者是

因為其他患者的介紹來到這裡進行治療。很多患者表示在沒有接觸到藏醫之前，都認為藏醫比較神秘，心中也是充滿了猶豫，但是在來醫院就診後發現，北京藏醫院是一所很正規並且人性化的醫院。特別是一些患者在經過治療發現藏醫的療效後，就更加信任藏醫院了，紛紛介紹自己的親友來藏醫院就診。但總的來說，大部分的群眾對於藏醫藏藥還是比較陌生的。要想消除由不瞭解所帶來的陌生感與不信任，需要藏醫院進一步完善整個醫院的醫療體系和加大對群眾的宣傳力度。

以上筆者所介紹的北京藏醫院是以公立形式傳承和發展的，下面筆者將介紹以私立形式在北京發展的藏族醫藥的代表——宗喀藏醫門診。

二、宗喀藏醫門診

坐落於北京市東城區雍和宮大街的宗喀藏醫門診，以「傳承千年純正藏醫精華，呵護眾生永久身心健康」為理念，以藏醫藥當中獨有的「五元」藥力，為都市大眾去除疾病，送去安康。1999 年 10 月，宗喀藏醫診所在首都各界人士的關懷下盛大開業。這是坐落於首都北京的第一家傳承純正藏醫藥的惠民診所，自其成立之日起，就認真貫徹執行衛生行政主管部門的思路部署，嚴守雪域千年傳承的藏醫藥理念。診所自開業起就受到各族群眾的廣泛好評，這些良好的評價越傳越遠，使得周邊城市的患者也紛至沓來。2003 年，經東城區衛生局研究審核決定，將宗喀藏醫門診改製為非營利性門診。

1. 門診治療特色

在門診開業的十幾年裡，本門診在對眾多病例的分析研究中構建起了嚴謹的都市性易患疾病的研究團隊，並且積極地制定了一套綠色治療方法，對於都市生活當中常常出現的長期失眠多夢等亞健康的身體狀況進行了有效的治療。根據診所的主治醫生尕藏扎西介紹：「每天大概都會有四五十名患者接受這樣的治療。並且因為此種治療的療效很好，這些患者又源源不斷地介紹新的患者來此處就診。」

二、宗喀藏醫門診

筆者在宗喀藏醫診所進行訪問的時候，發現了一種很受患者歡迎的治療方法，即火灸療法，它可阻斷疾病隨脈擴散，能夠迅速止痛，抑制腫瘤的生長，有祛風、散寒、舒經、活絡的功效，對於風濕、類風濕、產後引起的關節疼痛等都有顯著的效果，所以在宗喀藏醫診所中的使用率很高。

此外，放血療法在宗喀藏醫診所也很受歡迎。

2. 門診的發展現狀

筆者在門診進行訪問的時候，發現來門診就診的患者人數眾多，本來面積不大的診所裡充滿了前來就診的患者。據筆者瞭解，這些患者多是慕名而來，或者透過以前來此就診的患者介紹而來。以下是筆者對於前來就診的兩位患者的簡要訪談：

[個案1] 患者是一位來自安徽的中年婦女，她現在住在北京的女兒家裡。她患有關節炎，每週都會來宗喀藏醫診所進行兩次的拔罐和清除瘀血的治療。據她說，在來此治療之前，她已經去過了很多大醫院就診，也採用了很多民間偏方，都不管用。後來聽她侄女介紹了宗喀藏醫診所，開始也是抱著半信半疑的態度，後來經過一兩個星期的治療，感覺身體好了很多。並且在這裡醫生給開的藥的價格也不貴，和其他大醫院相比很便宜。主治醫生尕藏扎西人雖然年輕，但是醫術高超，對待病人充滿耐心。現在自己已經接受了將近一個月的治療，身體狀況已經好了很多。並且已經把自己家裡的、患有相關疾病的二姐也介紹到這裡進行治療。

[個案2] 阿拉騰大叔是一位來自內蒙古的患者，長期的飲食問題和飲酒對他的身體造成了很大的損傷。他自己因為工作的原因經常來北京出差，加上自己是蒙古族的原因，從小信仰藏傳佛教，所以對藏醫藥也有一定的瞭解。自己在聽朋友說了這個診所之後，慕名而來，起初也是抱著試試看的心態，在經過幾次治療後明顯感到身體的狀況好轉，所以每次都會趁著出差的空隙來到這裡進行治療。他說在這裡治療的同時，能夠和主治醫生以及工作人員聊聊有關佛教的知識，感覺很放鬆。自己也向周圍的很多在京的蒙古族朋友宣傳過宗喀藏醫診所。

3. 積極貢獻社會

宗喀藏醫診所在治病救人的同時，還透過各種渠道積極貢獻社會。宗喀藏醫診所雖然早已遠離雪域高原，身在紛繁的都市當中，但是整個診所卻一直沒有忘記自己的根源，時刻關心著雪域的眾生。位於青海藏區的尕哇寺至今已有百年歷史，始建於格魯派鼎盛時期，但「文革」時期遭受到了很大的破壞，2005年宗喀藏醫診所為其捐款重建，並於2006年10月竣工開光，使得這座經歷磨難的古寺重新成為虔誠信眾的膜拜之地。

此外，診所在自身資金緊張的情況下，還堅持資助四川德格以及其他青藏高原地區的學校。另外還給不少患有心血管、肝硬化、子宮肌瘤等疾病的患者無償贈藥，免費進行治療。

宗喀藏醫診所一直秉承著奉獻社會的理念，不僅將高超的醫藥水平奉獻給廣大的患者，同時也時時刻刻牽掛著身處雪域的同胞，真正踐行了藏傳佛教慈悲為懷、心繫眾生的教義，體現了藏族人民善良正直的品德。

三、結語

在中國，還有很多的患病群眾不知道藏醫藥的存在，為了更好地造福患者，弘揚傳統的藏族醫藥文化，有必要大力宣傳藏族的醫藥知識。同時各個藏醫藥機構也要不斷地提升自身的水平，積極造福患者。特別是像北京藏醫院和宗喀藏醫診所一樣身處於首都的機構，代表著藏族醫藥的形象，更有義務和責任發展好自身，為整個藏族醫藥樹立一個良好的外在形象。當然另一方面，我們也應該看到，以這兩家機構為代表的藏族醫藥正在社會各界的幫助之下，積極地發展著自身和傳承著傳統文化。由此，我們可以預見到，未來藏醫藥將會被更多人接受和瞭解，藏醫藥的明天將是更加光明的。

北京的藏族工藝品——以雍和宮附近為例

孫健[200]

雍和宮是北京市最大的、也是保存最為完好的藏傳佛教寺院，其特殊的歷史和宗教地位，以及其保存的極具特色的宗教建築、佛像藝術、佛教法器、珍貴文物等，吸引著大批的國內外遊客前來觀賞。以雍和宮為中心，附近有很多賣藏族特色工藝品的商店，成為北京市藏族文化匯聚的地點之一，所以筆者選擇此處作為調查地點。

一、藏族工藝品

（一）藏族飾品

青藏高原獨特的地理環境和氣候造就了藏民族獨特的審美標準和審美取向，如今的都市生活越來越崇尚自然，返璞歸真成為一種新的時尚。藏族特色的首飾以其特有的材質與造型，以及深厚的文化內涵，成為當今追求美的一種形式。調查過程中，筆者訪談了雍和宮大街一家名為「天堂眼」的藏族飾品店，店主是來自四川省甘孜藏族自治州的一對年輕夫妻，來北京經營藏族飾品已經有四五年了。經筆者瞭解，店內的藏族飾品大部分來自藏區，還有一小部分來自印度、尼泊爾。店主說，近幾年，藏族飾品在內地賣得非常不錯，一方面是因為藏族同胞來到內地生活的越來越多，另一方面是因為以藏傳佛教為代表的藏族文化在內地越來越受到歡迎，所以生意越來越好。藏族飾品極為豐富多樣，它們不僅僅是一種簡單的「點綴」，更是一種穿戴的常態，用「渾身披掛」來形容藏民族對飾品的鍾愛之情，一點都不為過。

1. 頭飾

藏族人不論男女，都以留長髮，並編辮為基本審美特點。如今藏族男子留長髮的不多，只是個別地方仍保存男子留長髮的傳統，但是藏族女子絕大

多數留有長髮。藏族人對於頭飾非常在意，頭飾的樣式也是多種多樣。雍和宮商店內的藏族頭飾，大部分是用瑪瑙、珊瑚、松石等寶石珠串連成的類似於網狀的頭飾，像帽子一樣戴在頭上，在額頭部位還有吊墜垂下，色彩艷麗，非常華貴。此外，筆者在一家商店內見到一種叫做「巴珠」的頭飾，用布做成「丫」字型支架，支架上用瑪瑙、松石、珊瑚等裝飾，這種頭飾原是達官貴族佩戴，現在流行於拉薩和日喀則等地。[201] 藏族人民的頭飾非常豐富，不同地區的頭飾不同，在北京地區出現的種類只是一小部分。

2. 項鏈

藏族特色的項鏈有很多種，最常見的是以綠豆大小的珠子串成，材料一般為松石、瑪瑙、蜜蠟、青金石、檀木、藏銀等，顏色多為紅色，綠色、黃色、白色，串成項鏈的珠子的數量沒有特殊要求，但是很多都以108顆為準。據店主介紹，這與藏傳佛教中佛珠108顆代表108種煩惱或者108尊佛的功德有關。

很多項鏈還帶有吊墜，吊墜多呈圓形、橢圓形、水滴形，材料一般是松石、瑪瑙、蜜蠟、青金石、玉石、藏銀等。其中最為珍貴的「天珠」，藏語稱為「孜」，關於它的來源說法很多，史學家認為它是從波斯一帶傳入西藏的手工飾品，但是藏族的傳說故事中則認為「孜」是由從天上掉下來的蟲子變化而成的，至今也沒有確切結論，從而使得「孜」更加珍貴，其中九眼天珠是最為珍貴的。[202] 還有一種吊墜藏語稱為「嘎烏」，多是由銀或者金或者銅製作而成的小盒子，也叫做「嘎烏盒」，「嘎烏盒」外面一般刻有圖案，如六字真言、度母像、吉祥八寶、卍字符號等與佛教相關的圖案，盒子裡面也可以裝有六字真言或者上師圖像或者佛教經文。「嘎烏盒」其實是作為護身符的一種首飾。除此之外，吊墜還可以是幾釐米長的金剛杵，不過佩戴的人並不多。

3. 耳環

藏族特色的耳環一般是以銀或者黃金為材料，並且上面鑲有橢圓形或者圓形的裝飾物，裝飾物大多是紅色瑪瑙、紅色珊瑚和綠色松石，顏色艷麗又不失端莊。也有直接以松石、瑪瑙或者珊瑚為耳墜的，這種耳環要較長一些。

4. 戒指

藏族特色的戒指的造型與材料和耳環非常相似，大多是以銀或者金為材料，上面鑲有瑪瑙或者珊瑚或者松石，而且一般比較大，戴在手指上非常顯眼。很多藏族人的手指上會戴有多個戒指，一方面是出於愛美之心，另一方面是藏民族的傳統觀念中，以此作為財富的象徵。

5. 手鐲

藏族特色的手鐲大概有 3 種類型，一種是以銀或者黃金為材料製作而成的手鐲，上面刻有藏族特色的圖案，還有瑪瑙或者松石等鑲嵌在上面。另一種是以瑪瑙、松石、珊瑚、青金石、玉石、檀木、蜜蠟、硨磲、菩提子、水晶、琉璃等為材料製成的花生粒大小或者更大些的珠子串成的手鐲，在手腕上只能繞一圈。還有一種是以瑪瑙、松石、珊瑚、檀木、蜜蠟、菩提子為材料製成的綠豆粒大小的珠子串成的手鐲，基本每條都是 108 顆珠子，這種手鐲往往被當作「佛珠」，在唸經或者轉山轉湖時，佛教徒會一邊轉動佛珠，一邊念六字真言等。

6. 腰刀

藏族男子很多都有攜帶腰刀的習慣，過去攜帶腰刀和戰爭有關。作為防身武器的腰刀一般比較長。還有一種較短的腰刀是生活必需品，在食肉時，藏族人會從衣兜裡掏出腰刀割肉而食，精緻短小的腰刀非常便利。久而久之，攜帶腰刀成了展示男子氣概的裝飾品。在雍和宮附近的商店中擺放的腰刀，長 10～20 釐米，大多用黃銅、白銅、銀、金或者金色的鋁合金製作而成。刀柄通常用牙樟木或者檀木做好，然後用銀或者金等金屬皮包飾，刀柄和刀鞘上刻著吉祥八寶或者六字真言等藏族特色的圖案，還有一些會在上面鑲嵌瑪瑙、珊瑚、松石，十分精緻。在刀鞘上會鑿出幾個小孔，以便於將腰刀用繩子繫起來挎在腰上。繫腰刀的繩子也非常講究，往往將彩色的絲線編成漂亮的結，並以瑪瑙、松石、珊瑚、蜜蠟等寶石裝飾。

7. 腰帶

藏族女性在重大節日時會佩戴絢麗多彩、雍容華貴的腰帶。腰帶的材料一般是羊毛、棉、絲織品或者牛皮等，腰帶兩端有銀或者金做的金屬扣，以便於佩戴。腰帶上面往往還有綵線編織的圖案，如正方形、菱形、卍字符、蓮花、六字真言、各種花朵等。腰帶織花上面鑲著金、銀製成的圓形餅狀凸出物，非常具有立體感，凸出物周圍又用瑪瑙、松石、珊瑚等珠寶圍繞裝飾。藏族女性佩戴的腰帶，色彩豐富，鮮明艷麗，有時腰帶可以作為女子的嫁妝。

（二）禮佛用品

藏傳佛教是藏民族的文化精髓，對於藏傳佛教的信仰已經成為藏族人的生活常態，生活中的很多方面都和藏傳佛教有密切關係，富有藏民族特色的工藝品中，很大一部分是禮佛用品，隨著藏傳佛教在內地的傳播，這些手工藝品也隨之傳播開來。在雍和宮大街上，有很多經營禮佛用品的商店，筆者訪談了來自熱貢地區、以繪畫唐卡為生的店主扎西，瞭解到熱貢地區很多人都是從小學習繪畫唐卡的。扎西學習了十幾年，繪畫唐卡的技術已經非常高超，所以和朋友一起來北京一邊畫唐卡一邊賣。在訪談時，扎西正在和夥伴畫一幅金剛手的唐卡。筆者還訪談了一位經營佛像的店主，他是河南人，漢族人，也是信佛之人。來「請」佛像的人一般都是商人或者是虔誠的佛教信徒。雖然店主不是藏族同胞，但是和每一個顧客都能聊很多佛教典故或者教義，所以生意很是紅火。藏族工藝品的交易絕不僅僅存在於藏族同胞之間，內地人對於藏式禮佛用品的需求也非常大。

1. 唐卡

唐卡是藏民族最具有代表性的民間宗教藝術形式，長期以來在藏族各個區域廣泛流行著唐卡藝術，隨著市場的發展，交流的頻繁，唐卡藝術進入首都地區，深受人們的歡迎與推崇。其中以青海熱貢的唐卡最為著名，在雍和宮附近有3家唐卡商店，店主均是來自熱貢的唐卡繪畫者。藏民族在於宗教方面的各個細節，差不多都可以透過唐卡表現出來，唐卡藝術從某種程度上來說已經成為藏族宗教文化的獨特標誌。所有的佛教故事、佛教人物、佛教

事件以及抽象的佛教宇宙觀，唐卡藝術家都可以透過繪畫唐卡展示出來。唐卡一般是繪在棉布、油紙或者絲絹之上，各色顏料需要繪畫者自己調配，精心選擇。繪畫內容的不同，決定了唐卡的大小不同。唐卡的繪畫，需要深厚的功底，需要內心平靜，需要豐富的知識體系，往往要學幾年甚至十幾年才能掌握。一幅精美的唐卡需要花費幾個月甚至幾年的時間來完成。

2. 佛像

佛像是藏傳佛教的信仰載體，不但是宗教文化的展示，也是佛教藝術和金屬加工技藝的展示。凡是藏傳佛教寺廟存在的地方，必定有佛像的存在，所以雍和宮附近的佛像商店數量之多便不足為奇。筆者透過調查發現，這些佛像有些是四川製造，有些是拉薩製造，有些是尼泊爾製造。從佛像的造型和身份來看，大部分是典型的藏傳佛教崇拜的佛像，如四大天王、釋迦牟尼、文殊菩薩、普賢菩薩、地藏王等。佛像大多數是黃銅製作，表層加以鍍金。也有比較小的佛像只有十幾釐米高，是琉璃或者陶瓷製作。有佛像，必然會有祭拜佛像需要的供品，每家佛像店裡都有拜佛用的酥油、銅質酥油燈盞、藏香等極具藏族特色的工藝品。

3. 哈達

哈達曾經是重要的禮佛法器，有著濃厚的宗教色彩，如今哈達是藏民族十分珍愛且使用非常普遍的吉祥物，獻哈達是藏族人民最常見的一種禮節。在藏區，逢年過節、拜會尊長、走親訪友、朝聖拜佛、婚喪嫁娶、喬遷新居等事項中都要敬獻哈達，以表達自己的忠誠、尊重、祝賀、祝福、友好、和睦、惜別、哀悼等情感。哈達的材質有棉、紗、絲等不同種類，材質雖有優劣之分，但是人們更看重的是其表達的敬意。當然，一般對身份、地位、年齡越高的人，越要敬獻材質好的哈達。哈達的顏色一般有白、黃、藍幾種，以白色最為常見，因為藏族人民崇尚白色，認為白色代表「純潔」「善良」「慈悲」「吉祥」「光明」之義。筆者在佛像店裡也發現很多較大的佛像都用哈達包裹起來，以防止灰塵弄髒佛像；在一些供有佛像的店裡，佛像面前會供有白色哈達。有些哈達上面繪有蓮花、吉祥八寶、六字真言、卍字符、扎西德勒等圖案。哈達的長短不一，長的有1到2丈，短的有3到5尺。哈達作為藏族人民表

達禮節的代表物,已經隨著藏文化一同進入內地,成為藏族文化的代表符號之一。

4. 轉經筒

轉經筒是藏地特殊的宗教法器,每一個藏傳佛教寺廟裡面或者寺廟周圍肯定有轉經筒存在。雍和宮附近的商店裡出售的都是可以隨身攜帶的轉經筒,中間有一根轉軸,手柄部位刻有精美圖案,上半部有一個中空的短圓柱體插在轉軸上,可以靈活轉動,最頂上一般會有一個吊墜或者繩結修飾。圓柱體外部會刻有蓮花、六字真言、吉祥八寶、卍字符等佛教圖案,有些是鏤空的。圓柱體內部是空心的,裡面可以裝六字真言或者其他經文。轉經筒的材料有木質的、銅質的、銀質的、金質的,還有一些是轉軸為木質,空心圓柱體為金屬材料。轉經筒的轉動方向有「順時針」和「逆時針」之分,藏傳佛教為順時針方向轉動,藏族早期的本土宗教——苯教為逆時針方向轉動。不過無論哪種轉法,都可以積累功德。

5. 吉祥八寶

吉祥八寶在藏語中稱為「扎西達杰」,藏族傳統的吉祥八寶是由8種不同的寶物組成,分別是法輪、寶傘、勝利幢、吉祥結、右旋海螺、寶瓶、蓮花、金魚,是藏族僧俗民眾使用最為廣泛、最喜愛的圖案之一。吉祥八寶的寓意體現了藏傳佛教的理念:法輪代表佛法圓輪,代代相續,是生命不息的象徵;寶傘代表覆蓋一切,開閉自如,是庇護眾生的象徵;勝利幢代表遮覆世界,淨化宇宙,是解脫貧病的象徵;吉祥結表示回貫一切,永無窮盡,是長命百歲的象徵;右旋海螺表示佛音吉祥,遍及世界,是好運常在的象徵;寶瓶表示福智圓滿,毫無漏洞,是取得成功的象徵;蓮花表示神聖純潔,一塵不染,是拒絕汙穢的象徵;金魚表示活潑健康,充滿活力,是趨吉避邪的象徵。[203] 正是由於吉祥八寶的美好像徵得到了藏族群眾的無比喜愛,因此吉祥八寶的表現形式也是多種多樣的,既有圖案,刻畫在各種載體上;也有塑像,供奉在佛像前或者佛堂裡。

6. 藏香

藏香被視為藏族傳統手工業的一朵奇葩，是藏傳佛教的重要載體之一，是藏族群眾不可缺少的日用品，一方面人們用它拜佛朝聖，避鬼驅邪；另一方面，藏香的配料中有很多對人體有益的成分，不但味道清香，而且可以淨化空氣，緩解病痛，使人心情舒暢。據資料記載，吞彌·桑布紮根據西藏的地域特點，把印度的熏香技術進行改進，發明了藏香。筆者調查瞭解到，很多商店的純正藏香正是從吞彌·桑布扎的家鄉西藏尼木縣吞巴村運輸而來。傳統藏香一般以柏樹樹幹或者榆樹樹幹為原料，然後加入藏紅花、麝香、白檀香、紅檀香、紫檀香、速香、沉香等幾十種香料按一定比例製作而成。[204] 藏香有多種顏色，如紅、黃、紫、綠等，形狀也多種多樣，有長條狀、環狀。藏香最初在貴族階層中盛行，而且有專門擱置藏香的焚香盤。焚香盤多由上等檀香木製成，非常精美。散發著清香氣息的藏香，使得藏民族更具神秘氣息。藏香製作也早被列入非物質文化遺產之中，成為藏族文化的一部分，也得到內地群眾的喜愛。

7. 面具

提到藏族面具，很多人都會想到寺院「羌姆」[205] 和「藏戲」，其實藏族面具早在新石器時代晚期就出現在藏區了，只是透過寺院「羌姆」和藏戲而被大眾所熟知罷了。藏族面具按材質分為金屬面具、木質面具、織品面具、皮質面具、紙質面具、泥面具、貼布面具等。其造型非常豐富，有九頭羅剎女面具、地獄閻王面具、骷髏鬼面具等鬼怪造型，也有鳥類面具、猩猩面具、牦牛面具等動物精靈造型，還有各種神靈、菩薩的造型，很明顯受到藏傳佛教的影響。面具底色的不同，象徵不同的意義，如白面具象徵純潔、善良、慈悲；紅面具象徵權力與威嚴；綠面具象徵福德深厚；黑面具代表惡相，象徵邪惡；黃面具象徵智慧、興旺、功德廣大；半黑半白面具象徵人物表裡不一、兩面三刀；藍面具象徵英勇無畏。[206] 筆者由店主口中得知，如今的藏族面具不僅侷限在「羌姆」或者藏戲表演中，更多的是作為藝術品來收藏，尤其是很多內地的藝術愛好者們，都對藏族面具非常感興趣。

二、藏族工藝品的特點

筆者此次調查僅僅是以雍和宮附近的商店中的藏族工藝品為主，雖然無法完整地將藏民族的手工藝品羅列出來，但是雍和宮作為藏族文化在北京的代表，其附近商店中的藏族手工藝品大體可以涵蓋藏族手工藝品的特色。現以雍和宮附近的商店中的藏族工藝品為例，將藏族工藝品的特點總結如下：

1. 種類繁多

藏族是一個有著悠久歷史文化的民族，雖然居住在自然環境惡劣的青藏高原之上，但是藏族群眾的手工技藝卻十分精湛，手工藝品的種類也相當豐富。藏民族的飾品種類之多，完全可以用「渾身披掛」來形容，從頭到腳，幾乎都用飾品來裝飾，而且每種飾品又具有不同的樣式和材質。至於宗教用品更是多不勝數，凡是有宗教現象、宗教活動、宗教事務出現的地方，總會有各式各樣的宗教用具，而且可以說藏族最為精湛的手工藝術和手工藝品都是和宗教有關的。除此之外，由於藏區各地的風俗習慣等的不同，相同的手工藝品，往往會有不同的形式或者造型。

2. 材質特殊

從前文可以看出，無論是飾品還是宗教用具，它們的材質都非常具有藏族特色。其中瑪瑙、珊瑚、松石、蜜蠟、天珠、硨磲等珠寶類可以說是最受歡迎的；檀香木、柏樹、藏紅花等藏族特色的植物類也非常常見；羊毛製品、動物毛皮等也是較常見的材料。總之，藏族的手工藝品的取材大都是藏區常見的或者特有的材料。

3. 宗教內涵豐富

藏傳佛教可以被視為藏族的文化代表，宗教已經滲透到藏民族的日常生活中，藏族的手工藝品中幾乎都具有豐富的宗教內涵。從前文可以看出，手工藝品的圖案大多是六字真言、卍字符、蓮花、吉祥八寶等佛教圖案；此外，在藏傳佛教中，將硨磲、蜜蠟、瑪瑙、珊瑚、金、銀、紅玉髓稱為「佛教七寶」，佛教徒認為這些是最佳的持戒物，所以藏族工藝品中很多都以這些材

料為裝飾物，或者直接佩戴這些吉祥物。很多的禮佛用品也隨著佛教的盛行，在普通民眾間流行開來。

4. 色彩明麗

藏民族生活在青藏高原之上，以灰色、褐色為主要色彩，所以對於艷麗的色彩十分鍾愛。從前文可以看出，藏族的手工藝品很多都是金色、黃色、紅色、綠色、藍色等鮮艷的色彩。對於白色，藏民族有著獨特的感情，因為其生活在雪山之中，所以將白色視為最吉祥、最純潔、最慈悲的顏色。

三、總結

藏民族文化的豐富多彩之處就在於，不同地區的文化都具有不同的特點，本文所列的手工藝品只是藏族工藝品的一小部分。北京市的政治、經濟、文化地位已經得到國際認可，隨著「民族的就是世界的」這一口號的不斷落實，藏民族的文化資源將會以各種形式不斷地匯聚到北京。藏族作為中國少數民族中歷史悠久、文化豐富的民族之一，具有藏族特色的資源已經在北京市逐漸形成自己的民族文化品牌，為北京市的旅遊業、餐飲業、服務業、文化產業等方面的發展提供著強大的吸引力，同時也為藏民族自身的發展以及藏族文化的宣傳推廣形成巨大的推動力。相信隨著市場需求的擴大，會有更多更豐富的藏族手工藝品進入北京地區。

北京藏族文化的窗口——民族出版社藏文編輯室

丹珍央金 [207]

　　民族出版社成立於 1953 年 1 月 15 日，前身為中央民委參事室，是全國唯一的國家級民族出版機構，主要致力於服務共產黨的民族工作，弘揚和傳播中國少數民族文化。隨著民族出版社的誕生，藏文圖書出版事業也以嶄新的面貌躋身於祖國出版行列之中。藏族文化歷史悠久，千百年來無數高僧大德和學者大師把內地和印度的大量佛教經典譯成藏文，奠定了藏傳佛教的典籍基礎，同時創作了包括佛學在內的哲學、文學、語言學、醫學、天文學、邏輯學、建築學等方面的大量優秀著作，形成了藏族獨特的文化。民族出版社成立後，用現代手段出版藏文圖書，這是有史以來的創舉。

　　民族出版社藏文編輯室始終把翻譯馬列經典著作、共產黨和國家領導人的著作、政策文獻和法律法規、重要會議文件作為首要任務，致力於整理傳承藏族文化古籍遺產，致力於社會科學和自然科學等各門類學科藏文版、藏語文工具書以及相關音像製品的出版，注重發揮政治宣傳、文化傳承、知識傳播、行業引領、公益服務、訊息研究、團結示範等作用。

　　自 1953 年建室以來，成立了校對組、編輯組、翻譯組、發行科和資料室。隨著現代科技的進步，校對組與編輯組於 2004 年合併，資料室從與其他 5 省區民族出版社交換樣書的單一的功能逐漸轉變為如今的儲存及發行樣書等多種功能。

　　1993 年 5 月，社駐西藏工作站成立。其宗旨是：深入群眾、深入生活，學習群眾語言，特別是為來自安多和康巴地區的青年編輯提供學習衛藏方言的有利條件；深入基層瞭解讀者需求，及時反饋訊息，以改進選題工作；深入西藏各地文化單位、科學研究單位、大專院校等廣泛組織稿源，並聘請社外專家學者編稿審稿，以提高青年編輯的業務水平；在配合主渠道新華書店做好發行工作的前提下，努力搞好自辦發行，擴大藏漢文圖書的銷售量。

北京藏族文化的窗口——民族出版社藏文編輯室

一、藏文編輯隊伍

民族出版社剛成立，藏文編輯室剛起步時，懂編輯業務、有藏文化知識的編輯人員奇缺，基礎十分薄弱。1955年開始，藏文室不斷從中央民族大學、西北民族大學、西南民族大學、西藏大學等各民族高校調進青年幹部，並從社會陸續吸納一批有真才實學的人員，一面認真工作，一面加強培養。據不完全統計，60多年來藏文室流動的幹部至少有80餘人，形成了一支忠實執行共產黨的路線方針，精通編輯業務和藏族文化知識、勤懇認真、無私奉獻的編輯隊伍。在這支隊伍中，包含來自全國各地其他民族的編輯人員，如漢族、回族、納西族和土族等近50多位編輯人員。60多年來，藏文室湧現出了許多優秀的藏文編輯工作者，他們為民族文化的繁榮發展作出了重要貢獻：

黃明信，精通漢藏兩種語文，著名藏學家。1953年民族出版社成立後，任藏文室第一任副主任。在他主持下首次翻譯出版了《矛盾論》《實踐論》《新民主主義論》等毛澤東著作。他作為主要負責人之一，參加整理出版了大型工具書《五體清文鑒》，組織出版了《格西曲扎藏文辭典》，為該社藏文圖書出版事業作出了重大貢獻。

劉立千，中國社會科學院民族研究所特約研究員，首屆中國藏學研究珠峰獎榮譽獎獲得者，民族出版社藏文編譯室副主任、編審。他長期從事藏文翻譯和藏學研究工作，特別是對古藏文和藏傳佛教、藏族歷史研究有著很高的造詣，是國內外公認的學者和權威。幾十年來他發表了一系列的學術論文和譯著，如《西藏王臣記》《印藏佛教史》《土觀宗派源流》《西藏宗教史鑒》《衛藏道場勝蹟志》等。在擔任室副主任期間，他主持翻譯了《毛澤東選集》等馬列經典著作和大量共產黨的政策文件，翻譯編輯了大量的藏文典籍。

戴賢，精通漢藏兩種語文。起先在西南民族學院任藏文教員，後調中央民委翻譯局、民族出版社藏文室做編譯工作。1979年任藏文室副主任，1989年聘任為正編審，曾任民族出版社總編輯。他在翻譯《毛澤東選集》（1—4卷）、《反杜林論》《唯物主義和經驗批判主義》等馬列著作中作出了重要貢獻。由於他譯文準確、流暢、優美，博得了藏文翻譯界一致好評。

多吉杰博，正編審，精通藏文，尤其擅長語法修辭。他在藏文室工作 33 年，在校訂馬列及毛主席著作的譯文、整理出版藏文古籍、培養翻譯人才等方面作出了傑出的貢獻，博得藏族學術界一致讚揚。他從 1989 年起任中國藏學研究中心副總幹事，繼續為發展藏族文化作貢獻。

高炳辰，漢族，正編審，精通漢藏兩種語文。1956 年調入中央民委民族語文翻譯局工作，局社分開後一直在藏文室工作。他除熟悉編輯、翻譯業務外，更擅長詞彙的蒐集、整理和編纂工作。多年來他前後參加了《藏漢大辭典》編纂工作，編輯出版了《漢藏對照詞彙》《漢藏對照詞典》等大型工具書，成績卓著。

如今，藏文室有編審 2 人，副編審 6 人，編輯 8 人，助理編輯 4 人，大都具備大學以上學歷。

二、藏文圖書的出版

藏文編輯室成立之初，只有黃明信、昂旺格桑、李春先等 6 位編輯，而這幾位編輯人員既要編又要譯，還要校對，每年也只能翻譯出版一些急需的政治類圖書。出版工作緩慢、種類單一。

根據記載，出版社剛成立的 1953 年 3 月，藏文編輯室翻譯出版了《中華人民共和國全國人民代表大會及地方各級人民代表大會選舉法》、6 月至 9 月翻譯出版了國內最早的藏文版連環畫《雞毛信》（上下冊）。一直到 1980 年左右為止，翻譯出版的政治類圖書佔多數，比如《共同綱領》《中國革命與中國共產黨》《論人民民主專政》《民族問題與列寧主義》《毛澤東選集》《實踐論》《毛澤東的好戰友——雷鋒》《共產黨宣言》等。也有少數以藏民族文化為題材的圖書，如 1954 年整理出版的《藏文字彙》，被稱作是該社成立以來的第一本優秀的藏文古籍。1954 年 5 月編輯出版了《漢藏新詞彙》（第一集），收集解放後翻譯出版的諸如《共同綱領》等 10 餘本漢譯藏圖書中的新譯詞詞彙約 2500 個。1956 年出版了《西藏文法四種合編》《格西曲扎藏文辭典》《藏文動詞變化表》等。自 1980 年開始，隨著時代的轉變，藏文室出版的圖書也從單一向比較全面的方向發展。

北京少數民族文化資源研究
北京藏族文化的窗口——民族出版社藏文編輯室

1955年，以報導反映少數民族生活為宗旨的大型畫報《民族畫報》創刊，並出版了藏文版；1968年，《紅旗》雜誌藏文版出版；1988年7月12日，經過國家新聞出版總署研究同意，藏文室自1988年7月始，以藏文出版《求實文選》。

無論怎麼艱難，藏文圖書出版在編輯室成員的不斷努力下，品種由原來單一的政治圖書發展到包括經濟、科技、法律、文教、哲學、歷史、地理、文藝以及各種工具書等多門類的圖書；每年出版的圖書由原來的二三十種增加到二三百種，字數由原來的十幾萬字增加到二三千萬字；發行量從建社之初的每年幾千冊增加到60多萬冊；編譯人員也由最開始的四五人增加到二三十人。據統計，目前在全國藏文圖書市場的占有率達50%。除政治、文學、科技等圖書外，還出版了大批優秀傳統藏族文化圖書，其中重點讀物有《西藏王臣記》《紅史》《智者喜宴》《東噶洛桑赤列全集》《才旦夏茸全集》《薩迦派系列叢書》《藏醫藥大典》等。

到目前為止，藏文編輯室共出版近4000種藏文圖書，累計印數達1.2億餘冊，這些圖書包括馬列著作、毛澤東選集、老一輩無產階級革命家著作、共產黨和國家的重要政策文獻以及歷史、文學、哲學、醫學、法律、科技、藏文古籍、幼兒讀物、各種工具書等門類，較好地滿足了廣大讀者的需要。

現將民族出版成立以來的藏文圖書按以下種類來進行介紹：

1. 政治類

自1953年至2000年為止，翻譯出版的圖書有《中華人民共和國全國人民代表大會及地方各級人民代表大會選舉法》《中國革命與中國共產黨》《論人民民主專政》《中華人民共和國憲法（草案）》《政府工作報告》《毛澤東選集》（1—4卷），《中華人民共和國憲法》《毛澤東書信集》《中國共產黨共產黨章》《為人民服務》《矛盾論》《實踐論》《鄧小平文選》等；自2000年至2016年翻譯出版的圖書有《中國共產黨歷史》（上中下）、《你也能創造奇蹟》《西藏民主改革50年》《民事糾紛解決》《農村治安法律問題》《婚姻法律指導》《江澤民選集》《習近平談治國理政》等。這些譯

本不但滿足了廣大藏族讀者們關於政治方面的知識需求，而且高標準的翻譯水平一直為翻譯界提供了良好的參考資料。

2. 辭書類

1954年，編輯出版了《漢藏新詞彙》（第一集），它是新中國成立後該社精心組織編輯的第一部藏文辭書，也是藏漢對照詞彙的母典；1957年，格西曲吉扎巴編纂的《格西曲扎藏文辭典》出版；1964年《漢藏詞彙》出版，它是第一部比較成熟的漢藏翻譯工具書，對漢藏翻譯產生了巨大影響；1976年，《漢藏對照詞彙》出版，主要是將歷年來翻譯出版的馬列著作、共產黨和國家的重要政策文件、《紅旗》雜誌以及其他書刊中積累的資料加以整理編譯；2015年，《藏醫藥基本名詞術語藏漢對照詞典》《藏文高頻詞辭典》等出版。此外還出版了《漢藏對照詞典》《藏文同音字典》《藏醫詞典》《漢藏對照成語》《藏文縮略語詞典》《藏語敬語詞典》《古藏文詞典》《梵藏漢詞典》等多種具有現實價值意義的工具用書。

3. 藏文古籍

1953年至1980年出版的藏文古籍圖書有《藏文字彙》《西藏文法四種合編》《藏文文法根本頌色多氏大疏》《雲使》《藏文文法講義》《巴協》《智者語飾——藏文字詞概述》（藏文）等。1981年至2000年出版的有《西藏王統記》《敦煌本藏文文獻》《詩論明燈》《吐蕃碑刻鐘銘選》《因明七論除意暗莊嚴疏》《薩迦世系譜》《晶珠本草》《量理寶藏論》《扎什倫布寺寺規》《唐卡繪畫明鑒》等。2000年至2016年出版的有《寧瑪派源流》《五明概論》《慈氏五論》《辭藻學入門》《熱貢族譜》《吐蕃史論譯集》《中陰法彙編》《康多研究》等。

4. 文集

1981年至2000年出版的有《賽倉·羅桑華丹文集》（1—9）、《貢唐·丹貝仲美文集》（1—11）、《端智嘉全集》（1—6）；2000年以後出版的有《東噶文集》（1—8）、《才旦夏茸全集》（1—13）、《康薩爾丹貝

旺旭文集》（1—5）、《加羊加措文集》（1—3）、《夏日東文集》（1—10）、《伯東班欽全集》（1—95）等。

5. 文學

主要出版的有《驟夫記》《藏族當代女作家詩歌精選》《藏族民間諺語精選300句》《申扎山歌集》《日喜日嘎故事》《白瓊的故事》《藏族名人名言集》《民間文學》《藏族中代文學》《西藏民間歌謠集》《文學佳作欣賞》《西藏民間故事小集》《熱貢·多杰卡詩集》《康區婚禮祝詞小集》《加絨民間歌頌》《遙遠的黑帳篷》《冬日無雪》等。

6. 格薩爾

主要出版的有《扎巴講述格薩爾王傳》系列叢書、《少年格薩爾王》系列叢書、國家出版基金項目《格薩爾精選本》（1—40）等。

7. 藏醫

1981年至2000年出版的有《藏藥晶鏡本草》《藏醫大辭典》等。2000年以後出版的有《藏醫藥經典文獻集成》（1—100）、《藏醫藥大典》（1—61）、《21世紀藏醫教材叢書》（1—26）等。

8. 古典文學譯文

主要出版的有1978年由5省區和民族出版社的專家組成的翻譯組譯的《水滸全傳》、1983年索南班覺譯的《紅樓夢》、1996年平措次仁譯的《唐詩三百首》、2011年果洛南加譯的《中國傳統文化經典叢書》、2013年果洛南加譯的《四書·五經》、2014年孔憲岳譯的《三國演義》等。

9. 兒童讀物

1981年至2000年出版的有《世界童話名著》（1—8）、《漫遊科學世界》（1—10）、《怎樣走向成功——畫說世界著名企業家》（1—10）、《兒童科普十萬個為什麼》（1—12冊）等。2000年以後出版的有《大鬧天宮》、《托起明天的太陽——民文青少年讀物叢書》《中國兒童百科全書》《中學生百科全書》（1—10）、《中國讀本》等。

三、代表性出版成果

《藏漢大辭典》（上、中、下）於 1985 年 7 月出版，是中國第一部兼有藏文字典和藏學百科全書性質的綜合性藏漢雙解大型工具書。張怡蓀主編，1985 年民族出版社出版。這部辭典收詞 5.3 萬餘條，以一般詞語為主，分基本詞和合成詞兩大類。此外，還收有舊時公文、封建法典、藏區風俗、農牧生產、器用服飾、賦稅差徭等方面的用語，並收錄了一部分方言詞彙和新詞術語。書後附有《動詞變化表》《干支次序表》《藏族歷史年表》以及反映藏族文化特點的彩色圖片百餘幅。1987 年獲吳玉章獎金語言文字學一等獎；1993 年獲國家圖書獎提名獎。

《英藏漢對照詞典》於 1988 年 9 月出版，此書為歸國藏胞扎西次仁先生回國後同劉德俊合著，經過 10 多年的辛勤努力編成。它收詞廣泛，編排合理，實用性強，填補了藏文辭書多方面的空白，受到國內外讀者歡迎。1990 年獲全國圖書評比優秀獎。

《新編藏族格言》於 1990 年出版，本書蒐集了 500 餘首格言，繼承了藏族傳統的創作特點，針對現實生活中的問題，用生動的比喻，闡述了治學、處世、待人的道理，是對青少年進行思想品德教育的理想讀物。此書 1993 年獲第五屆全國少數民族文學創作「駿馬獎」。

《西藏王臣記詳釋》於 1993 年 12 月出版，屬於藏文古籍註釋。此書是對五世達賴喇嘛所寫的《西藏王臣記》中的一些難點加以註釋，對原作中未提到而又與其有直接關係的歷史事件根據史料進行了增補，使內容更加充實。此書於 1994 年獲第二屆中國民族圖書獎三等獎。

《藏藥晶鏡本草》於 1995 年 8 月出版，是一部藏藥學巨著。收錄礦物、植物和動物等藏藥材 1350 餘種，其中藥材名稱以藏、漢、拉丁 3 種文字對照標註，每種藥物都有詳細的產地、形狀、顏色、特性、別名、味、功能、療效等文字說明，其中 900 多種藥材附有彩色實物照片，對中國當代藏醫藥學的現代化和產業化發展造成了重要的作用。此書 1997 年獲第三屆中國民族圖書獎二等獎；1996 年獲第三屆全國藏文優秀圖書獎一等獎。

《藏醫藥大典》（1—61）於 2012 年 12 月出版，該書是由青海省藏醫藥研究院組織，1000 餘名相關專家參與，歷經 20 年編纂完成的迄今規模最大的藏醫藥文獻出版工程。全書 60 卷，附《藏醫藥大典總目》1 卷，6000 萬字。涵蓋了藏醫藥學從理論到實踐幾乎所有的內容，時間跨越從公元前 7 世紀至今 2900 多年的歷史，是對藏醫藥學理論全面系統的集成。全套圖書由藏醫學史、古代醫籍、四部醫典、臨床醫著、藥物識別、藥物方劑、藥材炮製、儀軌頌詞等 8 大總義 78 章 492 節組成。此書於 2014 年獲國家政府獎。

《端智嘉全集》（1—6）於 1997 年 12 月出版，分為詩歌（20 篇）、小說（15 篇）、論文（15 篇）、譯作（12 篇）、名著詮釋（7 篇）和散文、信札等（散文 6 篇；其他 4 篇；信札 9 封）6 類。端智嘉是新中國成長起來的藏族學者和作家中的佼佼者，在短暫的人生旅程中取得了傑出的成就，他的詩詞、小說、散文、論文和譯作風靡 20 世紀 80 年代的藏族文壇，對藏族當代文學和學術文化的發展作出了重要貢獻。《端智嘉全集》1999 年獲第四屆國家圖書獎提名獎，1999 年獲第四屆中國民族圖書獎三等獎。

《賽倉·羅桑華丹文集》（1—9）於 2001 年 4 月出版，該書涉及藏族傳統詩學、藏傳佛教、寺院志、語言文字、語法修辭、音韻聲學、宗教哲學、文學歷史、人物傳記等大小五明學科。此文集於 2003 年獲第六屆中國民族圖書獎二等獎；2003 年獲第六屆全國藏文優秀圖書獎三等獎。

《〈格薩爾〉精選本》（1—40）於 2005 年 9 月出版，該書是在眾多的《格薩爾》分部本和異文本基礎上，經過眾多專家學者和說唱藝人的多方論證、篩選、編纂而成的。反映了《格薩爾》鮮明的民族特色、地域特色和時代特色，是反映古代藏族社會歷史的一部「百科全書」。這套精選本計劃編纂出版 40 卷，每卷約 2 萬詩行，40 萬字，總計約為 80 萬詩行，1600 萬字。這是一項跨世紀的文化出版工程。2001 年獲第五屆全國藏文優秀圖書獎二等獎。2004 年獲第六屆全國書籍裝幀藝術展覽暨評獎優秀裝幀設計銅獎。

《無色界——嘎瑪·多吉次仁（吾要）作品》於 2007 年 5 月出版，該書從不同題材和材質等方面體現了作者藝術創作上的探索與創新。作者以獨特的超現實主義的藝術手法闡釋了藏民族博大精深的文化內涵和人文情懷，表

達了對養育自己的雪域高原的深深眷念之情，展現了其特有的藝術手段和良好的技藝。該書2007年獲首屆中國出版政府獎裝幀設計獎。

1985年的《毛澤東書信》獲1992年首屆全國藏文優秀圖書獎二等獎；《世界童話名著》（1—8）於1994年出版，獲1995年第二屆全國藏文優秀圖書獎一等獎；《梵藏漢對照詞典》於1991年出版，獲1995年第二屆全國藏文優秀圖書獎三等獎；《漫遊科學世界叢書》（1—10）於2000年出版，該套叢書獲2001年第五屆全國藏文優秀圖書獎一等獎；《中國藏族文化藝術彩繪大觀》於1999年2月出版，獲2001年第五屆中國民族圖書獎二等獎；《西藏民俗精選本》於1999年出版，獲2001年第五屆全國藏文優秀圖書獎二等獎；2013年的《藏醫藥大典》（全60冊）獲第三屆中國出版政府獎圖書獎（出版行業的最高獎項）；2016年的《無雪冬日》獲第十一屆全國少數民族文學創作「駿馬獎」中短篇小說獎。

此外，藏文編輯室積極響應上級指示，對藏區進行公益活動：向全藏區中小學捐贈基金項目圖書；向5省藏區免費贈送《民族區域自治法》《習近平談治國理政》等政策理論學習讀物。在2004年，針對預防非典、普及健康保健知識，向藏區捐贈有關方面的書籍；當青海省玉樹州發生地震後，向災區捐贈了藏文版的《健康66條》《急症與意外傷害救治問答》《身邊的傳染病》3種圖書各千餘冊。自2008年以來，積極配合政府進行農家書及寺廟書的採購與配置工作，發行範圍涉及7000多個行政村，2000餘座寺廟，發行千餘品種圖書，採購碼洋達到近4千萬元。

北京少數民族文化資源研究
人民大會堂西藏廳壁畫初探

人民大會堂西藏廳壁畫初探

劉軍 [208]

　　中華人民共和國中央政府人民大會堂（以下簡稱「人民大會堂」）是共產黨和國家領導人接待外賓、開展國際交往以及舉行重要活動的地方，是國家的象徵，凝聚了國家和全國各族人民的希望。在這裡，見證了新中國歷史發展過程中的一個又一個重大的決策。而西藏廳，則凝聚了藏族人民在祖國這個大家庭中努力前進的精神力量。今天，讓我們走進人民大會堂西藏廳，欣賞西藏廳內的一幅幅精美絕倫的壁畫，透過壁畫，展現藏族同胞在祖國的關懷下一步步走向繁榮發展的歷史景象，感悟壁畫背後的每一位畫師對雪域高原的難以言說的情懷。

　　在北京市中心天安門廣場西側，西長安街南側矗立著巍峨莊嚴的人民大會堂。它是全國人民代表大會開會所在地和全國人民代表大會常務委員會的辦公場所，除此之外，也是共產黨和國家領導人和人民群眾舉行政治、文化、外交等大型重要活動的場所。共產黨和國家領導人在這裡接待外賓、開展國際交往，它也成為中國的象徵。

　　人民大會堂南北長 336 米，東西寬 206 米，占地 15 公頃，總建築面積 171800 平方米，於 1958 年 10 月 28 日破土動工，1959 年 9 月 10 日竣工，是北京 20 世紀 50 年代著名的十大建築之首。人民大會堂莊嚴肅穆，建築在平面上呈「山」字形狀，兩翼略低，中部稍高，四面開門。在外觀設計上，選取淺黃色花崗岩作外表，上有黃綠相間的琉璃瓦屋簷，下有 5 米高的花崗岩基座，周圍環列著 134 根高大的圓形廊柱，從遠處看，更顯其莊嚴。人民大會堂正門正對天安門廣場，正門門額之上鑲嵌著中華人民共和國國徽，迎面就有 12 根淺灰色的大理石門柱。人民大會堂建築整體風格莊嚴典雅，四周建築層次分明，極具民族特色。

图1 西藏廳全景

　　人民大會堂主體建築由3部分構成：人民大會堂的正門是東門，東門入口臺階總高5米，全寬83米，拾級而上，步入門廳，過廳便是中央大廳（只是門廳，不設座位），簡潔大氣。穿過大廳，則是寬76米、深60米的萬人大會堂；大會堂北側是有5000個席位的大宴會廳；南側則是全國人大常務委員會辦公樓。除此之外，中國各省、市、自治區在人民大會堂都有一個廳。按照周恩來總理的提議，由各省、直轄市、自治區自主裝修、設計，以供各省、直轄市、自治區代表開會討論或舉辦大型重要活動等使用。每個地方代表廳的裝飾都堪稱藝術精品，異彩紛呈，具有濃郁的民族風格和地方特色。

　　西藏廳就位於人民大會堂3層，距天安門最近，站在西藏廳內，從北窗眺望，可以看到天安門、故宮等建築；從東窗就能看到天安門前迎風飄揚的五星紅旗。駐足於此，你會油然生起愛國之心，感到祖國與西藏同胞永遠在一起！立足於西藏廳中心，四周環顧，你便會發現四壁皆是具有濃郁藏民族風情的壁畫，展現了西藏悠久燦爛的歷史文化、壯麗獨特的自然風光和勤勞勇敢的人民。

大廳東牆的壁畫《扎西德勒圖——歡樂的藏曆年》描繪了藏族、門巴族、珞巴族等各族群眾喜氣洋洋、興高采烈、共度藏曆新年的情景，畫面直觀反映了從除夕之夜到初一凌晨的民俗活動，以及漢藏一家、軍民團結、準備春耕等場景。大廳南牆的三幅畫分別展示了世界屋脊上最大的湖泊納木湖，世界最高峰珠穆朗瑪峰和藏東牧區小景草原風光。大廳北牆的三幅畫分別描繪了西藏的江南原始森林、阿薩的古建築物龍王潭和滔滔不絕的雅魯藏布江。大廳西牆的兩幅畫：其一為《雅吉節》（即物資交流會）；其二為《望果節》（即慶祝豐收之意）。休息室有唐卡畫四幅：南牆《八思巴覲見忽必烈》，象徵著西藏從此正式納入中國版圖；西牆南側《囊薩姑娘》，刻畫了西藏民間傳說中一位為爭取婚姻自主，同殘酷的農奴製做鬥爭的姑娘；西牆北側《湯東杰布》，描繪了西藏古代一位著名的工匠大師；北牆《松贊乾布與文成公主》，描繪了吐蕃時期一代英王松贊乾布和文成公主百年好合的美好形象。休息室平頂圖案是《龍鳳呈祥》，四角是彩雲飛鳳，燈花為雙龍盤珠，中部刻有「五妙玉」圖案，由仙桃、海螺、長笛、六絃琴、哈達組成，表示吉祥如意。[209]

　　西藏廳的壁畫大多採用工筆畫中的重彩法的創作手法。重彩法，顧名思義就是濃墨重彩的意思，指以礦物顏料和粉質顏料（包括水粉色和丙烯色等）為主的方法，重彩法重著色，但不意味著將顏料堆得像某些油畫那樣厚，只強調顏料能覆蓋住版面即可，再配合渲染，從而達到厚重的效果。粉質顏料塗後，顏色色度飽滿，色相鮮明，能給人以雍容華貴、富麗堂皇之感。壁畫是建築裝飾的重要組成部分，它與建築物的總體風格設計相協調，成為一個整體。回首曾經在西藏廳展示過的一幅幅精美絕倫的畫作，那是西藏歷史和人民生活的真實寫照，也是每一位壁畫設計者的人生故事的精彩展現。

一、《扎西德勒圖——歡樂的藏曆年》

　　在人民大會堂西藏廳的牆壁上有一幅十分著名的大型丙烯壁畫，叫《扎西德勒圖——歡樂的藏曆年》（以下簡稱《扎西德勒圖》），長18米，寬4.5米。這幅壁畫由中國藏學研究中心研究員、國家一級美術師、享受國務院特殊津貼的葉星生先生親自設計，西洛（原十世班禪畫師）擔任藝術顧問，數

位漢、藏、回等民族美術工作者集體繪製而成。最後邀請阿沛·阿旺晉美先生 (ང་འོད་དགའ་དབང་འཇིགས་མེད) 為壁畫題字，藏文原文為：

དམངས་ཁྲོད་སྒྱུ་རྩལ་བསྐྱབས་སྐྱོབ་ཀྱིས་བོད་རིགས་རིག་གནས་དར་སྤེལ་བཙུགས་ཤོག༔མཁན་ཡེ་ཤེས་སྲིད་ཀྱི་བོད་རིགས་སྒྱུ་རྩལ་ཞིབ་འཇུག་བྱེད་པར་དེ་བས་ཆེ་བའི་གྲུབ་འབྲས་ཐོབ་ཐུབ་པའི་སྨོན་འདུན་ཞུ་བའི་ཆེད་དུ་བྲིས༔

題意為：「搶救民間藝術，弘揚藏族文化。祝葉星生研究藏族文化取得更大成就。」

這幅壁畫從 1980 年開始設計到 1985 年竣工，歷時整整 5 年時間。壁畫的畫面中心為吉祥雙鬥、羊頭、青苗及各類藏族人民心目中的吉祥物，周圍則是洋溢著熱情、歡樂地跳鍋莊舞的藏族青年男女。目光向左移動，壁畫的左面內容由手舉火把的牧區婦女，在除夕之夜沐浴、吃「古突」，新年初一背聖水、拋五穀、彈六弦、跳熱巴舞等活動場面組成。目光轉向右邊，壁畫的右面向我們展現了藏族迎新年說唱「折嘎」、農區老人獻哈達、跳藏戲、賽馬、唱酒歌、備耕等民俗風情。整個壁畫的背景圖案為布達拉宮、雪山、祥雲、江水等。規模宏大，繪製精美，構成了一幅西藏人民翻身解放，歡度藏歷新年的主題畫作。在畫中，共描繪各種人物 71 位，動物 49 個，各種吉祥圖案和節日用品 100 餘種。壁畫在構圖上採用藏族傳統的中心構圖法，在最中心，以跳鍋莊的男女圍成一圈向四周舞動並旋轉擴展；用圓和方、直線和曲線等幾何圖案手法巧妙地將各個部分構成一個有機整體。在人物形體上，採用寫實手法將藏畫、國畫、西畫等不同藝術元素融為一體，創造出姿態各異、生動鮮活的人物形象。[210] 在色彩的選擇上，則使用藏族人民喜愛的金色和絳紅色，使作品極具視覺衝擊力和藝術感染力。整個壁畫富麗堂皇，與西藏廳的建築融為一體。

壁畫創作之始，西藏自治區、政府領導高度重視，委派十世班禪大師額爾德尼確吉堅贊及阿沛阿旺晉美兩位副委員長親自審稿，並多次到現場指導。設計者葉星生本人 9 歲跟隨張大千的同門師兄馮灌夫學習繪畫，13 歲隨父母進入西藏，並拜原十世班禪宮廷畫師西洛老人為師學習民間美術，在西藏工作生活近 40 年。1979 年創作的新西藏布畫《賽牦牛》獲全國美展二等獎並

一、《扎西德勒圖——歡樂的藏歷年》

被中國美術館收藏;《藏風》《極地》《高原之歌》等作品先後被選送日本、南美等展出;1980年至1985年用了5年時間,為人民大會堂西藏廳設計並繪製了《扎西德勒圖》等7幅大型壁畫,轟動國內外;1991年設計製作的《西藏傳統工藝系列作品》獲國家「星火成果展金獎」;1994年設計製作的《布達拉宮玉雕模型》被中國國家博物館收藏;1999年為昆明世博會設計的《西藏廳》獲得金獎;2007年國畫《天界》拍賣的108萬全部捐獻中國紅十字會等,可以說葉星生的一生都獻給了西藏藝術。

在談到《扎西德勒圖》的創作時,葉星生說:「創作靈感來自於我在西藏的40年對這片土地的熟悉和熱愛。儘管現在我在北京工作,但夢魂牽繞的依舊是我的西藏高原。」根據葉星生的描述,為了準確描繪壁畫的內容,他在西藏各個城鎮和鄉村大量蒐集素材,各種素描、寫本、構思草圖及局部小樣,印滿了他在西藏的足跡。葉星生自己塵封的檔案中有一份寫於25年前的《五年壁畫工作簡況》。在簡況中,有這樣幾句話:

5年的奮力拚搏,自己深感身心疲憊,有限的能力、精力已經無法應付周圍的一切,5年來我有計較不完的是是非非、個人得失,為守住壁畫這個陣地,可以說在忍辱負重、委曲求全,而且幾乎到了承受力的極限。但我並不後悔,因為這是我當初自己選定的路……夢想有一塊大牆,將我對這片土地的愛、對藏族人民的愛用畫筆表現出來。[211]

1985年4月15日,中央人民廣播電臺播出長篇通訊《民族藝苑的一枝花》,詳細介紹了壁畫《扎西德勒圖》及其設計者和參與這項工作的各民族美術工作者,以及壁畫創作背後艱辛和感人的故事。2010年,上海世博會西藏館再次邀請葉星生展出這幅作品。時至今日,《扎西德勒圖》已在人民大會堂西藏廳掛了30餘年未被換過,其被鑒定為西藏壁畫藝術新的里程碑,由此可見這幅作品的意義之大。

圖 2《扎西德勒圖——歡樂的藏歷年》

二、《西藏的新生》

這幅壁畫由中國著名畫家、清華大學美術學院教授汪鈺林先生於1960年執筆所畫，這也是人民大會堂建成後第一批在西藏廳展示的壁畫之一。當時還在中央工藝美術學院（清華大學美術學院前身）裝飾繪畫系壁畫專業就讀的大四學生汪鈺林接到了要為人民大會堂西藏廳創作壁畫的任務。據他介紹，大會堂佈置裝飾作品任務一般都採用「命題創作」。雖然當年只是個20歲出頭的青年，但汪鈺林在接到任務的一瞬間，已經對創作方向心領神會：這幅作品必須與那時剛實現的西藏解放緊密呼應。於是年僅24歲的他在

二、《西藏的新生》

1960年8月13日毅然前往拉薩采風，歷經16天到達拉薩。據他回憶說，他每天就背著畫夾穿梭在拉薩的街道和寺院，每天都處於激動和亢奮狀態，靈感也不斷湧入心頭，看什麼都想畫。在拉薩的一年時光裡，除了為人民大會堂西藏廳創作壁畫作準備外，他的不少代表作如《拉薩大昭寺》《江孜古城》等也是在這一時期完成的。1961年從拉薩回來後，汪鈺林就投身於西藏廳壁畫的創作之中，白天就在人民大會堂西藏廳旁邊的一個房間裡畫《西藏的新生》正稿，晚上就住在西交民巷的平房裡，大概半年多的時間《西藏的新生》終於完成。

圖3《西藏的新生》

在這幅畫中，汪鈺林用中國畫的重彩手法，勾畫出西藏人民喜迎新生的場景。據他回憶說，當時十世班禪審稿時要求多畫幾位喇嘛，他言道：藝術是要以少勝多的。在汪鈺林畢業作品展時，這幅畫也在其中，當時著名藝術家林風眠先生在汪鈺林的老師張仃先生的陪同下看到這幅畫時給予很大肯定，說道：「一個沒有充分瞭解西藏的人，是畫不出這樣的作品的。」現在不少著眼於現實目標的文藝界人士認為，作品能夠進入人民大會堂通常說明藝術家的成就獲得了官方認可，因此他們把大會堂當作身價和臉面的標準。對於這種看法，汪鈺林坦然笑道，對於他而言，50多年前為人民大會堂西藏廳創作的那幅畫，只是一個「政治任務」。政治素質過硬是藝術家有機會為

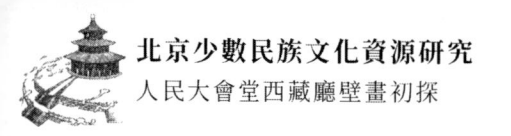

國作畫的首要條件。當時他被工藝美術學院推薦完成大會堂西藏廳作品時，還只是壁畫系四年級的學生。現在回憶起來，汪鈺林深感家庭出身好、政治態度比較積極是自己當選的重要原因。

三、《八思巴覲見忽必烈》

這幅壁畫由西藏著名畫家、國家一級美術師羅松西饒創作。1982年，羅松西饒被抽調到人民大會堂西藏廳從事大型唐卡壁畫創作。這位接受過現在美術熏陶的唐卡畫家運用了「古為今用，洋為中用」的手法，以現代審美觀和寫實手法為基調，卻又不失藏民族美術風格，形象地向人們展示了公元13世紀第七世薩迦法王八思巴覲見元世祖忽必烈的歷史場景，標誌著西藏從此正式納入中國版圖。1955年，羅松西饒被選送到中央民族學院（中央民族大學前身）學習，深受現代美術影響。1961年畢業回藏，後就職於昌都群藝館。1982年參與到人民大會堂西藏廳壁畫的設計當中，當時一起在西藏廳創作其他壁畫的還有葉星生、益西喜饒、諸有韜等人。他坦言，能夠參與這項任務感到十分光榮且任務艱巨，作為一名藏族畫家，他有責任在人民大會堂這個莊嚴神聖的地方向全國各族人民展現藏民族悠久燦爛的歷史文化。羅松西饒傾注了平生的藝術心血和功力，不分白天黑夜地埋頭從事創作。當樣稿得到十世班禪大師及阿沛兩位副委員長的高度認可時，他感到一切都是值得的，且更加堅定了他繼續從事繪畫創作的信念。《八思巴覲見忽必烈》這幅畫曾獲「珠峰」美術大獎，現代畫家、一級美術師、西藏書畫院院長韓書力先生曾給予高度評價：「西藏歷史人物形象的設計，目前看來也真是非他莫屬。」羅松西饒既學習過藏族傳統繪畫，又受到現代美術的影響，開創了西藏繪畫新風格，該畫也在北京和西藏多次展出。

除此之外，壁畫《望果節》《雅吉節》由西藏第一代畫家、中國美術家協會西藏分會副主席諸有韜先生繪製完成，並被香港《美術家》刊用，後被載入《中國現代壁畫選集》。《喜馬拉雅晨曦》由韓書力先生於1979年繪製完成等，此處暫不一一列出。

人民大會堂西藏廳的壁畫就像是一頁頁的記事年表，不僅體現出雪域高原的藏民族獨具特色的人文風情和燦爛悠久的歷史文化，而且從每一幅畫作當中，我們都能感受到每一位設計者和繪製者高超的繪畫技藝、豐富的西藏閱歷以及他們創作的艱辛，更是建國以來中國風雲變幻的歷史的真實反映。立足於人民大會堂西藏廳，彷彿穿越到了那片神聖而神秘的雪域，看到了布達拉宮的霞光，聽到了寺院的唸經聲，也聞到了那濃濃的酥油茶香……

北京藏族飲食文化發展現狀調查研究——以倉央嘉措餐吧為例

布瓊 [212]

　　北京這座歷史悠久的古城，經歷了千年歷史文化的奠基，已成為中國甚至是世界著名的都市之一。北京在都市化發展過程中，融入了各民族優秀文化，散發出生機勃勃的生命力。在這裡，藏族的餐飲和文化得到了很好的傳承與發展。北京不僅具有自己的特點，還是一個大熔爐，餐飲領域彙集著世界各地的品牌，在這種競爭激烈的環境下，藏族的餐飲業和文化想要生存和發展，必須要有吸引消費者的突出特色和與眾不同的味道。現今，隨著人們生活質量和品位的提高，高質量的就餐環境和服務態度，也成了人們做出選擇的衡量依據。在這種競爭激烈的環境中，藏族餐飲業運用藏族獨特的民族韻味與別樣的文化特質，吸引著來自四面八方的、喜歡藏族餐飲和文化的人們。近幾年藏族餐飲得到了很好發展，目前北京有幾家特別有名的藏餐吧，如大家耳熟能詳的「瑪吉阿米」，經營者運用六世達賴喇嘛倉央嘉措的故事，以及藏族傳統飲食和原生態歌舞藝術的收集與開發，並以經營藏族傳統手工藝品為輔業，迅速發展，成功地成為藏族文化產業在北京發展的一個縮影，並且分別在北京的朝陽區建國門和團結湖開設了分店。除瑪吉阿米之外，還有卓瑪藏餐吧、巴扎童嘎、藏堡等都具有一定名氣。隨著藏族餐飲業的發展，並帶動越來越多的藏族青年進京經營藏餐吧，同時也受到客人的青睞，藏族餐飲行業在北京有了一席之地。

　　筆者選擇倉央嘉措餐吧作為田野調查點有3個理由，一是倉央嘉措餐吧剛開始經營，存在著很多不足之處；二是經營者的平均年齡為26歲，他們代表著「90後」的藏族年輕一代在首都北京創業，今後藏族青年進軍大城市就業的人群只增不減；三是他們都在大學裡受過良好的教育，他們為何在北京創業？有什麼不同於前人的經營策略？筆者主要透過實地訪談和查閱文獻完成本文，有不妥之處，請給予批評。

一、倉央嘉措餐吧

倉央嘉措餐吧位於北京市海澱區魏公村，這條街是很多人都耳熟能詳的民族餐飲街。魏公村由元代畏兀（畏吾）村而來。現在，那裡匯聚了很多少數民族的餐館。[213] 該店位置優越，周圍有多所高校，如：中央民族大學、北京外國語大學、北京舞蹈學院等，還有部分寫字樓，交通便利，地段相當繁華。倉央嘉措餐吧原名熱瓊瑪餐吧，老闆是中央歌舞團著名的熱巴舞蹈家歐米加參的女兒，歐米加參老師是一位跳著熱巴舞站上了世界舞臺的舞蹈家，老闆深受父親的影響，餐吧命名為熱瓊瑪餐吧。

（一）倉央嘉措餐吧藏式裝飾風格

倉央嘉措藏餐吧於2015年10月正式經營，該餐吧老闆是4位來自藏區的年輕人，其中2個是在校生，平均年齡26歲。該店在魏公村民族飲食街上，從外表的裝修風格來看，映入眼簾的便是濃郁的藏族特色，牌匾上寫著倉央嘉措餐吧6個大字，特別吸引人。餐吧有兩層樓，分別設在二樓和三樓。走進餐吧，樓梯的牆上懸掛著各種藏區人物的畫像、風景照以及藏文書法，相框與相框空隙之間，用藏文密密麻麻寫滿了留言，餐吧二樓設有大廳、廚房和收銀臺，收銀臺上供養著觀音菩薩，可能是受漢文化的影響；大廳牆中央是一幅巨大的佛教元素的壁畫，向顧客展示了藏族人民的勤勞與智慧以及對宗教的信仰；周邊角落的架子上擺放著佛教元素的手工藝品和熱巴藝人的模擬塑像，這裡主要用於就餐。二樓至三樓的樓梯頂上掛滿了五顏六色的經幡，抬頭一看震撼人心。三樓設有大廳和2間包廂，這裡的裝修風格與二樓迥然不同，富有濃郁的藏族特色，裝修材料主要以木質為主，室內擺放著木質藏式桌椅，四周及屋頂以灰色的木質材料拼成，木板牆上掛著唐卡、弓箭和風景照，大廳中立著一個柱子，柱頂掛著牦牛骨頭，骨頭上掛著金剛鞭，顯得特別神秘；柱子周圍擺放著盛放酥油茶的器具，給人以身在藏族農家之中的感覺。柱子的主要功能是用於跳鍋莊舞，藏民族熱愛唱歌跳舞，傳統藏族客廳中間必有柱子，當人們酒興達到一定程度時，喜歡圍著柱子跳起鍋莊。該店在客人吃飽喝足時，工作人員會組織客人跳鍋莊，客人跟著工作人員圍著柱子跳鍋莊。2間包廂都是用灰色的木板拼成，一個包廂大約可以容納5至

8 人。三樓除了用餐外，還可以舉辦各類聚會，是客人們一邊喝酒一邊跳舞的最佳場所。整個餐吧的裝修融入了都市和傳統藏文化建築的特色，為客人營造出神秘的空間。

以下是筆者對該店主要負責人、老闆之一的曲多進行的訪談：

訪談 1

問：您叫什麼名字？哪裡人？

答：我叫曲多，我來自四川甘孜稻城。

問：我記得以前這裡的牌匾是熱瓊瑪餐吧，現在為什麼改成倉央嘉措餐吧？

答：對，以前叫熱瓊瑪餐吧，老闆不是我們。現在已經轉讓給我們，據說原老闆今年 60 歲，因心臟病突發去世，家中沒有經營餐吧的人手，所以一種偶然的機會轉讓給了我們。

問：為什麼餐吧取名為倉央嘉措餐吧？

答：因為倉央嘉措特別有名，很多人都喜歡，再說他是六世達賴喇嘛，對內地影響很大，特別是他的詩，在北京耳熟能詳，無人不知。

問：您沒有開餐吧之前，瞭解倉央嘉措嗎？

答：之前就瞭解，因為他是藏族歷史上的偉人之一，只要是藏族人都知道他。

問：營業生意如何？

答：還可以，週五、週六、週日客人比較多。再說我們這個餐吧剛營業，也沒有做宣傳，所以還可以。

問：客人主要來源是？

答：主要是周邊的學生，也有上班族，也有外國人。

問：客人藏族多還是漢族多？

答：都要來，都差不多。

問：你認為本店的裝修能突顯出藏文化嗎？

答：我們幾個精心設計，我們認為能突顯出藏文化，包括桌子和椅子都能突顯，但是由於資金不足，不能完全突顯出藏文化，不過差不多了。

問：北漂會得到家人的支持嗎？

答：現在我們幾個年齡都不算很大，父母很贊跟我們的觀念，作為一個男人，應該多出去闖。

問：營業時間？

答：早上 9 點半到晚上 9 點半，期間提供餐飲，之後只提供酒水，廚師要下班。

二、倉央嘉措餐吧藏式特色飲食

藏餐沒有明確的菜系菜派，大致可按地區特點分為四大風味，即：姜菜、衛藏菜、宮廷菜和榮菜。通常所說的藏餐是以拉薩餐為代表的藏族餐飲總稱。[214] 倉央嘉措餐吧經營的藏族特色飲食與北京其他藏餐館經營的藏族特色飲食大致相同，主要是由於藏族飲食結構過於單調，最大的區別在於牧區和農區的飲食差異，藏族飲食以肉食類的菜為主。倉央嘉措餐吧的藏族特色飲食主要有：牦牛肉、酥油茶，糌粑、青稞酒、奶奶製品。該店實行藏族傳統的用餐方式，即分餐式，從而形成了藏式餐廳經營的一大特色。

本店的特色飲品包括：酥油茶，是藏族最具有代表性的特色茶，是由酥油、磚茶、鹽巴等充分攪拌融合在一起而形成的一種帶有「高原味道」的飲品。拉薩啤酒，產自西藏拉薩，是以優質大麥芽、青稞麥芽為主要原料，利用西藏「水質純淨、無工業汙染、原料上乘」三大自然優勢精心釀製而成，是代表西藏拉薩特色的酒水。青稞酒，藏語叫做「羌」，主要是用西藏當地無汙染的優質礦泉水和極富營養價值的青稞製成，喝了不上頭、不口乾、醒酒快。

本店的特色菜品包括：鐵板牦牛肉，牦牛肉最大的特點是肉質結實，撕掉肉筋，攪拌孜然和其他調料，大火燒熟，味道獨特，是最受歡迎的菜之一。酸蘿蔔炒牛肉，拉薩傳統家常菜，將用特殊方法醃製的酸蘿蔔絲與牛肉絲合炒，味道豐富。藏式燒烤天然蘑菇，新鮮幼嫩的蘑菇上撒以各種藏式調料，在火上烤著吃，口感豐富而獨特。酸奶人參果八寶沙拉，以西藏土特產人參果、酸奶和8種蔬菜水果攪拌而成，口味清淡，富有營養。糌粑坨坨，藏族的傳統主食之一，將糌粑面、酥油、茶湯攪拌在一起，揉成一坨一坨，蘸藏式辣醬食用。藏式肉包，藏族的傳統主食之一，以高原牦牛肉為主要食材，蒸出的包子油而不膩。

問：目前有幾個廚師？

答：有2個，一個廚師在北京的瑪吉阿媽那裡工作了6年，還有在西藏的很多餐廳工作過5年多，後來就被邀請到我這裡工作，另一個廚師正在跟班學習。

問：廚師人手夠嗎？

答：人手不夠，但是我們這個餐廳剛起步，很多時候我們幾個也一起打下手，以後生意好了再請廚師，目前北京廚師也不好找。

問：最特色菜是什麼？

答：我們的菜單一看就能看出，是西藏特色菜，雖然品種不多，但都是我們餐廳的拿手菜，具有代表性的菜。

問：肉類是從哪裡購買的？

答：從青海運過來的，我們在高級佛學院有認識的人，所以每週我們要跑到高級佛學院進牛、羊肉，蔬菜是這裡購買，所以我們菜的成本高。由於店子在學校附近，我們的價格相對而言比較低了。

問：你們會對菜進行改良嗎？

答：會改良，我們先自己討論，再跟廚師討論，進行改良。

從以上菜品、飲品當中可以看出，藏餐吧飲食是結合了藏族綠色、無汙染的食材，同時也充分考慮到消費者的口味而形成的。

三、倉央嘉措餐吧在城市發展中呈現出的問題

1. 缺乏餐飲工作經驗

根據筆者調查，倉央嘉措餐吧的4位合夥人，之前都沒有從事過餐飲業的相關工作經歷，4名合夥人之中，其中2名屬於在校學生（中央民族大學），2名畢業後從事販賣藥材的工作，對餐飲業都沒有任何經驗。這4位青年一直想要北漂，一次偶然的機會，得知熱瓊瑪要轉讓，大家商量籌資，收購了熱瓊瑪，改名為倉央嘉措餐吧。此藏餐吧的裝修風格、物品擺設、特色菜譜和經營風格與其他北京藏餐吧大同小異，沒有形成本店自己的特色風格。

訪談2

問：你們總共有幾個人合夥經營？

答：我們有4個朋友一起合夥，我們都是來自同一個地方；熱瓊瑪餐吧轉讓費用很高，一個人拿不下來，所以我們4個合夥營業。我們4個當中，2個已經畢業了，還有2個合夥人正在民大上學。

問：你們以前經營過餐飲業嗎？

答：我們以前都沒有做過餐飲業，我畢業後回到老家做了1年生意，主要是賣蟲草和其他藥材；我們4個一直有計劃合作在北京開一家藏餐吧，我另一個朋友在民大上學，得知有這樣的機遇，我們4人合夥買了下來。

2. 藏式特色菜單趨化

菜品的創新是餐飲業發展的動力，品牌菜餚是經營的重點。目前北京餐飲市場競爭非常激烈，經營者因意識到菜品的重要性，加大力度不斷推出特色菜譜。近些年來，川、粵、魯、湘、滬、臺等菜系先後搶灘北京市場，它們都在菜餚上不斷創新，藏族餐飲與之相比，明顯落後一大截。從藏族餐飲情況看，該餐飲最大的特色是以肉類為主，產品花樣少，獨特品牌少，加工

牦牛肉、麵食品等千篇一律。僅以倉央嘉措餐吧為例，幾乎都是傳統的炒菜，沒有自己的特色，沒有自己的風味，這是造成沒有競爭力的最大原因之一。

3. 缺乏營銷策略

倉央嘉措餐吧不注重營銷及促銷策略，該藏餐吧相對來說規模比較大，面積大約 120 平方米，分兩層樓。坐落在大學附近，卻沒有對學生顧客有任何打折或者其他的優惠活動，而且幾乎沒有任何宣傳自己品牌的營銷活動。隨著互聯網時代網絡用戶訊息獲得、分享能力的提高，消費者的訊息反饋為其他消費者提供了重要參考。近幾年來，消費者特別流行在大眾點評、美團等相關網頁上瀏覽餐飲業的相關訊息，消費者更加理性地選擇餐飲店。

訪談顧客

問：您好！請問您是怎麼知道這裡有藏餐館的？

答：我們走在街上看到招牌寫著倉央嘉措餐吧，我們就走進來品嚐。

問：您是第一次品嚐藏餐嗎？味道如何？

答：我以前沒吃過，比較好奇，所以來品嚐。味道還行，就是覺得價格比較貴。

問：您會向同學、朋友推薦本店嗎？

答：對藏文化感興趣的同學、朋友我會推薦。

4. 家族式經營現象普遍

藏餐吧在聘用員工制度上都有嚴格的民族和地域限定，如倉央嘉措餐吧只招收藏族的，另外，招收的員工最好是老闆家鄉附近地區，便於交流溝通，呈現出很明顯的同胞式經營和家族式管理的特點。家族式經營管理，一定程度上保留了藏民族文化的純淨性和特色性，但是，常常因為單一的產權限制了發展規模，使其在定位上層次不高。管理人員因家鄉情結，對犯錯誤的工作人員很難進行批評和懲罰措施，導致了工作人員服務質量不高，很難滿足顧客的各種需求。

問：目前本店有多少個服務員？

答：只有 3 個，而且都是男服務員，正在找女服務員。

問：對於餐飲業服務員好找嗎？

答：主要是找民大的學生過來兼職。

問：您對服務員有要求嗎？

答：要求必須是藏族，因為我們這兒是藏餐吧，藏族對餐吧比較瞭解。也想透過藏族服務員，打造出藏餐吧的特色。

5. 經營者主題不明確

北京多數藏餐吧被打造成綜合的休閒娛樂場所，可以提供多種服務，首先是餐飲，為消費者提供具有藏族特色的菜品及高原特色的飲品，如拉薩啤酒、酥油茶和青稞酒等；其次白天打造成休閒吧，店內播放悠揚的藏式音樂，提供酥油茶和酒水等，同時免費提供藏族歷史、文化、旅遊方面的書籍、雜誌和各種宣傳冊；最後在以飲食為主業的基礎上，直銷藏族傳統藝術品、紀念品、裝飾品等特色產品，例如：各類首飾、唐卡、藏刀、藏香和蟲草等產品。

以倉央嘉措餐吧為例：該店在學校周圍是一個比較大的餐館，筆者實地調研，該店共有 10 張桌子，大約可容納 60 餘人。但是該店只有 2 名廚師，其中 1 名還是跟班學廚。我們且不談菜的口感，從廚師人員的數量就可以得知，較短的時間內無法為客人供應滿意的餐飲。餐飲是藏餐吧的核心，只有餐飲豐富、口味獨特，才能吸引更多的顧客，從而使經營者獲得更多的利潤。該店在早上 9：30—晚上 9：30 期間供應菜，之後只提供酒水。該店共有兩層，從空間設置上看，二層主要是用餐場所，三層表面上看是用餐場所，但其裝飾空間更加適合喝酒、唱歌和跳舞等活動。多數藏餐吧都提供高原特色酒水，但筆者實地調研中發現，多數消費者認為特色酒水價格過高，口味獨特，只適合品嚐，不適合暢飲。多數消費者暢飲大眾啤酒，如：燕京啤酒、青島純生等品牌。該店的經營者沒有明確的目標，把餐飲和暢飲兩者放在同等的地位，沒有突出餐飲的重要性。

四、倉央嘉措餐吧發展的策略及建議

1. 創新菜品

現今隨著社會的便利，越來越多的人選擇在飯館裡吃，促進了餐飲業的發展。同時，對餐飲經營者在飲食、店面環境、服務態度等方面提出了更高的要求。藏族的特色餐飲業要向多方面發展，首先開發民族菜品的食材、烹飪方法、營養價值等。如：糌粑坨坨，可以改良加工成綠色小甜品；加大力度對原有的特色菜進行改良，同時引進新食材，創新特色菜。其次多下功夫對藏族傳統文化進行研究，向懂這些傳統文化的老前輩學習。這樣才能讓北京藏族特色餐飲業更加大眾化、特色化、文化藝術化，向具有規模的、標準化的餐飲業發展。

2. 建立網絡宣傳平臺

建立網絡平臺有助於宣傳藏族特色餐飲品牌，並及時提供餐飲訊息，為顧客創造出便利條件。[215]網絡平臺的建設要以網站為核心，帶動微博、微信、大眾點評和美團等新媒體平臺進行整合營銷。網站內容應主要包括：門店基本訊息、餐飲介紹、特色活動、其他服務端口的下載鏈接等。門店基本訊息包括目前營業店鋪的地址、交通方式、聯繫方式、營業時間，便於顧客選擇用餐時間、到達方式，便於顧客訂位預約，便於顧客瞭解餐廳環境。介紹特色餐飲及其文化情境有利於吸引顧客注意，加深顧客對藏族飲食文化的理解，對其口味進行預先心理建設。隨著網絡的發達，越來越多的人使用網上支付，為了便利消費者，要提供多種支付方式，如刷卡、轉帳和微信支付等。

該店位於多所高校集中區，面對不同的消費者，可以提供不同的消費方案。如上班族可以按正常的價格收費；學生可以憑學生證享受優惠活動；也可透過辦理會員卡等方式宣傳餐飲。

3. 進行科學的經營管理

藏族餐飲同其他餐飲相比，最大的侷限就是突破不了家族式管理的限制。為了打造出藏餐吧的純淨性和特色性，老闆僱用的工作人員都是藏族，導致食品、服務很難有新的突破。特別是在城市立足的藏餐吧，要適時地突破家

族式管理，進行科學的經營和統籌。經營者可以利用業餘時間，學習一些成功的餐飲經營管理經驗，提高自身的經營管理水平。首先，藏族餐飲業要樹立目標，要有近期的和長期的奮鬥目標，只有科學定位，才有可能在競爭激烈的餐飲市場中爭取一席之地。其次，在學習過程中注意收集管理知識和管理經驗，要成為具有相當管理能力和經營水平的管理者。最後，建立明確的規章制度，規範工作人員的行為，提升餐廳的服務質量。作為在城市生存的民族餐廳，不管是什麼經營模式，不論規模的大小，科學的經營管理始終是其能得到長遠發展的必要條件。

4. 經營者明確主題

所謂民以食為天，食品是人類生存和發展的最基本需求。食品又是餐吧的靈魂，消費者選擇藏餐吧主要目的是為了品嚐具有藏族特色的餐飲。很多餐吧將餐飲和該店的附屬功能放在同等地位，做餐飲不能「鬍子眉毛一把抓」，要突出自身的特色。經營者需要加大力度挖掘藏族傳統飲食，並對傳統飲食進行改良創新，開發出符合大眾口味的新品種，但要注意保持藏族特色。還可以把藏族傳統飲食與綠色食品相互整合，開發出具有藏族特色的綠色食品。時刻要注重食品創新，食品創新是餐飲業的動力。對於一家餐飲業而言，廚師團隊起著重要作用，要定期組織廚師團隊交流學習，研發新菜譜。此外，在以飲食為主業的前提下，拓寬餐吧的其他功能。

五、結論

藏族餐飲因具有一定的市場需求、豐富的藏文化、深厚的民族品牌，在北京得到迅速發展。從目前的整體情況看，藏族餐飲業還未成熟，沒有形成產業品牌，多數餐吧存在著表面藏式裝修、服務質量不高、經營模式落後、缺少特色菜品等問題。藏族餐飲的發展需要加大力度深入挖掘藏族傳統飲食，創新藏族特色餐飲，突出藏族文化的特色，打造出具有藏族特色的餐飲品牌。藏餐吧還要樹立下列意識：不僅要為消費者提供藏族特色的餐飲，還要成為展示藏族文化的窗口，促進不同民族對藏民族的認識和瞭解，促進都市餐飲文化的發展，促進民族交流，促進民族團結。

商品與符號：文化產業化背景下的藏族飲食文化——以北京藏族餐廳 M 為例

喬小河 [216]

伴隨著「消費社會」或「後工業社會」的形成，人們在對「物」的消費行為中，不僅僅體現出物或商品對人的本性的支配與異化，還蘊藏著一種更深層的「符號」消費。人們的消費理唸經歷了一個從「物」的消費到「符號」消費的過程。

藏文化是中國民族文化寶庫中一顆璀璨的明珠，藏區因獨特的民族文化吸引了國內外大量的遊客。藏文化作為一種「符號」，在北京有著怎樣的發展和傳播空間？筆者認為，少數民族文化產業化有助於文化的發展和傳承，有助於讓越來越多的人認識到少數民族文化的獨特魅力。但是，過度的加工和改造，在一定程度上也會破壞少數民族文化的本質和原真。本文以北京藏餐吧 M 為例，以藏族飲食文化為立足點，探討北京藏文化的符號價值，以及在產業化和意義消費愈加流行的情境下，少數民族文化自身發展的隱憂。

一、從藏餐吧的營銷透視文化產業相關理論

「文化產業」，是以「文化創意」為核心，以創造和銷售某種文化觀念、文化符號和文化服務為主的產業。「文化產業化」，就是文化走向市場，把文化當產業一樣經營。通俗來說，就是用文化來賺錢，然後再用賺來的錢發展文化。[217] 少數民族文化產業化，即將少數民族文化進行包裝和改善，將其運用到產品設計中，或者直接推廣民族文化，並以此獲取利潤。藏族餐廳——藏餐吧 M，作為藏文化在北京微縮的符號，其營銷的成功有著必然性，其運營的過程也即藏族文化產業化的過程，這個過程中始終體現了文化產業化理論的指導。

（一）符號價值理論

在現代經濟活動中，符號扮演著一種「替身」的角色，並透過附著其身的符號意義來指稱特定的對象。在某種意義上說，符號的這種指稱既是對市場智慧的一種寫照，也是對研究經濟符號意義的高度概括。[218] 而民族文化符號就是在民族歷史中形成的可以指代、表示這一民族文化內涵、特徵的所有符號（傳達民族精神文化的媒介）的集合。民族文化符號可以是純視覺的，可以是實物的，可以是禮儀行動，也可以是社會倫理道德規範等。「符號價值」這一概念是當代法國著名思想家讓·鮑德里亞（Jean Baudrillard）首先提出來的，他從符號學的角度對商品的價值進行了重新思考，並且指出，現代社會的消費品除了具有使用價值和交換價值以外，還有符號價值。[219]

北京藏餐吧 M 最重要的消費群體並不是普通老百姓，其作為「藏文化的傳播窗口」，有特定的消費群體：一是在京生活、學習、工作的藏族人；二是不太瞭解藏族文化，但對藏文化很有興趣或抱有獵奇心態的非藏族人；三是在附近工作或居住的外國人。這三類群體去藏餐吧的目的並不僅僅是果腹，更重要的是感受藏族文化氛圍。對於在京藏人來說，作為背井離鄉的外地人，他們渴望在藏餐吧尋找到自己的民族認同感，希望重溫生活和精神的環境家園；而對於後兩者來說，他們可能是為了感受藏族的傳統生活以及瞭解藏族傳統文化的精髓。飲食的買賣是使用價值與交換價值的最大體現，但藏餐吧中所蘊含的藏族文化，給顧客們帶來的精神享受和心靈的放鬆，則是不能用金錢來衡量的，是符號價值的集中體現。

（二）「意義消費」理論

符號價值體現的是一種意義消費，它發揮著社會區分的功能，即透過對某一商品的擁有來體現商品所有者的身份和社會地位。早在 1899 年，美國經濟學家凡勃侖在《有閒階級論》一書中就提出了「炫耀性消費」的概念，即富裕的上層階級透過奢侈的、鋪張性的消費向他人炫耀自己的財產、地位和身份。這種炫耀性消費實際上就是一種意義消費。不過，今天的意義消費不再是所謂上流社會的專利，而是社會大眾的消費行為；再者，消費的對象

也不再是特殊的、奢侈的商品,而是日常用品。可以這樣概括:意義消費已經由過去的貴族消費變成了今日的大眾消費。[220] 消費的權利無關乎一個人的身份和地位,每個人都可以在消費中尋找和享受某種意義。

符號價值促成了意義消費,作為文化區別的獨特價值,每個「符號」都具有特殊的「意義」。因而不同的消費者在藏餐吧 M 中追求的意義是不同的:有人希望在轉經筒和瑪尼堆等裝飾中,感悟藏傳佛教的深邃;有人希望在鍋莊舞和藏戲表演中,領略藏族歌舞的質樸和純真;也有人希望在藏族服務人員爽朗的笑聲中,感受藏族人民爽朗、質樸和堅韌的民族性格。

(三)「意義轉移」模式

「意義轉移」模式,就是將商品符號化並使之具有某種意義,即將商品的文化意義、表徵意義、象徵意義從文化世界裡「轉移」出來,透過某些手段,使物品成為具有某種意義的符號和載體。主要手段有:[221]

1. 廣告

透過廣告、畫面,消費品成為文化、品位、身份的符號象徵,使得本來毫不相關的一些意義與商品連接在一起。藏餐吧 M 雖然沒有正式的電視廣告,但其名字就是最好的招牌。因為這個名字具有明顯的藏族特色,讓人直接想到這個餐廳是藏式餐廳,藏語的音譯發音,又勾起了人們無盡的想像:餐廳名字的意思、背後的故事和文化意義,都讓人們對藏餐吧具有的民族文化特色充滿了想像。

2. 流行時尚

流行時尚是引導符號化消費的一個重要途徑,即透過符號張揚自己的個性。流行時尚風向標主要有以下兩種:一是大眾傳媒的輿論引導,二是意見領袖和時尚達人的個人引導。藏餐吧 M 就抓住了一些流行時尚的符號,使之與自己的產品相結合,產生了很好的賣點。國家大力提倡弘揚和保護少數民族文化,突顯了少數民族文化的稀有性和獨特性,因而對藏文化的探尋和體驗也越來越成為一種時尚。另外,某些公眾人物也將「民族風」引入自己的創作或服裝,讓人們感受到了少數民族文化的質樸之美,很多產業紛紛效仿。

藏餐吧抓住了人們對稀有文化的獵奇心態以及對流行的不懈追求，將藏文化符號大量運用於營銷的方方面面，受到了大家的「追捧」。

3. 商品的符號設計

產品的款式、造型、形狀、色彩、線條、體積等各方面的設計，均能體現人與物的「意義—價值」關係。在社會生活日益感性化的時代潮流中，人們對美的感知越來越強烈，商品的符號和美觀設計在商品的價值構成中所占的比例也越來越大。藏餐吧 M 將民族符號運用得淋漓盡致，在裝修擺設、菜餚設計和歌舞表演等方面，都融入了很多藏族文化元素。

4. 品牌

品牌是重要的消費交流符號，消費中的很多文化意義、象徵意義都是以品牌為載體的。張樹庭認為品牌主要由識別符號系統、實體產品或服務以及附加價值 3 個部分組成。[222]

識別符號系統：這是品牌的外在形式意義，由專門設計的名稱、標識、包裝、聲音、傳播用語等組成，主要目的是一種區別或示差，使消費者能很快在眾多商品中找出該品牌的產品或服務。藏族風情，帶有浪漫氣息和神秘色彩的店名，招牌上的漢藏雙語等，都是藏餐吧 M 的識別符號。

實體產品或服務：要想成功被消費者選擇，品牌也要有實質性的內容。藏餐吧 M 的藏族風味菜餚，精選藏地的材料，輔以藏式的烹飪方法，既營養又美味，是實體產品的表現。

附加價值：這是品牌成功的核心。在藏餐吧，不僅可以享用到藏式美食，還可以免費觀看藏族歌舞表演。感受藏族風情的就餐環境，讓消費者覺得這樣的消費物超所值，這些都是附加價值的體現。

二、藏餐吧 M 營銷中體現的符號價值

意義消費的產生，使得消費者願意為這些「符號」價值支付更高的價格，消費者透過消費這些「符號」獲得了某種超出物品使用價值之外的符號價值。

二、藏餐吧 M 營銷中體現的符號價值

（一）有形符號表現

所謂顯性表現就是將文化的內涵用直觀的、可視的符號表現出來，即透過產品的外部結構、造型、色彩、線條、裝飾等形式表現出來。[223] 在藏餐吧 M 的運營中，有形符號處處可見。

1. 店內裝飾、擺設

從店面招牌開始，藏文化的氣息就撲面開來。藏族女性形象——「瑪吉阿米」的頭像以及漢藏雙語的書寫，使藏餐吧的招牌別具一格。進門的樓梯古香古色，牆壁上繪有藏族風情圖案，五彩經幡掛滿屋頂。

據筆者瞭解，店裡的家具飾品均從西藏運來，瑪尼石堆和巨大的古銅色轉經筒首先映入眼簾；梁、柱上的壁畫請了 3 位西藏畫師一筆筆精心繪製；窗旁的燈籠，牆上的藏曆、唐卡，頂棚上的八寶布簾、屋樑上的木製面具、牦牛毛織的門簾、銅質的酒杯、酒壺、茶杯，還有服務員的衣飾，全部在西藏專門訂製，目的是為保證藏文化的原生性美感。因為濃墨重彩的藏文化元素，藏餐吧 M 也被很多人稱為小型的藏文化博物館。

2. 菜餚設計

菜品既保留了原始藏族菜餚特色，又融入了現代都市人的口味，整體口味以復合味型為主。藏藥、高原食材等都是較為神秘的原料，是藏文化在餐飲中的典型符號。菜品改良上，以藏餐製作方法為基礎，再與尼泊爾、印度等地的美食做法相結合，又適當加入地方元素，尤其注重營養搭配，使菜品更具特色的同時，又符合現代都市人的飲食習慣。

如「巴拉巴尼」，它是用菠菜醬與奶豆腐燒製而成的綠色素食，是一道具有尼泊爾風味的特色菜，但僅僅是在製作技法上借鑑了尼泊爾，其本質上仍為典型的藏餐。湯汁表層上用奶油書寫了佛教符號——「卍字符」，是最具特色的藏文化符號。另外一道菜——藏式烤天然蘑菇，是在新鮮幼嫩的蘑菇上撒以各種藏式調料，在火上烤著吃，從菜名到調料，再到製作方法，都體現了濃郁的藏族氣息。還有，酸奶人參果八寶沙拉，是由以西藏特產人參

果為主的 8 種蔬菜水果丁合拌而成的沙拉,並配上自釀天然純酸奶做的沙拉醬,從食材到製作工藝,都體現了藏族特色。

3. 藏族服務人員和演員

藏餐吧 M 中的服務人員幾乎都為藏族人,他們可以用藏語和漢語兩種語言交流。在工作時間,身著地道的藏族服飾和首飾。藏族人就是藏族文化最好的符號,透過與他們交流,可以感受到高原文化賦予他們的豪爽、樂觀和開朗的性格,以及他們對生活的理解和對宗教的虔誠。

因此,在有形的符號中,主要有純視覺的符號,如裝飾和擺設;有實物性的符號,如菜餚上的「卍字符」、經幡、轉經筒和瑪尼石堆等,而藏族服務人員才是最關鍵的實體符號。

(二) 無形符號表現

在某些產品中,我們可能無法看到文化符號的直觀存在,卻能感覺到產品所散發出的民族氣息,這時我們可以說民族文化符號是以隱性的方式存在於這一產品之中。這種隱性的符號也許不能被人們即刻解讀或理解,但透過置身於其中的感受,便能逐漸體會和感悟。如民族風俗、禮儀、道德規範和宗教觀念等所形成的文化符號。

1. 民族風俗

藏族人民熱情好客,依照習俗,他們會向遠道而來的客人敬獻哈達和美酒;在重大的歡慶節日時,大家還會一起載歌載舞。在藏餐吧 M 中,他們也將這些民族風俗表現出來了。比如,他們會向就餐的客人贈送哈達;在晚上 8 點開始的歌舞演出中,他們還會熱情邀請客人一起圍起圓圈,跳起鍋莊。這些都是藏族民族風俗的縮影和符號。

2. 禮儀

進入藏餐吧 M,服務員會用純正的藏語與你打招呼,一句「扎西德勒」或者作一個揖,都是禮儀文化的表現符號。語言和肢體動作的表達,雖然不

能夠持續很長時間，但它們傳達出的文化內涵卻是十分深厚的：藏族人民重視禮儀，尊重長輩，尊敬客人。

3. 道德規範

在藏餐吧 M 工作的服務人員，多為 20 多歲的年輕人。從藏區來到北京工作和生活，難免會有一些迷茫和不適應。但是，他們依然能保持著純真笑容，下午顧客較少的時候，他們會湊在一起聊天；晚上忙碌的時候，雖然很累，也從不抱怨。他們有著自己的道德規範，在面對一些無理客人時，雖覺得委屈，但也會選擇包容；在面對老闆的苛責時，他們也會據理力爭，堅定自己的立場。藏餐吧 M 中的年輕藏族人，在生活和工作場景中演繹了道德規範的符號。

4. 宗教觀念

藏餐吧 M 在裝潢上採用了許多佛教造像，大包間供有釋迦牟尼佛像以及班禪大師的照片，大廳的牆上也供有佛像。每天清晨，服務員都會對佛像供上清水，每隔一段時間會供果品，佛像周圍供有很多零錢。藏餐吧 M 中的工作人員，在日常生活中，也踐行著自己對藏傳佛教的虔誠。

在藏傳佛教的宗教觀念中，藏族人是不吃魚蝦等水生物的，這點在拉薩藏餐吧中體現得比較明顯，但是因為北京藏餐吧面對的消費群體更為廣泛，所以菜餚中已經有所改良，加入了一些尼泊爾風味，所以，在個別菜餚中會有魚肉出現。在藏餐中，依然以牛羊肉為主。這些細節都是藏族宗教觀念的符號體現。

因此，定位為「傳播藏族文化的窗口」的藏餐吧 M，在形式上刻畫了很多藏族文化的符號，這些符號的價值就在於吸引了越來越多的顧客光顧。可以說，藏餐吧 M 是一個成功的文化產業營銷方案，不僅宣傳了藏族民族文化，還能夠帶來相應的經濟收益。

三、藏餐吧 M 營銷的 SWOT 分析

對於任何一個文化產業的營銷方案來說，在實施之前、中、後期都要進行相應的評估和分析。對於藏餐吧 M 進行 SWOT 分析，有助於我們更深入瞭解民族文化產業化過程中的關鍵點和注意事項。

（一）優勢分析（Strength）

將民族文化符號應用於文化產業營銷中，使得產品（藏餐吧 M）擁有了以下幾個優勢：[224]

1. 產品成為文化的訊息載體，具有了文化內涵和文化感染力

藏餐吧 M 的定位是「藏文化傳播的窗口」，因而在其營銷的各個方面都融入了藏文化的元素。當藏餐吧不僅僅是一個餐廳，更是藏文化在北京微縮的民族符號時，它就具有了深厚的文化內涵和文化感染力。很多人去藏餐吧就餐，並不簡單是為了果腹，更多是為了去感受雪域高原文化的獨特魅力，「如果不能去到西藏，那麼就在北京領略一下她的美吧」！這是藏餐吧很多顧客的初衷。

2. 使產品更具個性，即具有民族特色和民族風格

將民族文化符號應用於產品中，產品就擁有了更明顯的標識性。定位準確，主打「民族牌」，弘揚民族文化，藏餐吧 M 透過帶有浪漫色彩的店名和具有神秘氣息的傳說故事，將藏族的民族特色和風格彰顯無疑。特色菜餚、民族歌舞表演、獨具匠心的民族風格裝飾和擺設等，讓藏餐吧 M 在北京的少數民族餐飲行業中獨領風騷。

3. 借助於文化的影響，產品的知名度得到迅速提高

北京有很多少數民族餐館，如蒙古族風味、傣族風味和新疆風味的餐廳，但藏餐吧 M 的知名度卻頗高，吸引了很多國內外顧客，主要原因在於顯著的藏文化特色。近幾年來，藏餐吧 M 也引起了越來越多媒體的關注：中央電視臺，北京電視臺，德國、香港和泰國等 30 多家新聞媒體都對該餐廳進行過報導；歐美幾大權威性的旅行者指南手冊連續 4 年推出了藏餐吧 M；美國

「Lonely Planet China」2001 年度拉薩地區餐飲業介紹中，藏餐吧 M 也位居第一。

4. 借助於文化優勢，促進產品的持久銷售，擴大產品的市場占有

從 1997 年在拉薩開業的第一家藏餐吧 M 開始，直到現在，它已經具備發展成為連鎖店的趨勢和潛力。目前，藏餐吧 M 在北京擁有兩家分店，在昆明擁有一家分店。在設計理念和風格方面，4 家藏餐吧卻是完全不同的：拉薩的是酒吧風格，昆明的是康區風格，北京的建國門店是家庭風格，而團結湖店是宮廷風格。借助於藏文化的獨特優勢，以及對不同地區的不同定位，藏餐吧 M 的市場占有率越來越高，其生命力也更加旺盛。

5. 由於文化訊息的載入，增加了產品的附加值

在藏餐吧就餐，不僅可以享用到地道的藏式美食，更能在繁華的北京享受到藏族風情，消費者在滿足了物質享受的同時，更體驗到一種精神和文化的享受，藏餐吧 M 或多或少讓消費者們感受到了一些藏族文化，加深了對少數民族的理解，從而增加了產品的附加值。

（二）劣勢分析（Weakness）

1. 消費水平高

北京兩家藏餐吧 M 都地處繁華地段，為較高檔的餐廳，所以菜價較貴。據調查，人均消費在 100 元左右，菜餚雖做工精細，但份量不是很大，所以，如果只是為了果腹的話，藏餐吧 M 並不是一個很好的選擇。

2. 消費群體狹窄

來藏餐吧 M 就餐的多為白領、文藝青年和外國人，他們多數對藏族文化具有濃厚的興趣，或多或少帶有一些獵奇心態。這使得藏餐吧 M 的消費群體變窄，消費群體有限，在弘揚少數民族文化方面的作用也就相應弱化了。

3. 服務人員較年輕，難以應對複雜的服務行業

藏餐吧 M 的服務人員多為 20 歲左右的青年，個別人在思想和價值觀念方面還不夠成熟，既渴望又害怕接受現代化的生活，對於一些社會規範和道德倫理，還缺乏相應的價值判斷。因此，對於員工素質的提高、心理問題的疏導以及工作規範的完善，還有待於進一步加強。

（三）機遇分析（Opportunity）

1.「民族的，才是世界的」

民族文化元素融入的產品確實具有更廣闊的前景。在國外，唐裝和中式餐廳特別受外國人的喜歡；而在國內一些大城市，身著民族服裝、裝戴民族飾品的人們總是能吸引人們更多的關注。因為選址的優勢，藏餐吧 M 已經被越來越多的外國人熟知並喜愛。那麼，保持民族文化對外來人士的吸引力，將民族品牌做大做強，是藏餐吧 M 需要思考的，也是民族文化實現新發展的重要契機。

2. 民族文化的保護與發展越來越受重視

隨著藏戲和《格薩爾》等被納入世界非物質文化遺產名錄，民族文化的保護與發展越來越受重視。在這樣的大環境中，藏餐吧 M 的出現與發展就順應了時代的潮流。所以北京藏餐吧的存在，正好為大家揭開了藏族文化的神秘面紗。

3. 北京是一座包容的現代化城市

作為首都，北京是座包容的城市。不管是貧窮還是富貴，不管是主流還是邊緣，在這裡都有生存的空間，少數民族文化在這裡也得到了很好的尊重和重視。北京很好地包容了少數民族文化，也接納了藏文化的載體——藏餐吧 M。

（四）威脅分析（Threats）

透過對藏餐吧的顧客以及服務員、演員的訪談，筆者發現藏餐吧 M 的運營中也存在著諸多問題。這些問題其實就是對藏餐吧未來發展的一種威脅和挑戰。

1. 菜價的合理程度

前文已經提過，藏餐吧 M 雖然菜餚做工精細，但菜價偏高。一位曾經去過拉薩藏餐吧 M 的顧客甚至打趣地說，北京藏餐吧 M 的菜餚與拉薩藏餐吧 M 的基本沒什麼區別，唯一的區別就是菜價翻了好幾倍。北京是國際性大城市，地價、租金和物價相對較高，但如果菜價超過了顧客預期的接受範圍，也是難以發展持續性消費群體的。

2. 過度產業化對民族文化的意義內涵的破壞

怎樣把握民族文化的保護與文化產業化之間的「度」，正是藏餐吧 M 需要思考的問題。到底是把宣傳民族文化放在首位，還是把獲取經濟利益放在首位？這主要取決於店主的價值選擇。不可否認，藏餐吧 M 在宣傳藏文化方面確實造成了很大的作用，但文化與經濟之間的均衡把握，始終是藏餐吧 M 需要慎重考慮的，一旦「越界」，民族文化就有變質的可能。

3. 宗教世俗化的危險

在藏餐吧 M 內供有一些佛像和宗教器物，如轉經筒和法號。事實上，佛教經典中有規定，不允許在商業的、世俗的地方供養佛像，否則是不敬的表現。儘管藏餐吧 M 是有著濃郁藏文化的藏族餐廳，但本質上仍舊是商業區域，在產業化的大背景下，佛教的文化符號已經在不知不覺中成為一種「賣點」。但歸根結底，宗教是神聖的，是心靈的洗禮，不能、也不應該被世俗化。

四、結語

藏餐吧 M 作為藏族文化在北京的微縮符號，在一定程度上扮演了「傳播藏族文化窗口」的角色。但是，我們也應該看到藏餐吧 M 對藏族文化的改造。

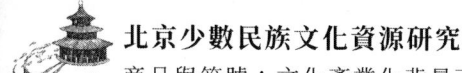

需要承認的是,這種改造和包裝有利於藏族文化在京城的立足和發展,但藏文化的質樸性、宗教文化的神聖性也在一定程度上受到了影響。

選擇神聖,還是世俗;選擇文化,還是利益;選擇傳統,還是現代;這是一個兩難的選擇。或者拒絕二選一,而在其中找到一個平衡的支點,在一個和諧共榮的環境下,讓民族文化保護與文化產業化共同發揮作用,或許是更為重要的。而支點的尋找和「度」的把握,是需要大家進一步深思的。

北京的苗侗傣飲食文化

李梅[225]

2016年《舌尖上的新年》作為同名系列紀錄片的第三部,[226] 在華人世界引發了集體的美食回憶,該片不僅展示了大量鮮活的中國節慶美食,同時展現了美食背後的生態選擇和文化的象徵,揭示了中國飲食文化的自然屬性和文化屬性,在微觀視角下探討了飲食文化背後的家庭和社區的互動關係。該紀錄片主要以區域為飲食文化研究的分類,未能關注地方少數民族特色。本文在梳理前人研究成果的基礎上,結合在北京民族特色餐廳進行的田野調查,擬從民族飲食特色、顧客飲食體驗和民族餐飲餐廳建設等緯度,從更宏觀的角度探討飲食文化背後的族群認同和族群互動關係。

一、飲食特色:自我的文化認同

飲食是生物體從外界獲取能量的過程,人類作為生物也需透過飲食獲取能量。透過人類漫長的發展,飲食逐漸從自然的生物需求演變為複雜的社會選擇。馬文·哈里斯在其著作《好吃:飲食與文化之謎》中從自然科學和人文科學的結合部入手,借用大量遺傳學、地理學、醫學、環境科學、歷史學、人口學等研究成果,指出文化與生態共同規定了我們的食譜,生態環境為飲食選擇提供了可能,文化做出了飲食選擇。[227]

「一方水土養育一方人」,這說明不同的地理單元構築了不同的文化類型。苗族主要分佈在中國西南地區及湖南、廣西等地,[228] 侗族主要分佈在中國貴州、湖南和廣西等地,[229] 傣族主要分佈在雲南等地。[230] 雖然在行政區劃上分屬不同省份,但屬於同一地理單元。該地區屬於亞熱帶山地氣候,濕潤溫暖,夏無酷暑,冬無嚴寒,降水量充分,自然環境良好,以山地為主,具有較好的山地垂直帶譜,利於多種作物的種植和生長。這種相似的生態資源為該地區的飲食習慣的形成提供了物質基礎。

在這種自然環境下,交錯雜居的苗、侗、傣民族形成了下列相似的飲食習慣:

第一，魚米為食。該地區擁有雨熱同期的氣候資源、肥沃的土地資源和充沛的水文資源，適合稻米種植，同時稻米的高產也能滿足該地區人口增長的需要。該地區山地丘陵較多，在山地或臺地居住的人們因地制宜地種植籼米或糯米。侗族人善於把糯米做成糯米飯、粽子或糍粑，[231]苗族人把糯米做成米粉、米豆腐、米酒或糍粑，[232]傣族人頓頓離不開糯米飯。[233]豐富的水文資源也為魚類養殖提供了可能，該地區的人們創造性地進行「魚稻混養」，以稻養魚、以魚護稻的共生模式，滿足了該地居民對魚的需求。苗、侗、傣民族都以魚為待客的最高禮遇。

第二，喜酸嗜辣。該地區不產鹽，再加上舊時政府透過鹽的管控加強對少數民族的管理，該地區居民缺少必要的調味品。透過多年的實驗，苗、侗、傣民族摸索出以酸代鹽，以辣補鹹的烹飪方法，同時，酸味腌製可以在炎熱天氣下長期保存食物，有利於幫助消化，刺激食慾，逐漸成為該地人們的飲食選擇。侗族人稱「三天不吃酸，走路打倒躓」，[234]可見其對酸的喜愛。貴州等地素有「地無三里平，天無三日晴」之說，辣椒有祛寒除濕，開胃健脾的功效，可以有效避免風濕和感冒，成為該地居民的口味偏好。苗族素有「無辣不成菜」的說法，這種爽辣也與苗族爽朗、潑辣的性格相符。

第三，喜酒愛茶。酒既是佐餐的佳釀，也是助興的良方，對於愛好歌舞的苗、侗、傣民族來說，「無酒不成席」，只有酒的助興才能讓飯菜更香，歌舞更美。沒有美酒，再好的菜餚，主人都覺得面上無光。苗、侗、傣民族的酒從原料來分，有米酒、高粱酒、稗子酒、苞谷酒、苕酒、混合酒等。糯米酒是米糧中最好的酒，烈中帶柔，口感甚好。從烤法來分有頭鍋酒，二、三鍋酒，尾酒和夾酒等。[235]苗、侗、傣民族不僅好酒，也好茶。侗族招待客人素有「茶三（三碗茶）酒四（四杯酒）煙八桿」[236]之說，一盞油茶或豆茶既是三餐前的「開胃菜」，也是婦女聚會的必備品，更飽含吉祥如意的深意。[237]

西南地區特殊的生態環境形成了苗、侗、傣民族特殊的飲食習慣，如果沒有文化的作用，當苗、侗、傣民族的居民來北京生活時，會根據北京的生態環境改變飲食習慣。一般認為，族群的語言、飲食習慣、衣著等在環境變

遷中最容易發生變化和適應,而民族心理、性格、價值觀念、宗教信仰等精神世界是不易改變的。但在大量研究中發現事實卻非如此,例如潘家園的苗族商販的宗教信仰發生了很大改變,而飲食習慣基本沒有發生變化。至今,潘家園的苗族人堅持酸辣口味,很少外出就餐,而是在買來的瓶瓶罐罐中腌製酸菜、釀製米酒。[238]

這種不變正是一種自我身份的界定和文化的認同,食物在社會文明的發展歷程中逐漸被賦予文化象徵。例如:在傣族社會中,素有「吃了毫諾索,人就長了一歲了」的說法,由普通的糯米做成的「毫諾索」「毫吉」等食品被賦予神聖意義,成為傣曆新年中的節慶食物,只有吃了「毫諾索」「毫吉」等食品才能順利過新年。在這種文化意義的推動下,傣族人無論走到哪裡,在傣曆新年都會吃「毫諾索」和「毫吉」。[239] 在苗族和侗族中也有類似的食物,只是名稱略有差異。唯有在適當的季節、場合或節日中,食用特定的食物,黔東南地區的苗族人及侗族人,才會感受到食物與季節、節慶活動之間的關係,也才會經由食物來進一步體驗、記憶或認同該節慶活動與其民族或個人的關係。[240]

筆者對清華大學南門附近的貴州酸湯魚店進行調查時,受訪者表達了自己對酸湯魚的情感認知:「每當我吃到酸湯魚,就感覺回到了寨子裡,又聞到阿媽撈起家裡米酸湯的味道,聽到阿爸打回魚的笑聲。」對於苗族人來說,酸湯魚就是重拾苗族身份的一次體驗,也是對苗族文化的一次體驗。

在當代,作為外顯的區分民族成分的文化符號主要有服飾、語言和飲食習慣,在北京這種國際化大都市,穿著民族服飾多顯得怪異,使用民族語言會造成與主流文化對接的困難,只有透過飲食才能表達民族文化,彰顯自己的民族特色和民族身份。

二、飲食體驗:我族與他族的邊界

飲食是民族文化的重要組成部分,表達了民族的生活環境和民族性格。那麼,飲食能否成為民族的邊界?王明珂認為,客觀的飲食並不是一個可以分別出我群與他群的標誌。同時,他在讓步中指出在認同毫無問題的時候,

要吃什麼，愛吃什麼並不成為問題，與認同也不構成聯繫，只有當認同出現危機時，吃什麼穿什麼才成為一種選擇。[241] 西敏司在其著作《甜與權力》的開篇提及：人類的食物偏好在其對自我的界定中處於非常核心的位置：「在人們看來，那些與自己吃著截然不同的食物，或者是以截然不同的方式與自己吃著類似食物的人，往往與自己有著天淵之別，甚至更為低等……換言之，飲食可以作為我族和他族的界限。」

如果以苗、侗、傣民族主要居住的西南地區為中心，那麼北京無疑是該民族的邊緣。在邊緣地區，區分我群和他群是實現民族和文化認同的前提條件。在定義我群和他群時，需要找到一個人為的邊界作為區分。[242] 相比服飾、居住環境等民族特徵，飲食最不易發生衝突，游離性最強，在任何空間下都可以存在。筆者認為正是基於飲食文化的強游離性和高接納性，更容易透過飲食體驗形成我群與他群之間的邊界。

透過搜索引擎對北京的苗、侗、傣民族餐廳進行統計，在北京 175682 家餐廳中，有 678 家餐廳經營苗、侗、傣民族餐飲。[243] 來餐廳就餐的顧客民族成分複雜，以魏公村民族餐飲街的金孔雀德宏傣味餐館為例，在調查期間內來餐館就餐的 122 名顧客中有漢族 101 人（占 82.5%），壯族、白族、彝族各 3 人（占 7.5%），苗族、蒙古族、滿族各 2 人（4.8%），瑤族、傣族、朝鮮族、布依族各 1 人（占 3.2%）。可見，來民族餐館就餐的顧客的民族成分多元化。從就餐次數來看，僅有 18% 的顧客是第一次品嚐，21.3% 顧客來過 10 次以上，來該餐廳就餐的多為老顧客。透過上述數據可知，很多其他民族顧客也頻頻光顧傣味餐廳。

其他民族的顧客在傣味餐廳就餐的過程中，感受到的是傣味餐廳獨特的文化內涵。在調查中，一位北京的漢族顧客這樣描述她的就餐感受：

以前知道的傣族，就是孔雀舞，透過網上發現這個地方，過來一吃，感覺不一樣，你看這個菠蘿飯，這個黑三剁，和我們日常吃的都不一樣，傣族還是一個很有特色的民族。

另外一位漢族顧客這樣表達他的就餐感受：

二、飲食體驗：我族與他族的邊界

我這是第七次，或者第八次來了，其實在來之前，我對這個民族沒有什麼感覺，我覺得這個少數民族只是那個戶口簿上啊、身份證上有那麼一欄，我身邊也沒有什麼少數民族，真的沒有感覺到什麼是少數民族。我來咱們這裡吃過幾次才有感覺，啊，這個少數民族和我們確實是不一樣的，這個吃的、喝的都有自己的一套東西。

透過上述材料可以看出，民族餐飲以其獨特性，表達了我群和他群之間的界限。為生活在中原地區的漢族，提供了一個真實接觸少數民族文化的機會，進而將少數民族從符號變為實體，真真正正地感受到少數民族文化的獨特性。

對於傣族來說，民族餐飲體驗為增進民族溝通提供了新的途徑。一位傣族就餐顧客這樣解釋她的就餐理由：

別人知道我是傣族，就問我會不會跳孔雀舞，好像傣族就只會跳孔雀舞，除了孔雀舞我們之間就沒有什麼可以交流的。後來朋友帶我到這個地方，以後再有人問我會不會跳孔雀舞，我就帶他們到這裡來。他們吃的時候問這個問那個，以後再聊天，我們可以聊的內容就多了，他們對我們傣族的瞭解也多了。

在現代化的傳媒下，民族被符號化，這種符號化的表達方式有利於區分彼此的不同，強化民族特色，但也會造成刻板印象，固化民族形象。透過民族餐飲，他族對我族有了更深刻的認識。以傣族魚腥草為例，魚腥草是傣族飲食中很重要的佐料，生長在中國西南3省陰冷潮濕的山區中，為北京罕見。傣族生活的地區天氣炎熱、濕度大，需要能祛風除濕、發散解表的佐料幫助其適應生活環境。魚腥草具有清熱解毒的功效，可以很好地防治傣族因常吃烤制或油煎食物造成的上火。在傣族文化中，傣歷年一定要吃魚腥草，這是因為傣族認為魚腥草有驅鬼避凶的功效，吃了魚腥草可以獲得一年的平安。[244] 透過對魚腥草的解讀，可以幫助他族更好地瞭解我族的文化，而我族在文化解釋中重新認識到我族文化的獨特性，從而更好地理解自身文化，提升文化自覺和民族自覺。

很多學者否認民族餐飲可以作為我群與他群的界限，筆者對此並不贊同。苗、侗、傣民族喜食酸辣，但並不代表其他民族就不喜歡酸辣，不代表可以無視與苗、侗、傣民族交錯雜居的漢族也嗜辣喜酸這一事實。如前所述，飲食文化的形成與生態環境密切相關，因此同一地區的不同民族在食材選擇和菜品味道上可能存在相似，但飲食文化體現在對食材的選擇、加工、呈現和儲存等各個環節的影響上，尤其是在對食材的加工過程中，文化發揮了很大的作用。傣族的「香竹飯」就是用芭蕉葉包起米飯在火上烤，透過「烤」這一原始的烹飪方法加工食物，而該地區的漢族多用鍋煮或者炒，雖然呈現的食物在口感上相似，但這種截然不同的烹調方式代表了不同的歷史文化記憶，這種差異性的歷史文化記憶就是民族之間文化的差異，也就是我族與他族之間的邊界。

還有學者認為民族餐廳多元化是對民族邊界的模糊，筆者對此同樣表示不贊同。根據 2010 年全國第六次人口普查可知，北京共有苗族 12957 人，侗族 3774 人，傣族 1022 人，合計 17753 人，占北京總人口（19612368 人）不足千分之一。如果僅依靠本民族人前往就餐，數量如此龐大的餐館無疑只能紛紛倒閉，多元化的顧客群體也是市場發展的必然選擇。同時，這種觀點也是一種對邊界的誤讀。族群間的邊界是一種模糊的、動態的存在，對於個體來講，允許發生越界行為。民族餐飲展現出的是我族大致的生活選擇，在地理環境、與周邊民族文化交流等多種因素影響下，同一民族不同地區的人們在生活習慣上各有差異。飲食體驗就是對差異的體驗，只有差異的體驗才能認識到邊界，這些差異可以幫助顧客體驗到民族之間和民族內部的邊界。

三、民族餐廳：族群互動的紐帶

餐飲體驗幫助顧客體會到民族邊界，民族餐廳則幫助顧客參與族群互動。民族餐廳透過特殊的裝修設計、身著民族服裝的服務員等將顧客帶入情景化的民族文化中。

民族餐廳的設計和裝潢一般都彰顯民族地方特色。金孔雀德宏傣味餐館以傣族傳統建築為外觀，以傣族的文化符號孔雀為裝飾，主色為象徵佛塔的

金色，分別用漢語和傣語書寫店名，帶給用餐者強烈的視覺衝擊。進入店裡，可以看到大幅《雲南十八怪》的掛圖介紹傣族的生活習俗，廳內供奉著金碧輝煌的金孔雀佛臺，牆上掛著象腳鼓，竹林將餐桌隔開，身著窄袖短衫、打折花筒裙的女孩展現出姣好的身姿，身著無領對襟小袖衫、長管褲的青年露出手臂上的虎豹文身，處處體現出民族風情，帶給就餐者一種進入德宏地區的場景想像。籮籮貴州酸湯魚在 logo 設計上也採用了相同的思路：以兩個頭戴銀飾的苗族人物簡筆畫為主，一條大魚從天而降。在其店內牆上畫著繁多的、象徵豐收的苗族籮筐。

這些極富民族特色的裝修和佈置將顧客帶入傣族生活的場景中。一位就餐的顧客就這樣描述他的用餐體驗：

這裡的建築很有特色，在大理市區也吃過一家金孔雀，很是喜歡，於是專門過來試試。一進門就有傣家特殊的調料味，很是熟悉。筷子也很接地氣，彷彿感覺又回到雲南了。

這種情景化的體驗喚起了顧客對雲南的記憶，更喚起了遊客前往該地旅遊，體驗民族風情的慾望：在這裡能看到傣族服飾，吃到傣家菜，但具體的風俗習慣要靠諮詢。但是這些餐館會激發起人的好奇心，讓人們產生想去當地看看的慾望。透過這種情景化的想像刺激，激發消費者進一步瞭解和探究特定民族文化的興趣，甚至將那些對特定民族文化深深著迷的消費者引向滋養這些富有文化魅力的那一方水土那一方人，為地方民族旅遊業的勃興注入推動力和吸引力。[245]

在很多民族餐廳內，僱用了來自當地的少數民族做服務員。他們透過多民族之間的頻繁接觸，原有封閉的生活圈被打破，排外意識有了一定程度的淡化，交往內容也變得更加豐富，民族地區的通婚圈逐漸擴大，願意與其他民族通婚，進一步加深了民族之間的深入交往，減少了民族矛盾與衝突。透過外出務工經商獲得了一定的經濟收入，進而成為民族地區的經濟能人與民間精英分子，獲取了社會聲望，提高了社會地位。透過外出務工經商接觸到新的技能、先進文化和城市文明，同時把北京的生活方式、觀念及其他相關

的訊息帶回民族地區。這對於縮小城鄉生活差距，改變傳統生活方式，提高消費水平與生活質量也有著潛移默化的作用。

少數民族人口流動的一個重要結果，是不同民族間的社會交往的增加和經濟聯繫的加強，使得都市多元文化得到加強。各民族語言、餐飲、服飾、藝術等各個層面的相互交融，促進了民族關係在更廣闊範圍和更深層面的發展。「在日益變得單一化的現代城市中，他們為擁有某種文化和生活方式特點的市民提供基本服務，也為主流民族提供關於少數民族文化特點的體驗服務，這使主流民族感受到文化差異的正麵價值。在一些地區，少數民族流動人口還透過參與流入地社區文化建設，豐富著當地文化旅遊的內涵」。[246] 多民族化的格局帶來了多元文化的交融，不同民族之間的餐飲文化、服飾文化、語言文化的交融日益密切，不同特色的少數民族餐飲在都市匯聚，豐富了都市文化，促進了多元文化的發展，為都市發展注入生機和活力。

民族餐飲作為文化符號，又是展現中國社會多元一體、美美與共的政策和現實的窗口。北京作為中國的首都，國際化大都市，以一種包容的態度接納民族餐飲，為民族餐飲的發展提供資源，更有利於展現一個開放、自信、團結的大國形象。

飲食，是人類生活的重要組成部分。它是人類生存、提高自身素質的物質基礎，同時，也是人類繁衍不可或缺的物質源泉。在世界上，不同國家、不同地區、不同民族有著相同或不同的飲食習慣，並在長期的歷史傳承過程中，形成了不同的飲食文化。理解不同民族飲食文化的差異，對加強自我身份認同，增進民族自信有著重要的意義。同時，透過加強對飲食文化差異的理解，有助於促進民族交流，增進民族互信，減少民族矛盾，豐富城市文化，縮小邊疆和中心之間的差距，對於穩定社會、構建和諧社會有著重要的作用。

我們來自彩虹的故鄉──土族在京聯誼會現狀研究

葉妙春[247]

土族作為中國 56 個民族之一，在社會不斷發展的背景下，社會文化經濟和教育等各方面都有了長足的發展，越來越多的土族同胞經過自己的努力不斷發展，走出自己土生土長的土地，走向了北上廣等發達城市。本文透過分析在京土族聯誼會的現狀，對在京土族聯誼會的發展特點及發展前景進行全面反思。

一、土族背景簡介

土族是中國人口較少的民族之一，現有人口大約為 30 萬。主要聚居於青海省東部湟水以北、黃河兩岸及其毗連地區，主要分佈地區有：互助土族自治縣、民和縣、大通回族土族自治縣、樂都縣、同仁縣等地，還有一部分居住於甘肅省天祝藏族自治縣。近些年在中國其他省市，如雲南、貴州地區也逐漸出現了遷移過去的土族人口居住的情況，但是這種情況還是屬於少數。根據 2000 年第五次全國人口普查統計，土族人口數為 241198。主要從事農業，兼營畜牧業。語言使用土族語，屬阿爾泰語系蒙古語族。文字過去通用漢文，近年創製了拉丁字母形式的土族文字，正在試行。

土族早期從事畜牧業生產，後來轉到以農業為主兼營畜牧業的生產生活模式。農作物品種主要有小麥、青稞、馬鈴薯等。土族有釀酒習慣，農家所釀名「酩醪」，互助所產青稞酒遠近馳名。土族先民以善養能日行千里的「青海驄」而馳名中原。

土族人民能歌善舞，有豐富多彩的民間文學藝術，民間文學主要以口頭傳承的方式流傳下來。土族人民大都可以演唱土族民俗歌曲，也能跳土族舞蹈。土族的喇嘛、僧侶也著書立說。由土族活佛善慧法日所著的《宗教流派鏡史》一書，曾被譯成英、德文流傳國內外。互助土族自治縣的佑寧寺作為

一座藏傳佛教寺院,寺內僧人基本都為土族,這代表著土藏兩族文化交流頻繁。

土族人民的重要節日有,農曆正月十四日佑寧寺觀經會,二月二威遠鎮擂臺會,三月三、四月八廟會,六月十一丹麻戲會,六月十三、二十九「少年」會,七月二十三至九月民和三川地區的「納頓」(慶豐收會)等。其中擂臺會、丹麻戲會和「納頓」最具土族民族特色。屆時,除舉行賽馬、摔跤、武術和唱「花兒」等傳統娛樂活動外,還舉行物資交流會,充分促進了當地的經濟文化事業的發展。此外,與漢民族一樣,土族也過春節、端午節等傳統節日。

在古代,土族的先民們從事畜牧業,平時他們在廣袤的草原上逐水草畜牧,每到農曆六月十五日這一天,各部落的男女老幼彙集起來向他們共同的神山敖包致祭行禮,表示崇敬之情,並以求保佑。這一天,騎士們要賽馬奪冠,歌手們要對歌,舞安昭,老年人要互通訊息,敘說自己一年來的所見所聞,談論地方風光,奇聞怪見,還要交流生產技術。後來,土族由從事畜牧業轉事農業,居住分散,各地的氣候、自然地理、生產狀況各異,故安昭納頓會的安排,在時間上也有先有後,時間拖得很長。從農曆六月十五日開始,一直延續到九月底。其形式各地也都有自己的特色。

二、土族在京聯誼會組織機構

1. 產生根源

土族在京的聯誼活動的產生時間暫時無法得知,應該是少數土族遷移到北京並在北京地區生活,並產生交流的時候就出現的。經過多年的發展,與會的人數也從剛開始的不到 20 人發展到了現階段的 200 人左右。

土族在京聯誼會的產生根源,可以歸納為 3 個方面,其一是各個老鄉會的通性,即地緣文化向心力的推動。其二是在京土族聯誼會組委會的支持和幫助。其三是國家民委對於少數民族活動的大力支持。

二、土族在京聯誼會組織機構

2. 聯誼會的組織構成與傳承

土族在京聯誼會作為一個非正式組織，在組委會和優秀土族人士的支持和鼓勵下，已經成為一個較為成熟的活動機構。從組織構成上來說，有明確的分工，並有明晰的層級劃分和職責，所有的活動都是由以中央民族大學民族學與社會學學院系主任祁進玉教授為會長的整個領導團隊和秘書處進行策劃和組織的。

聯誼會每年都會選擇有能力、踏實肯幹的土族優秀本科生成為組織者，組織在京土族聯誼會和土族文化論壇。土族文化論壇是土族聯誼會組織的最有影響力的活動。截至2016年，已經舉辦到了第九屆中國土族文化論壇暨第十六屆北京土族「安昭納頓節」。

3. 聯誼會的組織職能

在京土族聯誼會中，每個人都有自己在組織內的分工和職能。在工作過程中，大家同處於平等的地位，共同執行聯誼會事宜，為聯誼會的發展盡自己的一份綿薄之力。正如筆者訪談的一位對象所言：

爭論肯定是有的，但最終會形成最有利於聯誼會發展的辦法，然後大家一起去做……我們沒有一個人獨裁，都是大家商量著來。

聯誼會中既沒有絕對的權威，也沒有絕對的「退休」。一位訪談對象對筆者這樣說：

聯誼會所承辦的具體事務不是全由組委會做的，誰有空了就過來幫忙，聯誼會的事終歸還是大家的事。大家一起努力，把聯誼會的事情做好。

由此可以看出，土族聯誼會的運行和發展是建立在整個在京土族同胞的民族自信心和強力促進民族發展的具體行動的基礎上的。

4. 聯誼會的成員

在京土族聯誼會的成員以在京就讀的土族籍本科生為主，研究生也有參與，還有相當一部分的在京務工人員。聯誼會的所有活動通知都是由土族聯誼會組委會的QQ和微信上的土族同鄉會的族群組進行發佈和推廣的。

當被問及為什麼加入土族聯誼會這個問題時，一位訪談對像這樣回答：

那肯定是一個地方來的人感情不一樣，來到這麼遠的地方還有老鄉，感覺肯定不一樣……還有就是我們從一來到現在，受到他們（指老會員們）的照顧太多了，想把這種互幫互助的傳統傳給下一屆。

三、成員互動

在京土族聯誼會作為一個非正式組織，更多的是提供了一個互動交往的平臺。聯誼會成員在與土族同胞的互動中，恢復到老鄉的角色中去，不但是策劃者和指導者，而且也是參與者，而土族聯誼會的具體職責也是在成員的互動和活動舉行的過程中得以落實的。下面筆者介紹一下土族聯誼會舉辦的一些活動：

1. 中國土族文化論壇和北京土族「安昭納頓節」

在土族聯誼會組織的活動中，最有特色的就是土族文化論壇。土族文化論壇以講座報告的形式，邀請相關領域的專家、學者圍繞跨學科（民俗學、人類學、社會學、教育學、政治學等）視野中的中國土族傳統文化研究及其相關專題等做主題演講。論壇為開放式主題研討會，與會的各位專家學者可以從各方面對土族文化等進行開放式的交流。

北京土族「安昭納頓節」則是一個民族聯誼性質的同鄉會，民族性是其最大的特點，參加人員主要是土族在京人員。不同於純地緣色彩的同鄉會組織與一般的老鄉會，它不單單是一個老鄉聚會，還是一個民族的大聚會。

中國土族文化論壇和北京土族「安昭納頓節」的舉辦時間一般是每年的11月，承辦人員需要提前一到一個半月進行籌備工作。籌備工作主要包括文化論壇專家的邀請、講座報告的安排、會議所需經費的落實和活動場地的預定等。由於這些活動的舉辦主要是以中央民族大學民族學與社會學學院為依託的，所以所有的活動場地都要向中央民族大學進行申請。與會的專家學者主要是從青海、北京以及其他地區的高校及其他單位邀請過來的，專家的食宿等問題都是需要承辦者提前加以安排的。此外，由於土族人民都能歌善舞，

這一盛大活動中必定少不了土族傳統的歌舞演出，而演出節目的編排也需要精心籌劃。

中國土族文化論壇和北京土族「安昭納頓節」通常持續一天時間，早上8點開始開幕式，會長祁進玉教授先對此次活動進行發言，國家民委的領導也會對這一土族盛事表示祝賀。緊接著就是文化論壇的環節，來自各個地區的專家學者進行專題演講和發言。到下午1點左右，就進行「安昭納頓節」的聚餐活動，餐會上會有土族阿姑和阿吾給同鄉們帶來的歌舞演出。大家載歌載舞，歡慶這一屬於土族兒女的節日。

2. 購票回家

在京在校土族同胞們在假期時一般是小集體買票，即關係比較密切的幾個人組成一個小集體，大家將錢和學生證一起交給一個代表（一般是男生），由他買票後再分給大家，大家到時候就以一個小團體為單位回家。幾個小團體如果在車上碰到了，就組成了一個大團體。

回學校的時候也是這樣。至於被問及在青海家中的這段時間，是否和在北京熟識的土族同胞聯繫時，大多數訪談對象表示：如果關係很好，又有機會，大家也會一起玩，不過重點還是在以前的老朋友上。

3. 送老生

它是在京在校土族同鄉們一年中又一個很重要的活動，前來參加的老鄉會成員可以達二三十人。活動的費用來自於在京土族聯誼會。在聚餐中，畢業生成了主角。需要指出的是，活動不是單一的某個學校的活動，而是全體在京土族畢業生都可以參與的盛會。

在送老生活動中，除了正常的進餐，大部分時間都用來交流與互動。

4. 其他互動行為

還有一些活動，不以聯誼會的名義進行，但與聯誼會有著密切的聯繫，可以視為聯誼會活動的衍生互動或隱性功能。

在京土族聯誼會中，部分高年級的成員會離開宿舍，在校外租房子居住。他們常常會邀請一些其他的老鄉會成員，來家中小聚。在家裡，他們一般會做些家鄉風味的菜餚，彼此之間談論的話題也很豐富，學習、生活等都有。

訪談對象還提及，個別聯誼會成員之間也常組織小規模的遊玩的活動。這也是由土族聯誼會衍生出來的。

由此可知，土族聯誼會組織的活動交流性很強，成員間的互動程度很高，相同的民族情感把大家聚集在一起。

在平時大家也會有學習上的交流，老鄉會中的學長學姐們會提供自己的學習資料給學弟學妹們，給予他們學習上的指導和幫助。但是這個不能納入聯誼會的日常事務中來，畢竟大家的專業不同，也沒有形成一個固定的活動模式。

四、互動影響

1. 成員內部的互動影響

在京土族聯誼會的成員在互動中結成了一個以情感為紐帶的親密關係。在訪談中，訪談對象之間提到彼此時往往使用親昵的稱呼，如某某哥等。此外，筆者還注意到一點，在訪談對象描述聯誼會成員間的互動關係時，說到這樣一句話：如果幸運，那麼兩個老鄉會被分到同一個宿舍中。在這裡，他用到「幸運」這樣一個詞語，充分體現出他對於這一感情的重視。

在京土族聯誼會的維繫基礎是無私的付出和感恩的心情。對於同民族的學生和朋友，大家給予的幫助是很大的。而這種善意的、無私的付出和感恩的情感對於聯誼會成員的人格塑成具有重要的意義，不但對於其在校期間的情感建設具有重要的意義，而且在其以後的人生道路中，也將也造成相當重要的作用。

筆者在訪談中瞭解到，大部分的土族同學在畢業後願意回到家鄉，為家鄉的發展做出貢獻，對大學期間結識的這些有著相同的人生經歷、共同的人生追求的朋友們來說，找到的是事業上的夥伴。在老鄉會內部，都有自己的

QQ、微信聯繫群，透過這些現代化的手段，彼此之間在多年後仍舊會保持一個良好的互動關係。

2. 聯誼會的影響

聯誼會大部分成員是土族的在校學生，他們來到北京這個多民族交融的地區，面對著與原文化區完全不同的、陌生的文化，在生活習慣、環境等方面會產生一定的心理落差，再加上遠離家庭朋友，社會應變能力不足，易產生孤獨感，影響到正常的學習、生活。

當然，這時候需要學校老師的介入，但是在大學，老師面對的往往是上百個學生，對於每個學生的個人問題往往顯得力不從心。聯誼會則可以很好地成為他們的心理調劑站，相似的文化背景，相似的生活經歷，給予了他們更多的話題，更有利於有針對性地解決問題，有利於相互敞開心扉，做更深入的交流。

那些已經走向社會的聯誼會成員，可以對即將踏入社會的同胞在職業規劃、人生規劃等方面給予針對性的指導，這也是一種幫助和促進。

對於剛入校的新成員，在京土族聯誼會也會有針對性地對其戀家情結進行適當的梳理，避免小團體主義，引導新成員更好地融入大學生活中去，與身邊的漢族同學和其他少數民族同學打成一片，為校園的多元文化建設做出自己的貢獻。

在土族聯誼會所展示的良善寬容的心理狀態，對於民族地區的發展同樣具有重要的意義。在各民族發展進步的今天，以寬容並包的心態，平等地對待一切異文化和異文化的傳播者，取其精華，對促進民族地區發展，促進民族進步都有很重要的作用。

3. 聯誼會的發展需要

在京土族聯誼會在發展過程中，會員的人數一直具有不確定性，這種不確定性主要來源於社會人員的流動性和在校學生的流動性。如果每個在京學校在人員統計和註冊上提供方便，就可以更好地團結土族生源，為聯誼會的

發展提供便利。社會各界的土族同胞也應緊密團結在在京土族聯誼會的周圍，為促進聯誼會的長足發展貢獻自己的力量。

開展一些有利於展示聯誼會特色的活動。就目前來看，現在的主要活動除土族文化論壇和「安昭納頓節」之外，僅有送老生的活動，而在送老生的活動中，參與的聯誼會成員又不多，社會成員參與的更是少之又少。希望可以提供更多開放的平臺，給土族同胞更多交流互動的機會。

在京土族聯誼會和其他在京少數民族聯誼會可以透過合作，組織多民族文化節，展示自己的民族特色，出售自制的家鄉小吃和傳統的特色手工藝品，一方面可以為聯誼會增加活動經費，另一方面也可以豐富少數民族文化生活，加強不同文化背景的同學間的交流，搭建友誼的橋樑。

在京土族聯誼會在自身的發展過程中，也要逐漸體系化，活動形式和內容也要努力實現多樣化。在體系化的過程中，依舊要堅持發揮情感的紐帶作用。同時，土族聯誼會也要適時擴大自己的交往範圍，與其他兄弟民族加強互動，增進瞭解。加大與在北京的其他土族同胞的交流互動，將校內土族老鄉和校外土族老鄉有機結合起來，實現共同發展，為校園小社會和大社會的和諧發展做出自己的貢獻。

在探討土族聯誼會成員的群體特徵時，一位訪談對象曾幽默地回答說：「可能是普通話不太好吧，其他的應該差不多。」透過訪談，筆者看到他們努力、熱情、無私、感恩的一面。他們在大城市裡不斷奔跑著，努力追逐著自己的夢想。

作為一個民族學專業的學生，筆者認識到在研究民族問題時，必須要有一個國家的觀念，不要抱著狹隘的民族觀念，不能抱著一個守舊的地方意識。一個民族的發展和一個國家的發展都要強調完整性，沒有完整的國家概念，哪裡能體現出民族的意識？只有在強調國家完整性的前提下研究民族文化的多樣性，才能使整個民族和社會不斷向前發展。我們只有始終堅持國家統一的理念，才能做一個有社會責任感的人；才能做一個民族發展的支持者和促進者；才能使土族的文化得到發展，使更多的人知道土族，瞭解土族。

故宮普洱茶的今昔

李繼群[248]

2007年3、4月間，一項名為「百年貢茶回歸普洱」的活動引起了很多人的關注。所謂「百年貢茶回歸普洱」，指的是保存於北京故宮已逾100多年的「萬壽龍團貢茶」，由特別車隊護送，跨越北京、天津、山東、上海、浙江、廣東等9個省市，歷近萬里的行程，最終回到雲南省普洱市。作為普洱市第八屆中國普洱茶葉節的重要活動，這坨光緒年間就送入皇宮的普洱茶團首次出宮，並在各個途徑省市進行了展示，最終回到雲南「省親」。

「萬壽龍團貢茶」被稱為「普洱茶太上皇」，是現存陳年普洱茶中的絕品。其真品僅有兩坨，分別保存於北京故宮博物院和杭州中國農業科學院茶葉研究所。「萬壽龍團」是在1963年的故宮庫存清理中得以發現的。至今，故宮博物院還藏有普洱茶膏、普洱團茶、女兒茶等清宮遺留下來的其他普洱茶。來自中國西南邊疆的普洱茶成為故宮的重要文物，普洱茶的故事值得深究。

一、普洱「茶」

一般認為，普洱茶主要產自中國雲南，是布朗族、哈尼族、拉祜族、德昂族、傣族等少數民族栽培、使用、交換的茶葉品種。[249]確切地說，普洱茶的主要產地在今天中國雲南省普洱市和西雙版納州，該地區清朝為普洱府管轄。「普洱」是地名，普洱茶是清代普洱府地界上所有大葉種曬青茶及其製成品的通稱。[250]「普洱茶」的確切稱謂應該是清以後才出現的，但普洱「茶」的歷史由來已久。

雲南思茅地區[251]瀾滄邦崴周圍發現的新石器即是3000多年前的濮人文化，邦崴過渡型古茶樹即是古代濮人栽培馴化茶樹「科學實驗」遺留下來的活化石。[252]

位於普洱市瀾滄拉祜自治縣惠民鄉轄區內的景邁山，生活著傣族、布朗族、佤族、拉祜族、哈尼族等多個少數民族。景邁山的傣族認為他們是這片古老大地上的最早居民，因為根據當地傣文資料記載，佛曆四三七年（前106年），今雲南德宏一帶的傣族部落王子「召糯臘」率3000餘部落人員沿瀾滄江而下開始大規模的遷徙。遷徙途中，有一部分人員在沿途選擇美麗富饒的土地定居下來，召糯臘最後帶著1000餘人於佛曆四四二年（前101年）來到景邁開闢村寨。結合當地傣文資料，景邁山的傣族構建了自己民族發現茶、使用茶的歷史：召糯臘在其妻子病重之時發現神奇的植物「茶」，並利用茶生津止渴、解乏提神的作用治好妻子的疾病，後來還帶領大家完成了茶樹的人工栽培。傣族人將茶稱之為「臘」，「臘」（讀音為là）在傣語中就是「除掉」「棄掉」的意思，茶的藥用功能得到了體現。另外，在傣族村落中茶葉也是一種食物，至今在傣族村落裡還保留有把茶當菜的吃法。一般分兩種：一種是生吃，只要蘸點鹽和辣椒水就可以了；另一種是將茶用水煮沸後，先喝其汁，然後把喝淡後的茶用竹筒腌制起來，三五天後拿出來放上一些鹽再吃。據說這是傣族先民發現茶葉不久後，因茶的珍貴，人們喝汁後捨不得丟掉那些茶渣，就把它拿來留在竹筒裡，後來才發現這是一道很美味的菜，從而形成了傣族村民喜愛的一道特殊菜餚。

　　景邁山的布朗族也強調是他們的祖先「叭哎冷」在南遷過程中最早認識到茶葉的藥用價值。人們在戰爭中偶然發現茶葉能夠使人頭腦清醒，精神振作，可以用來治病、消除疲勞和提神，因此將茶葉與其他樹葉分別開來。布朗族的祖先，也是種茶始祖叭哎冷將其稱之為「臘」（讀音為là），[253] 其意為「綠葉中能當作佐料且能治病並且作為飲料的葉子」，其命名理據是茶葉的藥用及作為飲品的價值。布朗人把「臘」摘下來帶在身上，勞累時就放到嘴裡含著，用這樣的方法來消除勞累，保養身體。後來又採用把「臘」摘回來，用鍋炒、用手揉、用陽光曬乾的加工方法。為了發揮「臘」的藥性作用，後來人們喝「臘」的時候，先把「臘」放入小罐罐烤香，然後放水熬成湯來喝。這時期，「臘」便成為人們必不可少的普通飲料，不喝「臘」頭就疼。布朗族中流傳著這樣一句話：「上山不帶飯可以，不帶『臘』不行。」對「臘」的利用越來越廣泛，需求量也越來越增加，種植出現了較快的發展，

一、普洱「茶」

從一棵發展到數棵，從數棵發展到小片種植，從房前屋後四面八方擴種發展，經近千年種植歷史，成了今天的萬畝原始古茶園。[254]

普洱地區民族的口傳故事不僅追溯了祖先遷徙和開拓的過程，也講述了普洱「茶」的被髮現、利用和種植的歷史。而在歷史文獻中最早留下普洱「茶」記載的人是（862年）親自到過雲南南詔的唐吏樊綽，他在《蠻書》卷七中雲：「茶出銀生城界諸山，散收無采造法。蒙舍蠻以椒、姜、桂和烹而飲之。」這部距今1100多年前的《蠻書》，是普洱茶歷史的開篇文字。「銀生」指南詔時的銀生節度，銀生節度的首府銀生城在今天普洱景東縣城。「諸山」，指銀生節度轄區各地山區。「銀生」「諸山」產茶，而南詔地區的「蒙舍蠻」將茶和「椒姜桂」一起烹煮後飲用。這一記錄一方面說明了茶的故鄉就在普洱，普洱「茶」源遠流長；另一方面說明了遠在千里之外的南詔地區已經有了普洱「茶」，茶的貿易已經形成。

據光緒《普洱府志》載，普洱茶早在唐代就已行銷西番。其卷十九《食貨志》載：「普洱古屬銀生府，則西番之用普茶，已自唐時。」明朝謝肇淛在《滇略》中說「士庶所用，皆普茶也」，可以看出普洱「茶」的普及程度。明萬曆年間，在普洱已設官管理茶葉貿易。清代中葉，清政府在普洱府和思茅廳增設官茶局，商人經營茶葉要向官方領取「茶引」（即執照）。據考，歷史上普洱茶的運銷量號稱10萬擔以上，清順治十八年（1661年），僅從普洱運銷西藏的茶葉就有5萬擔之多。清人檀萃在《滇海虞衡志》中雲：「普茶，名重於天下，此滇之為產而資利賴者也。入山作茶者數十萬人，茶客收買運於各處，每盈路，可謂大錢矣。」[255]

普洱「茶」的交易量大、交易範圍廣。自唐時興起的普洱「茶」交易運輸之路今天被定義為「滇藏茶馬古道」。這條道路南起雲南的西雙版納和普洱，中間經過了今天的大理白族自治州和麗江市、迪慶藏族自治州進入西藏，直達拉薩，有的還從西藏轉口印度、尼泊爾，成為古代中國與南亞地區一條重要的貿易通道。普洱「茶」是這條貿易通道上的重要媒介，它帶動了不同地區人群之間的交流和流動，普洱「茶」也為更多人所「享」。

二、「普洱貢茶」

至於普洱「茶」何時進貢至朝廷，學界有著不同的看法。

有人根據《萬曆雲南通志》的記載：「車裡司（今勐海）專管貢茶及各勐土司，實行茶引制」，認為普洱茶在明代已經成為貢茶。而在民國二十八年（1939年）羅養儒所著的《紀我所知集》裡則說：「論雲南貢茶入帝廷，是自康熙朝始（1662年）雲南督撫派員支庫款，採買普洱茶五擔運送到京，供內廷作飲，至此，遂成定例，按年進貢一次。」[256] 更為保守的說法是：雲南省按例進貢普洱茶的時間最遲不晚於清雍正七年（1729年）。[257] 其根據是這一年廣西總督鄂爾泰積極推行改土歸流政策，於雍正七年（1729年）設置普洱府，管轄今普洱地區和西雙版納州，嚴密地控制了普洱茶的購銷權力，同時選用極品進貢給朝廷，至此普洱茶的貢茶歷史有了記錄可查。

其實，雲南所產茶葉早在唐時就成為「易西番之馬」的重要物資，上貢進皇宮也不會是太晚期的事情，只是最後以「普洱茶」之名譽滿天下。清代《新纂雲南通志》稱：「普洱之名在華茶中占特殊位置，遠非安徽、閩、浙（茶）可比。」《普洱茶記》則稱：「普洱茶名遍天下，味最釅，京師尤重。」末代皇帝愛新覺羅·溥儀說：「夏喝龍井，冬喝普洱，擁有普洱茶是皇室地位的標誌。」說明清時雲南普洱府的普洱貢茶確實得到了皇室的喜愛。

清政府為了能使朝廷享受到上等的普洱貢茶，在普洱建辦貢茶廠，將六大茶山曬青毛茶運普洱加工成五斤重團茶、三斤重團茶、一斤重團茶、四兩重團茶、一兩五錢重團茶、瓶裝芽茶、蕊茶、匣裝茶膏8種（稱八色貢茶）。

普洱茶的采制是極為講究的。一是採摘茶葉要注重季節和品種。清《普洱府志》記述：「二月間采，蕊極細而白，謂之毛尖，已作貢，貢後方許民間販賣。采而蒸之，揉為團餅。其葉之少放而猶嫩者名芽茶。采於三、四月者名小滿茶。采於六、七月者名谷花茶。大而圓者名緊團茶。小而圓者名女兒茶。女兒茶為婦女改採，於雨前得之，即四兩重團茶也。」二是採摘茶葉時要做到「五選八棄」。即「選日子、選時辰、選茶山、選茶叢、選茶枝」；「棄無芽、棄葉大、棄葉小、棄芽瘦、棄芽曲、棄色淡、棄食蟲、棄色紫」。[258]

二、「普洱貢茶」

三是茶葉加工好後講究包裝。清代汪士慎的《普洱蕊茶》雲：「客遺南中茶，封裹銀瓶小，產從蠻洞深，入貢猶矜少。」從詩中可知，當時的普洱蕊茶、芽茶系裝在銀瓶中進貢的。銀瓶包裝是為了避免串味。清代雲南個舊盛產白銀，銀瓶精巧玲瓏，頗受皇室家族青睞。[259] 而如今藏在故宮的普洱茶膏放置在盒子中，並用長方形片竹筍衣將茶膏一層層隔離開來，有效防止破損和受潮。另外如較大的團茶外包裝用了竹箬，幾個團茶則在竹箬包上竹篾捆牢。竹筍、竹箬、竹篾都是就地取材，但是這些竹纖維強韌耐久，不會敗壞破碎，同時又有防潮、過濾雜味的功效，成為包裝普洱茶最理想的材料。[260]

普洱貢茶送呈到皇宮的過程也是非常嚴格的：加工好的貢茶經驗收後，先分別包裝，再用黃包袱包裹，然後在官兵護衛下運到昆明。運送貢茶的馬幫須持有官府頒發的令牌，以透過路上設置的層層關卡。馬幫到達昆明後，負責運送的官員將貢茶交送巡撫衙門驗收，督撫再派員運送進京。[261] 明末清初，為了方便向京城進貢「普洱茶」，還專門修了一條普洱至磨黑以北到省城昆明的「官道」。這條道因山高路險，故有「茶庵鳥道」之稱，故亦成了清代「普洱郡八景」之一。

送呈到皇宮的普洱貢茶，成為宮廷的一種必備飲品。在清代宮廷，上至皇帝、皇后，下到太監、宮女都會飲用普洱茶。沈義羚在《宮女談往錄》中說：「老太后（慈禧）進屋坐在條山炕的東邊，敬茶的先敬上一盞普洱茶。老太后年事高了，正在冬季裡，又剛吃完油膩，所以要喝普洱茶，因它又暖又解油膩。」[262] 按照清廷尚飲奶茶的習慣，很多普洱茶都是加奶一起煮的。而清泡出的普洱「酽」茶，則因其解油去膩的作用而得到人們的喜愛。

普洱貢茶還成為皇帝賞賜大臣或禮贈使者的重要物品。皇帝定期或不定期地賞賜臣下一些物品，是皇帝籠絡人心的方式。將普洱貢茶作為賞賜物，一方面可以看出皇帝對普洱貢茶的認可，另一方面也說明普洱貢茶在京城並不是容易得到的東西。而作為給外國使臣的贈禮，更是將普洱貢茶放在了貴重、稀有之位。

從普洱「茶」到普洱「貢茶」，一字之差，其價值已經得到了極大提升。它已經不僅僅是飲品，作為禮物與賞賜，它是王朝中心關係的紐帶、交流的媒介。[263]

三、「普洱茶」

普洱貢茶的歷史結束於光緒三十四年（1908年）。當時普洱貢茶在昆明附近被搶，最後停止了納貢，普洱貢茶的時代結束了。

民國到新中國建立前普洱茶生產和交易情況，在李拂一和範和鈞兩位先生的文章裡有記載。李拂一先生於1901年出生於今天的普洱，1932年，他聯合佛海[264]當地的中小茶莊，成立了「佛海茶業聯合貿易公司」。據說公司年出口茶葉數量在2萬多馱。由於他親歷了普洱茶的民國史，其撰寫的《佛海茶業與邊貿》等文章展現了民國時期茶葉種植生產、茶莊發展狀況、以茶葉為媒介的國際交流等。範和鈞於1939年受雲南中國茶葉貿易股份有限公司[265]之邀來到雲南，最後籌建了「佛海茶廠」。《佛海茶業》一文詳細介紹了佛海茶業的沿革，茶樹的栽培，茶葉的采制、初制、複製、包裝、運輸、銷售以及佛海茶葉的改良等方面的問題。由此可以看出，民國年間，因為特殊的政治形勢，茶葉貿易也受到了影響，但普洱茶的加工和貿易並未停止。

新中國成立之後，「雲南中國茶葉貿易股份有限公司」更名為「中國茶葉公司雲南省公司」。1950年，該公司與下關茶廠共同熬製普洱茶膏2100千克供應西藏。此後，該公司雖幾易其名，但一直致力於統一普洱茶的質量標準和加工工藝。但這一階段普洱茶已經不再那麼出名了。

20世紀80年代末期到90年代初，收藏在香港和臺灣的一些陳年普洱茶被髮現，並在兩地得到極大追捧。1988年12月13日到1989年1月1日，臺灣茶藝觀光團來到昆明植物研究所，意在調查雲南是否還在生產普洱茶。研究所的植物學家們說他們沒有聽說過普洱茶，即使歷史上有，現在也不存在了。臺灣觀光團接著到了六大茶山地區，他們發現在這些地區，普洱茶依舊還被種植，且在六大茶山留存著很多古茶樹。臺灣和香港對於普洱茶的追捧使雲南重新重視普洱茶，[266]普洱茶重新走入了世人生活。

三、「普洱茶」

此後，普洱茶熱不斷升溫。學者們在討論普洱茶是什麼？普洱茶的貿易路線如何發展？普洱茶與少數民族之間的文化關聯是什麼？商人們在策劃如何利用普洱茶的厚重歷史和藥用功能來提升它的商業價值？政府則在規劃如何將普洱茶這一「活化石」「遺產」「資源」與經貿、觀光、旅遊、招商整合起來？

2007 年，一支由 60 多人和 6 輛車組成的「盛迎」隊伍，護送著一坨來自故宮博物院的百年普洱貢茶，從北京輾轉全國多個地方，直至終點雲南。整個活動萬眾矚目，聲勢浩大。也正是在這一年，雲南省思茅市正式更名為普洱市。2010 年，普洱市啟動了「景邁山千年萬畝古茶林」申報世界文化遺產的工作，2012 年成功列入《中國世界文化遺產預備名單》，成為《世界文化遺產預備名單》中唯一與茶有關的遺產地。

不可否認，故宮的普洱茶是百餘年的文物，而民間的普洱茶還在繼續著「可以喝的古董」的傳奇。

北京少數民族文化資源研究

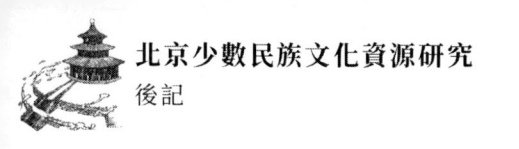

後記

後記

　　作為千年古都，北京不僅是中國各民族人民嚮往之地，也是中國各民族文化薈萃之地。自古以來，北京就是一個多民族雜居的城市，從春秋戰國到 1949 年新中國成立，北京的城市規模、人口數量不斷增加，生活在城市中的少數民族也越來越多。新中國成立後，北京更是成為全國人民工作和生活的理想之地，從 1964 年以後，北京非世居的少數民族的增長速度大於世居的少數民族人口的增長速度。2010 年第六次人口普查數據資料表明，北京市少數民族人口 80.1 萬，占全市總人口的 4.1%。千人以上少數民族有 21 個，其中滿族、回族、蒙古族、朝鮮族、土家族、壯族、苗族人口都超過萬人。目前，北京也是全國唯一一個聚集了 56 個民族的城市。除了中國傳統的儒、釋、道文化外，北京還是世界各主要宗教文化的薈萃之地。實際上，正是各民族的優秀文化鑄就了今日北京的輝煌。

　　作為首都，北京也是全國最包容的城市，無論來自何方，無論屬於哪個民族，人們都能在這座傳統與現代相互交織的大都市中找到屬於自己的一席之地。如今的北京，不僅每年有很多來自世界各地的「洋打工」，而且也有大量的少數民族流動人口的湧入。據統計，2015 年底，北京僅內地民族班學校就有 20 所、西藏中學 1 所，在校學生共有 6874 人，全市登記少數民族流動人口約 22.8 萬人。如何管理、理解和支持城市中的少數民族流動人口一直是近年來相關學術界和管理部門的熱門話題。筆者以為，要想使城市中的少數民族流動人口盡快融入當地社會，適應所在城市的生活節奏，首先要對城市中已有的少數民族的文化及其特點有所瞭解。尤其像北京這樣的大都市，理解城市文化應該是實現城市有效管理的前提。

　　同時，北京也是全國各民族團結的典範，世界瞭解中國各民族文化的窗口，北京的各項民族工作都走在全國的前列。各民族文化在北京和諧相處，並不斷得以弘揚發展，正如費孝通先生所倡導的「美人之美，美美與共」。遺憾的是，不僅海外，就是國內對北京豐富燦爛的各民族文化的瞭解都非常有限。所以，如何書寫和講好北京民族團結故事，不僅對建設中華民族共同

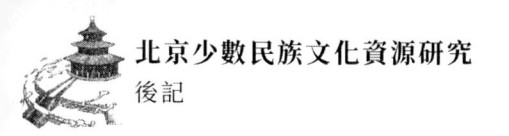

的精神家園具有極其重要的現實意義和學術價值，而且對世界認識中國文化、瞭解中國國情具有典型和示範作用。

多年來，我們一直希望能夠出版一本「北京少數民族文化資源研究」的讀本，而本書正是這一想法的初步實施。首先，非常感謝中央民族大學的楊聖敏教授、余梓東教授、中國藏學研究中心的陳慶英研究員和雍和宮的劉軍研究員對本書的大力支持。其次，也非常感謝北京第二外國語大學的厲新建教授、北京市社會科學院的包路芳博士、中國伊斯蘭教協會的敏俊卿博士和中國藏學研究中心的李德成研究員；他們不但熱情參加了我們舉辦的「北京少數民族文化」系列講座，還把相關講座內容整理成文貢獻給本書。再次，也非常感謝參與本書撰寫的民族學專業的諸位研究生，希望他們透過實地調查和論文撰寫，對北京的民族文化資源有所瞭解。最後，衷心感謝郭榮榮女士，本書從選題策劃、組織書稿、文字編輯到封面設計，郭女士都付出了艱辛的勞動。

北京有著極其豐富的少數民族文化底蘊，本書只是冰山一角，希望能造成拋磚引玉的作用，能吸引更多的人投入對北京少數民族文化資源的研究之中。

編者

三、「普洱茶」

[1] 包路芳，博士，現供職於北京市社會科學院。
[2] 良警宇：《北京市拆遷改造後少數民族新聚居狀況調查報告》，載《北京社會發展報告（2010—2011）》，社科文獻出版社，2012 年。
[3] 中國民族宗教網，http：//www.mzb.com.cn/onews.asp？id=23429
[4] 沈瑜祥：《活在他處——從結構與實踐看在京開飯館的撒拉人的生存狀況》，中央民族大學 2011 年碩士學位論文。
[5] 劉軍，蒙古族，現供職於北京市雍和宮。
[6] 曹子西：《北京通史》（第七卷），中國書店，1994 年，第 71 頁。
[7]《清世祖實錄》卷五。
[8]《清世祖實錄》卷十七。
[9]《清世祖實錄》卷十九。
[10] 何剛德，沈太侔：《話夢集·春明夢錄·東華瑣錄》，北京古籍出版社，1995 年，第 189、190 頁。
[11] 潘榮陛，富察敦崇，查慎行，讓廉：《帝京歲時紀勝·燕京歲時記·人海記·京都風俗志》，北京古籍出版社，2001 年，第 88 頁。
[12] 薩兆溈：《京城燒烤》，北京燕山出版社，1998 年，第 94 頁。
[13] 周家望：《老北京的吃喝》，北京燕山出版社，1999 年，第 167 頁。
[14]《八旗通志》卷二。
[15] 石繼昌：《春明舊事》，北京出版社，1997 年，第 125 頁。
[16]《八旗通志》卷二十五。
[17] 愛新覺羅·瀛生，於潤琦：《京城舊俗》，北京燕山出版社，1998 年，第 69 頁。
[18] 愛新覺羅·瀛生，於潤琦：《京城舊俗》，北京燕山出版社，1998 年，第 69 頁。
[19] 常人春，陳燕京：《老北京的年節》，中國城市出版社，2000 年，第 1 頁。
[20] 潘榮陛，富察敦崇，查慎行，讓廉：《帝京歲時紀勝·燕京歲時記·人海記·京都風俗志》，北京古籍出版社，2001 年，第 92 頁。
[21] 潘榮陛，富察敦崇，查慎行，讓廉：《帝京歲時紀勝·燕京歲時記·人海記·京都風俗志》，北京古籍出版社，2001 年，第 49 頁。

[22] 厲新建,教授,博士,主要研究旅遊經濟發展戰略、旅遊企業跨國經營等。陳麗嘉,北京第二外國語學院旅遊管理學院在讀研究生。張明曦,北京第二外國語學院旅遊管理學院在讀研究生。馬蕾,北京第二外國語學院旅遊管理學院在讀研究生。

[23] 厲新建,張飛飛,華雲,宋昌耀,宋彥亭:《北京旅遊要素市場優化配置研究》,載《北京旅遊發展報告(2014)》。

[24] 徐菊鳳:《北京文化旅遊:現狀·難點·戰略》,載《人文地理》,2003年第5期。

[25] 厲新建,張凌雲,崔莉:《全域旅遊:建設世界一流旅遊目的地的理念創新——以北京為例》,載《人文地理》,2013年第131期。

[26] 張勇,梁留科,胡春麗:《區域城鄉旅遊互動研究》,載《經濟地理》,2011年第3期。

[27] 齊鎕:《美國國家休閒區研究與啟示》,載《中國旅遊報》,2013年10月16日。

[28] 余梓東,滿族,中央民族大學教授,博士生導師。

[29] 曲雁,中央民族大學民族學與社會學學院2015級碩士研究生。

[30] 參考莊孔韶:《人類學通論》,山西教育出版社,2013年。

[31] 參考北京市文物局,首都博物館聯盟:《走進博物館——北京地區博物館大全》,北京出版社,2013年。

[32] 參考段陽萍:《西南民族生態博物館研究》,中央民族大學出版社,2013年。

[33] 林毅紅:《民族博物館:少數民族傳統文化棲息之地》,載《中國社會科學網》,2014年8月1日。

[34] 參考楊聖敏,丁宏:《中國民族志》,中央民族大學出版社,2011年。

[35] 參考祁春英:《中國少數民族服飾文化藝術研究》,民族出版社,2012年。

[36] 參考蘇發祥:《藏族歷史》,巴蜀書社,2003年。

[37] 參考蘇發祥:《歷輩達賴喇嘛》,青海人民出版社,2009年。

[38] 參考(波蘭)亞歷山德拉·米熱林斯卡,丹尼爾·米熱林斯卡著,馮婷譯:《地圖》,貴州人民出版社,2014年。

[39] 才丹華姆,中央民族大學民族學與社會學學院2016級碩士研究生。

[40] 宮承波,張君昌,王甫:《春晚三十年》,泰山出版社,2012年,第417頁。

[41] 孫睿婷,中央民族大學民族學與社會學學院2016級碩士研究生。

[42] 參考金啟孮:《金啟孮談北京的滿族》,中華書局,2009年。

[43] 參考定宜莊:《老北京人的口述史》,中國社會科學出版社,2009年。

[44] 參考金受申:《老北京的生活》,北京出版社,1989年。

[45] 參考周虹：《滿族婦女生活與民俗文化研究》，中國社會科學出版社，2004年。

[46] 參考劉曉萌：《清代北京旗人社會》，中國社會科學出版社，2008年。

[47] 劉小萌：《清代北京的旗民關係——以商舖為中心的考察》，載《清史研究》，2011年第1期。

[48] 佚名：《清代北京旗人「福利分房」興衰》，載《兵團建設》，2010年第6期。

[49] 趙杰：《北京話的滿語底層和「輕音」「兒化」探源》，北京燕山出版社，1996年，第16頁。

[50] 同上，第214頁。

[51] 劉大先：《被遺忘的清末民初京旗小說》，載《承德民族師專學報》，2008年第1期。

[52] 參考關紀新：《老舍評傳》，重慶出版社，2003年。

[53] 舒乙：《再談老舍先生和滿族文學》，載《滿族研究》，1985年第1期。

[54] 李紅雨：《清代北京旗人的休閒生活》，載《滿族研究》，2011年第4期。

[55] 定宜莊，胡鴻保：《鷹手三旗的後裔——對北京市喇叭溝門滿族鄉的調查與思考》，載《民族研究》，2005年第4期。

[56] 關紀新，滿族，滿族文學與文化研究家、老舍研究家、中國多民族文學理論評論家。

[57] 在清代，「民人」是與旗人相對應的稱呼，指的是除旗人而外的所有人和所有民族。

[58]《清世宗實錄》（卷一二一），雍正十年七月乙酉。

[59] 從乾隆年間起，出現了愈演愈烈的「八旗生計」問題：旗人「人口大量增加，而兵有定額，餉有定數，既不能無限制地增餉，又不能放鬆正身旗人參加生產勞動的限制」（見《滿族簡史》第109頁，中華書局1979年版），補不上兵缺的旗籍子弟不斷湧現，只好眼睜睜地賦閒，成為「閒散旗人」，這導致了下層旗籍人家日益貧困化。

[60] 參考趙杰：《滿族話與北京話》，遼寧民族出版社，1996年。

[61] 參考王國維：《人間詞話》，上海古籍出版社，1998年。

[62] 俞平伯：《俞平伯論紅樓夢》，上海古籍出版社，1988年，第633頁。

[63] 張菊玲：《滿族與北京話——論三百年來滿漢文化交融》，載《文藝爭鳴》，1994年第1期。

[64] 金汕，白公：《京味兒——透視北京人的語言》，中國婦女出版社，1993 年，第 18—19 頁。

[65] 胡適：《胡適全集》第 3 卷，安徽教育出版社，2003 年，第 542 頁。

[66] 張菊玲：《清代滿族作家文學概論》，中央民族學院出版社，1990 年，第 270 頁。

[67] 知堂（周作人）：《萬人文庫·十月文園》，載曾廣燦：《老舍研究縱覽》，天津教育出版社，1987 年。

[68] 蘇移：《京劇二百年概觀》，北京燕山出版社，1989 年，第 53 頁。

[69] 蔡源莉，吳文科：《中國曲藝史》，文化藝術出版社，1998 年，第 55 頁。

[70] 已故著名相聲大師馬三立（回族）之父，是春長隆的徒弟；而恩緒則是馬三立的外祖父。

[71] 參見（清）魏元曠：《蕉庵隨筆》。

[72] 這是老舍在《駱駝祥子》裡面寫尚未被庸俗的市井文化徹底俘虜之前的主人翁的心聲，反映的是京城旗族的普遍心理及生活準則。

[73] 李自然：《生態文化與人——滿族傳統飲食文化研究》，民族出版社，2002 年，第 164 頁。

[74]《清高宗實錄》卷一三 OO。

[75] 著名清史學家戴逸先生在其學術演講中多次談到這個觀點。

[76] 金啟孮：《北京郊區的滿族》，內蒙古大學出版社，1989 年，第 53 頁。

[77] 呂曉娜，中央民族大學民族學與社會學學院 2015 級民族學碩士研究生。

[78] 李景輝：《旗袍古今談》，載《天津滿族文化》，2008 年。

[79] 嚴勇：《清宮服飾圖典》，紫禁城出版社，2010 年，第 3 頁。

[80] 本文中關於滿族傳統旗袍的製作工藝皆為筆者訪談調查整理所得。

[81] 王雪嬌：《滿族服飾刺繡的色彩和圖案研究》，瀋陽大學 2014 年碩士學位論文。

[82] 同上。

[83] 王雪嬌：《滿族服飾刺繡的色彩和圖案研究》，瀋陽大學 2014 年碩士學位論文。

[84] 洪悅：《中國傳統旗袍的造型結構的繼承與改良研究》，北京服裝學院 2013 年碩士學位論文。

[85] 徐躍，中央民族大學民族學與社會學學院 2015 級民族學碩士研究生。

[86] 資料來源於行政區劃網——長哨營滿族鄉。

[87] 新京報：《長哨營：八旗文化助興滿鄉新村》，載《新京報》，2014 年 6 月 4 日。

[88] 趙書：《北京市懷柔縣喇叭溝門滿族鄉》，載《滿學研究》，1998年第4輯。

[89] 參見《北京市地方志系列叢書·區縣系列·懷柔縣誌》。

[90] 孫文振：《喇叭溝門滿族鄉：樂享民族文化》，載《中國民族報》，2012年7月3日。

[91] 資料來源於懷柔訊息網懷柔旅遊訊息網。

[92] 王海燕，楊曉斌，劉雪梅：《懷柔滿族文化拉動民俗旅遊》，載《北京日報》，2006年11月7日。

[93] 懷柔旅遊訊息網：《多情的白樺谷，誘人的滿鄉游》。

[94] 彭兆榮：《旅遊人類學視野下的「鄉村旅遊」》，載《廣西民族學院學報（哲學社會科學版）》，2005年第4期。

[95] 梁艷艷，滿族，中央民族大學民族學與社會學學院2015級民族學碩士研究生。

[96] 許秀芳：《清代前期新疆滿族的社會生活》，載《喀什師範學院學報》，1996年第3期。姜宇：《清代新疆滿族社會生活研究》，新疆大學2013年碩士學位論文。

[97] 趙書：《改革開放三十年的北京滿族人》，載《滿族研究》，2008年第4期。

[98] 李亞寧，蒙古族，中央民族大學民族學與社會學學院2015級民族學碩士研究生。

[99] 丹增：《中華文化走向世界的理論思考》，載《雲南師範大學學報（哲社版）》，2006年第3期。

[100] 參考趙世林：《雲南少數民族文化傳承論綱》，雲南民族出版社，2002年。

[101] 洪英華：《試談民族文化的繼承、創新與發展》，載《黑龍江民族叢刊》，2003年第1期。

[102] 格日勒瑪，蒙古族，中央民族大學民族學與社會學學院2015級民族學碩士研究生。

[103] 楊聖敏，回族，中央民族大學少數民族事業發展研究中心教授，博士生導師。研究領域：中國西北及中亞民族。王漢生，北京大學社會學系教授，博士生導師。

[104] 楊聖敏：《論回紇與唐朝的關係》，載中國中亞文化協會：《中亞學刊》（第四輯），北京大學出版社，1995年。

[105]《資治通鑒》卷二二五。

[106]《資治通鑒·突厥回紇史料校注》。

[107]《資治通鑒》卷二四七。

[108]《契丹國志》卷二十一。張正明：《契丹史略》，中華書局，1979年，第79頁。

[109]《宋史·太宗本紀》。

[110] 賈敬顏：《畏兀兒村考》，載氏著：《民族歷史文化萃要》，吉林教育出版社，1990年。

[111] 賈敬顏：《畏兀兒村考》，載氏著：《民族歷史文化萃要》，吉林教育出版社，1990年。查禮：《畏吾村考》，載（清）王昶：《湖海文傳》卷十二。

[112]《元史·廉希憲傳》。

[113]《元史·小雲石海牙傳》。

[114] 張羽新：《清代北京的維吾爾族》，載《新疆社會科學》，1984年第4期。

[115] 宗正：《回回營清真寺》，載《回教》，1938年第7期。

[116] 王漢生，北京大學社會學系教授，博士生導師。楊聖敏，回族，中央民族大學少數民族事業發展研究中心教授，博士生導師。研究領域：中國西北及中亞民族。

[117] 敏俊卿，回族，中國伊斯蘭教協會《中國穆斯林》雜誌編輯。

[118]（伊朗）費志妮著，何高濟譯：《世界征服者史》，內蒙古人民出版社，1980年，第12頁。

[119]（清）張廷玉等：《明史·列傳第十三徐達、常遇春》。

[120] 彭年：《淺說北京的伊斯蘭教》，載《回族研究》，2001年第2期。

[121] 北京市政協文史資料研究委員會：《北京牛街志書——岡志》，燕山出版社，1991年，第92頁。

[122] 邱樹森：《中國回族史》（上冊），寧夏人民出版社，1996年，第389～390頁。

[123] 李興華：《北京伊斯蘭教研究》，載《回族研究》，2004年第1期。

[124] 阿里阿克巴爾著，張至善等譯：《中國紀行》，生活讀書新知三聯書店，1988年，第46頁。

[125] 余振貴：《中國歷代政權與伊斯蘭教》，寧夏人民出版社，1996年，第128頁。

[126] 李興華：《清政府對伊斯蘭教（回教）的政策》，載寧夏哲學社會科學研究所：《清代中國伊斯蘭教論集》，寧夏人民出版社，1981年，第1～2頁。

[127]《宮中檔雍正朝奏摺》第十二輯，第900頁。

[128] 同上。

[129]《清世宗實錄》卷八十。

[130] 余振貴：《中國歷代政權與伊斯蘭教》，寧夏人民出版社，1996年，第178頁。

[131] 徐燕，藏族，中央民族大學民族學與社會學學院2014級碩士研究生。

[132] 周瑞海：《清真食品管理概述》，民族出版社，2005年，第1～5頁。

[133] Kosher 是希伯來語，意為適合的、可以接受的。按照猶太教教規來說，指的是在飲食上「符合教規、清潔可食」。

[134] 該句用來稱讚「竹林七賢」之一的阮鹹為人清廉高潔。

[135] 如當時泉州將禮拜寺稱為「清淨寺」，杭州則稱之為「真教寺」，南京稱禮拜寺為「淨覺寺」等。

[136] 時年敕建金陵禮拜寺，御書《百字贊》曰：「降邪歸一，教名清真。穆罕默德，至貴聖人。」自此，「清真」一詞便與伊斯蘭教產生了聯繫。

[137] （明）王岱輿著，余振貴等譯註：《正教真詮清真大學·希真正答》（白話譯著），寧夏人民出版社，1999 年，第 6 頁。

[138] 張衛：《北京：清真食品標識牌證更換新版年底前換發完成》，載《中國食品》，2015 年第 11 期。

[139] 參考大眾點評網：《北京餐館指南》，上海文化出版社，2005 年。

[140] 參考文子：《中國清真美食地圖》，新疆人民出版社，2010 年。

[141] 參考徐文龍：《中華老字號》，中國輕工業出版社，1993 年。

[142] 溥儒，原名愛新覺羅·溥儒，初字仲衡，改字心畬，自號西山逸士，滿族，為清恭親王奕訢之孫。篤嗜詩文、書畫，皆有成就。畫工山水、兼擅人物、花卉及書法，與張大千有「南張北溥」之譽，又與吳湖帆並稱「南吳北溥」。

[143] 過去人們把皇帝稱作龍，因光緒皇帝在南恆順吃飯，人們便將南恆順稱為「壹條龍」。

[144] 「廚子舍」第五代傳人舍增泰在 BTV《這裡是北京》節目中所談。

[145]《城市民族經濟發展訪談》，首都之窗，http：//www.beijing.gov.cn

[146] 馬堅譯：《古蘭經》，中國社會科學出版社，1996 年，第 36 頁。

[147] sharon Zukin，Paul Di Maggio.The Structures of Capital：the Social Organization of the Economy.New York：Cambridge University Press，p17.

[148] 所謂「飲食文化的象徵意涵」是指把作為主體的人與作為客體的食物和飲食活動視為一個不可分割的有機整體，著重研究全社會和各民族的人如何根據自身不同層次的需求，對不同的飲食活動賦予各種特定的文化象徵意義，包括作為群體和個體的人內在的各種觀念意識和心理狀態，以及具有文化象徵意義的飲食活動在社會運行中產生的功能等內容。

[149] 信奉伊斯蘭教的 10 個民族為：回族、維吾爾族、哈薩克族、東鄉族、柯爾克孜族、撒拉族、塔吉克族、烏孜別克族、保安族及塔塔爾族。

[150] 白壽彝：《關於回族史的幾個問題》，載中國社會科學院民族研究所，中央民族學院民族研究所回族史組：《回族史論集》，寧夏人民出版社，1983年。

[151] 訪談對象：MYS，北京市民，36歲，回族，穆斯林；訪談時間：2016年4月20日。

[152] 訪談對象：ZBN，在京學生，20歲，哈薩克族，民族信仰者；訪談時間：2016年4月20日。

[153] 訪談對象：GX，北京市民，56歲，漢族；訪談時間：2016年4月20日。

[154] 訪談對象：MTY，北京市民，57歲；訪談時間：2016年4月19日。

[155] 訪談對象：CJZ，北京市民，68歲；訪談時間：2016年4月19日。

[156] 訪談對象：LCX，北京市民，51歲；訪談時間：2016年4月19日。

[157] 訪談對象：WY，北京市民，38歲；訪談時間：2016年4月19日。

[158] 訪談對象：JGD，北京市民，64歲；訪談時間：2016年4月19日。

[159]（美）約翰·S.艾倫著，陶凌寅譯：《腸子，腦子，廚子：人類與食物的演化關係》，清華大學出版社，2013年，第98頁。

[160] 陳慶英，中國藏學研究中心研究員。

[161] 白希菊，藏族，中央民族大學民族學與社會學學院2015級民族學碩士研究生。

[162] 瓊英，藏族，中央民族大學民族學與社會學學院2015級博士研究生。

[163] 次仁卓瑪，藏族，中央民族大學民族學與社會學學院2014級民族學碩士。

[164]（明）宋濂等：《元史·釋老傳》，中華書局，1976年，第4520頁。

[165] 獅、象、馬、孔雀及大鵬金翅鳥，分別為五佛的坐騎。獅子是大日如來的坐騎，大象為阿閦佛的坐騎，孔雀為彌勒佛的坐騎，馬為寶生佛的坐騎，而大鵬金翅鳥為不空成就佛的坐騎。

[166] 馬佳：《清代藏傳佛教寺院研究》，西北民族大學2006年碩士學位論文。

[167] 寧瑪派、格魯派、噶舉派多用黃、紅、黑、白色，薩迦派多用藍色，並喜用紅、藍、白色相間的色帶塗牆。

[168] 楊嘉銘：《五臺山、北京、承德、內蒙、麗江等地區的藏傳佛教寺廟建築》，載《西藏民俗》，2001年1期。

[169] 羅桑開珠：《論建築的民族文化屬性——以藏式建築為例》，載《中國藏學》，2011年第3期。

[170] 紅星央宗，藏族，中央民族大學民族學與社會學學院2014級碩士研究生。

[171] 宿白：《元大都〈聖旨特建釋迦舍利靈通之塔碑文〉校注》，載《考古》，1963年第1期。

三、「普洱茶」

[172]《元史》（卷十）《本紀十·世祖七》中載，（至元）十六年十二月，「建聖壽萬安寺於京城。帝師亦憐吉卒。敕諸國教師禪師百有八人，即大都萬安寺設齋圓戒，賜衣」。《元史》（卷十五）《本紀十五·世祖十二》中載：「（至元二十五年夏四月）甲戌，萬安寺成。佛像及窗壁皆金飾之，凡費金五百四十兩有奇，水銀二百四十斤。」而，程鉅夫則在《楚國文憲公雪樓程先生文集》卷九《旃檀佛像記》中引《涼國敏慧公神道碑》碑文，「（旃檀佛像）南還燕宮内殿居五十四年……世祖皇帝至元十二年乙亥，遣大臣孛羅等四眾備法駕仗衛奉迎居於萬壽山仁智殿」。「（至元）二十六年己醜，自仁智殿奉迎（旃檀佛像）居於（大聖壽萬安）寺之後殿焉」。宿白先生以此考證，認為依世祖「庶一切人俱得瞻禮，乃建大聖壽萬安寺」訓，在旃檀佛像未移至仁智殿前，萬安寺尚不能興建。因此，其始建時間不能早於至元十二年（1285年）。

[173] 楊小琳：《元大都大聖壽萬安寺與白塔建築佈局形制初探》，中央民族學大學2012年碩士學位論文。

[174] 黃春和：《元代大聖壽萬安寺知揀事跡考》，載《北京文博》，2001年第4期。

[175]（明）宋濂等：《元史》卷七，中華書局，1976年，第144頁。

[176] 同上，第218頁。

[177] 一箭之地為120～150步。一步以1.575米計，為189～236米。

[178] 姜立勛，富麗，羅志發：《北京的宗教》，天津古籍出版社，1995年，第96頁。

[179] 根秋登子：《論藏式佛塔建築》，載《西藏研究》，2004年第2期。

[180]《元代畫塑記·佛像》，載《中國美術論著叢刊·寺塔記·益州名畫錄·元代畫塑記》，人民美術出版社，1964年，第15頁。

[181] 張羽新等：《藏族文化在北京》，中國藏學出版社，2008年，第215頁。

[182] 同上，第215、219頁。

[183] 才讓：《藏傳佛教民俗與信仰》，民族出版社，1999年，第67頁。

[184] 王妍，中央民族大學民族學與社會學學院2016級博士研究生。

[185] 王家鵬：《神秘的故宮藏傳佛教世界》，http://gb.cri.cn/3601/2005/08/05/1266@649119.htm

[186] 王家鵬：《藏傳佛教造像——故宮博物院藏文物珍品大系》，上海科學技術出版社，2003年，第18頁。

[187] 羅文華：《故宮經典藏傳佛教造像》，紫禁城出版社，2009年，第90頁。

[188] 羅文華：《故宮經典藏傳佛教造像》，紫禁城出版社，2009年，第161頁。

[189] 王家鵬：《藏傳佛教造像——故宮博物院藏文物珍品大系》，上海科學技術出版社，2003年，第23頁。

[190] 王家鵬：《藏傳佛教造像——故宮博物院藏文物珍品大系》，上海科學技術出版社，2003年，第25頁。

[191] 康·格桑益希：《藏傳佛教造像量度經》，載《宗教學研究》，2007年第2期。

[192] 馬雲華：《黃簽所見乾隆時期大活佛喇嘛進獻佛像》，載《故宮博物院八十華誕暨國際清史學術研討會論文集》，紫禁城出版社，2006年，第308頁。

[193]Min Bahadur Shakya.The Iconography of Nepalese Buddhism. kathmandu：Handcraft Association of Nepal，p37.

[194] 羅文華：《故宮經典藏傳佛教造像》，紫禁城出版社，2009年，第74頁。

[195] 羅文華：《故宮經典藏傳佛教造像》，紫禁城出版社，2009年，第262頁。

[196] 羅靜萍，藏族，中央民族大學民族學與社會學學院2016級碩士研究生。

[197] 曼巴：藏語音譯，其漢語意思為醫生。

[198] 扎倉：藏語音譯，其漢語意思為學院。各藏傳佛教寺院當中都會設有各種學院，學習五明學。

[199]《四部醫典》，又名《醫方四續》，形成於公元8世紀，由著名藏族醫學家宇妥·雲丹貢布所著，共4部，156章。

[200] 孫健，中央民族大學民族學與社會學學院2015級碩士研究生。

[201] 申鴻：《藏族頭飾中的原始宗教意蘊》，載《阿壩師範高等專科學報》，2005年第4期。

[202] 天珠根據身上的眼數，可以分為「單眼天珠」「兩眼天珠」「九眼天珠」等。達瓦：《西藏的古今飾品》，載《中國西藏》，2005年第6期。

[203] 益西：《淺析藏族「吉祥八寶」的寓意》，載《四川民族學院院報》，2010年第4期。

[204] 黃鑫宇，張婧：《藏香歷史及藏香業發展探究》，載《西部時報》，2012年10月23日。

[205]「羌姆」是宗教類別舞蹈中最為重要的寺院祭祀性舞蹈。

[206] 羅布江村，楊嘉銘：《藏族面具文化的歷史探源——兼述藏族面具活態遺存的基本要素》，載《中國藏學》，2006年第3期。

[207] 丹珍央金，藏族，中央民族大學民族學與社會學學院2016級碩士研究生。

[208] 劉軍，中央民族大學民族學與社會學學院2016級碩士研究生。

[209] 參考人民大會堂管理局組織編寫：《人民大會堂》，遼寧出版社，1998年。

[210] 吳文茹：《解讀人民大會堂壁畫——〈扎西德勒圖——歡樂的藏曆年〉》，載《中國西藏》，2012年第1期。

[211] 吳文茹：《解讀人民大會堂壁畫——〈扎西德勒圖——歡樂的藏曆年〉》，載《中國西藏》，2012年第1期。

[212] 布瓊，門巴族，中央民族大學民族學與社會學學院2015級碩士研究生。

[213] 賈萍萍：《都市少數民族餐飲社會文化功能的個案研究——以北京金孔雀德宏傣味餐館為例》，中央民族大學2011年碩士學位論文。

[214] 史映蕊：《藏族餐飲文化的都市化發展模式研究——以北京藏餐企業「瑪吉阿米」為例》，中央民族大學2011年碩士學位論文。

[215] 張碩：《民族文化創意產業新媒體渠道的整合營銷策略創新——以藏餐連鎖企業「瑪吉阿米」為例》，載《青春歲月》，2014年第23期。

[216] 喬小河，中央民族大學民族學與社會學學院2015級民族學專業博士研究生。

[217] 賈春水，熊忠東：《淺談中國文化產業化的必然性》，載《商場現代化》，2008年第28期。

[218] 魯鐘鳴：《學會利用品牌的符號價值》，載《經營管理者》，2004年第3期。

[219] 桂世河：《符號價值是商品的第三種價值嗎》，載《西安電子科技大學學報（社會科學版）》，2005年第3期。

[220] 王新新：《意義消費與符號價值》，載《經濟管理》，2003年第9期。

[221] 李正歡，曾路：《符號消費的意義解讀》，載《重慶郵電學院學報》，2004年第6期。

[222] 張樹庭：《論品牌作為消費交流的符號》，載《現代傳播——中國傳媒大學學報》，2005年第3期。

[223] 房國棟，馮東，段渭軍：《論民族文化符號在產品設計中的應用》，載《山東工藝美術學院學報》，2006年第3期。

[224] 房國棟，馮東，段渭軍：《論民族文化符號在產品設計中的應用》，載《山東工藝美術學院學報》，2006年第3期。

[225] 李梅，中央民族大學民族學與社會學學院2015級民族學專業碩士研究生。

[226] 指2012年播出的《舌尖上的中國1》，2014年播出的《舌尖上的中國2》以及2016年播出的《舌尖上的新年》3部。

[227] 馬文·哈里斯：《好吃》，載《民俗研究》，2000年第3期。

[228] 根據 2010 年全國第六次人口普查數據，中國苗族總人口為 9426007 人，在以下 6 個省份（自治區）的分佈情況為：貴州省 3968400 人，湖南 2060426 人，雲南 1202705 人，重慶 482714 人，廣西 475492 人，四川 164642 人，占中國苗族總人口的 86% 以上。

[229] 根據 2010 年全國第六次人口普查數據，中國侗族總人口為 2962911 人，在以下 3 個省份（自治區）的分佈情況為：貴州 1628568 人，湖南 842123 人，廣西 303139 人，占中國侗族總人口的 95% 以上。

[230] 根據 2010 年全國第六次人口普查數據，中國傣族總人口為 1261311 人，在以下兩個省份的分佈情況為：雲南 1222836 人，四川 7652 人，占中國傣族總人口的 98% 以上。

[231] 包羽：《黔東南苗侗民族的飲食文化初探》，載《黔東南民族職業技術學院學報（綜合版）》，2010 年第 2 期。楊音南：《侗族飲食文化的構成與特色探析》，載《民族論壇》，2007 年第 6 期。

[232] 龍明鋒：《湘西苗族飲食文化淺析》，載《揚州大學烹飪學報》，2004 年第 4 期。許桂香：《淺談貴州苗族傳統飲食文化》，載《凱里學院學報》，2009 年第 5 期。

[233] 童紹玉：《淺議雲南省德宏州傣族飲食文化特徵》，載《楚雄師專學報》，2000 年第 3 期。

[234] 楊音南：《侗族飲食文化的構成與特色探析》，載《民族論壇》，2007 年第 6 期。

[235] 包羽：《黔東南苗侗民族的飲食文化初探》，載《黔東南民族職業技術學院學報（綜合版）》，2010 年第 2 期。

[236] 秦秀強：《侗族飲食習俗及其在當代的變遷》，載《民族研究》，1989 年第 6 期。

[237] 包羽：《黔東南苗侗民族的飲食文化初探》，載《黔東南民族職業技術學院學報（綜合版）》，2010 年第 2 期。

[238] 陶華英：《北京潘家園苗族商販城市適應研究》，中央民族大學 2010 年碩士學位論文。

[239] 王文光，姜丹：《傣族的飲食文化及其功能》，載《民族藝術研究》，2006 年第 3 期。

[240] 張馨凌，林淑蓉：《飲食：用身體實踐的反思性傳統——以貴州侗族地區為例》，載《貴州社會科學》，2012 年第 6 期。

[241] 徐新建，王明珂，王秋桂等：《飲食文化與族群邊界——關於飲食人類學的對話》，載《廣西民族學院學報（哲學社會科學版）》，2005 年第 6 期。

[242] 彭兆榮，2003。

三、「普洱茶」

[243] 使用的搜索引擎對一家餐廳的多家分店視為多家，考慮到很多分店有自己的特色菜餚，在統計中將分店視為獨立餐廳統計，這種統計方法對影響力分析具有重要意義。

[244] 王文光，姜丹：《傣族的飲食文化及其功能》，載《民族藝術研究》，2006年第3期。

[245] 賈萍萍：《都市民族餐飲社會文化功能的因子分析——基於調查問卷數據的研究》，載《經濟研究導刊》，2012年第22期。

[246] 張海洋，良警宇：《散雜居民族調查：現狀與需求》，中央民族大學出版社，2006年，第12頁。

[247] 葉妙春，中央民族大學民族學與社會學學院2015級民族學專業碩士研究生。

[248] 李繼群，納西族，中央民族大學民族學與社會學學院2016級民族學專業博士研究生，雲南大學民族學與社會學學院講師。

[249] 馬禎：《百年普洱茶研究回顧——學術視野中的普洱茶意義變遷》，載《學術探索》，2015年第11期。

[250] 徐斌：《馬背上的貢品——普洱茶入宮記》，載《紫禁城》，2006年第3期。

[251] 思茅地區，即今天的普洱市。新中國建立後，普洱相繼更名為普洱專區、寧洱專區、思普地區、思茅專區、思茅地區等。2003年，經國務院批準，思茅撤地設市。2007年，思茅市更名普洱市。

[252] 黃桂樞：《論普洱茶的歷史地位和現實意義》，載《中國茶葉加工》，2002年第4期。

[253] 傣族和布朗族都將茶命名為「臘」，但是兩個民族對於其含義的解釋是不相同的。

[254] 李光濤，何強，何仕華：《雲南瀾滄縣芒景、景邁栽培型古茶林略考》，載《農業考古》，1997年第2期。

[255] 黃桂樞：《雲南普洱茶史與茶文化略考》，載《農業考古》，1995年第2期。

[256] 楊興能：《清朝時期雲南的普洱貢茶》，載《中國茶葉》，1999年第4期。

[257] 徐斌：《馬背上的貢品——普洱茶入宮記》，載《紫禁城》，2006年第3期。

[258] 徐斌：《馬背上的貢品——普洱茶入宮記》，載《紫禁城》，2006年第3期。

[259] 楊興能：《清朝時期雲南的普洱貢茶》，載《中國茶葉》，1999年第4期。

[260] 付超：《淺談清宮普洱貢茶》，載《收藏家》，2012年第3期。

[261] 徐斌：《馬背上的貢品——普洱茶入宮記》，載《紫禁城》，2006年第3期。

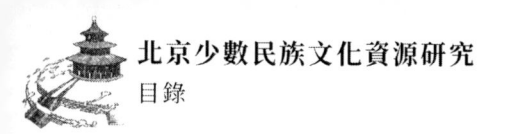

[262] 萬秀鋒：《普洱貢茶在清宮中的使用考述》，載《農業考古》，2012年第5期。

[263] 馬禎：《普洱茶的社會生命史及其意義研究》，載《紅河學院學報》，2015年第5期。

[264] 佛海，即今天的勐海縣，1958年佛海縣改名為勐海縣。

[265]1938年12月，雲南中國茶葉貿易股份有限公司成立。

[266] 馬禎：《普洱茶的社會生命史及其意義研究》，載《紅河學院學報》，2015年第5期。

三、「普洱茶」

國家圖書館出版品預行編目（CIP）資料

北京少數民族文化資源研究 / 蘇發祥 主編 . -- 第一版 .
-- 臺北市：崧燁文化, 2019.07
　　面； 　公分
POD 版

ISBN 978-957-681-838-7(平裝)

1. 少數民族 2. 民族文化 3. 文化研究 4. 北京市

535.4　　　　　　　　　　　　　　　108009000

書　　　名：北京少數民族文化資源研究
作　　　者：蘇發祥 主編
發 行 人：黃振庭
出 版 者：崧燁文化事業有限公司
發 行 者：崧燁文化事業有限公司
E - m a i l：sonbookservice@gmail.com
粉絲頁：　　　　　網址：
地　　　址：台北市中正區重慶南路一段六十一號八樓 815 室
8F.-815, No.61, Sec. 1, Chongqing S. Rd., Zhongzheng
Dist., Taipei City 100, Taiwan (R.O.C.)
電　　　話：(02)2370-3310　傳　真：(02) 2370-3210
總 經 銷：紅螞蟻圖書有限公司
地　　　址：台北市內湖區舊宗路二段 121 巷 19 號
電　　　話：02-2795-3656　傳真：02-2795-4100　網址：
印　　　刷：京峯彩色印刷有限公司（京峰數位）

　本書版權為九州出版社所有授權崧博出版事業股份有限公司獨家發行電子書及
　繁體書繁體字版。若有其他相關權利及授權需求請與本公司聯繫。

定　　　價：650 元
發行日期：2019 年 07 月第一版
◎ 本書以 POD 印製發行